유교개혁사상과 이병헌

한국철학총서 21

유교개혁사상과 이병헌
Modern Confucian Reformation in Korea and Lee Byong-heon

지은이   금장태
펴낸이   오정혜
펴낸곳   예문서원

편 집   명지연 · 김정신
인 쇄   상지사
제 책   상지사

초판 1쇄   2003년 12월 29일

주   소   서울시 동대문구 용두2동 764-1 송현빌딩 302호
출판등록   1993. 1. 7 제5-343호
전화번호   925-5913~4 · 929-2284 / 팩시밀리 929-2285
Homepage http://www.yemoon.com
E-mail   yemoonsw@unitel.co.kr

ISBN 89-7646-177-0 93150

ⓒ Keum, Jang Tae 2003 Printed in Seoul, Korea

YEMOONSEOWON 764-1 Yongdu 2-Dong, Dongdaemun-Gu Seoul KOREA 130-824
Tel) 02-925-5914, 02-929-2284 Fax) 02-929-2285

값 17,000원

한국철학총서 21

유교개혁사상과 이병헌

금장태 지음

예문서원

저자의 말

유교는 한자문화권에 속하는 동아시아 사회의 심원한 정신적 뿌리이며, 한국문화의 전통에서도 중심축을 이루고 있다. 이런 의미에서 유교를 이해한다는 것은 바로 한국인으로서 우리 자신을 알기 위한 필수조건이다. 그러나 서양이 세계의 주도권을 쥐고 문명의 기준을 장악하고 있는 오늘날, 갈수록 퇴락해 가기만 하는 우리의 전통문화로서 유교가 자리 잡고 있는 위상은 과연 무엇일까. 그리고 우리에게 유교가 남겨 주는 의미란 과연 무엇일까. 다시 한번 되돌아보고 되물어 볼 필요가 있지 않겠는가.

우리는 19세기에서 20세기로 넘어오면서 전통사회에서 근대사회로 전환한 역사적 경험을 지니고 있다. 이러한 근대적 전환은 전통의 낡은 껍질을 벗어던지고 서양의 문물과 제도를 받아들이면서 이루어졌다. 이 전환기에 유교는 전근대적이고 봉건적인 잔재로서 타파해야 할 가장 큰 장애물로 인식되었고, 혐오의 대상이 되었다. 실제로 다수의 유교지식인들이 서구화를 지향하는 근대적 개혁에 저항하는 보수적 반동세력이었음을 어느 누구도 부정하기는 어려우리라.

동아시아에서 가장 먼저 근대화를 이룬 일본은 비교적 미약하였던 유교적 기반을 일찌감치 폐기하였고, 유교문화를 창출한 중국은 근대화 과정에서 몇 차례의 혁명을 거치면서 유교적 문화기반을 철저히 파괴하였다. 그러나 한국의 경우는 조금 달랐다. 조선시대 5백 년 간 정립하였던 강고한 유교문화를 극복하는 과정에서 근대화를 추진한 중심 주체는 식민지배를 한 일본 제국주의세력이었다. 그 때문에 유교전통의 보수적 저항세력이 민족문화 수호세력의 한 흐름으로서 명분을 얻었던 것이 사실이다. 그러나 서구화의 진행이 이 시대의 대세를 이루고 있는데도 불구하고, 유교집단은 변화에 대한 적응력을 상실한 채 전통의 낡은 형식에 안주하고 있었다. 그것은 비록 아직 숨을 쉬고 있다고 하더라도 오래지 않아 죽을 수밖에 없는 처지에 놓여 있음을 말해 주는 것이 아니겠는가.

이런 현실 가운데 근대적 변혁의 초기 단계에서 유교정신을 재인식하고 스스로 유교전통의 개혁을 추구하여 근대사회에 적응하려고 모색하던 유교개혁사상가의 활동은 우리 시대의 유교사상으로서 중요한 의미가 있다. 물론 20세기 전반기에 일어났던 유교개혁사상이 그 시대에 성공하지 못하고 실패로 끝났다는 사실은 인정해야 한다. 유교개혁사상이 실패한 이유는 보수적 유교인들의 저항으로 인해 지지기반을 확보하지 못했기 때문이기도 하지만, 다른 한편으로 유교개혁사상 자체도 대중적 호소력과 조직적 활동력이 미비하였던 문제점을 안고 있었기 때문이기도 하다. 그러나 유교개혁사상은 우리의 오랜 문화전통이 근대라는 역사적 변혁에서 어떤 이념적 각성과 어떤 적응논리로 대응하고자 하였는지를 보여 주고 있으며, 우리에게 현재의 시대적 과제와 유교사상의 관계를 연관 지어 이해하는 데 풍부한 문제의식을 제기해 주고 있다.

진암眞菴 이병헌李炳憲은 이 시기 유교개혁사상가들 가운데서 가장 체계적이면서도 다양한 영역을 아우르는 개혁사상을 제기하였던 대표적 인물이다. 그는 중국에서 무술변법戊戌變法을 주도하였던 강유위康有爲로부터 직접 지도를 받음으로써 중국 공교孔敎운동에서 확고한 기반을 확보하고 개혁이론을 구체화하였다. 또한 유교개혁사상을 유교의 종교적 각성에 기초하여 종교운동으로 전개한 점에서도 가장 철저하였으며, 개혁사상의 이론적 기반을 정초하기 위해 금문경학今文經學의 논리로 경전해석을 체계화하였다는 점에서 독보적인 인물이라고 할 수 있다.

본서는 크게 두 부분으로 구별해 볼 수 있다. 먼저 제1장부터 제4장까지는 이병헌의 생애와 사상을 해명하는 부분이다. 먼저 제1장에서는 이병헌의 생애 전반을 살펴보았고, 제2장에서는 유교개혁의 이론이 어떻게 종교운동으로 전개되는가를 밝혔으며, 제3장에서는 당시의 유교비판이론인 비공론批孔論에 맞서서 유교적 민족사관을 제시한 내용을 검토하였고, 제4장에서는 유교개혁이론의 기초로서 금문경학의 경전해석을 점검하였다. 다음으로 제5장과 제6장은 이병헌과 연관된 유교개혁운동으로 시야를 넓혀 본 것이다. 제5장은 당시 국내에서 활동하던 다양한 유교개혁사상가와 유교개혁운동을 조명하여 이병헌의 경우와의 공통점과 차이점을 드러내고자 했으며, 제6장은 이병헌을 비롯한 국내의 유교개혁사상가들이 영향을 받았던 중국의 사상적 원류로서 강유위와 양계초의 유교개혁사상을 이해하고자 하였다.

　돌아보면, 이병헌과 인연을 맺은 이후 이 책을 선보이기까지 퍽 오랜 시간이 흘렀다. 이병헌의 대표작이라 할 수 있는 『유교복원론儒敎復原論』을 처음 도서관에서 찾아 읽었던 것은 1970년대 중반이었는데, 오랜 수소문 끝에 이병헌의 고택을 찾아가 그가 남긴 저술을 전부 빌려본 것은 1981년이었으며, 그 뒤 8년이 흐른 뒤에 『이병헌전집』(2책, 아세아문화사, 1989)을 편집하여 영인 간행하였다. 이러한 작업의 과정에서 이병헌의 손자인 이선호李宣鎬 선생의 친절한 도움이 참으로 고마웠다. 그동안 이병헌의 유교개혁사상과 관련하여 몇 편의 논문을 발표하기는 하였지만, 이렇게 하나의 책으로 마무리하는 데에는 거의 30년이 걸린 셈이다. 아직도 소루하기 그지없어 부끄럽고 두려운 마음을 금할 수가 없다. 앞으로 더욱 다듬어 가기를 기약할 뿐이다.

　이 책의 출판을 허락해 주신 예문서원 오정혜 사장님께 감사드리고, 거친 문장을 정밀하게 고치고 다듬어 준 예문서원 편집부와 한신대학 강사 박종천 선생께 고마운 마음을 밝힌다.

2003년 12월 5일
관악산 그늘 潛硏齋에서
琴章泰 삼가 적음

차 례

저자의 말 __ 4

제1장 이병헌의 생애와 활동 __ 11

  1. 시대배경 · 12

  2. 이병헌의 사상과 활동 · 14

    1. 도학배경의 수학기 · 16
    2. 개화사상으로의 전환기 · 26
    3. 공교운동기 · 33
    4. 만년의 연구기 · 91

제2장 이병헌의 유교개혁사상과 공교운동 __ 101

  1. 유교개혁사상의 과제와 시대적 배경 · 102

  2. 공교사상과 종교의식의 각성 · 104

    1. 종교 개념의 재인식 · 104
    2. 공교의 종교적 각성과 신념 · 109

  3. 유교개혁론의 과제와 '상제'의 인식 · 114

    1. 유교개혁론의 과제 · 114
    2. '상제'의 존재와 '심' 개념의 이해 · 118

  4. 공교운동의 전개 · 122

    1. 총독부의 유교정책에 대한 대응 · 122
    2. 배산서당과 공교운동의 구현 · 127

  5. 이병헌의 유교개혁사상이 지닌 의미 · 132

제3장 비공론에 대한 반박과 민족주의적 역사인식 ___137

   1. 시대적 도전에 대한 공교사상의 대응 · 138
   2. 비공론에 대한 유교지식인의 반론 · 141
      1. 중국 비공론의 전개와 반론 · 141
      2. 국내 비공론의 대두와 반응 · 145
   3. 이병헌의 비공론인식과 반론 · 151
      1. 중국 비공론에 대한 인식과 반론 · 151
      2. 국내 언론의 비공론에 대한 인식과 반론 · 156
   4. 이병헌의 민족주의적 역사인식과 대민족사관 · 163
      1. 공교와 민족의식의 연관적 해석 · 163
      2. 역사인식과 대민족사관 · 166
   5. 비공론에 대한 대응논리와 대민족사관의 의미 · 171

제4장 금문경학의 체계와 이해 ___175

   1. 금문경학과 공교사상의 기초 · 176
   2. 금문경학의 체계와 사서의 이해 · 178
      1. 금문경학의 체계 · 178
      2. 사서의 공교사상적 이해 · 184
   3. 『역경』의 금문학적 이해 · 189
      1. 『역』의 작자와 명칭의 문제 · 189
      2. 『역』의 근본원리로서의 '신도'에 대한 인식 · 194
   4. 『시경』·『서경』·『예경』의 금문학적 이해 · 197
      1. 『시경』의 금문학적 이해 · 197
      2. 『서경』과 『예경』의 금문학적 이해 · 200
   5. 이병헌 금문경학의 의의 · 204

제5장 유교개혁론의 양상과 이병헌의 유교복원론___207

   1. 유교개혁론의 배경과 유형・208
   2. 20세기 초 유교개혁론의 전개양상・212
      1. 이승희의 도학적 공교운동・212
      2. 애국계몽사상가의 유교개혁론・216
   3. 박은식의 유교구신론과 양명학적 유교개혁사상・226
      1. 시대인식과 유교구신의 과제・226
      2. 유교의 종교적 인식・231
   4. 송기식의 유교유신론과 도학적 유교개혁사상・237
      1. 시대인식과 유교유신의 과제・237
      2. 유교의 종교적 인식・242
   5. 이병헌의 유교복원론과 금문학적 유교개혁사상・253
      1. 시대인식과 유교복원의 과제・253
      2. 유교의 종교적 인식・259
   6. 유교개혁론의 특성과 의의・269

제6장 강유위와 양계초의 유교개혁사상___275

   1. 변법론과 유교개혁사상의 제기・276
   2. 강유위의 유교개혁사상과 유교국교화론・279
      1. 무술변법과 유교의 국교화론・279
      2. 민국 수립 후 공교의 국교화에 대한 논란・288
   3. 강유위의 공교사상과 금문경학의 이론・294
      1. 공교의 종교적 인식과 공교회의 조직・294
      2. 금문경학의 공자관과 '대동'의 이상・300
   4. 양계초의 보교론과 유교비종교론・305
      1. 보교론의 논리・305
      2. 공교비종교론과 종교관・311
   5. 강유위의 영향과 이병헌의 공교사상・321

참고문헌___325
찾아보기___326

제1장

이병헌의 생애와 활동

1. 시대배경

1866년 프랑스함대가 강화도를 침략하여 약탈하던 병인양요丙寅洋擾 때까지만 해도, 조선정부는 서양의 침략세력과는 결단코 화친할 수 없다는 배척의 결의를 돌에 새겨 영구히 다짐하고자 사방에 '척화비斥和碑'를 세웠다. 이렇게 강경하게 저항하던 조선정부도 10년이 지나서 일본함대의 위협을 받자, 1876년 마침내 문호를 열어 통상을 허용하고 말았다. 한번 대문을 열어 놓자 세계의 여러 나라들이 잇달아 문을 밀고 들어와 수호통상조약을 맺으면서 조선은 이른바 '개화기開化期'로 전환하게 되었다. 도학적 유교이념의 정통성으로 무장하여 5백 년을 지탱해 왔던 조선의 사회체제가 한번 기우뚱하더니 걷잡을 수 없이 허물어지고 만 것이었다.

문호개방(開港)을 하고 난 후 조선사회는 개화정책을 둘러싸고 급진론과 점진론과 반개화론이 뒤얽혀 허둥거리다가 1894년 갑오개혁을 통해 체제개혁을 시도하였다. 그러나 외국의 제국주의적 침략세력들은 조선사회가 개화하여 자강自強에 성공할 때까지 기다려 주지 않았다. 갑오개혁 이후 10년 동안 일본은 침략의 마수를 조선사회 속으로 깊이 찔러 넣어 왔고, 마침내 1905년 을사보호조약이라는 이름으로 국권을 약탈하고 5년 뒤인 1910년에는 병합하여 식민통치를 하였다. 5백 년 조선왕조가 문호개방을 하고서 국권을 상실하기까지 30년밖에 걸리지 않았으니, 역사적 파국이 얼마나 급하게 흐르는 격류를 이루었는지를 쉽게 짐작할 수 있다.

조선왕조는 왜 무너질 수밖에 없었는가? 망국의 책임은 제국주의 침략자에 있는가, 아니면 시대변화에 낙오한 조선사회체제에 있는가, 그도 아니면 조선사회를 이끌어 온 이념인 유교와 유교지식인에 있는가? 또한 나라가 망하고 식민지배를 당하는 현실에서 과연 어떻게 대응하는 것이 옳은 것인가? 전통의 신념을 굳게 지켜 시운時運이 회복되기를 기다리는 것이 옳은가, 전통의 낡은 틀을 전면적으로 깨부수고 새로운 서양문물을 적극적으로 도입하는 것이 옳은가, 그도 아니라면 전통의 진실한 가치를 계승하면서 현실적 모순과 비능률성을 개혁해 가는 것이 옳은가? 양쪽으로 갈라지는 극단적 견해들과 그 중간 지점에 놓인 절충적 견해들 사이에 제각기 다른 의견이 맞서고 제각기 자기 주장의 정당성을 내세우니, 사회적 혼란이나 정신적 혼돈이 더욱 심화되지 않을 수 없었다.

이병헌李炳憲(1870~1940, 호는 眞菴)은 바로 19세기 말과 20세기 초 격동의 시대를 살았던 지식인의 한 사람이다. 그는 유교적 학문 배경을 가지고 개화사상가로 전환하면서도 유교적 신념을 버리지 않았던 유교지식인이었으며, 동시에 유교전통을 탈피하고 유교개혁을 통해 시대변화에 대응하고자 시도하였던 유교개혁사상가였다. 특히 그는 당시 중국의 유교개혁론을 주도하던 강유위康有爲(1858~1927, 호는 南海)의 지도를 받고 그 영향 아래에서 유교의 종교적 개혁운동을 전개하였던 대표적 인물이다.

이병헌의 유교개혁사상과 유교개혁운동이 유교전통을 거부하고 서구적 근대화를 추구하던 시대조류의 큰 흐름에 어긋나는 것은 사실이다. 또한 그가 서구문물을 수용하여 유교개혁의 이론적 기초로 삼고는 있지만, 서구문물에 대한 그의 이해가 얼마만큼 깊이와 균형이 있는 것인지는 검토해 볼 필요가 있다. 실제로 이병헌의 유교개혁운동은 성공하지 못했다. 이렇듯 한 시대에 실패한 개혁사상이라면, 그 기본이념이 제시하는 논리에 문제가 있을 수 있고, 그 현실인식에도 문제가 있을 수 있으며, 실현방법이나 절차에도 문제가 있을 수 있음을 인정하지 않을 수 없다.

　따라서 이병헌의 유교개혁사상이 당시에 호응을 얻지 못했던 만큼 그 실패의 원인과 문제점을 직시할 필요가 있으며, 이 글의 내용 또한 이병헌의 유교개혁사상을 무조건 옹호하고 미화시키려는 입장이 아님을 밝혀두고자 한다. 다만 실패한 사상임에도 불구하고, 그 문제의식과 인식의 체계와 실천의 방법이 지닌 의미와 합리성과 가능성을 점검해 보고, 그 한계와 문제점도 동시에 밝혀보고자 한다. 이병헌의 유교개혁사상은 이 시대에 제기될 수 있는 다양한 사상의 한 줄기를 이루고 있는 것이며, 특히 그것이 중요한 의미를 지닌 사상적 도전이라는 사실을 주목할 필요가 있다. 이제부터 이러한 이병헌의 사상과 활동을 이해하기 위해 먼저 그 삶의 현장을 조명해 보고, 나아가 몇 가지 중심 문제들을 집중적으로 분석할 것이다.

2. 이병헌의 사상과 활동

　이병헌은 1870년 12월 18일[1] 경상도 함양땅(慶南 咸陽郡 甁谷面 松坪里)에서 태어났다. 이병헌의 자는 자명子明이요, 호는 진암眞菴 혹은 운방산인雲房山人이며, 관향은 합천陝川이다.

　이병헌의 가계를 보면, 시조인 표암공瓢巖公 이알평李謁平은 본래 경주慶州 사람으로, 고려 초 후손인 강양군江陽君 이개李開에 이르러 합천에 분봉分封되었다. 12대조 이원李源(호는 淸香堂)은 조선시

---

[1] 양력으로는 1871년 2월 7일이다. 이하 날짜는 『李炳憲全集』의 기록에 따라 음력으로 표기한다.

대 도학道學의 종장으로 가장 큰 영향을 미쳤던 이황李滉(호는 退溪) 및 조식曺植(호는 南冥)과 더불어 도의道義의 교유를 맺었다. 이 세 사람은 나이도 같고 사는 지방도 같고 마음도 같고 덕도 같은 '삼경사동의 벗'(三庚四同之友)이라 일컬어졌다. 11대조 이광곤李光坤(호는 松堂)은 명망이 높은 선비로서 함경도 정평定平의 송원사松原祠에 제향되었다. 또한 6대조 이엄李儼(호는 愚村)은 1728년 이인좌李麟佐가 반란을 일으켰을 때 창의倡義하였던 공이 있다. 고조는 이헌李巚(호는 晩悔)이요, 증조는 이용전李龍全(호는 雪峯)이며, 조부는 이수방李秀邦(호는 贊睡軒)이다. 이병헌은 이만화李晩華의 아들로 태어나, 백부 이정화李正華의 후사를 이었다.

이병헌은 제2차 세계대전이 일어나던 해인 1940년 1월 23일 향년 71세로 세상을 떠났다. 그의 생애는 크게 다음의 네 시기로 나누어 볼 수 있다.

- 도학배경의 수학기修學期 : 33세 때(1902)까지로, 소년시절과 청년시절이 이에 해당한다.
- 개화사상으로의 전환기轉換期 : 34세에서 44세 때(1903~1913)까지로, 장년시절이 이에 해당한다.
- 공교운동기孔敎運動期 : 45세에서 56세 때(1914~1925)까지로, 바깥으로 강유위를 찾아 다섯 차례 중국을 방문하였으며, 안으로 강유위의 영향 아래 국내에서 공교운동을 전개하였던 중년시절이 이에 해당한다.
- 만년의 연구기研究期 : 57세에서 71세 때(1926~1940)까지로, 금문경학 연구에 전념하였던 만년의 시기가 이에 해당한다.

1. 도학배경의 수학기

1) 유년·소년시절의 입지

유년시절 : 이병헌은 스스로 자신이 유년시절에 재주가 우둔하여 학업의 진보가 매우 느렸으나 학업에 대한 입지는 일찍부터 확고하게 세우고 있었다고 밝혔다. 그는 7세 때 가정에서 처음 글을 배우기 시작했는데, 글자를 제대로 읽지 못하여 부친의 노여움을 사서 종아리를 맞기도 하였지만, 모친의 친절한 가르침으로 글을 읽게 되었다고 한다. 그해는 심한 가뭄이 들어 온 가족이 죽으로 끼니를 때워야 했는데, 그는 체질적으로 죽을 먹지 못하여 모친이 따로 밥을 지어 먹였다 하니, 어려서부터 모친의 극진한 사랑과 보살핌을 받았던 사실을 알 수 있다.

9세 때에도 남들로부터 우둔하다고 조롱과 모욕을 당하여 스스로 보통 사람에 못 미친다고 생각하였지만, 그래도 요순이나 공자와 같이 되겠다는 입지를 지녀 높은 기상을 잃지 않았던 것이 자신의 학문적 성취에 큰 힘이 되었다고 회고하고 있다.

소년시절 : 이병헌의 소년시절은 12세 때 촌숙村塾에 나아가 글을 배우기 시작한 이후로 19세 때(1888) 관례를 할 때까지이다. 이병헌은 촌숙의 스승인 이인용李寅容(호는 渭隱) 밑에서 과거시험을 위한 공부를 하였다. 그러나 13세 때(1882) 임오군란壬午軍亂이 일어나는 등 국내의 정치상황은 말기적 혼돈에 빠져들기 시작하고 있었다.

이병헌은 15세 때 『대학大學』과 『맹자孟子』를 읽기 시작했는데, 『맹자』의 "천하의 넓은 집(仁)에 거처하며, 천하의 바른 자리(禮)에 서며, 천하의 큰 길(義)을 가니, 뜻을 얻으면 백성과 함께 여기에 말미암으며, 뜻을 얻지 못하면 홀로 그 길을 간다. 부유하고 고귀함도 마음을 방탕하게 하지 못하고 가난하고 비천함도 그 절개를 바꾸지 못하며 위협과 무력으로도 뜻을 꺾을 수 없으면, 이를 대장부라고 한다"2)는 구절에 깊은 감명을 받고 자신의 뜻을 굳게 하였다.

16세 때까지도 한문의 문리가 터지지 않아 다시 역사서적을 읽었으며, 그해 섣달 그믐날 저녁에 지은 '제석除夕'이라는 제목의 시 한 수에서 학업에 대한 자신의 굳은 결의를 밝히기도 하였다.

쇠도 녹일 수 있고 돌도 부서뜨릴 수 있으니
대장부의 뜻을 세움이 더욱 굳세어야 하네.
삼백예순 날 오늘 밤에 다 가는데
어찌 이 뜻으로 다시 하늘을 속이랴.3)

17세 때 겨울에는 백운산白雲山의 묵계암默溪菴에 들어가 이듬해 봄까지 독서에 열중하였다. 18세 때는 이웃마을인 죽곡竹谷으로 찾아가 한시漢詩로 이름난 노근수盧近壽(호는 渭皐)와 노태현盧泰鉉(호는 小松)의 지도를 받았다. 그동안 이렇게 과거시험공부에 계속 힘써 왔으며, 그해 가을에는 이웃 장수군長水郡(全北)에서 열린 향시鄕試에 응시해 보았으나 성과는 없었다. 그해 겨울에는 인근의 와운정臥雲亭에서 『서경』을 읽었고, 이듬해 19세가 되던 봄에는 『주역』을 읽었다. 이러한 독서의 과정에서 그는 중국의 문헌에 우리나라를 '오랑캐'(夷狄)라 일컫고, 또 우리나라 사람들이 스스로를 비하시키는 습관이 있음을 보고 울분을 느꼈다고 한다. 이것은 전통도학의 독

---

2) 『孟子』, 「滕文公下」, "居天下之廣居, 立天下之正位, 行天下之大道, 得志, 與民由之, 不得志, 獨行其道, 富貴不能淫, 貧賤不能移, 威武不能屈, 此之謂大丈夫."
3) 『李炳憲全集』 上(아세아문화사, 1989), 3쪽, "眞庵詩稿抄・除夕", "惟鐵可銷惟石破, 丈夫立志尤當堅, 三百六旬今夜盡, 那將此意復欺天."

서과정에서는 경험하기 어려운 것으로 이 시대상황 속에서 그의 민족의식이 각성되기 시작하였다는 사실을 엿볼 수 있게 한다. 그해 겨울에 그는 관례冠禮를 하고 권씨 부인을 아내로 맞이하였다.

2) 청년시절의 폭넓은 교유

이병헌의 수학기에서 청년시절은 20세 이후 33세 때(1890~1902)까지 사방으로 스승과 동지를 찾아 강학하던 시기이다. 이 시기에서 가장 중요한 점은 그가 곽종석郭鍾錫(1846~1919, 호는 俛宇)의 문하에 입문하였던 사실과 한주학파寒洲學派를 중심으로 사방으로 교유의 폭을 넓혀 갔다는 사실이다.

실제로 그는 21세 때부터 활동무대를 사방으로 넓히기 시작하였다. 그해 봄에 그는 부친을 따라 서울로 올라가서 과거시험에 응시하고, 이어서 함경도 정평군으로 가서 11대조 이광곤의 유적을 답사하고 돌아왔다. 이후 전라도를 유람하면서 한시로 이름이 높은 김아金亞(호는 蒼雲)와 허섭許鏶을 만났고, 그해 겨울 진주에 가서 조성가趙性家(1824~1904, 호는 月皐)를 만나 시와 문장을 토론하였다. 조성가는 한말 호남유학의 거장인 기정진奇正鎭(1798~1879, 호는 蘆沙)의 제자 가운데 비중이 큰 인물로서 이 시대의 명망 높은 도학자였다.

이 시기에 이병헌은 거의 해마다 서울에 올라가 견문과 교제를 넓혀 갔다. 22세 때 그는 친구들과 두 차례 서울에 올라가 유람하고 돌아왔으며, 23세 때 가을에도 서울에 올라갔다. 25세 때(1894) 이른 봄에는 친척인 감역監役 김현준金顯俊 및 친우 김석구金錫九와 함께 부산에 가서 윤선輪船을 타고 뱃길로 인천 제물포항까지 와서 서울로 들어갔다. 윤선이란 서양식 증기선을 탔다는 것은 그가 심한 거부감 없이 일찍부터 능동적으로 개화기 서양문물을 접하고 있었음을 보여 준다. 바로 이 시기는 전봉준全琫準이 전라도 고부古阜에서 동학군을 이끌고 민중봉기를 일으킨 때로, 청나라와 일본의 군대가 우리 땅에 출동하여 청일전쟁이 일어난 긴박한 상황이었다. 그가 고향에 돌아온 뒤 가을에는 동학군이 호남에서 영남으로 진격해 왔는데, 이때 그는 동학군에 포박당하고 침탈을 당하는 고초를 겪었다.

이러한 역사적 변동기의 격심한 소요에 휘말려들고 나자, 이병헌은 자신이 혼란한 시대에서 처신해야 할 방향을 새롭게 모색하지 않을 수 없었다. 그리하여 당시 영남유림에서 명망이 높은 곽종석郭鍾錫(호는 俛宇)의 문하에 들어가기로 마음을 굳히고 몇몇 동지들과 안동 학산鶴山으로 갔으나 곽종석을 만나지 못한 채 편지만 남기고 돌아왔다.4) 곽종석은 한말 영남도학을 대표하는 거장인 이진상李震相(1818~1886, 호는 寒洲)의 수제자로서, 영남 강우江右지역을 중심으로 한주학파를 이끌어 가는 위치에 있었다.

26세 때(1895)는 을미사변이 일어나 왕비가 시해되고 집권한 개화파가 단발령斷髮令을 내려 상투를 자르게 하였다. 이러한 변란의 상황에서 전국의 사림들이 크게 동요하여, 사방에서 의병을 일으켜 저항하기도 하고 산속으로 깊이 숨어들어 유교전통을 지키는 것으로 지조를 삼기도 하였다. 이때에 이병헌도 깊이 숨어들어 몇십 년간 독서에 전념하면서 마음(性靈)을 수양하기로 계획을 세우고 산으로 들어갔다. 이렇게 산으로 들어가 학문을 닦고 지조를 지키고자 뜻을 세웠지만, 바로 그때 집안에 일이 생겨 뜻을 이루지 못하고

---

4) 당시 곽종석은 奉化郡 春陽面 乙項村에 살고 있었으니, 안동 鶴山이란 바로 이곳을 가리키는 것으로 보인다.

다시 집으로 돌아오지 않을 수 없는 처지가 되었다. 이때 그는 20대의 청년으로서 세상으로 진출할 길도 막히고 자신의 내면적 수양에 전념할 수 있는 처지도 못 되는 상황을 깊이 탄식하여, "머물러도 스스로 안정할 자리가 없고, 나아가도 활동할 길이 없다"(居無自靖之所, 出無活動之路)고 하며, 근심과 울분으로 번민하였다고 한다.

이듬해 27세 때 이병헌은 거창居昌으로 곽종석을 찾아가 배알하고 그의 문하에 입문하였다. 이 무렵 곽종석은 원천原泉(居昌郡 加祚面)에 머물며 스승 이진상의 문집(『寒洲集』)을 교정하고 있었다. 이병헌의 일생을 크게 도학의 학풍을 계승하던 전반기와 공교운동을 하던 후반기로 나누어 볼 때, 그에게는 깊은 영향을 미친 두 스승이 있었다. 전반기에 그는 국내에서 곽종석의 문하에 들어갔고, 후반기에는 중국으로 강유위를 찾아가 그 문하에서 지도를 받았던 것이다.

이병헌은 당시 거창에 머물면서 곽종석과 함께 『한주집寒洲集』의 교정을 하고 있던 이승희李承熙(1847~1916, 호는 韓溪)를 만나 하룻밤 토론하기도 하였다. 이승희는 이진상의 아들로서 가학家學을 이었던 한주학파의 대표적 유학자 가운데 한 사람이었다. 이튿날 이병헌은 이승희와 함께 당동唐洞(居昌郡 加祚面)으로 찾아가 장복추張福樞(1815~1900, 호는 四未軒)를 배알하였다. 장복추는 17세기 초의 도학자 장현광張顯光(1554~1637, 호는 旅軒)의 후손으로 이진상과 깊은 학문적 교유를 맺은 한말 영남도학의 거장 가운데 한 사람이다. 이해에 그는 곽종석, 이승희를 만나면서 이진상 문하의 한주학파 학맥에 소속되었고, 또 장복추를 만나 강우江右지역의 대표적 학자들과 폭넓게 접하면서 학문적 폭을 넓혀 나갔다.

이때부터 이병헌은 곽종석을 스승으로 모시고 수시로 찾아가거나 편지로 질의 토론을 하였다. 그는 도학의 의리義理를 공부하는 데 침잠함으로써 이를 통해 안심입명할 수 있는 방도를 찾았다고 생각했다. 그가 스승 곽종석에게 질의하고 토론한 주제들은 한주학파의 성리학적 기본입장인 '심즉리설心卽理說'에 근거한 심설心說 문제를 비롯한 인성人性·물성物性의 동이同異 문제, 본연本然·기질氣質의 성性 개념, 명덕明德 개념 등이었으며, 이러한 성리설의 기본쟁점을 중심으로 정밀한 토론을 벌였다. 또한 편지를 통해 단발령에 따라 당시에 대두되던 '훼발毁髮'의 의리론적 인식도 토론의 주제가 되었음을 알 수 있다. 그만큼 그는 도학의 학풍을 계승하는 학문적 관심에 몰입하고 있었던 것이다.

이 무렵 이병헌은 학문적 교류의 범위를 더욱 넓히고 도학의 학문적 연마를 위한 노력을 쉬지 않았다. 그는 29세 때(1898) 서울에 올라가던 길에 포천의 채계茝溪(抱川郡 內北面 加采里)로 최익현崔益鉉(1833~1906, 호는 勉菴)을 예방하여 당파적 견해에서 벗어나 허심탄회하게 토론하였으며, 최익현으로부터 6대조(李儺)의 비문碑文을 받아 왔다. 최익현은 서울 근처에서 활동하던 한말 도학의 거장 이항로李恒老(1792~1868, 호는 華西)의 문인으로, 이 시대에 정치적 영향력이 큰 명망 높은 도학자였으며 곽종석, 이승희와도 교류가 있었던 인물이다. 이해에 이병헌은 다전茶田(居昌郡 加祚面)으로 스승 곽종석을 찾아뵙고 스승을 따라 합천 가야산 홍류동紅流洞을 유람하였으며, 고령高靈으로 이두훈李斗勳(호는 弘窩)을 예방하였다. 이두훈은 곽종석과는 동문으로 이진상 문하의 뛰어난 학자 8인(洲門八賢) 중의 한 사람이다.5) 또한 이병헌은 국전菊田(高靈郡 德谷面)의 종산재鍾山齋

---

5) '洲門八賢'으로는 俛宇 郭鍾錫, 韓溪 李承熙, 后山 許愈, 膠宇 尹冑夏, 晦堂 張錫英, 弘窩 李斗勳, 勿川 金鎭祜, 紫東 李正模를 들고 있는데, 이병헌은 이들 대부분을 만나 從遊하였다.

에서 열린 회보계會輔契의 강석講席에 참여하였다. 이 강석의 강장講長은 이진상의 제자인 허유許愈(1833~1904, 호는 南黎 또는 后山)였으며, 곽종석을 비롯하여 박상태朴尙台(호는 鶴山), 이두훈 등도 참석하였다. 이어서 그는 대포大浦(星州郡 月恒面)에서 열린 삼봉서당三峰書堂 낙성식에 참여하였다. 삼봉서당은 이진상을 제향하기 위해 그의 고향에 세워진 것으로, 이병헌은 이 낙성식에 참여하였던 장승택張升澤(호는 農山)과 장석영張錫英(1851~1929, 호는 晦堂)을 만나게 되었다. 장승택은 장복추의 문인이고, 장석영은 이진상의 문인으로 명망이 높은 학자이다.

29세 때 가을에는 아우 이병석李炳奭과 함께 광주로 가서 전라도 관찰사 민영철閔泳喆을 방문하였고, 이어서 장성長城으로 기우만奇宇萬(1846~1916, 호는 松沙)을 예방하였다. 기우만은 기정진의 손자로 기정진의 학맥을 이은 호남의 대표적 한말 도학자였으며, 이때 삼성산三聖山에 들어가 입산자정入山自靖하고 있었다. 앞서 조성가를 만나고 이후 기우만을 찾아간 사실은 기정진의 문하인 노사학파蘆沙學派의 중심 인물들 속으로 교유를 넓혀 간 것을 의미한다. 또한 32세 때(1901) 정월에는 최익현이 정산定山 장구동長龜洞(忠南 淸陽郡 木面 松巖里)에 옮겨 와 있다는 소식을 듣고 다시 예방하였다. 이처럼 그는 영남인이면서도 이항로 문인인 화서학파華西學派의 최익현을 거듭 방문하면서 기호畿湖유학의 학맥인 노사학파와 더불어 화서학파의 인물들과 폭넓게 교류하는 적극적 자세를 보여 주고 있다.

32세 때 가을에는 스승 곽종석을 따라 30일 동안 남해南海 금산錦山으로 가는 유람여행을 하였는데, 동행하였던 사람이 36명이나 되었다고 한다.[6] 이때의 유람은 단순히 자연의 풍광을 감상하는 유

---

6) 『李炳憲全集』 上, 433~440쪽, 「錦山紀行」에는 이때의 행적을 날짜별로 자세히 기

람에 그치는 것이 아니었다. 지나가는 마을마다 그 지역의 명망 있는 선비들과 모임을 갖고 성리설과 예설에 대한 토론을 벌이기도 하고, 선비들이 모여 향음주례鄕飮酒禮를 행하기도 하며, 선현들의 사당이나 비석 등 옛 자취를 찾아보는 것이었다. 그만큼 이 유람은 선비들의 교류와 집회요 학술답사의 성격을 지닌 것이었으며, 이병헌에게 있어서도 선비들과의 교유와 견문을 넓히는 소중한 기회였다. 특히 남해는 충무공 이순신李舜臣이 왜적을 물리치고 전사하였던 유적이 있는 곳인 만큼 일본의 침략으로 국가존망의 위기에 놓인 이 시기에 더욱 뜻이 있는 곳이었다.

그해 10월에 이병헌은 전주로 가서 전라 감영監營에서 간행한 『성리대전性理大全』과 『주자대전朱子大全』을 구입해 왔다. 그 후 『이정전서二程全書』와 『주자어류朱子語類』를 구입하였으니, 막대한 비용을 들여 거질巨秩을 이루는 송대 성리학의 기본문헌들을 갖춤으로써, 성리학 연구를 본격적으로 심화시키기 위해 상당한 노력을 기울였던 셈이다. 이때 그는 자신의 학문적 기초와 수양의 자세를 돌아보고 스스로 엄격하게 성찰하기도 하였다.

> 나의 큰 근심은 학문적 소양이 매우 얇고 자신을 검속함이 확고하지 못하며, 어른을 받드는 데 기뻐하는 직책을 다함이 없고 홀로 있을 때는 방탕한 욕심을 막지 못하는 것이다. 자책하는 데도 겨를이 없고 실로 현세의 유학자들에게도 부끄러움이 많다. 또한 세상의 경험도 깊지 못하고 경전을 만족하게 섭취하는 데도 곤란함이 있으니, 근심하고 두려워하며 날을 보낸다.7)

록하고 있다.
7) 『李炳憲全集』下, 593쪽, 「眞菴略歷」, "余之大患, 則素養甚薄, 檢束不固, 奉上則無以盡怡愉之職, 處獨則無以防淫泆之慾, 顧自訟之不暇, 實有愧於現世儒者多矣,

이처럼 이병헌은 30대 초반에 성리학 공부를 하면서 자신의 학문과 수양에 대해 한계와 문제점을 통렬하게 지적하고 있다. 이러한 사실은 단순히 자신의 능력이 미치지 못함을 탄식하는 것이 아니다. 오히려 그만큼 성리학적 학문체계의 넓은 폭과 수양론적 인격수련의 깊은 경지를 인식하게 되었다는 학문적인 성숙의 단계를 보여 주는 것이며, 스스로 나아가야 할 학문의 방향을 각성하고 있음을 보여 주는 것이기도 하다.

33세 때(1902) 정월에는 어른들의 명을 받아 친족들과 의논하여 구사재九思齋를 세울 계획을 확정하고서, 마을 서쪽 기슭에 땅을 사들이고 터를 닦으며 목재를 준비하였다. 2월에는 예안禮安(현 安東郡 陶山面 汾川里)의 도산서원陶山書院을 방문하였다. 그 전해 겨울에 도산서원의 상덕사尙德祠에 모셔져 있는 이황의 위패位牌가 도난당하는 사건이 일어났는데, 당시 각 서원에서는 이 변고에 대한 위로의 의례가 행해졌으며 함양의 남계서원蘫溪書院에서는 그를 이황과 친교가 있는 집안의 후손이라 하여 위문유생으로 선발하여 보냈던 것이다. 그리하여 이병헌은 2월 중정中丁(그 달에 두 번째로 丁字가 드는 날)에 드리는 제향에 참례하게 된다. 이 제향에는 이황의 후손들을 비롯하여 원근에서 많은 유학자들이 모여들었으며, 제향은 태학太學(成均館)의 규례에 따라 장중하게 거행되었다. 이병헌은 제향이 끝난 뒤에 도산서원의 도서실인 광명실光明室에서 이황과 선현들의 필적을 살펴보고, 이 제향에 참석하였던 많은 유학자들과 인사를 나누었다. 이어서 그는 이황의 종손으로 명망이 높은 학자인 이만도李晩燾(1842~1910, 호는 響山)를 배알하고 새로 짓는 구사재九思齋의 기문記文을 부탁하고자 하였으나, 마침 이만도가 집에 없어서 그의

且涉世未深, 已飽經疢疾, 惕惕以度日."

아들 이중업李中業(1863~1921, 호는 起巖)에게 그 뜻을 전달해 줄 것을 부탁하였다. 그 뒤 그는 이황이 독서하던 청량산淸凉山으로 들어가 오산당吾山堂에서 하룻밤 자며 명승고적을 유람하였다. 이때에 이중업, 이중선李中善, 이용호李用鎬, 이응우李應羽 등 이 지역 유학자들이 동행하였다. 돌아와서도 그는 구사재의 공사에 전념하였으며, 스승 곽종석에게 구사재의 상량문을 부탁하였다.

 이병헌이 청년시절에 찾아가 만났던 당시의 이름난 도학자들을 학맥과 지역으로 분류해 보면 다음과 같다. 우선 그 학맥을 보면, 스승 곽종석을 비롯하여 이진상의 문인들이 6명으로 가장 많았다. 또한 장복추는 이진상과 교유가 깊었으며 같은 영남의 강우江右지역 문인이었다. 그러나 조성가, 기우만은 호남의 기정진 문인들이고, 최익현은 근기近畿의 이항로 문인이었다. 따라서 기호畿湖지역 학자들과도 폭넓게 교유하고 있었음을 알 수 있다.

居昌: 郭鍾錫(1846~1919, 호는 俛宇) ┐
星州: 李承熙(1847~1916, 호는 韓溪) │
高靈: 李斗勳(18??~19??, 호는 弘窩) │
三嘉: 許 愈(1833~1904, 호는 后山) ├── 李震相(호는 寒洲) 문인
 ? : 尹冑夏(18??~19??, 호는 膠宇) │
漆谷: 張錫英(1851~1929, 호는 晦堂) ┘

漆谷: 張福樞(1815~1900, 호는 四未) ── 張顯光(호는 旅軒) 家學淵源
漆谷: 張升澤(18??~19??, 호는 農山) ── 張福樞(호는 四未軒) 문인
晉州: 趙性家(1824~1904, 호는 月皐) ┐
長城: 奇宇萬(1846~1916, 호는 松沙) ┴── 奇正鎭(호는 蘆沙) 문인
抱川: 崔益鉉(1833~1906, 호는 勉菴) ── 李恒老(호는 華西) 문인

2. 개화사상으로의 전환기

1) 개화문물의 충격과 사상적 전환

개화사상으로의 전환기에 해당하는 34세에서 44세 사이(1903~1913)는 크게 두 단계로 나뉜다. 첫 단계는 34세 때 개화문물의 충격을 받으면서 사상적 전환을 한 이후 40세 때까지 개화사상을 심화시켜 가는 과정이고, 둘째 단계는 41세 때(1910) 한일합병으로 국가가 멸망하는 사태 이후 44세 때까지 계몽운동을 통해 교육사업에 종사하지만 실패하고 망국의 시름에 빠져 있던 시기이다.

이병헌은 34세가 되던 해의 봄에 구사재의 건축공사를 마무리하는 데 몰두하고 있었다. 당시 정치적 상황은 더욱 어지러워지고 이미 국가의 기강은 심각하게 붕괴되는 과정에 접어들고 있었다. 이때 그는 『중용』을 읽으면서 유교를 수호하겠다는 신념(保敎之念)을 지니고 이에 대한 논술을 하기도 하였다. 그는 이러한 자신의 신념을 스승 곽종석에게 말했지만 동의를 얻지는 못하였다. 나라가 무너져 가고 새로운 변화 속에 전통적 가치질서가 퇴락하는 현실에서 한 사람의 유교지식인으로서 선택할 수 있는 길은 나라를 구출하기 위해 밖으로 나서거나 유교적 가치를 수호하기 위해 안으로 신념을 강화하는 일이었다. 이병헌과 같이 초야에서 독서하던 지식인으로서는, 일반적으로 학문과 수양으로써 유교적 가치를 지키는 일이 훨씬 더 선택하기 쉬운 길이었을 것이다.

그해 8월 집안에 소송과 관련된 문제가 발생하여 이병헌은 이를 해결하기 위해 서울에 올라갔으나 일이 뜻대로 되지 않아 깊은 번민에 빠지게 되었다. 이때 그는 울적한 마음을 달래기 위해 혼자 남산에 올라갔다가 중대한 사상적 전환을 맞게 된다. 그는 남산 꼭

대기에서 서울 장안을 굽어보다가 서울 거리에 전차와 전선이 연결되어 있고 철도와 철교가 가설되어 있는 근대적 개화문물을 둘러보면서, 우리나라가 이미 옛날의 모습과 엄청나게 달라졌다는 사실에 새삼스럽게 큰 충격을 받는다. 이 자리에서 그는 유교가 이렇게 급변하는 시국에 어떻게 손을 대어야 잘 대처할 수 있는지 고민에 빠지게 된다. 그는 유교지식인으로서 제각기 자기 집안을 잘 지키는 계책만으로는 안심입명할 자리를 얻을 수 없음을 절감하고, 전통의 교육이나 과거공부로는 이 세상을 살아가는 데 적합하게 쓰일 인재를 얻을 수 없다는 사실을 깨달으면서, 학문하는 것이 무슨 소용이 있는지를 스스로 한탄하였다. 또한 인류역사가 시작된 이후로 유학자가 국가의 큰 계책을 처리하였다는 말을 듣지 못한다면 유교 자체가 그릇된 것임을 인식하고 깊은 탄식을 하였다.[8] 이에 따라 그는 전통도학의 방법으로는 새로운 시대에 대응하는 데 한계가 있음을 절실히 깨닫게 되었으며, 여기에서 그의 사상적 전환을 위한 계기가 열리게 되었다.

이병헌은 남산에서 내려와 거리의 서점에서 판매되고 있는 『청국무술변법기淸國戊戌變法記』라는 책을 구입하였다. 이 책은 1898년 청나라에서 강유위가 주도하여 일으켰던 무술변법戊戌變法에 관한 기사를 내용으로 한 것이었다. 그는 이 책을 읽고서 비로소 1894년 청일전쟁 이후 전개된 동아시아의 변화된 정치적 상황과 유학자로서 당세의 시무에 통달한 강유위의 인물됨을 알게 되었으며, 나아가 '옛 제도를 지키기 위해 새로운 문물을 배척할 것'(守舊排新)을 주

---

8) 『李炳憲全集』 下, 594쪽, 「眞菴略歷」, "顧吾儒門之區區爲獨善家計者, 未必得安心立命之地也, 勿論敎與科學, 人生斯世, 不得爲適用之材, 則焉用學爲自恨, 千古以來, 未聞儒者之辦國家大計, 則吾道非耶, 以是慨歎."

장하는 도학자의 위정척사론衛正斥邪論은 나라가 자립할 수 있는 계책이 아님을 절감하게 되었다. 그리하여 그는 하루 사이에 전통도학자에서 개화론자로 사상적 일대전환을 일으키게 되었다. 이에 따라 그는 『태서신사泰西新史』라는 서양역사서를 비롯하여 중국과 서양에 관한 몇 권의 서적을 사들고 고향으로 돌아왔다. 이때 그가 읽었던 신학문서적은 『만국공보萬國公報』[9]·『서양상고철학사西洋上古哲學史』·『만국종교지萬國宗敎志』·『철학요령哲學要領』 등 서양의 철학과 종교 및 국제정세에 관한 것이었다.

　이듬해 35세 때(1904) 그는 다시 서울로 올라왔는데, 이 무렵은 러일전쟁이 일어나 포성이 은은하게 들리던 때였다. 그는 이러한 상황에 처하여서도 자신이 아무것도 할 수 없다는 무력감으로 암담하여 넋이 나간 상태였다고 말하고 있다. 다시 고향에 돌아와서 그는 서양철학서적을 통독하면서 서양철학자의 견해가 공자가 제시한 시중時中의 뜻과 통한다는 것을 깨닫기 시작하였다고 한다. 그러나 그는 이때까지도 지구가 움직이지 않는다는 이론을 묵수하여 이를 논증하고자 애쓰다가 몇 년이 지나서야 지동설地動說을 받아들이게 된다. 그만큼 오랜 세월 도학전통에 젖어 있던 유교지식인으로서 독학으로 개화사상을 심화시켜 가는 길은 쉽지 않았던 것이다.

　36세 때(1905)는 러일전쟁이 끝나고 전쟁에서 승리한 일본이 한국에 대한 국권침략을 신속하게 강화해 가는 상황이었다. 그는 이런 현실에서 한국인으로서 말 한마디 못하고 있기보다는 일본정부의 의도를 탐지하고자 일본정부에 호소하려는 뜻을 지니고 서울에 올라갔다. 그러나 그는 벼슬에 있는 사람 중에 그의 말을 들어 주는 사람이 아무도 없음을 탄식해야만 했다. 그가 서울에 올라갈 때

---

[9] Y. J. Allen이 상해에서 창간하였다.

스승 곽종석이 유학자로서 개화사상을 지녔던 판서 신기선申箕善 (1851~1909, 호는 陽園)을 찾아보도록 지시하였으나 만나지도 못하고 돌아왔다. 이때 일본은 한국의 국권을 침탈하는 이른바 을사오조약 乙巳五條約의 체결을 위한 압박을 가중시켜 가고 있었다. 당시 곽종석은 임금의 명을 받고 서울에 올라갔으며, 이병헌도 뒤따라 거창으로 갔는데, 그곳에서는 유림들이 모여들어 연명으로 장주章奏를 임금에게 올려 적을 성토할 것을 의논하고 있었다. 그는 이러한 주장이 당시 상황에 도움이 될 요령을 얻은 말이 아니라 생각하고 직접 서울로 올라갔다. 그러나 이미 곽종석도 고향으로 내려갔고, 말한마디 해 보기도 전에 보호조약의 체결이 끝난 뒤라 아무 소득 없이 돌아오고 말았다.

이처럼 일본에 의해 국가의 주권을 침탈당하는 국가존망의 위기 상황에 당면하게 되자, 그는 당시의 대세를 돌아보며 이러한 시대를 살아가는 사람은 반드시 실학實學과 실업實業이 있어야 자신을 지켜갈 수 있다고 판단하였다. 이에 따라 그는 37세 때 아우 이병석李炳奭을 서울에 보내 탁지부度支部 산하의 세무견습소稅務見習所에 들어가게 하고, 그 자신도 서울에 올라가 이관李瓘이란 사람을 만난 뒤 사직동에 한 초가집을 구해서 이관과 함께 영어를 배웠다. 이때 그는 세계정세를 알기 위해 상해에서 미국인 알렌(Young John Allen, 林樂知)이 간행하는 『만국공보萬國公報』를 다시 구독하기 시작하였다. 이처럼 그가 외국의 정세에 관한 지식을 축적하고 외국어를 배웠던 사실은 국가가 멸망하는 일을 당하게 되면 외국으로 망명할 생각을 지니고 있었음을 보여 준다. 이듬해인 그가 38세가 되던 해는 고종이 일본의 압력으로 퇴위당하고 정미칠조약丁未七條約이 체결되어 일본의 국권침탈이 더욱 심해지면서 시국은 갈수록 더욱 암담해져 가는 상황이었다. 이때에 그는 한동안 의욕을 잃고 바둑에 빠져 세월을 보내기도 하였다.

이 무렵 최익현은 의병을 일으킨 후 대마도에 끌려갔다가 그곳에서 죽고 말았다. 이병헌은 최익현의 장례에 참여하여 제문을 지어 올렸다. 또한 그의 아우는 탁지부의 세무주사稅務主事가 되어 고부군古阜郡에 부임하였으나 병이 위중하여 바로 죽고 말았으며, 이로 인해 그는 깊은 상심에 젖었다. 당시 일본의 국권침략에 항거하여 사방에서 의병이 일어나자 민생은 더욱 곤란한 형편에 빠져들었다. 그는 이러한 시국에서 의병을 일으키는 것이 국가를 구출하는 데 적합한 대처방법이 아니라고 인식하고 있었다. 그는, 당시의 뜻 있는 사람들은 모두 우리 민족이 대세에 통달하지 못하여 변화에 대처하지 못하고 단합할 줄을 몰라 존립을 도모하지 못하는 것임을 알고 있다고 생각하였던 것이다.

이병헌이 39세 때 함양군 안의 명망 있는 인물들이 관청과 교섭하여 '민의회民議會'를 설립하였는데, 그도 이 민의회에 관심을 기울였다. 그러나 민의회가 운영되는 실지는 백성의 억울함을 풀어 주지 못하고 간교한 자들이 악행을 하는 데 이용되었으며, 이에 대해 그는 민의회에 항의하는 글을 보내었다가 오히려 담당자들로부터 질시를 받는 형편이었다. 또한 그는 군에서 세우는 보통학교普通學校의 회의에도 참여하였는데, 여기서도 민의회의 경우처럼 사사로운 의견들이 분열하는 것을 보면서 공정한 마음으로 일을 마무리 짓고 실질적으로 단합하기가 쉽지 않음을 다시 한번 느끼게 되었다. 한 마디로 이 시기에 이병헌은 개화사상으로 사상적 전환을 하였지만 실지의 일에서는 어느 것도 성취하지 못하여 의욕이 꺾이고 실망에 빠져 있었던 것으로 보인다.

2) 교육사업의 실패와 망국의 시름

이병헌이 개화사상으로 전환한 이후 한 걸음 나아가 계몽운동으로 벌였던 첫 사업은 학교를 설립하여 교육활동을 하는 것이었다. 41세 때(1910) 한일합병으로 나라가 멸망하는 현실을 겪으면서, 그는 이때 비로소 우리에게 가장 긴급한 임무는 오로지 교육에 있음을 깨닫게 되었다. 이에 따라 그는 교육에 헌신할 것을 결심하고 고향의 면내(瓶谷面)에 학교를 설립할 계획으로 마을에 있는 송호서당松湖書堂에 의숙義塾(里塾)을 세울 것을 의논하고 면내의 재산을 거두어 유지할 계책을 세웠다.

이병헌은 이러한 계책에 따라 면내에 공문을 보내 아동을 모집하여 매일 나가서 학업을 지도하였다. 이미 국내에 한일합병의 조칙詔勅이 내려와 나라는 멸망하고 민심은 흉흉하였지만, 그는 오직 교육사업에 전심전력하였다. 그러나 유감을 지닌 소인배들의 모함을 받아 일본군 수비대가 출동하여 의숙의 임원들을 구타하고 핍박하며 삭발하는 일이 발생하였다. 그 자신도 심한 수모를 당하였지만 그는 이 일을 겪으면서도 잠시도 교육사업을 게을리 하지 않았다. 그러나 의숙을 설립하려는 계획을 추진하면서 관청에 교섭하고 마을의 어른들을 권고하는 등 고심하여 노력을 기울였지만 쉽게 이루어지지 않는 형편이었다. 이때 조선총독부에서 내려온 사립학교령私立學校令에 제한이 심하였으므로 그 조건을 충족시킬 힘이 미치지 않아서 결국 뜻을 펴 보지 못하고 중도에 포기하지 않을 수 없었다.

42세 때 그는 서울에 올라가 이 시대 유교지식인으로 애국계몽운동의 중심 인물 가운데 한 사람이었던 박은식朴殷植(1859~1925, 호는 謙谷 또는 白巖)을 만났다. 이때 박은식은 중국으로 망명할 뜻을 밝혔고, 서로 망국의 현실에 탄식을 토로하며 통음하였다. 또한 이공유李孔維의 요청으로 천도교 교주 손병희孫秉熙(1861～1922)를 만나 담소하기도 하였다. 그는 서울에 머물면서 창경원昌慶苑(昌慶宮)과 경복궁의 경회루慶會樓를 둘러보았다. 망국의 궁궐을 둘러보는 그의 감회가 비통하지 않을 수 없었을 것이다. 또한 그는 인천으로 가서 제물포濟物浦 항구를 둘러보며 일본의 물질문명이 진보한 데 크게 놀라고, 옛 자취의 허망함에 탄식하지 않을 수 없었다. 이어서 평양으로 가서 모란봉牧丹峯을 오르고 능라도綾羅島를 거쳐 기자묘箕子墓에 참배하고, 개성으로 내려와 만월대滿月臺와 12폭포의 승경을 돌아보며 옛 왕조의 흥망에 깊은 감상에 젖었고, 선죽교善竹橋와 숭양서원崧陽書院을 찾아가 고려왕조에 충절을 지켰던 정몽주鄭夢周(호는 圃隱)의 자취를 둘러보았다. 돌아오는 길에 수원에서 농림모범장農林模範場을 둘러보고 항미정杭眉亭에서 노닐다가 돌아왔다. 이병헌은 이렇게 멀리 국내를 한 바퀴 돌아보는 것으로 그의 답답하고 울적한 마음에 위로를 삼았던 것이다.

43세 때 신안新安(山淸郡 丹城面)에 있는 선산先山의 나무를 베어낸 일로 소송이 벌어져 집안에서 의논하여 일본인(林田重男)을 변호사로 선임했는데, 일이 처리되지 못하고 시일을 끌기만 했다. 결국 이듬해 그가 소송 문제에 대한 책임을 떠맡게 되었는데,『경남일보慶南日報』주필이던 애국계몽운동가인 장지연張志淵(1864～1921, 호는 韋菴)을 비롯하여 노홍현盧興鉉이 법정에 나와서 도와주어 승소판결을 받아 일을 잘 해결하였다. 그러나 그동안 그는 심한 마음의 고통을 겪어야 했다.

3. 공교운동기

1) 공교회와 강유위와의 첫 만남
― 제1차 중국 방문(1914)

이병헌의 사상과 활동에서 가장 중요한 과제는 유교개혁사상을 형성하고 공교운동을 전개한 일이다. 따라서 그의 생애에서 가장 빛나는 부분도 다섯 번에 걸쳐 중국으로 들어가 강유위의 지도를 받으며 공교사상을 정립하고 강유위의 영향 아래 국내에서 공교운동을 전개하였던 중년시절(1914~1925)의 공교운동기라고 할 수 있다.[10] 실제로 이병헌은 생애의 전반기에는 도학자인 곽종석의 문인이었고 후반기에는 공교사상가인 강유위의 문인이었으니, 그에게 곽종석과 강유위라는 두 스승이 있었다는 것은 그의 사상이 도학에서 공교로 이행되었던 사실을 가장 잘 드러내 주고 있는 대목이기도 하다. 특히 강유위가 중국의 근대 유교사상사에서 차지하는 비중이 중대하며, 이병헌이 국내에서 강유위의 제자로 유일한 인물이었다는 사실에 주목하면, 이병헌이 한국 근대사상사에서 자리 잡은 위치의 중요성을 확인할 수 있다. 그러므로 이병헌이 중국 방문을 통해 강유위의 지도를 받고 공교사상의 내용과 공교운동을 전개하는 과정을 정밀하게 추적해 볼 필요가 있다.

이병헌이 다섯 번에 걸쳐 중국 여행을 하였던 시기와 행로 및 강유위를 찾아갔던 곳을 개괄해 보면 다음과 같다.

- 제1차(1914년 2월~5월): 강유위 방문 → 홍콩 본댁(亞賓律道)
  安東·奉天·北京·曲阜·南京·上海·杭州·上海·香港·上海·蘇州·南京·上海·安東

---

10) 이병헌은 다섯 번의 중국 여행을 통해 얻은 견문과 경험들을 『魯越日記』·『中華遊記』·『北遊日記』의 여행기와 더불어 『眞菴略歷』에도 상세히 기록하고 있다.

- 제2차(1916년 6월~10월): 강유위 방문 → 항주 양장楊庄
  安東→上海→杭州→南京→曲阜→泰安→鄒縣→徐州→南京→上海→南通→上海→安東
- 제3차(1920년 3월~4월): 강유위 방문 → 상해 신원辛園
  安東→上海→南京→曲阜→天津→奉天→安東
- 제4차(1923년 2월~9월): 강유위 방문 → 청도와 항주 강장康莊
  安東→上海→南通→曲阜→上海→靑島→濟南→泰安→曲阜→上海→杭州→上海→安東
- 제5차(1925년 2월~8월): 강유위 방문 → 항주 일천원一天園과 청도
  安東→上海→杭州→徐州→曲阜→上海→靑島→濟南→曲阜→靑島→大連→安東

이병헌은 1913년 중국에서 혁명전쟁이 일어났다는 소식을 듣고 중국에 들어갈 결심을 굳히고, 이듬해(1914) 제1차 중국 방문에 나서게 된다. 당시 중국의 정세는 중대한 전환의 국면에 놓여 있었다. 1911년 손문孫文(1866~1925)이 남경에서 임시대총통으로 추대되면서 중화민국이 성립되었다. 1912년 선통제宣統帝가 물러나면서 청나라가 막을 내리고 원세개袁世凱(1859~1916)가 북경에서 중화민국의 대총통으로 취임하였다. 1913년 원세개의 공격을 받은 중남부지역 7성省이 독립을 선언한 제2차 혁명이 일어났으나 곧 패하였고, 원세개가 국민당國民黨을 해산시키면서 중국 안에서는 혁명세력과 반혁명세력 사이에 전쟁이 일어나게 되었다.

이병헌은 45세가 되던 해(1914) 1월 집을 나서서 서울로 올라와 한 달을 머물렀다. 그는 서울에서 아는 사람들과 시국을 논하며 중국에 들어갈 준비를 하였다. 이때 만났던 인물로는 나철羅喆과 함께 단군교檀君教를 창건한 인물인 오혁吳赫과 대종교大倧教(단군교를 개칭) 2대 교주인 김교헌金教獻(호는 茂園) 등 대종교 계열 인물들과, 손병희孫秉熙 등과 천도교天道教를 결성하여 활동하던 양한묵梁漢默(호는 芝江) 등 종교운동가들을 비롯하여, 『황성신문皇城新聞』의 2대 사

장인 유근柳瑾(호는 石儂)과 광문회光文會와 신문관新文館을 창설한 최남선崔南善(호는 六堂) 등 애국계몽운동가들이었다. 이러한 만남을 통해 이병헌의 사유는 여전히 유교의식에 깊은 뿌리를 두면서도, 새로운 시대조류를 수용하지 않을 수 없는 현실인식과 종교적 각성이라는 방향모색을 하고 있었다.

    그해 2월 16일 이병헌은 압록강을 넘어 중국의 안동安東(현 丹東)으로 가서 그곳에서 망명생활을 하고 있던 노상익盧相益(前侍讀), 안효제安孝濟(前校理)를 만나 만주에서의 망명생활에 대한 형편을 들었고, 이후 봉천奉天·산해관山海關·천진天津을 거쳐 2월 25일 북경에 도착하였다. 그는 북경에 머물면서 진환장陳煥章(1881~1931)이 조직한 공교회孔敎會와 설정청薛正淸 등이 조직한 공도회孔道會를 방문하며 유교의 종교운동단체에 적극적인 관심을 보이기 시작하였다. 그가 공도회를 방문하여 공도회 관계자들과 필담筆談을 할 때 보여준 포부와 식견을 보고서 공도회의 사육인謝育仁은 "중국이 반드시 장래에 귀국의 뒤를 따르게 될 것이다"라고 감탄하였다고 한다. 당시 중국보다 조선의 유교지식인들이 강한 신념을 지니고 있었다는 점을 잘 보여 주는 대목이다. 그는 1908년 블라디보스톡을 거쳐 중국에 망명하여 활동하던 이승희李承熙(1847~1916, 호는 韓溪)를 17년 만에 북경에서 만났다. 당시 이승희는 만주에서 망명생활을 하며 북경 공교회와 연계하여 만주지역 망명조선인들의 유교조직으로 동삼성한인공교회지부東三省韓人孔敎會支部 설립을 준비하고 있었다. 이때 이승희는 곡부曲阜를 거쳐 북경에 돌아왔으며, 이병헌은 이승희로부터 북경 공교회에 관한 사정을 자세히 들을 수 있었다.

    이병헌은 북경에 머무는 동안 공교회에서 발행하는 『공교회잡지』를 열람하였는데, 그는 이 잡지에 대해 당시 중국의 지식인들 사이에서 제기되었던 '공교는 종교가 아니다' 또는 '공자는 종교가 宗敎家가 아니다'라는 주장을 반박하는 데 급급할 뿐 이에 대한 정곡을 찌르지 못하고 있다고 생각하였다. 그리하여 그는 「종교철학합일론宗敎哲學合一論」(1914. 3. 11)이라는 한 편의 논설을 써서, 서양종교는 종교와 철학이 분리되어 있으며 종교가 미신과 결합되어 있지만 이와는 달리 공교는 종교와 철학이 결합되어 있고 미신과는 분리되어 있다는 견해를 밝혀, 유교의 종교적 성격을 재확인하였다. 그는 북경에서 신문지상을 통해 대총통大總統인 원세개가 여러 원로들을 초빙한 가운데 강유위를 당시의 제일로 손꼽히는 통유通儒로서 특히 존중한 사실에 주목하였다. 그는 원세개와 강유위가 합작할 때 중국의 장래에 희망이 있을 것이라는 견해를 지니고 있었는데, 이때 강유위가 상해에서 곡부로 올라왔다는 풍문을 듣고 찾아갈 뜻을 굳히게 되었다.

그는 3월 20일 북경을 떠나 천진天津·제남濟南을 거쳐 이튿날 곡부曲阜에 도착하였다. 이때 이승희에게 받은 소개서를 들고 태사太史 공상림孔祥霖(호는 少需)을 예방하여 성묘聖廟(孔廟: 공자를 모신 사당인 大成殿)와 성림聖林(孔林: 공자의 무덤)의 배알을 청하고 성묘·성림과 더불어 안자묘顔子廟·주공묘周公廟 등 유교의 성지聖地를 돌아보며 평생의 소원을 이루는 깊은 감격에 젖었다. 또한 곡부의 성묘에서 시행되는 제사의례의 절차와 제물祭物·제기祭器·악기樂器 등에 관해서도 자세히 관찰하여 기록하였다. 그는 곡부에서 공교회총리인 공상림과 그의 조카인 76대 연성공衍聖公[11]인 공령이孔令貽를 만나 환대를 받았고, 공상림에게 자신의 저술인 「종교철학합

---

[11] 공자의 宗統을 계승한 奉祀孫을 宋 仁宗 때인 1055년부터 '衍聖公'이라 일컬었는데, 중화민국 정부는 1934년부터 '大成至聖先師奉祀官'으로 개칭하였다.

일론」을 제시하여 높은 평가를 받기도 하였다.

그러나 이때 강유위는 곡부에 오지 않았으므로 그는 공상림의 소개서를 받아 다시 상해上海로 강유위를 찾아나섰다. 그는 3월 25일 자정에 기차로 곡부를 출발하여 배로 장강長江을 건너 남경으로 들어갔다. 다시 남경에서 윤선輪船을 타고 3월 27일 상해에 도착하였다. 그는 상해 공교회 잡지사를 찾아가 주필 진욱장陳郁章을 만나 강유위가 상해에 오지 않았다는 사실을 확인하고 강유위가 머무는 곳을 확인해 줄 것을 부탁하였다. 그는 강유위에 대한 소식을 기다리며 상해에 머무는 동안 공상림으로부터 지부知府 벼슬을 지낸 오개원吳愷元(호는 曉汀, 공상림의 외사촌)을 소개받아 친밀한 교류를 나누었으며, 또한 여러 날 항주杭州의 명승지를 유람하고 돌아왔다. 마침내 그는 강유위가 홍콩(香港)에 머물고 있다는 소식을 확인하고 선편으로 4월 21일 상해를 떠나 4월 26일에 홍콩에 도착했다.

홍콩에 도착했을 때, 이병헌은 마침 박은식도 그곳에 머물고 있다는 사실을 알고 바로 그를 찾아가 공원에서 함께 산책하며 회포를 풀었다. 이튿날 이병헌은 홍콩의 아빈율도亞賓律道에 있는 강유위의 본댁을 찾아갔다. 2월 16일 압록강을 건너 북경과 곡부와 상해를 거쳐 중국을 북쪽에서 남쪽 끝인 홍콩까지 관통하여 찾아가서 4월 27일에야 마침내 강유위를 만나게 된 것이다. 이병헌이 제1차로 중국에 들어가 강유위를 만나게 된 것은 유교개혁사상가로서 그의 일생에 가장 중대한 계기가 되었다.

이병헌은 강유위에게 찾아가서 그를 만나는 것이 평생의 소원이었음을 간곡하게 밝히고, 청심원淸心元 10개를 집지執贄의 예물로 드리며 사실상 제자의 예를 갖추어 가르침을 받기 시작하였다. 5월 2일 두 번째 방문하였을 때 이병헌이 강유위에게 "오늘날 유교에는 주자와 왕양명의 두 파가 있는데, 그 둘 중 어느 쪽을 따라야 합니까?"라고 질문하자, 강유위는 "오늘날 과학은 번다煩多해서, 독서를 많이 할 수 없을 것이다. 부득이 지름길을 따라 진리를 찾아야 하니, 오늘날은 여름에 갈옷 입고 겨울에 갖옷 입는 의리로 말하면 마땅히 왕양명을 따라야 할 것이다"라고 답하였다. 강유위는 왕수인의 치양지致良知에 대해 인과율因果律을 더하여 마음에서 증명하고자 하였음을 설명하였다. 당시 유교개혁사상가로서 강유위의 입장이 번쇄한 주자학의 이론에서 벗어나 양명학의 간명한 실천정신에 호의를 지니고 있음을 알 수 있는 장면이자, 청나라 말기에서 민국民國 초기까지 중국 유교사상이 지향하는 방향을 보여 주는 대목이다.

그러나 이병헌과 강유위의 대화에서 중심 문제는 유교의 개혁과 종교 문제에 관한 것이었다. 이병헌이 이미 국권을 상실하고 식민지배를 받고 있는 조선의 진로에 대해 묻자, 강유위는 "국가의 명맥은 민족의 정신에 있으니, 민족을 단결시키고 정신을 유지하는 방법은 하나뿐인 종교에 있다. 중국과 조선 두 나라의 종교는 유교이니, 유교를 자기 나라의 생명으로 삼으며 종교(유교)를 구출하는 것을 나라를 구출하는 전제로 삼으면 이미 멸망한 나라도 희망이 있을 것이다"[12]라고 대답하며, 영국의 식민지배를 받는 인도의 경우와 나라를 상실한 유태의 경우를 예로 들어 설명하였다. 한마디로 강유위는 이병헌에게 민족정신을 고취하는 방법으로 종교의 중요성을 역설하였던 것이며, 유교를 민족정신의 생명력을 이루는 종교로서 각성할 것을 강조하고, '종교의 구출'(救敎)이 '민족의 구원'(救國) 방

---

12) 『李炳憲全集』, 下, 599쪽, 「眞菴略歷」, "國家之命脈, 在於民族之精神, 團結民族, 維持精神之方, 則有惟一無二之宗敎也. 中麗兩國之宗敎, 則儒敎是也. 以儒敎爲自國之生命, 救敎爲救國之前提, 則已亡之國, 庶乎其有望也."

법임을 제시하여 유교를 재건함으로써 국권의 회복을 도모하도록 권유하였던 것이다.

강유위는 자신의 서고로 이병헌을 안내하여 자신이 서문을 붙인 조선인 윤종의尹宗儀(1805~1886, 호는 淵齋)의 『벽위신편闢衛新編』을 보여 주며 조선의 문헌들을 구입할 방법을 묻는 관심을 보여 주었고, 이병헌은 강유위에게 이승희와 박은식을 소개하였다. 5월 3일 이병헌이 세 번째로 강유위를 찾아갔을 때는 박은식과 동행하였다. 이때 강유위는 기장과 사탕으로 만든 떡인 '종粽'을 내놓아 이병헌과 박은식을 충의忠義의 선비로 특별히 대접하였다. '종'은 굴원屈原이 불의에 굽히지 않고 멱라수(汨羅水)에 투신자결한 의로움을 기려 5월 5일 남방에서 굴원에게 제사를 드릴 때 올리는 음식이다. 강유위는 자신을 찾아와 무너져 가는 유교를 복원하는 데에 뜻을 같이 하는 조선의 선비들에게 각별한 배려를 하였던 것이다. 5월 6일 네 번째로 강유위를 방문하였을 때에도 박은식과 동행하였다. 이 자리에서 춘추학설에 대해 질문하자, 강유위는 노魯나라 역사서의 본문과 공자가 깎아 내고 가필한 필삭筆削의 부분을 구분하여 제시한 자신의 저술 『춘추필삭대의미언고春秋筆削大義微言考』를 보여 주면서, 공자가 필삭한 뜻을 찾는 데 힘써야 한다고 강조하였다. 또한 중국이 공화제共和制와 입헌제立憲制 중 어느 쪽을 받아들여야 할지에 대한 질문에 대해서는 공화제를 반대하는 자신의 입장을 밝히고, 원세개의 정책에 대해서도 조조曹操나 왕망王莽의 무리를 통해 비판적 견해를 제시하였지만, 문답과 토론은 유교를 종교로서 재건하는 문제에 초점이 맞추어져 있었다. 이처럼 이병헌은 홍콩으로 강유위를 찾아가 잇달아 네 차례 방문하면서 강유위의 친절한 지도와 조언을 받음으로써, 유교의 복원방책에 대한 자신의 신념을 확고하게 정립할 수 있었다.

이병헌은 5월 8일 홍콩을 떠나 박은식과 함께 선편으로 5월 12일 상해로 왔다가 잠시 소주蘇州를 거쳐 금릉金陵(남경)을 유람하고 돌아왔다. 5월 20일 선편으로 상해를 떠나 5월 24일 안동安東에서 배를 내렸으며, 5월 28일 기차편으로 압록강을 건너 그날 저녁 서울에 도착하였다. 그가 2월 16일 압록강을 넘어 중국에 들어갔다가 5월 28일 다시 압록강을 넘어 귀국하였으니, 첫 번째 중국 여행은 100일 간의 일정이었다. 이 첫 번째 중국 여행을 통해 그는 중국에서 견문하였던 국제정세나 새로운 서구문물과 풍속의 변화된 모습에서 깊은 충격을 받았으며, 북경・곡부・상해의 공교회조직과 접촉하고 강유위의 가르침을 받음으로써 유교의 개혁과 종교적 조직화를 위한 신념을 확립하는 기반을 다질 수 있었다.

2) 공교운동에 나서며
— 제2차 중국 방문(1916)

제1차 중국 방문에서 돌아온 이병헌은 거창으로 스승 곽종석을 찾아뵙고 함께 해인사海印寺로 유람하기도 하였으나, 한말 도학의 전통을 계승하고 있는 곽종석에게 자신의 유교개혁론의 신념을 얼마만큼 허심탄회하게 털어놓았는지를 엿볼 수 있는 기록은 남아 있지 않다. 이병헌은 귀국 후 집안의 산송山訟으로 진주・대구 등의 법정을 무수히 왕래해야 하는 번거로움을 심하게 겪어야 했지만, 유교개혁을 위한 그의 열정은 조금도 식지 않았다. 마침내 그는 자신의 유교개혁사상을 위한 기반을 더욱 견고하게 굳히기 위해 제1차 세계대전이 한창이던 47세 때(1916) 제2차 중국 방문에 나섰다.

1916년 6월 7일 집을 나선 이병헌은 서울에 며칠 머물다가 압록강을 건너 안동에서 6월 22일 배를 타고 출발하여 6월 26일 상해에 도착하였다. 이때 강유위는 상해에 머물렀다가 항주의 서호西湖에 있는 양장楊莊과 유장劉莊에서 피서를 하고 있었다. 6월 29일 이병헌은 항주로 강유위를 만나러 갔다. 마침 박은식이 항주에 머물고 있어서 함께 서호의 호심정湖心亭에서 기거하였으며, 함께 강유위를 찾아가기도 하였다.

강유위는 유교개혁에 자신과 뜻을 같이 하는 조선의 두 지사志士를 따뜻하게 맞아 주었다. 강유위는 자신이 머물고 있는 유장의 건물에 새겨진 조각과 대리석·태호석太湖石을 비롯하여 동기銅器를 감상하게 하고 정원의 연못과 제방과 회랑까지 안내하며 친절하게 설명해 주었다. 또한 보름달이 밝은 날, 강유위는 이병헌과 박은식이 머무는 호심정으로 찾아와 서호에서 배를 띄워 달구경을 가자고 초대하기도 하였다. 당시 이병헌은 일이 있어서 뱃놀이에 따라가지 못한 것을 무척 아쉬워하였지만, 이를 통해 강유위가 이병헌을 자상하게 배려하고 있었던 사실을 알 수 있다.

이병헌은 강유위에게 조선의 유교를 개량하는 방법을 집중적으로 물었고 강유위는 극진하게 설명을 하면서, 유교의 개량방법에 관한 토론을 깊이 전개해 갔다. 이때 강유위는 "세상을 근심하는 지극한 정성에서는 같은 마음이지만, 신학新學을 하는 소년들은 공교를 존중할 줄 모르고 오로지 서양의 법도만 일삼으니 진실로 두려워할 일이다. 정부도 뜻을 두지 않아 공자의 가르침은 떨치지 못하고 정치도 산만하여 통일됨이 없다"며 탄식을 하였다. 그만큼 시대 조류의 대세가 유교의 개혁과 재건을 위한 의지와는 다른 방향으로 흘러가는 현실을 인식하고 있었던 것이다.

이병헌은 강유위에게 곡부로 가서 공묘孔廟에서 개최되는 가을의 석전제釋奠祭에 참석하고, 옛 성인들의 유적을 방문하고 태산泰山을 오르겠다는 계획을 알렸으며, 강유위는 그에게 필요한 소개서를 써 주었다. 강유위는 자신의 저술인 『중용주中庸注』와 『예운주禮運注』를 이병헌에게 내어 주어 공부하게 하였고, 이병헌은 자신의 제1차 중국 방문과 강유위를 찾아갔던 여행기인 『노월일기魯越日記』를 제시하였다. 7월 19일 이병헌은 상해로 돌아와 신원辛園에서 강유위를 만난 다음, 강유위가 곡부 공교회총회의 공孔 총리에게 보내는 소개편지를 받아 7월 28일 상해를 떠나 7월 30일 두 번째로 곡부로 갔다. 곡부의 공교회에서는 강유위의 부탁에 따라 이병헌에게 공교총회당孔敎總會堂이 있는 사씨학四氏學(顔子·曾子·子思·孟子를 모신 사당이 있는 학교)의 명륜당明倫堂에 숙소를 정해 주었다. 공교총회당에는 호천상제昊天上帝와 지성선사至聖先師(孔子)의 신위를 모셔 놓고 1912년부터 매월 초하루와 보름날에 공교회 회원들이 모여 배궤례拜跪禮(三跪九叩頭禮)를 행하는데, 이병헌도 이 배궤례에 참여하였다. 또한 그는 연성공부衍聖公府(孔府)로 연성공衍聖公(당시 衍聖公은 공자의 76대손인 孔令貽)을 방문하여 각별한 대접을 받았으며, 안자顔子(復聖公)의 76대 종손인 한림원 오경박사 안경육顔景堉을 만나 담화하였는데, 이 자리에서 안경육은 그에게 유인석柳麟錫(1842~1915, 호는 毅菴)의 안부를 물으면서 조선의 유교계에 대한 깊은 관심을 보여 주었다.

    이병헌은 곡부 사씨학의 명륜당에 머물던 8월 7일 밤에 「도고문禱告文」을 지어 공자의 신위 앞에 나아가 읽으면서 기도함으로써, 조선에서 무너져 가는 유교와 상실한 국권을 회복하고자 하는 자신의 결의를 밝혔다.

하늘과 땅 사이에 하루라도 없어서는 안 될 것이 공부자孔夫子의 도임을 압니다.……슬픕니다. 동양과 서양이 열리어 소통되고 유럽과 아시아가 접속되니, 예의와 사양은 '경쟁'으로 변하고, 제사의 예법은 '포화砲火'로 변하여, 우주 안의 인간들은 날로 '진화'의 사례를 따라가서 몽매하고 미약한 자는 점차 도태의 구렁텅이에 빠져듭니다. 불행히도 우리 조선은 유교의 나라로 일컬어졌을 뿐인데 다른 민족에 함몰당하고, 중국은 유교의 나라로 뚜렷하였는데 또한 강한 이웃에 잠식당하였습니다.

세상일을 논하는 자들은 마침내 유교로는 나라를 위할 수 없다고 하니, 아아 안타깝습니다. 조선의 멸망이나 중국의 쇠약은 유교를 잘 실천하지 않은 까닭에 소통하고 변화시키는 권도에 어두웠기 때문입니다. '교敎'로써 나라를 구할 수 있음을 생각하지 않고 '교' 때문에 망하였다고 하니, 이 무슨 마음입니까.

저는 바다 건너 보잘것없는 인물이지만 나라의 멸망이 '교'가 밝혀지지 못함에 말미암은 것이라 스스로 슬퍼합니다. 나라는 바로 자신의 천지요 부모이므로, 천지가 비록 넓지만 나라를 버리고는 갈 곳이 없으며, 부모가 비록 죽었어도 오히려 차마 죽었다는 생각을 가지지 못합니다.……공부자의 도는 천지에 세워도 어긋나지 않고 귀신에 물어도 의심 내지 않으니, 마땅히 4억의 인심을 유지할 것이요, 중국이 결코 석가의 석란錫蘭(Ceylon)이나 예수 그리스도의 유태猶太(Judea)가 되지 않을 것입니다.

저는 비록 어리석고 못난 사람이지만 공부자의 도를 배워서 동방에 돌아가 유교를 배우고도 옛것을 묵수하는 자를 구출하여 다시 천지의 온전한 인간이 되고 부모의 순종하는 자식이 되게 하며, 조국의 혼을 불러일으키고자 하오니, 엎드려 성스러운 신령께서 묵묵한 가운데 도와주소서.[13]

---

[13] 『李炳憲全集』 上, 623~624쪽, 「中華遊記」, "知夫天地之間不可一日無者, 夫子之道也,……嗚呼痛哉, 東西開通, 歐亞接踵, 禮讓變作競爭, 俎豆化爲炮火, 宇內之圓

이병헌은 이 기도문에서 서양열강의 제국주의적 침략과 약육강식의 시대상황에서 유교전통의 조선과 중국이 붕괴되는 현실을 지적하고, '교'(유교)가 나라의 멸망원인이라는 주장에 대해 '교'를 밝힘이 나라를 구제하는 원동력이 될 수 있다는 확신을 제시하였다. 또한 그 자신이 중국에서 공자의 도를 새롭게 배워 우리나라의 보수적 전통에 사로잡혀 폐쇄화된 유교지식인들을 깨우치고 이를 통해 나라를 다시 살려 내는 것을 사명으로 하고 있음을 밝히고 있다.

이병헌은 곡부에서 옛 유적을 찾아나서 곡부 동례문東禮門 바깥에 있는 노魯나라의 옛 신사神祠인 선원성모전仙源聖母殿을 돌아보고, 옛 성루城樓에 '망역望繹'이라 새겨져 있는 곳이 옛 관대觀臺로 공자가 '대동大同'을 서술한 자리라고 확인하였으며, 소호릉少昊陵을 찾아보기도 하였다. 8월 9일에는 초대장을 받고 규문각奎文閣에서 행해지는 석전제의 의례절차를 연습하는 광경을 참관하였다. 이튿날 8월 10일 자정에서 새벽 6시까지 성묘聖廟 대성전大成殿에서 행해지는 석전제에 참례하여 그 절도와 규모를 자세히 관찰하였으며, 그날 정오에 공상림이 공교회 회원을 이끌고 대성전에서 배례拜禮를 행하고 규문각에서 공교회 회의를 여는 자리에도 참석하였다. 이병헌은 곡부의 석전제에 참례하고 공교회의 배례와 회의에 참여

顧方趾者, 日趨天演之例, 而昧弱者漸就淘汰之科, 不幸而吾朝鮮以儒教國稱而已, 淪于他族, 中華以儒教國著, 而又啓强隣之蠶食, 以致世之論者, 遂謂儒教不可以爲國, 嗚呼惜哉, 朝鮮之亡, 中國之弱, 以不善儒教之故, 而昧乎通變之權也, 不念教之可救國, 而謂由教而亡, 抑獨何心哉, 炳憲以滄海鯫生, 竊自悲國之亡, 由教之未明, 而國者乃自身之天地也, 父母也, 故天地雖廣, 舍國而無可往之處, 父母雖亡, 尤不忍有死其親之念, …… 夫子之道, 建天地質鬼神, 而不悖不疑, 則當維持四萬萬人心, 而中國決不爲釋迦牟尼之錫蘭, 耶蘇基督之猶太矣, 雖愚駄不肖如炳憲焉, 願學夫子之道, 歸諸東方, 以救學儒而守株者, 更求爲天地之全人, 父母之順子, 以招祖國之魂, 伏惟聖靈之默佑焉."

함으로써, 사실상 공교회에 참여하는 조선인의 대표로서 대우를 받았던 것으로 보인다. 또한 그는 머물고 있는 사씨학의 강사인 원서정袁書鼎과 만나 중국과 우리나라의 제사의례에 대해 문답하기도 하였다.

이병헌은 8월 15일에 공교회 회원들이 집회를 열어 궤배례를 하고 공교회의 사무를 상의할 때도 참여하였는데, 이때 그는 민국民國이 성립된 이후 경전을 읽는 교육과정이 폐지되고 하늘과 공자에 대한 제사가 폐지된 데 대해 항의하며 대총통·총리·내무부장·국회의원들에게 보낸 강유위의 전문電文을 공교회 회원들이 벽에 걸고 서로 토론을 벌이는 광경을 보았다. 중국에서도 유교전통이 국가로부터 외면당하는 위기상황을 보면서, 이병헌은 "천하만국이 이미 펼쳐 왔던 공공의 사례를 들어본다면, 어느 나라를 말할 것 없이 그 나라의 독특한 종교가 있는데도 국교를 삼지 않는다면 그 나라를 보존할 수 없다. 불교가 인도에서 쫓겨나니 인도가 폐허화되었고, 예수교가 유태에서 쫓겨나니 유태가 멸망되었다. 원컨대 중국인은 인도나 유태가 석가나 예수를 대하듯이 공자를 대하지 않기를 바란다"[14]는 견해를 밝혔다. 그가 중국에서 유교를 국교로 해야 한다고 주장한 이 견해를 공교회 회의석상에서 발표하였는지는 분명치 않으나, 이 회의에 참관했을 때의 자기 견해로 기록하고 있다.

8월 16일에는 태산泰山으로 유람을 떠났다. 그는 태안泰安에 가서 동악묘東岳廟를 둘러보았으며, 만대의 공사工師로 높여지는 공수자의 사당(公輸子祠)을 살펴보았다. 또한 삼황묘三皇廟(伏犧·神農·黃

---

14) 『李炳憲全集』 上, 629쪽, 「中華遊記」, "擧天下萬國已演之公例而觀之, 勿論某國, 國有特産之宗敎, 而不立以爲國敎, 則未有能保其國者, 釋敎被逐於印度, 而印度邱虛, 耶敎見黜於猶太, 而猶太澌滅, 竊願中國之人, 幸勿以印度猶太之待釋迦基督者, 對孔子也."

帝의 사당)를 둘러보면서 그 동무東廡와 서무西廡에 각각 선의先醫 14명씩이 제향되고 있는 점을 통해 옛사람들이 의원醫員을 중시하였던 사실에 유의하였다. 8월 20일 태산을 오를 때는 청제관青帝觀을 통해 영선교迎仙橋를 건너 일천문一天門을 지나, 공자가 태산을 오른 곳이라는 '공자등림처孔子登臨處'를 새겨 놓은 돌문(石坊)을 보고, 대장령大藏嶺을 거쳐 두모궁斗姥宮(옛 龍泉觀)·수류교水流橋·호천각壺天閣·보천교步天橋·이천문二天門·작천정酌泉亭·오대부방五大夫坊·대송정對松亭·승선방昇仙坊·남천문南天門을 거쳐 문묘文廟와 벽하사碧霞祠 및 동악묘東嶽廟를 참배하고, 대관봉大觀峯에 올랐다가, 청제관青帝觀을 거쳐 태산의 정상에 올랐다. 정상에는 공자가 태산에 올라보고서 천하가 작은 줄을 알았다는 말씀에 따라 '공자소천하처孔子小天下處'라고 새겨진 바위가 있었다. 이렇게 그가 태산을 오르며 그 경로와 과정을 자세히 살폈던 것은 바로 공자의 발자취를 따른다는 뜻을 보여 주고 있는 것이다.

    8월 23일에는 추현鄒縣으로 가서 맹자의 모친이 맹자를 가르치기 위해 세 번째 이사 갔던 곳인 '삼천고지三遷故址'와 맹자가 벼루를 씻은 못이라는 '아성맹자세연지亞聖孟子洗硯池'를 비롯하여, 맹자의 옛집터인 '맹모삼천사孟母三遷祠'·'맹모단기처孟母斷機處'의 유적을 일일이 찾아보았으며, 아성묘亞聖廟(맹자를 모신 사당)에 들어가서 맹자의 유상遺像을 배알하였다. 또한 자사子思와 관련된 유적으로 술성사述聖祠(子思를 모신 사당)와 자사가 『중용』을 지은 옛집터라는 '자사자작중용처子思子作中庸處'를 찾아가 깊은 감회에 젖기도 하였다.

    이병헌은 서주徐州와 남경을 거쳐, 8월 29일에 다시 상해로 돌아와 신원辛園으로 강유위를 찾아갔지만 강유위는 이미 떠나고 없어 만나지 못하였다. 9월 10일 장강長江을 건너 남통南通으로 가서 이곳에서 망명생활을 하는 한말의 문인이요 역사학자인 김택영金澤榮(1850~1927, 호는 滄江)을 방문하여 여러 날 동안 머물면서 경학과 문장과 시국을 토론하였다. 이때 그는 자신의 중국 여행기인『노월일기』를 김택영과 함께 검토하고 간추려서『중화유기中華遊記』로 편찬하여 유교를 선전함으로써 국수國粹를 보존하기 위한 자료로 삼고자 하였다. 남통을 떠나기 전 그는 김택영과 함께 가까운 낭산狼山에 올라 장강이 황해로 들어가는 경치를 감상하기도 하였다. 10월 5일 다시 상해로 돌아와 선편으로 안동을 거쳐 10월 22일 압록강을 건너 이튿날 서울로 돌아왔다. 서울에서 그는 유근柳瑾, 장지연張志淵을 비롯하여 정만조鄭萬朝(1858~1936, 호는 茂亭)를 만나 시를 화답하거나 학문을 토론하기도 하였다.

120여 일의 제2차 중국 방문에서는 강유위를 만나 강유위의 공교이론에 기초가 되는 금문경학적 경전주석을 받아 공부하게 된 것과 더불어 곡부의 석전제에 참례하고 공교회의 의례와 집회에 직접 참여함으로써 중국 공교회의 조직에 기반을 확보하여 공교운동의 기틀을 확고하게 정립하였던 것이 가장 큰 진전이라 할 수 있다. 이에 따라 이병헌은 국내에서 공교운동을 위한 활동을 활발하게 전개하기 시작하였다.

이병헌은 48세 때(1917) 당시 조선총독부에서 '종교령宗敎令'을 제정하여 유교를 종교에서 삭제하고,「공동묘지관리규칙共同墓地管理規則」을 발표하여 묘제墓制를 친족단위의 전통제도에서 마을단위의 합동방식으로 바꾸도록 요구하자, 이에 항의하는 운동을 벌이는 데 관심을 집중하였다. 그는 유교는 살아 있는 동안의 명맥인데 이제 유교가 종교로 인정받지 못하는 것은 살아서 희망이 없는 것이라 지적하고, 무덤은 죽은 뒤에 돌아갈 곳인데 조상의 선산에 묻힐 수 없게 된 것은 죽어서 돌아갈 곳이 없어진 것이라고 인식하였다. 이에 따라 그는 "나라는 망할 수 있어도 '교'는 망할 수 없다"(國可亡而敎不可亡)는 것이 모든 나라에서 확인될 수 있는 사례라고 하여, 유교를 종교로 수호할 것과 더불어 공동의 묘제는 우리나라에서 가족 단체로 이루어져 왔으며 중국의 공자, 안자, 증자, 맹자 등 옛 성현들도 가족공동의 묘제를 보여 주고 있는 사실을 들어, 총독부의 잘못된 법령을 바로잡아야겠다는 신념을 밝혔다. 그리하여 그해 3월 서울로 올라가 정문섭鄭文燮, 김일제金一濟 등 몇 사람의 동의를 받아 연명으로 총독부에 항의하는 첫 번째 「장서長書」를 보냈다.

이때 이병헌은 서울에서 금강산 유람길에 나섰다. 그는 마하연사摩訶衍寺에서 며칠을 머물면서 「도고문禱告文」을 지어 3월 29일 금강산의 신령(金剛主山之靈)께 기도를 올렸다.

> 향교와 유교 교당은 인륜에 관련된 것으로, 이를 소홀히 하면 민족의 덕성이 영원히 소멸될 것이요, 묘지는 살아서 자신을 다한 다음에 죽어서 돌아갈 집이니, 가족공동의 묘역을 얻을 수 없으면 안심입명의 관념이 영원히 끊어질 것이다.[15]

여기에서 이병헌은 향교와 유교조직의 유지방법을 강구하고 지역공동묘지제도가 아니라 가족공동묘지제도를 확립하여야 한다는 자신의 뜻을 밝히고 있다.

이병헌이 금강산 유람을 마치고 간발고령干發告嶺을 넘어 창도昌

---

15) 『李炳憲全集』 上, 134쪽, 「禱告文」, "鄕校及儒門敎堂, 倫常所係, 此而忽焉, 則民族之德性永滅矣, 墓地, 卽生而自盡, 死而攸歸之宅, 如不得家族共同之域, 則安心立命之觀念永絶矣."

道로 돌아나오는 길에 강도를 만났는데, 그들은 이병헌의 행장 속의 문서를 뒤지고 지갑 속의 돈 50환圜을 빼앗았다. 그때 강도 중 한 사람이 행장 속에 있던 금강산에서 올린「도고문」과 총독부에 보낸「장서」를 보고, 그에게 "당신은 '종교'와 '묘제'의 두 가지 일을 처리하고자 하는가?" 하고 물었다. 그러자 이병헌은 "'종교'와 '묘제'의 두 가지 일을 청구하지 않으면 우리는 살아서 의지할 곳이 없고 죽어서 돌아갈 곳이 없다.……이 두 가지 일은 우리 앞날의 살길이며 총독부 법령의 미비한 곳을 보완하는 것이다. 일이 끝까지 가면 당국도 결단코 따르지 않을 수 없을 것이다"16)라고 대답하였다. 이 말을 듣고 감복한 강도들은 빼앗아 간 돈을 돌려줄 뿐만 아니라, 그가 술값에 쓰라고 10환을 주어도 받지 않고 돌아갔다고 한다. 유교를 수호하고 묘제를 지키려는 그의 확고한 신념에 강도들까지 설복되었던 것이다.

이병헌은 금강산에서 서울로 다시 돌아와 총독부에 두 번째「장서」를 보내고 고향으로 돌아왔다. 고향에 머무는 동안 칠곡漆谷 출신으로 안의安義(현 咸陽郡 安義面)에 사는 이덕환李德煥이 그를 찾아와 하룻밤을 머물며 종교의 대세에 대해 활발하게 토론을 벌였던 일이 있다. 이해 10월에 곡부에서 공상림의 부고訃告를 받고 곡哭하였으며, 11월에는 단성丹城(현 山淸郡 丹城面)·진주晉州 등지로 친우들을 두루 방문하며 몇 사람의 동지를 모아, 그해 12월에 함양 향교에서 집회를 열고 총독부에 보내는 세 번째「장서」를 작성하였다.

---

16)『李炳憲全集』下, 603쪽,「眞菴略歷」, "宗敎墓制二事, 不能得請, 則吾人生無可依, 死無可歸……此二事, 非但求吾人之前頭生路, 亦所以補府令之未備處也, 事到終境, 當局決不得不從."

49세 때(1918) 배산培山(현 山淸郡 丹城面 沙月里 培養 마을)의 친족인 이병호李炳昊와 이병홍李炳洪이 찾아와 조상을 받드는 사당을 짓는 일을 제시하자, 이병헌은 밤낮으로 오직 공교를 보존한다는 일념에 몰두해 있었던 만큼 문묘文廟를 설립하여 교조教祖(孔子)만을 높이는 뜻을 간직한다면 자신도 이 일에 종사하겠노라고 제안하여, 마침내 문묘 설립의 계획이 세워지게 되었다. 이때 총독부에 보내는 세 번째「장서」가 이 지역의 보수적인 유학자들의 오해를 불러일으켜 장애가 생겨 군청에서 반환되자, 그는 서울에 올라가 미진한 말을 보충하여 총독부에 다시 보내고 돌아왔다.

그해 9월 이병헌은 배산에 문묘를 세우는 계획을 추진하기 위해 영남에서 가장 큰 영향력을 가진 이황 종가를 설득하러 나섰다. 먼저 예안禮安 하계下溪(현 安東郡 陶山面 土溪里)로 이중업李中業(호는 起巖)을 방문하여 통문通文과 문중의 편지(門札)를 전하면서 배산서당培山書堂을 세우려는 뜻을 설명하였으나, 이중업은 매우 곤란하게 여기는 입장을 보였다. 이어서 이황의 종손 이충호李忠鎬를 비롯하여 이황 종중宗中의 장로들을 찾아가 그들을 설득하는 데 노력하였다. 처음에는 서로 의견이 어긋났으나 마침내 합의를 얻는 데 이르게 되었다고 한다. 예안에서 그는 이황의 체취가 배어 있는 월란정사月瀾精舍·한서암寒棲菴·도산서원陶山書院에서 머물렀다. 돌아오는 길에 경주로 가서 불국사와 석굴암을 유람하고, 대구에서 열린 공진회共進會를 참관한 다음 귀가하였다. 그해 10월 그는 모친상을 당하였다.

50세 때(1919) 3·1만세운동이 일어나 전국이 소요에 휩싸였을 때, 이병헌은 거상居喪하면서 경전과 역사 연구에 몰두하였고, 유교 개혁의 이론적 체계를 세운『유교복원론儒教復原論』과『총서叢書』

(『山房叢書』를 가리키는 것으로 보임)를 저술하였다. 3·1운동의 여파로 조선총독이 무단武斷정치를 하던 데라우치(寺內正毅)에서 사이토(齋藤實)로 바뀌자, 그는 억압이 다소 완화된 기회를 이용하여 자신이 추진해 오던 '종교'와 '묘제' 문제를 건의하기 위해 서울로 올라갔다. 서울로 가던 길에 거창으로 스승 곽종석을 찾아갔으나, 곽종석이 전날 세상을 떠났다는 소식을 듣고 찾아가 곡하였다. 이어서 서울로 올라가 총독부에 소청하는 글을 보내고 동경의 일본정부와 일본의 총리대신인 오쿠마(大隈重信)에게 각각 청원하는 서한을 보내고 돌아왔다. 그는 총독부에 '묘제'를 개정하고 향교재산을 돌려주도록 10여 차례 「장서」를 보냈으며, 일본정부와 일본총리에게도 여러 차례 건의서를 보내면서 이 일을 위해 몇 년 동안 노심초사하였다. 그러나 아무런 반응이나 효과를 얻지는 못하였으니, 유교를 지키기 위한 그의 활동이 실패로 돌아간 것은 사실이다. 그러나 유교를 지키고 복원하겠다는 그의 의지는 결코 좌절되지 않고 더욱 굳게 다져졌다.

3) 배산서당 건립 계획과 공교운동의 방향 설정
― 제3차 중국 방문(1920)

이병헌은 1918년부터 공교를 지키기 위한 방법으로 문묘文廟를 설립하여 교조 공자를 존숭할 것을 결심하면서 공교운동의 방향을 구체화하였고, 이에 따라 공교운동에 본격적으로 나서기 시작하였다. 공자를 중심으로 선현을 모신 사당인 '문묘'는 조선시대의 전통에서 국가기관인 성균관과 향교에만 설치될 수 있었던 것이니, 그가 추진했던 문묘의 설립은 민간에 의한 문묘로서 이른바 '민립문묘民立文廟'이다. 그는 배산서당培山書堂을 세우면서 문묘를 여기에 설립하기로 계획을 세웠다.

그는, 공교운동의 핵심적 실천 과제로 교조 공자를 모신 문묘를 세우기 위해서는 무엇보다 먼저 당시 우리나라에 있는 진본이 아닌 공자의 성상聖像을 진본으로 갖추어야 한다고 말했다. 또한 통용되고 있는 경전과 주석이 진선한 것이 아니므로 진선한 것을 확보하여야만 유교를 본래의 모습으로 복원할 수 있으며, 유교를 복원해야만 유교의 발전도 이룰 수 있다는 인식을 밝혔다. 그리하여 그는 곡부의 연성공부衍聖公府로부터 허락을 받아 공자성상의 진본을 모사해 오고, 강유위의 도움을 받아 지금까지 통용되던 고문경古文經과 달리 금문경今文經의 진본을 구입하여 새로 짓게 될 배산서당에 봉안奉安함으로써, 우리나라 사람들을 격동시켜 공자와 유교를 우러러보게 할 계획을 세웠다. 그는 이 계획이 진리를 구하여 유교복원의 공을 이룰 수 있는, 천년에 한 번 만날 수 있는 절호의 기회라는 확신을 가졌던 것이다. 그가 51세 때(1920) 제3차 중국 방문에 나서게 된 것은 이처럼 공교운동의 추진을 위한 확고한 신념과 명확한 설계 위에서 추진된 것이다.

이병헌은 제3차 중국 방문을 위해 1920년 1월 18일 서울에 올라왔다. 이때 정만조가 찾아와 그가 1919년에 조직한 '대동사문회大東斯文會'에 대해 설명하였다. 이병헌은 "지금 우리나라의 인도人道에서 급한 일은 공교를 뿌리내리게 하는 데 있으니, 공교를 지탱하는 방도는 전날의 규모를 따르는 것이 아니다. 위에서 크게 개혁한다 하여도 보존할 수 있는 이치가 전혀 없다. 개혁의 방도는 공자의 원래 모습을 회복하는 것에 지나지 않을 뿐이다"[17]라고 하여, 오히

---

17) 『李炳憲全集』上, 641쪽, 「北遊日記」, "方今吾邦人道上急務, 在扶植孔教, 而扶教之道, 非從前日儒者規模, 上大行改革, 萬無能存之理, 改革之道, 不過求復孔氏之

려 공자성상의 진본을 받들고 공자경전의 진본을 구해서 유교를 복원하는 방법에 종사할 것을 요청하였다. 당시 정만조가 대동사문회를 조직하여 유교개혁운동을 표방하였으나, 그 방법과 목표에서 이병헌의 입장과는 상당한 차이가 있었음을 보여 주는 대목이다. 실제로 대동사문회는 정만조를 비롯하여 이범철李範喆, 최승년崔承年, 박로학朴魯學, 송지산宋之産 등이 간부로 있었으며, 총독부의 동화同化정책에 협조하는 친일유림조직이었던 것이 사실이다. 그러나 이병헌은 대동사문회의 조직목적이 사문斯文(유교)을 지키는 것임을 인정하여 대동사문회를 방문하기도 하였으나, 그 간부들과 유교개혁의 일을 논하면서는 그들이 속된 학문에 빠져 있어서 일을 착수하고 힘을 발휘할 수 없음을 탄식하였다. 그는 정만조에게 중국 공교회총부孔敎會總部에 공문을 보내 곡부 대성전에 있는 공자의 진상을 모사하여 회당에 봉안하고, 공자의 깊은 뜻을 발명한 경설經說을 구해서 국내의 명사들과 연구할 것을 제안하여 정만조, 어윤적魚允迪, 송지헌宋之憲, 이범철李範喆이 연명한 강유위와 공교회총부에 보내는 공문을 받았다.

또한 이병헌은 지난해 이황의 종손 이충호李忠鎬가 중국 방문길에 동행하겠다고 약속을 하여 편지를 보냈으나 소식이 없자, 이충호가 배산서당을 대표하게 하는 것이 중요하다고 판단하여, 다시 편지를 보내 연성공과 강유위에게 보내는 이충호의 편지 두 통을 받았다. 이병헌은 배산서당에 문묘를 설립하여 공교운동의 중심으로 삼고자 한 계획이 국내에서 공인받기 위해서는 도산서원의 협조가 절실하게 필요하다고 판단했던 것이다.

이병헌은 서울에 머물면서 며칠 동안의 여가를 이용하여 개성으

原狀而已."

로 가서 박연폭포 등을 유람하였는데, 개성에서 천마산天磨山으로 가는 도중에 단가短歌 두 수를 지어 자신의 포부와 결의를 읊기도 하였다.

    이천년래 우리 교조, 뉘라 다시 사랑할고.
    이천만중 우리 동포, 뉘라 다시 깨쳐 줄고.
    어서 힘써 종교 철학, 합일하여 만대 위인 되어 보세.

    받지 마라 받지 마라, 마귀 유혹 받지 마라.
    장부 주지主志 한번 선 후, 천하만인 흔들소냐.[18]

어느 날 이병헌은 서울에서 유근柳瑾을 만나 함께 술을 마셨는데, 이때 유근은 최근에 자신의 화상찬畫像贊으로 지었던 시를 읊었다.

    기둥과 들보가 되리라 처음 뜻을 세웠으나 평생을 그르치고 말았네.
    우연히 서투른 장인 만나 작은 도구가 되었으니
    비록 기만과 능멸을 당해 부끄럽게도 밑에 놓이게 되었으나
    항상 반듯하고 바름을 지켜 기울어짐이 없기를 경계하네.

이병헌과 유근은 시를 통해 당시를 살아가는 우국지사의 참담한 심정과 굳은 지조를 함께 나누었던 것이다.[19]

---

18) 『李炳憲全集』 上, 641쪽, 「北遊日記」, "二千年來 우리敎祖 뉘라다시 살흥홀고 二千萬衆 우리同胞 뉘라다시 쌔처줄고 어서힘써 宗敎哲學 合一ᄒ야 萬代偉人 되야보새. 又曰 붓지마라 붓지마라 魔鬼誘惑 붓지마라 丈夫主志 흔번선後 天下萬人 흔들손야."
19) 『李炳憲全集』 上, 642쪽, 「北遊日記」, "柳乃慨然語吾, 近以木枕爲題得一詩, 曰棟樑初志誤平生, 偶得庸工小器成, 縱被欺陵羞處下, 常持方正戒無傾."

한편 이병헌은 경성통신사京城通信社로 가서 사장인 오가키(大垣丈夫)를 만나 종교 문제에 대해 토론을 벌였던 일도 있었다. 오가키는 대한자강회大韓自强會에도 참여하였지만 친일유림조직인 대동사문회의 고문이 되는 등 조선인의 사회조직을 친일단체로 조종하여 총독부의 식민통치에 앞장서는 인물이었다. 오가키는 이병헌에게 "석가는 과거에 통하고 미래를 알아서 삼생三生의 이치에 통달할 수 있고 예수는 영혼을 아끼고 배양하여 천당의 행복을 누릴 수 있으니 '종교가'라고 말할 수 있으나, 공자는 다만 현세의 일만 아니, 다만 마음을 바로잡고 몸을 닦으며 인간세상의 정치에 마음을 둘 수 있을 뿐이다"라고 하여, 공자는 종교가라 할 수 없다는 견해를 밝혔다. 이에 대해 이병헌은 『주역』(「繫辭傳」)에서 "원시반종原始反終, 고지사생지설故知死生之說"(처음을 미루어 보고 끝을 돌이켜보니 죽음과 삶에 대한 말씀을 안다)의 구절을 적어 놓고 '시始'가 과거요 '종終'이 미래이며, 그 사이에 현재가 있다 하여, 공자의 말씀에도 삼생을 통달하는 이치가 있음을 제시하였다.20) 이는 유교의 종교적 성격에 대한 그의 인식이 경전에 근거하여 확고함을 보여 주는 대목이다.

이 무렵 이병헌은 고향에서 서울로 보내온 편지를 받았는데, 이 편지에는 그가 지은 시와 창녕의 성리학자 조긍섭曺兢燮(1873~1933, 호는 深齋)이 지은 시가 함양·단성 등 향교의 유림들에 의해 성토되고 있다는 소식이 들어 있었다.21) 비록 이병헌은 이 시가 자신이

---

20) 『李炳憲全集』 上, 642쪽, 「北遊日記」.
21) 이병헌이 짓지는 않았지만 이병헌의 것으로 지방유림들에게 알려진 시는 "사직이 중대하고 임금은 가볍다는 말 쉽사리 논할 수 없다네/ 천년을 환하게 밝혀 어리석음을 깨뜨려야지/ 이제는 울고 싶어도 흘릴 눈물이 없네/ 경술년(1910)에 이미 혼이 끊어져 나갔다네"(社重君輕不易論, 炳明千載破蒙昏, 如今欲哭嗟無淚, 庚戌年間已斷魂)이요, 조긍섭이 지은 것으로 알려진 시는 "소열황제(劉備)의 사당 앞에는 잡초로 황폐하

지은 것이 아니라고 확인하고 있었지만, 그만큼 개혁을 위한 그의 활동이 당시 이 지역의 보수적 유림으로부터 견제와 비판의 대상이 되는 분위기를 알 수 있다.

3월 5일 이병헌은 압록강을 건너 안동에서 선편으로 3월 11일 상해에 도착하였다. 그가 상해에 도착했다는 소문을 듣고 먼저 박은식과 이익李益(호는 秋山)이 찾아왔다. 3월 14일 이병헌은 중국 옷으로 갈아입고 신원辛園으로 강유위를 찾아갔다. 그는 강유위에게 이충호의 편지를 전달하면서 이충호에 대해 이황의 종손으로 조선에서는 곡부의 연성공에 해당하며 도를 수호하는 데 헌신하는 뜻이 있으며 조선의 종교계에서는 이 사람이 아니면 의논할 사람이 없다고 소개하였다. 또한 그가 대동사문회의 공문을 전하자, 강유위는 그 공문의 공동명의인 정만조, 어윤적, 송지헌, 이범철의 신분과 경력에 대해 자세히 물으면서 깊은 관심을 보였다. 이때 이병헌은 이충호와 대동사문회에 보내는 강유위의 답장을 받았고, 강유위에게 배산서당을 짓게 된 경위를 설명하였으며, 그 자신이 공자의 성상을 받들고 진정한 경전을 구입하기 위해 왔다는 뜻을 밝혔다. 그는 강유위에게 자신의 저술인 『조선유교원위고朝鮮儒教原委考』(현존 여부를 알 수 없음)와 『유교복원론』을 전하고, 강유위가 이황의 학문과 학풍을 이해할 수 있는 자료로서 『도산문현록陶山門賢錄』과 『퇴계연보退溪年譜』를 참고하도록 주었으며, 이황의 친필 글씨와 이황의 저술인 『성학십도聖學十圖』(金字의 10幅本)를 선물로 주었다. 이때 그

니/ 晉으로 간 劉禪이 살았는지 죽었는지는 蜀에 무슨 상관있으랴/ 백성 한 사람 땅 한 치도 나의 것이 없으니/ 항복한 임금이 자기 홀로 임금 노릇한단 말이사 못 믿겠노라"(昭烈祠前草已荒, 晉禪存沒蜀何傷, 一民尺土非吾有, 未信降君獨自王)는 것으로, 둘 다 고종 황제가 일본에 항복한 임금이므로 國喪에서 임금 대접할 수가 없다는 뜻을 지닌 시들이다. 이에 대해서는 『李炳憲全集』上, 641쪽, 「北遊日記」를 참조할 것.

는 곡부의 연성공 공령이孔令貽가 지난해에 죽고 그의 유복자인 77대손 공덕성孔德成이 연승공을 계승하였다는 소식을 들었다.

강유위는 이병헌이 자신의 뜻과 일치하여 금문경今文經에 깊은 관심을 보이자 자신의 저술인 『신학위경고新學僞經考』를 내어 주면서, 서한西漢의 금문경은 공자의 70제자와 그 후학이 의리를 입으로 말한 것을 죽간에 받들어 전한 것으로서 진실하게 돌이켜 놓은 것임을 강조하고, 먼저 『신학위경고』를 이틀 동안 열심히 읽고 다시 와서 담화할 것을 지시하였다. 또한 이때에 강유위는 이병헌에게 금문경의 목록을 제시해 주었다.[22]

강유위는 이병헌의 『유교복원론』을 읽고 나서, 성학聖學을 극진하게 발휘하였다고 칭찬을 아끼지 않았다. 다만 강유위는 『유교복원론』에서 인용된 경전이 위고문僞古文을 많이 인용하고 있는 사실을 지적하고, "금문·고문의 분별에 밝지 않으면 공양公羊이 입으로 말씀한 것이 밝혀지지 않으며, 공자의 삼세설三世說(據亂世·升平世·太平世의 三世)과 '태평太平'·'대동大同'의 의리가 드러나지 않아서, 오늘의 변화에 상응하고 용납할 수가 없다. 이것은 공자를 밀어다 단절된 지역에 빠뜨리고 오늘의 세상에 통할 수 없게 만드는 것이다. 그러므로 본원本原의 학문은 반드시 금문에 통달하여야 가능하며, 나는 동방의 제군들이 이 본원에 통달하기를 심히 원하노라"[23]라고 하여, 금문경학을 밝히지 않으면 새로운 시대에 공자의 사상과 소통할 수 없음을 역설하였다. 이에 따라 이병헌은 『신학위경고』를

---

[22] 『李炳憲全集』上, 643쪽, 「北遊日記」. 강유위가 제시한 금문경목록은 본서 179쪽을 볼 것.
[23] 『李炳憲全集』下, 605쪽, 「眞菴略歷」, "不明今古文, 則公羊口說不明, 則孔子三世太平大同之義不出, 而無以應今之變, 而容納之, 是推孔子納于絶流斷港, 無以通今世也, 故本原之學, 必通今文乃可, 吾甚願東方諸君通此本源."

숙독하고 의문점과 의견을 제시하여 일일이 강유위의 비평을 받는 본격적인 금문경학 수업을 받았다. 또한 강유위는 자신의 저술인 『논어주論語注』를 내어 주며 주희의 주석과 비교 연구하도록 하였고, 『신학위경고』를 비롯하여 『논어주』·『춘추필삭대의미언고』를 배산서당과 대동사문회에 기증해 주었다. 이와 더불어 이병헌이 부탁한 편액扁額과 주련柱聯을 써 주고, 곡부의 공령우孔令佑에게 이병헌의 일을 선처해 주도록 부탁하는 편지를 써 주었다.

이병헌은 3월 15일 밤에 상해 장빈로長浜路로 가서 박은식, 이시영李始榮(1869~1953, 호는 誠齋), 김일두金一斗(1891~1967, 호는 秋山), 김창숙金昌淑(1879~1962, 호는 心山)을 만났는데, 이들은 모두 상해의 대한민국 임시정부에서 활동하고 있었다. 그 후 김창숙이 이병헌을 두 차례 찾아와 담화를 하였다. 김창숙은 이승희의 문인으로 이병헌과는 같은 이진상李震相(호는 寒洲) 연원이요, 이병헌의 스승인 곽종석을 대표로 1919년 유림들이 파리만국평화회의에 독립청원서를 보내는 파리장서사건巴里長書事件(儒林團事件)을 주도하였으며, 해방이 되자 성균관-유림조직의 재건을 주도하였던 인물이다. 그러나 이병헌이 유교를 제창하는 일을 제시하자, 김창숙은 어느 단체(친일단체인 대동사문회를 가리키는 것으로 보임)는 마땅치 않으며, 곡부의 연성공부와 교섭하는 것도 마땅치 않다고 하여 전반적으로 반대입장을 제시하였다. 명확한 기록은 없지만 김창숙은 우리나라의 유교개혁운동이 친일조직과 연계되거나 중국 유교조직의 그늘 아래에서 이루어지는 것을 반대하였던 것으로 보인다.

이때 이병헌은 상해에서 뜻하지 않은 봉변을 당하게 되었다. 3월 29일 예안 출신의 이옥봉李鈺鳳이라는 청년이 찾아와 임시정부의 경무부장(경무국장)인 김구金九(1876~1949, 호는 白凡)가 이병헌을 주목하고 있다고 경고해 주었다. 그러나 이병헌은 자신은 종교운동을 할 뿐 다른 과오가 없다고 하며 주의를 기울이지 않았다. 4월 1일 이병헌은 김창숙을 방문하였는데, 이때 감기로 앓아누워 있던 김창숙은 그를 매우 냉정하게 대했다. 당시 김창숙은 친일단체인 대동사문회와 연관된 사실로 그를 깊이 의심하였던 것으로 보인다. 이병헌이 김창숙을 방문하고 돌아오는 길에 몇 사람의 조선청년들이 조용한 곳에서 담화하자고 그를 이끌고 가서는 감금하여 심문하였다. 그들이 이병헌에게 중국에 온 이유에 대해 묻자, 그는 유교를 복원하는 일을 위해 왔다고 대답했다. 그들은 "이러한 시대를 당해서는 마땅히 나라를 위한 일에 자신을 바쳐야 할 뿐이다. 진실로 나라를 위한 계책이라면 부모를 때려죽이는 일이라도 할 수 있으니, 우리들은 공자를 만나면 곧 때려죽일 수 있다. 중국 신문에서 공자에 대해 이미 사형선고를 한 사실을 당신 혼자만 못 보았는가? 우리들은 일찍부터 당신이 일본을 위해 정탐하러 왔다는 것을 알고 있다"고 하며 그를 위협하였다. 또한 그와 동행한 이병홍李炳洪(이병헌의 族弟)을 위협하여 그의 행장을 가져와서 샅샅이 뒤졌다. 이들은 대동사문회의 회표會票(증명서)와 대동사문회에 보내는 강유위의 답장을 보고서 "이들은 나라를 팔고 정탐하는 노예이니, 당신이 정탐한다는 것은 의심할 여지가 없다. 총독부에서 비밀자금을 몇만 원 받았을 것이다"라고 윽박질렀다. 이에 이병헌은 "어찌 50년을 독서하고서 남을 위해 정탐할 이치가 있겠는가? 그대들은 자세히 살펴야 할 것이다"라고 응답했다.

마침내 김구가 나타나 인사를 하고 그의 서류를 조사하였다. 김구는 이병헌의 『일기』를 비롯하여 『유교복원론』 및 『종교공안宗教公案』(공동묘제·향교재산규정의 개정을 건의한 長書를 수록)을 살펴보고, 또 총독부·경학원經學院(조선총독부가 성균관을 개조한 것)·일본정부·일본총리 오쿠마(大隈重信)에게 수십 차례나 보낸 배달증명을 보고서, "우리 2천만에게 공동의 적을 총독부라 하고 정부라 하고 대관大官이라 하니, 이것은 꼬리를 흔들어 불쌍히 여겨 달라는 태도요 더불어 손잡자는 것이 아닌가?" 하고 힐문하였다. 이에 이병헌은 "지금 부모나 조부모가 도적에게 잡혀 갔다면, 자손된 도리로 비록 어떤 비루한 태도라도 지어서 나의 부모나 조부모를 찾아와야 할 것이다. 어느 겨를에 지조를 헤아려 과감히 항거하는 태도를 보이겠는가? 지금 조선 안의 동포들은 비록 한 두락의 논이나 10환의 돈을 침해당해도 법관에게 소송하여 이런 말들을 일상의 사례로 쓰고 있다. 선성先聖 공자의 큰 가르침이 존속할지 멸망할지가 달려 있는 즈음에 고고한 자신의 취지로 한 걸음도 굽히려 하지 않고 한 마디 말도 허비하지 않으려 한다면 나는 이에 심히 의혹을 가질 것이다. 내가 오늘날 '교敎'를 지키려는 마음은 바로 자손이 부모와 조부모를 지키는 마음이다"라고 대답하였다. 김구는 또 "어찌하여 나라를 위해서는 무심하면서 '교'를 위해서는 절실하고 진지한가?"라고 힐난하며, 그에 대해 민원식閔元植(언론인으로 친일파 거물)과 같은 인물이라는 밀고가 있었다고 알려 주었다.

　이병헌은 자신을 감금하여 심문하는 것이 부당함을 강력히 항의하였는데, 김구는 "신성한 독립운동을 '소요騷擾'라고 말하니 그대의 죄는 마땅히 육혈포六穴砲로 갚아 주겠다"라고 위협하였다. 이에 이병헌은 "독립이라는 말은 듣기에 매우 상쾌하다. 총탄이 날아오면 진실로 사양하지 않을 터이니 빨리 나를 쏘아라"라고 맞섰다.

　이어서 김구는 이병헌에게 중국에 와서 먼저 우리 동포를 만나지 않고 강유위를 찾아간 사실을 힐난하고, 강유위에 대해 애국사상이 전혀 없으며 자녀들이 집에서 도박하는 것도 금하지 않아 가정의 법도가 없으며 아침에는 원세개에게 기울어졌다가 저녁에는 손문, 황흥黃興과 악수하여 지조가 없다고 비판하였다. 그러나 이병헌은 "강유위는 가정의 법도가 반듯하고 엄격하며, 정책과 교지가 평생에 일정한 견해가 있어서 비록 일만 마리의 소가 끌어도 움직이기 어려우며, 무술변법 때에 원세개의 재주가 큰 국면을 굴려 갈 수 있다고 보아 함께 일하기를 기약하였는데 원세개가 도중에 뒤집어서 이때부터 원세개와 등지게 되었음은 천하가 다 안다. 손문, 황흥에 대해서는 일찍이 하루도 악수한 때가 없었고, 우리나라 학생들에게도 노력하기를 타이르는 뜻을 많이 보여 주었으며, 공교에 있어서는 특히 '태평'·'대동'의 의리를 밝혀서 실로 백대에 독창적 견해를 갖추고 있으니 가볍게 의논할 수 없다"[24]고 적극적으로 변호하였다.

이병헌은 임시정부에서 활동하는 우리나라 청년들이 유교를 적대하는 의식을 품고 있음을 보고서, 이 기회에 우리 민족의 정신적 중심(國粹)으로서 유교를 간직하게 하지 않으면 영구히 만회할 희망이 없다고 생각하고, 오히려 자신의 『유교복원론』과 『종교공안』을 이곳의 청년들이 조사하기 위해 연구하면 유교에 들어갈 수 있는 실마리가 열릴 것이라고 긍정적으로 생각하였다. 김구도 이병헌의 논리에 상당히 설득되어, "유교가 독립운동에 장애물이 된다면 그만두는 것이 낫다. 그러나 선생의 논설은 이치가 있는 듯하니 당국(임

---

24) 『李炳憲全集』 上, 647쪽, 「北遊日記」, "若康公, 則家法方嚴, 且政策與教旨, 生平自有定見, 數萬牛難動矣, 往在戊戌之際, 見袁之才幹, 可能轉移大局, 期欲共事, 而彼乃中途反側, 自此以後, 與袁背馳, 天下所共知也, 至於孫黃, 則未嘗有一日握手之時, 且於吾邦學生, 多致勸勉之意, 於孔教上, 特明太平大同之義, 實具百世獨見, 不可輕議也."

시정부)에서도 다시 헤아리겠다"고 완화된 태도를 보였다. 이에 이병헌은 "우리나라의 유교에는 완고하여 옛것에 빠진 병통이 진실로 있지만, 어찌 일찍이 유교로서 매국노가 된 자가 있겠는가? 만약 큰일을 하고자 한다면서 먼저 대다수의 인심을 잃는다면 계책을 얻은 것이 아니다"[25]라고 하여, 김구에게 유교가 고루한 폐단은 있지만 유교인이 민족을 배반하지는 않을 것이라 말하며 유교를 적대하여 조선의 대중에 어긋나면 민족독립이라는 큰일을 이룰 수 없음을 설득하였다.

김구는 4월 9일 마침내 이병헌을 풀어 주고 압류했던 행장과 돈을 돌려주었다. 이때 이병헌은 임시정부로부터 일본의 비밀 정탐을 위해 왔다는 오해를 받아 9일 동안 붙잡혀 심문을 당하는 고초를 겪었지만, 그는 임시정부 관계자들에게 유교를 민족정신의 핵심으로 인식할 수 있도록 깨우치는 계기로 삼고자 하였으며 또한 조사 과정에서 김구를 설득하면서 오히려 임시정부와 깊은 인연을 맺게 되는 계기를 만들게 되었다.

그러나 당시 임시정부에서 발행하는 『독립신문』(제79호, 1920년 5월 27일자)에서는 이병헌이 조선총독부나 일본정부에 건의하여 유교에 대한 억압정책을 풀어 주도록 요구하였던 사실에 대해, '공자를 존상尊尙키 위하야는 적敵의 노예를 감작甘作하는 유교중독자 이병헌의 행행'이란 제목 아래 데라우치(寺內), 사이토(齋藤) 등이 유림 가운데 불량한 협잡배를 몰아다 조직한 대동사문회大同斯文會(大東斯文會를 잘못 표기)와 교류하고 종교로써 정치적 술책에 사용하고자 하였다고 비판하였다. 또한 이 신문에서는 경무국장 김구가 심문할

---

25) 『李炳憲全集』 上, 647쪽, 「北遊日記」, "吾邦之儒, 頑痼泥舊之病, 則誠有之, 何嘗以儒而爲賣國奴者乎, 若爲大事, 而先失大多數人心, 則非計之得者也."

때 언급했던, "유교의 세력만 확장할 수 있으면 적의 아래에도 있으려 하오? 유림의 사상이 거의 다 이렇소? 공자 높은 줄만 아오? 나라가 있는 줄은 모르오?"라는 말을 인용하고, 이병헌의 대응 태도에 대해서는 "그는 지금 초상肖像(공자의 聖像)도 가져가라면 가져가고 말라면 말겠다 하오. 머리도 깎으라면 깎고 말라면 말겠다 하오. 나가서 무엇을 하랴, 어찌하랴 하고 자꾸 묻소"라고 언급한 김구의 말을 소개하고 있다.

이병헌은 임시정부 경무국의 연금에서 풀려나자, 다음날인 4월 10일 상해를 떠나 곡부로 향했다. 4월 11일 남경에 들어가 부자묘夫子廟(孔廟)를 관람하면서 앞에 대성전大成殿이 있고 뒤에 명륜당明倫堂이 있는 우리나라 성균관제도가 바로 남경 부자묘의 제도를 따른 것임을 확인하였다. 이때 남경의 부자묘에는 이미 제향이 중단된 지 오래이고 잡초가 무성한 사실을 보면서, 우리나라에서도 문묘文廟(大成殿)의 동무東廡·서무西廡 제향이 폐지된 사실과 더불어 유교의 침체된 현실에 대해 깊은 감상에 젖었다. 4월 13일 곡부에 도착하여 공령우孔令佑를 방문하였으나 그는 참의원參議院 의원으로 북경에 가 있어 만나지 못하고 강유위의 편지만 전하였으며, 대신 공령건孔令健(76대 衍聖公 孔令貽의 아우)의 접대를 받고, 뇌사誄辭를 지어 연성공부에 들어가 연성공의 영좌靈座에 조문하였다. 이튿날부터 곡부 대성전에 모셔진 공자의 성상을 모사하는 일을 추진하였다. 이병헌은 먼저 공령건에게 배산서당을 대표하는 이충호(이황의 종손)의 명의로 된 공문을 제시하였고, 사진을 찍는 방법을 택하여 공교총회 비서청의 회의를 거쳐 승인을 받기로 하였다. 또한 공상림의 사후 공교회총리의 직책을 맡은 공번박孔繁樸의 방문을 받아 담화하기도 하였다.

이때 이병헌은 공령건과 더불어 조선에서 도산서원과 진주 연산 硯山의 도통사(道統祠)26) 사이에 일어난 문자(文字)상의 분쟁에 관해 설명하였다. 곡부의 연성공부에서도 도통사의 행적을 비판하는 공문을 보냈던 일이 있었다. 이병헌은 이충호가 그에게 전해 준 도산서원에서 연산 도통사에 보내는 3조의 변박문(「陶山書院通硯山道統祠辨文」)을 공령건에게 제시하였다. 그 첫째는 도통사가 안향(安珦)의 사당인지 문묘인지를 묻고, 안향의 사당이라면 그 안에 공자를 모실 수 없음을 지적한 것이요, 둘째는 「선성현3종연보(先聖賢三種年譜)」라는 명칭이 부당함을 지적하여, 공자의 생애를 '연보'라 할 수 없으며 사마천(司馬遷)의 『사기(史記)』에서처럼 '세가(世家)'라 일컬어야 함을 주장한 것이요, 셋째는 「선성현3종연보」의 첫머리에 곡부 공상림(孔祥霖)의 서문을 얻어 실었는데, 안향 이전의 우리나라 인물들은 거론하지 않고 안향 이후는 모두 안향의 학맥으로 서술된 사실은 글을 쓰는 바른 사례가 될 수 없으며, 3성현으로 공자·주자·안향을 병렬하고 있는 것도 사리에 맞지 않음을 지적하였다. 도산서원의 3조 변박문은 연성공부 비서청에 전달되었고, 연성공부에서 이충호에게 보내는 답장에서는 도산서원의 변박문이 정당함을 지지하는 입장을 밝히고 있다.

　공령건은 이병헌에게 「성적도(聖蹟圖)」·『곡부현지(曲阜縣誌)』·「성묘도(聖廟圖)」·「성림도(聖林圖)」·『능묘한위이래비문(陵廟漢魏以來碑文)』 각 1부와 시초(蓍草) 50본과 성림(聖林)(孔林)에서 자란 나무로 만든 지

---

26) 鄭萬祚 교수의 도움으로 확인한 바에 따르면, 硯山의 道統祠는 1913년 창립되어 진주시 대평면 하촌리 547-2에 설치되었던 것으로, 남강댐 공사로 인해 1995년 진주시 나동면 유수리 724로 이전되었으며, 孔子를 主壁에 모시고 朱子를 配享하며 安文成公을 從享하여, 8월 27일 孔誕日에 제향하며 3位의 影幀을 보존하고 있다고 한다(『진주의 뿌리』, 진주시 간행, 69쪽 참조). 道統祠로는 충북 中原郡 薪尼面에 英祖때 설립되어 三聖九賢을 제향하는 곳이 있지만, 硯山의 道統祠와는 다른 곳이다.

팡이를 선물로 전달함으로써, 연성공부에서 그에게 보이는 각별한 호의를 나타내었다. 또한 연성공부에서는 이병헌에게 오도자吳道子가 새긴 공자의 석상石像(行敎像) 탁본과 대성전에 모셔진 성상의 모사본 1부씩을 전해 주었다. 그러나 아직 대성전의 성상을 촬영한 진본을 받지는 못하여 공령건에게 부탁하고, 또 금문경전도 강유위에게 구입을 부탁해 놓은 상태로, 4월 16일 곡부를 떠나 기차편으로 천진과 봉천을 거쳐 4월 21일 압록강을 건너 이튿날 서울로 돌아왔다.

귀국한 후 그해 12월에 부친상을 당하여 거상하였고, 이듬해 3월에 이황의 종손 이충호가 멀리 예안에서 찾아와 함께 배산서당을 다녀왔다. 그는 거상중에 오로지 마음을 금문경학과 우리나라 역사 연구에 기울였다. 그는 금문경학과 우리나라 역사의 연구를 통해 현 시대의 대세에 소통하고자 하였으며, 1922년에는 『역사교리착종담歷史敎理錯綜談』과 『총서叢書』(『涵眞笐叢書』를 가리키는 것으로 보임)를 저술하였다. 다른 한편 그는 진주와 단성 등지를 다니면서 사림들의 의견을 모으고 친족들과 뜻을 모아 배산서당의 문묘와 도동사道東祠를 건립하는 일에 종사하였으며, 5월 3일 상량식을 행하였다. 7월에는 두 아들을 데리고 양의良醫를 찾아 연일延日(현 迎日郡)까지 갔는데, 그곳에서 이규준李圭晙(1855~1923, 호는 石谷)을 방문하였다. 이규준은 한·당시대의 주석을 중시하여 『육경주六經注』 26책을 저술하고, 역법曆法·수학의 저술을 비롯하여 의학에도 조예가 깊어 『의감중마醫鑑重麿』 3책을 저술한 학자이다. 이때 이병헌은 이규준과 경학을 토론하면서 새로운 뜻을 깨달은 바가 많았다고 한다.

4) 공자의 성상과 진경을 구해 왔지만
— 제4차 중국 방문(1923)

54세 때(1923) 정월 배산서당의 문묘와 도동사가 차례로 준공되었다. 이에 이병헌은 지난번 중국 방문에서 추진했던 곡부의 성상을 촬영하고, 공자의 참된 경전으로 금문경을 구입하여 오기 위해 제4차 중국 방문길에 올랐다. 서울에 올라가 10여 일 머물며 친구들을 찾아보고, 2월에는 압록강을 건너 안동역에 내렸다. 안동에서 며칠 머물면서 원보진元寶鎭의 강산을 유람하고, 2월말 경에 상해에 도착하였다. 상해의 신원辛園과 우원愚園으로 강유위를 찾아갔으나 강유위는 떠나고 없었다.

3월 중순 상해를 출발하여 잠시 남통南通으로 김택영을 방문하고, 기차를 타고 곡부로 향하는 길에 비적匪賊들이 출현하여 서주徐州에서 하루 머물고, 이튿날 곡부에 도착하여 연성공부의 공령우와 공령건을 방문하였다. 특히 공령건은 그를 위해 일을 잘 주선해 주어 성상의 촬영을 가능하게 해 주고 배산서당 도동사에 올리는 연성공부의 제문(「致祭道東祠文」)을 받아 주었으며, 공령건은 안세용顔世鏞(父 顔景堉을 이어 翰林院 博士를 계승)과 더불어 배산유회培山儒會의 찬성원贊成員이 되기를 허락하였다. 그리하여 이병헌은 이번 중국 방문 길에서 가장 중요한 과제의 하나인 곡부의 성상을 촬영한 사진을 구하는 일을 이루었다.

다시 상해로 돌아온 이병헌은 지난해 자신이 저술한 『역사교리착종담』을 이곳에서 인쇄하였다. 그는 이 저술로 역사 문제와 종교사상에 대한 개혁의식을 선전하기 위해 동포들의 동의를 구하고자 하였는데, 중국의 동포들은 많이 공감해 주었지만 국내의 동포들이 어떻게 생각할지에 대해 불안감을 지녔던 것으로 보인다.

6월 1일 선편으로 상해를 출발하여, 6월 3일 산동성山東省의 청도青島에 닿자, 곧바로 관상로觀象路 4호에 있는 진간陳榦(前 山東省長)의 집에 머물고 있던 강유위를 찾아갔다. 그는 강유위에게 공자의 참된 경전을 구입할 뜻을 다시 밝혔으며, 배산유회의 일을 자세히 설명하고서 배산유회에서 보내는 공문을 전달했다. 강유위는 이병헌이 중심이 되어 조선에서 유교를 진흥하기 위한 노력을 보여 주는 사실에 대해 매우 고무되어 적극적으로 도와주겠다고 약속하면서, 장래에 유교가 새롭게 일어날 수 있는 가능성에 대한 강한 희망을 밝혔다.

근래에 유럽이 전쟁의 공포에 빠지게 되자, 유럽 사람들은 벤담(J. Bentham)의 공리주의 이론이나 헉슬리(T. H. Huxley)의 진화론으로 인민대중을 안심시킬 수 없음을 알고, 여러 나라에서 두루 찾다가 공자의 학설을 얻어듣고 이에 따르고 있다. 그래서 유럽과 미국의 박사들이 최근에 공자를 극진히 존숭하며, 이로 인해 중국 사람들도 점차 공자를 존숭하는 태도를 회복하고 있다. 그러나 그 실지는 아직 공자를 모르니, 내가 '대동'과 '삼세'의 이론을 아직 각 나라에 밝혀 주는 데까지 미치지 못했기 때문이다. 이제 『공자개제고孔子改制考』를 독일인 위례현尉禮賢(원명 미상)이 나를 대신하여 간행하였는데, 독일 사람들이 매우 놀라고 있다.[27]

여기서 강유위는 제1차 세계대전 이후 서양에서도 서양사상의 한계에 대한 인식이 대두되고 공자에 대한 재평가가 서양인들 사이

---

27) 『李炳憲全集』, 下, 608쪽, 「眞菴略歷」, "近來以歐戰之恐惶, 歐人因知邊沁功利學‧赫肯黎天演論, 不足安人民, 徧求之各國, 得孔子學說, 乃服從之, 故歐美博士, 近極尊孔子, 因此中國人, 亦漸回復尊孔也, 其實未知孔子, 以吾于大同三世之說, 未及發明乎各國也, 今改制考, 德人尉禮賢替吾刻之, 德人甚驚之."

에 일어나고 있는 사실을 지적하며, 자신의 저술인 『공자개제고』가 서양인들 사이에 주목되고 있음을 소개하고 있다. 이와 더불어 강유위는 동시에 중국에서도 공자 존숭의 분위기가 회복되고 있는 사실을 들면서, 사실상 공자를 존중하고 재평가하는 것이 새로운 시대적 요청임을 강조하였던 것이다.

이때 강유위는 『공자개제고』를 이병헌에게 기증하였고, 이병헌이 저술한 『총서』(『山房叢書』를 가리키는 것으로 보이나 未詳) 2편을 읽고서 중대한 저술이라 평가하고, 이 저술로 새로운 유교를 발휘할 수 있으리라는 것을 인정해 주었다. 이어서 강유위는 이병헌에게 "오늘날 동방(조선)에서 새로운 유교가 행해지는 것은 마땅히 그대로부터 비롯할 것이다"라고 하여, 그에게 거는 큰 기대를 밝혔다. 그것은 강유위 자신이 추진해 온 공교운동이 이병헌에 의해 조선에 전파될 것임을 공식적으로 선언하고 권위를 부여해 주는 것이라 할 수 있다. 또한 강유위는 이병헌에게 당부하여 말하기를, "전하田何(漢代의 易學者)의 『역』이 이미 동방으로 갔다. 왕인王仁이 『논어』를 전하고, 축법등竺法騰(미상)이 불교를 전하였는데, 모두 지극한 정성으로 굳세게 노력하여 이룬 것이다. 이제 그대도 이같이 해야 할 것이다"[28]라고 하며 한 시대에 도를 전하는 막중한 책임감을 지니고 지성으로 힘쓰도록 격려하였다.

이에 대해 이병헌은 강유위에게 조선에서 자신은 온갖 비방과 장애가 앞에 놓여 있는 상황에 처해 있으며, 또 자신의 역량이 미치지 못하므로 일을 이루기 어렵다고 호소하였다. 이에 강유위는 인류역사에 있어 종교개혁의 위대한 전환기에서 겪어야 하는 어려

---

28) 『李炳憲全集』, 下, 608쪽, 「眞菴略歷」, "今日東方之行新儒教, 當自君始, 又曰, 田何之易已東矣, 王仁傳論語, 竺法騰傳佛教, 皆由至誠堅苦而得之, 今君亦同之."

움으로 인식하도록 이병헌을 일깨웠다.

이병헌: 동방의 유학자들은 오로지 송학宋學을 숭상하고, 이른바 사회파社會派(사회개혁운동가)는 송학을 비판할 뿐만 아니라 도리어 공자를 왜곡하고 욕보이기를 주로 합니다. 그러나 제 자신은 미미하고 능력이 미치지 못하는데, 온갖 비판이 한꺼번에 닥쳐오니, 이를 구제할 방법이 없습니다.

강유위: 모든 종교는 신·구의 개혁이 일어나는 때를 당하면 그렇지 않은 경우가 없다. 모세는 구교舊敎를 신봉했으나 예수는 이를 개혁하여 새롭게 했다. 브라만(Brahman)은 구교를 신봉했으나 부처(Buddha)는 이를 개혁하여 새롭게 했다. 마호메트(Muhammad: 穆護) 역시 종교를 개혁하여 새롭게 했다. 마틴 루터(Martin Luther: 馬丁路得)는 예수를 따라 그 가르침 속에서 종교를 개혁하여 새롭게 했고, 혜능慧能 역시 부처를 따라 그 가르침 속에서 종교를 개혁하여 새롭게 했다. 또한 그리스도교 신자들은 13대에 이르러 그들의 몸을 사자의 입에 던져 넣음으로써 온 지구상에 그리스도교를 널리 퍼지게 하였다. 다만 그대의 지극한 정성과 굳센 근면함으로 인해 이 세상에 유교가 널리 퍼지게 될 것이다. 코페르니쿠스(Copernicus: 哥白尼)는 지동설地動說(地繞日之說)을 창안하였고, 하비(William Harvey: 哈芬)는 혈액순환론(白醫說)을 창안하여 사람의 몸은 피에 그칠 뿐이었다. 당시 모두가 감옥에 갇혔으나 그 뒤 마침내 그들의 학설을 따르게 되었으며, 우리 중국에서도 이 학설을 따르고 있다. 저 한때의 지껄이고 으르렁대는 것은 모기와 등에가 귓가를 지나가는 것이다. 어찌 더불어 비교할 수 있겠는가? 저 늙고 명망에 연연하는 자들은 틀림없이 옛 학설을 버리고 복종하지 않으려 할 것이니, 오직 뜻 있는 청년들과만 더불어 말할 수 있으리라. 후배들이 모두 따르면 한두 늙은 무리들이야 무엇을 할 수 있겠는가? 나의 『신학위경고』가 이루어졌으나, 어사御史가 나를 잡아 가두기를 청하여

죽이고자 하였으며 또한 황제의 거짓 전지傳旨를 받들어 세 번이나 책판을 부쉈다. 그러나 마침내 나의 학설을 따르는 사람이 점점 많아졌다.29)

강유위는 이병헌과 필담하면서 7번이나 종이를 갈아 대며 열정적으로 설명해 갔다. 그만큼 강유위는 자신의 뜻을 알아주고 따르는 조선의 유학자를 지기지우知己之友로 만난 것이며, 이병헌도 자신의 포부를 이끌어 줄, 평생에 만나기 어려운 스승을 만나 정신적 일체감 속에 불꽃이 튀는 대담을 하였던 것이다. 강유위는 이병헌에게 자신의 『공자개제고』를 다시 읽게 하고 대담을 계속하여 본격적인 지도를 하였으며, "면재勉齋(黃榦)는 진실한 마음과 각고의 노력으로 공부하여 주자의 학문을 전하였고, 현장玄奘은 13만 리 서쪽으로 가서 경을 가지고 돌아왔으니, 모두 지극한 정성이 그렇게 하도록 한 것이다"라고 강조하였다. 강유위가 이병헌에게 지극한 정성으로 유교를 드러내고 자신의 학문을 계승하도록 당부하였음을 엿볼 수 있는 대목이다.

이병헌이 강유위에게 자신이 서술한 『북유일기北遊日記』(제3차 중국 방문기)와 『배산서당경기록培山書堂經紀錄』 및 「상해출장소진행절목上海出張所進行節目」을 주었고, 이를 살펴본 강유위는 "공자의

---

29) 『李炳憲全集』, 下, 「眞菴略歷」, 608~609쪽, "余曰: '東方之儒專尙宋學, 所謂社會派則懲於宋學, 反以誣辱孔子爲主, 顧憲身微力薄, 百踢俱至, 無法以救之.' 先生曰: '各敎當新舊改革之際, 莫不皆然. 摩西爲舊敎, 而基督改而新之, 婆羅門爲舊敎, 而佛改而新之, 穆護亦改而新之, 馬丁路得從基督敎中又改而新之, 慧能又從佛敎中改而新之. 耶敎之徒, 則至十三代, 以身投獅口, 而後大行于金球. 但以君之至誠堅若, 成就儒敎于斯世也. 且哥白尼創地繞日之說, 哈芬創白醫說, 人身止血而已. 當時皆係於獄, 然其後卒行其說, 我中國亦從其說. 彼一時之咻吼不過蚊虻之過耳. 何足與較哉? 彼老輩有名者必不肯舍舊說而服從之, 惟與有志靑年可談. 後輩盡從, 則一二老人亦何能爲? 吾『僞經考』之成, 御使請逮係欲殺, 奉僞旨三毁板. 然卒乃從者漸衆.'"

도가 드디어 동쪽으로 갔다"(孔道遂東)고 하여, 큰 기대와 칭찬을 아끼지 않았다. 강유위는 이병헌의 배산서당 일을 적극적으로 돕겠다는 뜻을 밝히고 곡부의 공령준孔令儁에게 석전제향에서 행하는 음악과 춤의 제도를 배우는 일을 도와주도록 추천해 주었으며, 금문경전을 구입해 주는 일도 도와주겠다고 약속하였다.

이때 이병헌은 금문경학이 공자의 참된 경전이라는 강유위의 견해를 따르면서도 여전히 남는 의문점에 대해 질문하였다. 먼저 그는 강유위에게 현재 중국에서 금문・고문의 학설에 대해 변론하는 사람이 없는 이유를 물었다. 강유위는 이 질문에 대해, 어사가 거짓전지를 받들어 내 『신학위경고』를 탄핵하고 불태우고 금지하면서 나를 죽이고자 하여 나는 외국으로 망명 갔으니, 누구와 더불어 논의할 수 있겠는가. 내가 귀국하자 민국民國(중화민국 정부)은 경전 읽기를 금지하고 석전제사를 폐지하여, 각 성의 성묘聖廟는 거의 보존할 수 없게 되었고, 혹은 제향을 폐지하고 혹은 학교로 변하였다. 중국의 유교인은 구학舊學하는 한두 명 노인들을 제외하고는 거의 텅 비어 더불어 말할 수 있는 사람이 없게 되었다. 민국의 초기에 궐리闕里(曲阜)의 제사를 위한 토지도 압수되었는데, 내가 원세개와 항쟁하여 비로소 돌려받았다. 공교의 재앙은 민국보다 심한 적이 없었다"[30]고 하여, 청말에 그가 당한 핍박과 민국초에 유교가 탄압받는 실상을 생생하게 설명해 주었다.

이어서 이병헌은 공자를 존숭하는 강유위의 문인들도 금문・고문의 변론을 하려고 하지 않는 이유에 대해 물었다. 그 구체적 경

---

30) 『李炳憲全集』, 下, 609쪽, 「眞菴略歷」, "吾『僞經考』被御使奉僞旨彈劾焚禁, 欲殺我, 吾出亡于外, 與誰可論? 及吾之回國也, 民國禁讀經廢丁祭, 各省聖廟幾不能保, 或廢祭享, 或變爲學校. 中國儒者, 舍舊學老生一二人外, 殆寥寥無人可與語. 民國之初, 闕里祭田亦被押收, 吾與袁世凱抗爭, 始得發還. 孔敎之厄, 未有甚於民國也."

우로 진환장陳煥章이 발행하는 『공교회잡지』를 10여 회 읽어 봤는데 한마디도 금문과 고문의 참되고 거짓됨을 변론하는 글이 없었던 사실과, 양계초梁啓超(1873~1929)의 저술 가운데는 한 글자도 금문·고문의 학설을 논변한 것이 없는 사실을 지적하였다. 이에 대해 강유위는 "진환장은 금문을 존숭할 줄 알지만, 더불어 공교회를 하는 사람들이 모두 구유舊儒들이라, 공자를 존숭할 줄 안다는 것만도 이미 다행한 일이니, 어느 겨를에 고문의 거짓됨을 논하겠는가? 양계초의 소견은 날로 달로 같지 않으며 사회주의를 많이 따랐는데, 이제는 역시 공자를 존숭한다"31)라고 대답하여, 이 시기에 금문경학에 대해 토론할 여건이 갖추어지지 않아 강유위가 외롭게 표방하고 있는 현실을 생생하게 보여 주었다. 이러한 상황에서 이병헌이 강유위의 금문경학을 받아 이를 펼치겠다고 나섰으니, 강유위에게 이병헌이 얼마나 반갑고 소중하였을지를 짐작할 수 있다. 이때 이병헌은 강유위의 『공자개제고』를 정독하고 변론하는 글을 짓기도 하였다.

이병헌은 6월 9일 10시에 강유위를 방문하기로 약속하고 비가 와서 오후 2시에 찾아갔는데, 강유위는 그를 기다리다가 외출하기 위해 자동차를 불러 놓았으나 그가 오는 것을 보고는 그와의 담화를 위해 자동차를 돌려보낼 만큼 각별히 배려하였다. 이병헌이 『공자개제고』에 대해 변론한 글을 읽고서 "다만 육경六經을 모두 공자가 지었다는 말은 끝내 믿어지지 않는다"고 언급하자, 강유위는 "그대는 처음부터 끝까지 깨닫지 못하는가? 육경은 모두 옛것을 가탁하여 지은 것이다. 그대는 불교의 제천諸天·칠불七佛이 모두 실지로 있고, 달마達摩의 26조사祖師도 실지로 있다고 말하려는가? 예수교의 상제는 전지전능하다 하고 실지로 천지의 모든 권리를 주었다

---

31) 『李炳憲全集』 下, 609쪽, 「眞菴略歷」.

고 말하면, 그 교도들은 믿지만 다른 사람들은 의심한다"고 하였다. 강유위는 종교에서 초월적 존재나 연원을 설명하는 것은 실지의 사실이 아니라 후세에 설명한 것임을 들어서, 육경이 공자가 옛일에 가탁하여 지은 것임을 강조하고, 나아가『묵자墨子』・『한비자韓非子』를 인용하여 그것을 입증하고자 하였다. 그러나 이병헌이 여전히 공자가 직접 육경을 지었다는 강유위의 견해를 받아들이지 못하자, 이에 강유위는 "공자가 가르침을 창설하고 옛일에 가탁하여 제도를 개혁하였다는 의리는 의심하면 전체를 의심하고 믿으면 전체를 믿어야 하며, 옳으면 전체가 옳고 그르면 전체가 그른 것이다. 그대는 절반은 믿고 절반은 의심하니 전체로 도리를 이루지 못한다"32)라고 하여, 반신반의하여 확고한 신념이 없는 이병헌의 태도를 질책하고, 경전이 공자가 옛것을 가탁하여 제도를 개혁한 것이라는 '탁고개제託古改制'의 의리를 확신하도록 역설하였다.

또한 이병헌은 순舜의 음악이라는 '소소簫韶'를 공자의 음악으로 보는 강유위의 견해를 받아들이기 어려웠다. 이에 대해 강유위는 음악이란 쉽게 그 소리를 잃게 되는 사실을 들어, 공자의 시대에 순의 음악이 전해질 수 없음을 강조하고 공자가 소악韶樂을 지어 순에게 가탁한 것이라고 주장하였다.

그러나 이병헌은 강유위의 견해라고 무조건 받아들이지 않고, 자신의 입장에서 의문이 있는 것은 납득이 될 때까지 철저히 논란을 벌였다. 이병헌은 "『시』 3천 수나 『서』 3천 편이 과연 모두 본래 없었는데 가탁한 것이겠습니까? 선생(강유위)께서도 『공자개제고』의 원문 속에서 '깎아 냈다'(刪)・'바로잡았다'(正)・'엮었다'(修)・'결정하였

---

32)『李炳憲全集』下, 610쪽,「眞菴略歷」, "於孔子創敎, 改制託古之義, 疑則全疑, 信則全信, 是則全是, 非則全非, 君則半信半疑, 全不成道理."

다'(定)라는 말을 실었으며, 공자가 깎아 내고 바로잡고 엮고 결정하였다는 것은 의심할 수 없으니, 스스로 지은 것은 아닙니다. 대개 '사실'로 말하면 공자는 『시』·『서』·『예』·『악』 등 육경을 옛것에 의지하여 깎아 내고 바로잡고 엮고 결정하였을 따름이지만, '대의'로 말하면 『시』·『서』·『예』·『악』 등 육경의 천마디 만마디 말씀이 모두 공자의 용광로에 들어가 한 덩어리로 녹아서 이루어진 것이라 할 수 있습니다"33)라고 하여, 공자개제설孔子改制說이 지닌 의미를 자료 자체부터 공자의 저작이 아니라 이미 있던 자료를 공자의 안목으로 재창조한 것으로 규정하여 이를 강유위에게 제시하였다. 이에 대해 강유위가 전적으로 옳다고 동의함으로써 두 사람은 일치된 견해를 확인할 수 있었다. 여기서 강유위는 이병헌에게 『공자개제고』를 다시 한번 정독하고 토론할 것을 제안하였는데, 이 때 이후로 이병헌은 『공자개제고』를 깊이 탐구하여 강유위와 함께 경전의 뜻을 강론하면서 "아는 것을 말하지 않음이 없고, 말함에는 다하지 않음이 없다"(知無不言, 言無不盡)고 할 만큼 토론을 극진하게 전개해 나갔다.

    이 무렵 이병헌은 관상로 4호로 강유위를 찾아갔다가 이 집 주인이며 혁명당의 거두인 진간陳榦을 방문하여 필담을 나누기도 하였는데, 진간은 만주족의 청조淸朝에 대해 강한 적대감을 보였다. 이때 강유위는 진간의 집에 머물다가 복산로福山路에 있는 제독루提督樓(독일이 靑島를 租借하고 있을 때 독일 제독의 관저)로 옮겨 갔으므로, 이병헌은 그곳으로 찾아가 『공자개제고』의 의문점을 질문하며

---

33) 『李炳憲全集』 下, 610쪽, 「眞菴略歷」, "詩之三千, 書之三千, 果皆本無而假託耶, 先生亦於改制考元文中, 載有曰刪曰正曰修曰定等字, 其爲孔子之刪正修定無疑, 非自作也, 蓋以事實而言, 則孔子之於詩書禮樂, 依舊是刪正修定耳, 以大義而言, 則詩書禮樂等六經之千言萬語, 皆入孔子之爐韛, 一切陶鎔而成之."

강유위의 지도를 받았다.

또한 강유위는 궐리闕里(曲阜)의 소무韶舞에 들어 있는 경磬에서 나는 소리(石聲)를 공자의 유음遺音이라고 보고, 지구상에서 유일하게 돌에서 나는 소리로서 지극한 보물이라 하였으며, 또 공자의 거문고(琴: 梥)가 83조調인 것은 서양음이 80여 조調인 것과 유사하다고 지적하였다. 따라서 강유위는 이병헌에게 곡부로 가서 이 음악을 배워서 동국東國에 전하여 공자의 전승을 넓히도록 당부하였다.

이병헌은 배산서당의 낙성식을 8월 27일 공자의 탄신일(聖誕節)로 잡은 사실을 말하고, 공자의 탄신일이 『곡량전』과 『사기』 사이에 차이가 있음을 질의하자, 강유위는 『황청경해皇淸經解』의 고증이 정밀하여 오류가 없다고 밝혀 주었다. 또한 강유위는 자신의 『신학위경고』가 엄밀하게 고증된 것임을 강조하고, 『신학위경고』・『중용주』・『논어주』・『예운주』도 『황청경해』를 읽지 않고는 이해할 수가 없다고 강조하였다. 또한 이병헌이 우리나라에서는 주희의 주석이 아닌 것을 읽으면 이단이라고 배척받는 사실을 밝히자, 강유위는 중국에서도 고금의 경전주석가로서 주희를 최고로 여겨 존숭하였지만, 실지로 주희는 육경을 알지 못하였다고 지적하면서, "전날의 공자를 존숭한다는 것은 실지로 주자이지 공자가 아니었다"고 밝혔다. 나아가 강유위는 중국에 소성인小聖人 내지 소교주小敎主로 주공周公을 받드는 유흠劉歆, 문창제군文昌帝君・관제關帝(關羽)를 받드는 원료범袁了凡, 불교의 혜능慧能(六祖), 도가의 장릉張陵, 사서四書의 주희 다섯 인물을 들면서, 특히 유흠은 거짓으로 의탁하였을 뿐이요 진정한 주공이 아니며, 또한 주희가 인용하여 가르친 것은 실지로 사서의 취지가 아니라고 비판하였다.

이때 이병헌과 박은식이 중국의 장래에 관해 논의하는 중에 박은식이 "복벽復辟(君主제도를 다시 회복함)은 중국인의 심리가 허락하지 않을 것이다"라고 언급하였고, 이병헌도 '복벽'이 불가능하다는 입장을 밝혔다. 이에 대해 강유위는 "남방의 몇 사람을 제외하면 중국은 공화共和제도를 후회한다"고 주장하며, 공화제를 정면으로 반대하고 '복벽'이 이루어질 것이라는 희망을 밝혔지만, 이병헌은 강유위가 불가능한 '복벽'에 집착하고 있다는 사실을 객관적 입장에서 확인하였다.

이병헌은 6월 하순 청도에서 곡부로 가는 길에 먼저 제남濟南으로 가서 당시 제남에서 공무를 담당하고 있던 공령건孔令健을 방문하여 조선을 방문하겠다는 약속을 받고, 태안泰安에 가서 그곳의 재무처장을 맡고 있는 갈연영葛延瑛을 만나 배산유회의 찬성원이 될 것을 허락받았다. 그는 두 번째로 태안을 방문한 길에 다시 동악묘를 찾아갔고, 7월 초에는 두모궁斗姆宮에서 며칠을 머물고 나서 다시 태산을 올라 정상에 있는 문묘에 들어가 공자의 성상을 배알하였다. 이때 문묘의 천장에서 비가 새고 있는데도 더럽혀진 대로 방치되고 있는 것을 탄식하며 직접 수건을 들고 타자를 닦기도 하였다.

7월 5일 곡부로 가서 이튿날 성림聖林·성묘봉위관聖廟奉衛官인 공령준孔令儁을 찾아가 강유위의 편지를 전하고 그 집에서 머물렀다. 강유위의 부탁을 받은 공령준은 이병헌을 위해 대성악보大成樂譜를 구할 수 있도록 도와주고, 악사樂師 첨지준詹智濬을 초빙해 주었다. 첨지준은 중국 금학琴學의 국수國手인 왕진王震(호는 心葵)의 제자로, 이병헌을 위해 '양관삼첩陽關三疊'과 '평사낙안平沙落雁' 등의 곡조를 연주해 주고 금학琴學의 체계에 대해 설명해 주었다. 이병헌은 첨지준이 학생들에게 음악을 가르치는 자리에 나가 이를 관람하기도 하였다. 이병헌이 배산서당의 문묘제향 때 필요한 악기를 마련하기 위해 악기에 관해 질문하자, 첨지준은 악기들을 일일이 보여 주며 자세하게 설명해 주었다. 이때 이병헌은 이 악기들을 모두 준비하기 어려운 현실을 고려하여 단독으로 쓸 수 있는 악기에 관해서 물었고, 이에 첨지준은 거문고(琴)는 단독으로 연주될 수 있으나 다른 악기는 함께 연주되어야 하는 것이라 하고, 퉁소(簫)와 피리(笛)도 단독으로 연주될 수 있지만 거문고만 못하다고 설명하였다. 결국 이병헌이 사올 수 있는 악기는 단독 연주가 가능한 거문고·퉁소·피리였다. 또한 첨지준은 황종黃鐘·중영中迎·송신送神 등 6악장을 연주하여 제례악을 직접 들려 주었다. 배산서당의 문묘 제례악을 위해 악보와 악기를 마련해야 하지만, 이병헌으로서는 짧은 기간 내에 연주기법을 배우기가 어렵다는 난관에 부딪히지 않을 수 없었다.

    7월 하순 이병헌은 항주에 머물고 있는 강유위의 편지를 받고 곡부를 떠나 남경을 거쳐 상해로 돌아왔다. 상해에서 받은 배산서당에서 온 편지에는 배산서당의 낙성일자가 바뀌었다고 적혀 있었다. 이로 인해 성탄절에 낙성하겠다는 이병헌의 계획은 수포로 돌아가고 말았다. 그는 항주로 가서 정가산丁家山의 강장康莊으로 강유위를 찾아갔다. 강유위는 안내인을 붙여 삼담인월三潭印月(西湖의 절경)을 비롯하여 팽공사彭公祠와 고산孤山(西湖 속의 섬)의 광화사廣化寺를 유람하게 하였다. 이병헌은 조담대照膽坮에 갔다가 아미산峨嵋山의 승려로 거문고의 연주에 능숙한 대휴개사大休開士를 만났다. 그리하여 그는 대휴와 함께 항주성에 들어가 거문고와 『금학지남琴學指南』을 구입하였다. 이후 그는 중국 서화가 오창석吳昌碩이 주관하는 서냉인사西冷印社(西湖의 孤山 서쪽 언덕에 위치)에 가서 강유위를 만나고, 그와 함께 조담대로 가서 대휴를 만났다. 강유위는 대휴에게 부탁하여 이병헌에게 거문고를 가르치도록 하였다. 이병헌은 대휴의 친절한 지도 아래 임광한林光漢(四川省 출신)과 함께 거문고 연주기법을 배웠으나, 워낙 생소한 일이라 5~6세 아동이 처음 문자를 배우는 수준이었다고 한다. 이때 머물고 있던 관제묘關帝廟의 인근에서 항주의 안정安定 중학교 교사인 항사원項士元을 만났는데, 목록학의 전문가인 항사원에게 금문경전의 구입 문제를 의논하기도 하였다. 8월 15일 추석날은 항주 죽간항竹竿巷으로 신환申桓을 찾아가 독립운동가인 신규식申奎植(1879~1922, 호는 晲觀)의 1주기에 조문하였다.

이병헌은 이번 중국 방문의 기본과업의 하나로 곡부에서 구해온 성상을 촬영한 사진을 서양기법으로 확대하여 그렸는데, 이 일은 김구金九의 도움을 받아서 이루어졌다. 한편 강유위는 거듭 검토한 다음에 이병헌이 구입해야 할 20종의 금문학 도서목록을 작성해 주었다.34) 그러나 실제로는 이 목록에 따라 구입하기 어려운 책들이 많았다고 한다. 이병헌은 강유위에게 부탁한 「배산서당기培山書堂記」를 받지 못하자 상해의 우원愚園으로 거듭 찾아가 간청하였는데, 그 사이에 배산서당의 낙성일자는 연기되었고, 공자의 후손인 공령건이 함께 조선에 가기로 한 약속도 어긋나게 되었다. 그리하여 강유위의 제자 가운데 함께 갈 사람으로 등의鄧毅를 천거받았으나 끝내 이 일은 이루어지지 않았다. 마침내 이병헌은 강유위에게서 「배산서당기」를 받았다. 금문학 도서목록에서 구입하지 못한 것은 강유위가 자신의 장서인 만목초당萬木草堂 소장본을 내어 주었다. 이때 임시정부에서 중심적인 활동을 하던 인사들이 배산유회에 찬성하는

---

34) 『李炳憲全集』, 614쪽, 「眞菴略歷」.

뜻을 보여 주었고, 박은식, 이시영, 조완구趙琬九(호는 藕泉), 김구 등은 배산서당의 낙성식에 축사를 지어 주었으며, 곡부의 공령준孔令儁도 축사를 보내 주었다. 공령준으로부터 받은 축사의 제목은 '조선공교회창건성묘축사朝鮮孔敎會創建聖廟祝詞'였으니, 곡부의 연성공부에서 배산서당과 배산유회를 '조선공교회'로 공식적으로 일컫고 있는 사실을 확인할 수 있다.35) 이것은 이병헌이 배산서당을 중심으로 전개하였던 공교운동이 '조선공교회'의 조직운동으로 공식화되었음을 의미하는 것이다.

9월 9일 이병헌은 공자의 성상을 받들고 금문경전을 안고서 상해를 떠나 귀국길에 올랐다. 임시정부 요인인 김구, 조완구, 이시영 등이 수십 명의 청년을 데리고 포동浦東까지 나와 배에 오르는 것을 전송해 주었다. 이때 이병헌은 자신의 오랜 노력을 한 단계 마무리 지을 수 있게 되었다는 생각과 그동안 노심초사해 왔던 일들을 돌아보며 감회에 젖어 한 수의 시를 읊었다.

10년을 초楚나라 강가를 오갔으나,
만국의 사람 가운데 한 이파리 몸이네.
경영해 오던 일 오늘 결정될 수 있으려나,
푸른 하늘에 공자의 심법을 여쭈어 보네.36)

이병헌은 설레는 가슴으로 화륜선 무호호蕪湖號에 올랐으나 배는 사흘 동안 움직이지 않았다. 가까스로 출발하여 용암포에 이르

---

35) 『李炳憲全集』 上, 290쪽, 「九思齋及培山書堂事實錄」. 여기에 수록된 「朝鮮孔敎會創建聖廟祝詞」는 '中華民國 曲阜 至聖林廟 奉衛官 孔令儁'의 이름으로 되어 있다.
36) 『李炳憲全集』 下, 615쪽, 「眞菴略歷」, "十年來往楚江濱, 萬國人中一葉身, 能否經營今日定, 宣尼心法質蒼天."

렀을 때 배는 또다시 고장으로 멈춰섰고, 결국 이병헌은 9월 16일에야 안동에 도착할 수 있었다. 바로 이날이 배산서당의 낙성식이 개최되는 날이었으므로, 그동안 그가 얼마나 마음을 졸였을지 짐작이 된다.

이병헌은 그날로 안동에서 기차로 압록강을 건너 9월 17일 김천에 내렸고, 9월 18일 늦게야 단성의 원지院旨(咸陽－晉州 간 대로에서 배산서당으로 갈라져 들어가는 길목)에 도착했다. 이곳에서 기다리는 유림 회원들이 수천 명에 이르렀다고 한다. 한 방을 깨끗이 소제하고 임시로 성상을 모셔 놓으니, 촛불 아래 참배하는 유림들의 행렬이 밤이 새도록 그치지 않았다. 9월 19일 성상을 가마에 모시고 적벽강赤碧江 건너 배산서당을 향할 때 앞줄에는 유생儒生이 제례 악기(琴·簫·笛)를 받들고 가고, 그 뒤로 악공樂工이 북으로 인도하며 악기(缶·鼓·簫·笛)를 연주하고 따랐는데, 이를 관람하는 인파가 산과 들에 수만 명이 운집했다고 한다. 배산서당에 들어와서는 제관祭官이 성상을 받들어 문묘에 모시고 석전례釋奠禮를 행하였다. 그리고 나서 도동사道東祠에 선현先賢으로 이황李滉(호는 退溪)과 조식曺植(호는 南冥)을, 선유先儒로 이병헌의 선조인 이원李源(호는 淸香堂)을 모시고, 이광곤李光坤(호는 松堂: 李源의 子)과 이광우李光友(호는 竹閣: 李源의 從子)를 종향하여 철향의 腏享儀(여러 神位를 모시고 차례로 제사하는 의례)를 행하였다. 그러나 배산서당의 낙성식 축사를 미처 읽기도 전에 이병헌에 대한 유림들의 성토가 일어났다.

5) 배산서당의 조변과 대응
— 제5차 중국 방문(1925)

배산서당의 낙성식에서 이병헌에 대한 지방유림들의 성토가 일어난 배경에 대해, 이병헌 자신은 진주 연산의 도통사 측에서 공교회총리인 공상림의 이름을 빌려 썼는데 그가 곡부의 연성공부를 출입하고 공상림을 직접 만나면서 그 거짓됨이 탄로 난 것에 대해 적대감을 가진 데서 비롯된 것이라고 보았다.37) 그러나 성토의 직접적인 명분은 이병헌이 배포한 그의 저술『역사교리착종담』에 수록된 「오족당봉유교론吾族當奉儒敎論」에서 제시한 『춘추』(『公羊傳』)의 '삼세설三世說', 『주역』('觀卦')의 '신도神道', 『예기』 「예운禮運」 편의 '대동大同'에 관한 이론들이 송대 유학자들이 언급하지 않은 것이라고 한 것으로, 이는 영남의 보수적 유림들로부터 비판을 받아왔으며 그 자신도 이 사실을 인정하였다.38)

9월 19일의 배산서당 낙성식에서 성토가 일어난 뒤로 10월에는 동래東萊의 안락서원安樂書院(宋象賢 主享)과 함양의 남계서원灆溪書院(鄭汝昌 主享)에서 통문通文을 돌려 이병헌에 대한 격렬한 성토를 하기 시작하였다. 먼저 안락서원의 통문에서는 주희를 정학正學으로 육구연陸九淵(호는 象山)을 사학邪學으로 대립시켜 성토하였다.

> 이병헌은 육상산 당파인 강유위의 무리와 얽혀서 스스로 새 학설을 내어 송학을 배척하였다.……또 주자의 『칠서집주七書集註』를 헐뜯고 무너뜨리며 새 경서의 제목을 주창하여 이미 세상에 반포하니, 몰래 간사한 계교를 내어 멀리 궐리에 의탁하여 공자의 유상

---

37) 『李炳憲全集』, 下, 615쪽, 「眞菴略歷」, "其實則因鄕人安某, 設立道統祠于晉州, 藉托闕里, 深忌余之切近闕里公府, 結連乎孔敎會, 恐彼藉托之僞狀綻露, 蓄憾于我者已久, 某族之厭我成功, 遷就奉安日子者, 故授彼輩以刺我之毒刃也."

38) 『李炳憲全集』, 上, 301쪽, 「培山文廟及道東祠奉安後遭變日誌」, "刊布平日所述歷史敎理談若干于域內域外, 而其中有吾族當奉儒敎論一篇, 爲山南舊儒所深嫉, 蓋春秋三世之義, 大易神道之敎, 禮運大同之說, 爲宋儒所未言及, 故林下舊儒往往所詬病." 여기서 「吾族當奉儒敎論」이라는 논설은 『李炳憲全集』 上卷에 의하면 『歷史敎理錯綜談』에 수록되어 있는 것이 아니라 『歷史正義辨證錄』에 수록되어 있다.

遺像을 모사해 와서 단성의 배산에 걸어 두었다.……그는 지금 육상산의 당파에 깊숙이 의지하여 육상산의 학문을 존숭하여 믿으면서 정자·주자의 학문을 비방하고 허물어 장차 천하를 이끌어 바꿔 보려고 하며, 퇴계·남명 두 선생을 이끌어다 제사하여 천하의 이목을 속이려 한다. 이를 참을 수 있다면 무엇을 못 참겠는가?"39)

안락서원의 이 통문에서는 이병헌을 주희의 학문을 파괴하는 '사문의 난신적자'(師門亂賊)로 토죄하고, 그가 전파하는 새 서적과 새 학설을 찾아내어 불태울 것과, 공자와 이황 그리고 조식의 위판位板을 궐리와 도산서원·덕천서원에 각각 돌려보내기를 요구함으로써, 배산서당의 설립 자체를 부정하고 있다.

잇달아 10월 21일에 나온 남계서원의 통문에서는 공자의 성상을 배산서당에 모신 사실에 대해 예절이 갖추어지지 않아 욕되게 함이 심하다고 비난하고, 문묘와 별묘(道東祠를 가리킴)를 함께 설치할 수 없다고 반대하였다. 또한 이병헌의 『역사교리착종담』에 대해, 상고시대 성인의 자취에 대해 억설로 조작함이 많아 경전과 역사를 변소하여 어시럽히고 성인을 모독하였다고 비판하였다. 특히 이병헌이 『주역』('觀卦')에서 말한 "신도로써 가르침을 베풀었다"(神道設教)에 근거하여 공자의 가르침을 '신도神道'로 인식한 데 대해, '신도'란 성인의 극진한 공효(極功)를 가리키는 것이요, 그 가르침은 평이하고 절실한 것으로 인류의 일상적인 것일 뿐이라 하여, 차례를 뛰어넘는 폐단이 있다고 비판하였다. 나아가 이병헌이 유흠劉歆을 비판하

---

39) 『李炳憲全集』 上, 305쪽, 「培山文廟及道東祠奉安後遭變日誌」, "李炳憲輩締結陸黨康有爲之徒, 自爲新說, 毀斥宋學……又欲毀破朱子七書集註, 倡出新書題目, 已頒布於世, 暗生奸計, 遠投闕里, 摹來孔子遺像, 揭處于丹城之培山,……彼方密附陸黨, 尊信陸學, 詆毀程朱之學, 將擧天下而易之, 而援引退溪南冥二先生以祀之, 欲瞞天下之耳目, 是可忍也, 孰不可忍也."

고 정자程子와 주희의 한계를 지적하고 우리나라 선유들이 송학에 안주하였던 폐단을 지적한 언급들을 열거하고, 이에 대해 우리나라와 중국의 선현을 모독하였다 하여 사문난적斯文亂賊의 죄목으로 규정하고 성토하였다.[40] 이러한 지방유림의 강력한 배척으로 인해 이병헌이 심혈을 기울여 추진해 왔던 공교운동은 엄청난 장벽에 부딪히면서 사실상 좌절당하고 말았던 것이다.

남계서원의 통문은 안락서원의 통문보다 더욱 구체적인 내용을 제시하고 있지만, 이병헌의 공교운동과 금문경학이 지닌 개혁적 성격이 보수적인 지방유림의 강력한 배척을 받은 것은 이 시대 현실에서 피할 수 없는 일이었을 것이다. 이러한 보수유림의 배척태도를 이병헌 자신도 잘 알고 있었으며, 이 점을 염려하여 배산서당의 건립을 통해 공교운동을 전개하면서 이황의 종중宗中과 긴밀히 연락하고 이황의 종손 이충호李忠鎬의 협조를 받아왔지만, 이것으로 영남지역의 보수적인 유림들의 배척을 막을 수는 없었다. 다만 이병헌이 추진하는 공교운동의 개혁적 성격에도 불구하고 이황의 종중에서 그에게 협조했다는 사실은 영남학풍의 중심축을 이루고 있는 도산서원과 당시 이황 종중의 의식이 시대변화에 적응할 수 있는 상당한 유연성을 보여 주었던 것으로 짐작된다.

이때 보수적인 지방유림들이 배산서당을 성토했던 문제 중의 하나는 배산서당의 도동사에 이황, 조식과 더불어 이병헌 자신의 선조인 이원과 이광곤, 이광우를 배향한 사실이다. 이병헌이 이렇게 배향한 의도는 그가 시도하는 새로운 공교운동의 기본방법에 근거한 것이었다. 이러한 조치는 지역의 선현을 모시는 동시에 각 가문

---

40) 『李炳憲全集』 上, 307쪽, 「培山文廟及道東祠奉安後遭變日誌」, "侮辱聖賢, 至於此極, 此斯文之亂賊也."

이 선조들 가운데 훌륭한 인물을 모심으로써 조선사회의 씨족적 배경을 활용하여 공교회의 조직을 활성화할 수 있다는 인식이 내포되어 있는 것으로 볼 수 있다. 이병헌은 이렇게 선현과 선조를 함께 모시는 것이 "어버이를 친애하고 나아가 어진 이를 존숭한다"(親親而尊賢)는 논리로서 유교정신에도 부합한다고 인식했다. 그러나 그의 입장은 지역유림의 공론公論을 거쳐서 배향할 인물을 결정하는 전통을 고수하는 보수적 유림들의 이해를 받을 수 없었다.

이듬해 55세 때(1924) 지방유림들이 이병헌에 대한 배척을 계속하였지만, 그는 3월에 배산서당의 제향에 참석하고 안동으로 가서 자신과 배산서당이 지방유림의 배척을 받은 사실을 알리고 해명하였다. 오랫동안 온갖 고초를 겪으며 여러 차례 중국을 드나들면서 추진하였던 일이 사실상 실패로 돌아간 데 대해 그의 심정이 얼마나 참담하였을지는 쉽게 짐작할 수 있다. 그는 답답하고 울적한 심정을 달래기 위해, 8월에는 지리산의 천왕봉天王峯을 오르기도 하고, 9월에는 일본으로 건너가 동경의 우에노(上野) 공원에 있는 제국도서관帝國圖書館에 가서 경전과 역사에 관한 문헌을 폭넓게 열람하고 돌아오기도 하였다. 그해 겨울부터 이병헌은 공교운동을 대중 속으로 확산하는 일이 사실상 어렵다는 것을 통렬히 인식하고, 관심의 방향을 금문경학 연구를 심화하는 쪽으로 돌리기 시작하여 금문경학에 대한 저술로 『공경대의고孔經大義考』를 완성하였다. 이때 그는 금문경학 연구에 몰두하면서, 비록 제대로 소리를 내지는 못하였지만 틈틈이 악보를 보며 거문고를 연습하였다.

이병헌은 강유위와 곡부 연성공부의 지원을 받아 추진해 왔던 배산서당을 통해 공교운동을 전개하려던 계획이 무위로 돌아가고 말았지만, 그 경위와 사정을 중국 쪽에 알려야 할 책임이 있었다.

그래서 그는 56세 때(1925) 마지막 중국 여행인 제5차 중국 방문길에 올랐다. 2월에 집을 나서서 서울에 며칠 머물다가 압록강을 건너 안동을 거쳐 선편으로 상해에 도착한 것은 3월 상순이었다. 상해에 도착하여 옛 친지들을 찾아보고, 3월 하순에 강유위를 만나기 위해 항주로 갔다. 이때 강유위는 서호의 일천원一天園에 머물고 있었는데, 이병헌의 경과보고를 자세히 듣고 나서, "이치가 참되고 바른 것은 오래가면 반드시 펼쳐질 것이다"라고 하여 이병헌에게 용기를 북돋아 주고 음식과 과자를 내놓아 위로하였으며, 섬서陝西지방을 여행하면서 구해 온 '문왕릉文王陵 위에서 나는 시초蓍草' 한 통을 선물로 주었다. 이병헌이 강유위에게 배산서당을 설립하여 공교운동을 전개하였던 과정과 지방유림들의 배척을 받아 겪었던 곤경의 내용을 서술한 『배산서당경기록培山書堂經紀錄』(『九思齋及培山書堂事實錄』에 수록된 「培山書堂經紀事實略」을 가리키는 것으로 보임)과 『배산문묘급도동사봉안후조변일지培山文廟及道東祠奉安後遭變日誌』를 보여 주자, 강유위는 여러 해 동안 고심하였던 이병헌을 위로해 주었다.

강유위와 이병헌은 유교의 개혁과 진흥을 도모하다가 뜻을 제대로 이루지 못하고 곤경을 당한 공통의 경험을 지니고 있었으니, 같은 병을 앓고 있는 사람끼리 서로 동정하는 처지가 되었다. 이때 이병헌은 "선생이 평일에 만난 것은 곤궁한 용이 하늘이 기울어지고 바다가 뒤집어지는 즈음에 있는 것과 같다면, 소생이 오늘에 만난 것은 비늘 가늘고 작은 물고기가 물이 떨어져 내리고 돌이 솟아 나오는 때를 만난 것과 같으니, 혹 고통 받는 데 같은 점이 없지 않으니 반드시 한번 뒤바뀌는 기회가 있을 것임을 알겠습니다"[41]라

---

41) 『李炳憲全集』, 下, 617쪽, 「眞菴略歷」, "先生之平日所遭, 如困龍在天傾海覆之際, 小生今日所遇, 如纖鱗鯢介處水落石出之時, 或不無所苦之同, 而知其必有一轉之機"

고 하여, 함께 어려움을 극복해 나가기를 다짐하고 있다.

또한 강유위는 이병헌이 지난해 금문경학에 관해 처음 저술한 『공경대의고』를 받아 읽어 보고서, "경학을 기록한 것은 대체大體를 잘 터득하였지만, 오히려 아직 철저하지 않은 곳이 있으니, 그대는 마땅히 전적으로 크고 먼 것을 따라서 착수하는 데 마음을 써야 한다"42)고 논평하였다. 강유위가 이병헌에게 미세한 지식보다 근원적인 통찰에 힘쓰기를 당부하였던 것을 알 수 있는 대목이다. 이때 강유위는 이병헌에게 시와 문장을 공부하도록 권고하였는데, 왕반산王半山, 진후산陳後山, 황산곡黃山谷의 시를 배워야 할 것으로 제시하고, 문장으로는 『순자荀子』(儒家)・『장자莊子』(道家)・『관자管子』(政家)・『한비자韓非子』(法家)・『여람呂覽』(呂氏春秋: 雜家)・『회남자淮南子』(雜家)・『초사楚辭』(文家)・『전국책戰國策』(辨家)・『사기史記』・『한서漢書』(史家)의 '10서十書'를 언급하고 이것들은『대대예기大戴禮記』・『국어國語』와 더불어 '12서十二書'를 이루며 경전과 거의 대등한 것이라 하여 익숙하게 읽기를 강조하였다. 이러한 조언은 이병헌의 학문과 문장을 폭넓고 힘 있게 하기 위해 스승으로서 강유위가 내려 준 처방이라 할 수 있을 것이다. 이때 이병헌은 강유위에게 자신의 심회를 서술한 시 한 수를 보여 주었다.

산은 메마르고 냇물은 얼어붙어 봄이 더디 오니,
나이 많아지고 머리털 성겨 가는 것이 한스럽네.
깊이 생각하고 계획하는 일 누가 할 수 있으랴,
잠깐 보니 밀려오는 조수가 또 여기 이르렀네.

---

42) 『李炳憲全集』 下, 617쪽,「眞菴略歷」, "筆記經學, 甚得大體, 惟尙有未徹處, 弟留心宜專從大者遠者下手."

화살이 뚫지를 못하니 처음에 과녁을 그르쳤고,
이미 옮겨간 가지에 꽃이 다시 옮겨가기 어렵네.
가슴 속엔 하늘을 돌려놓을 뜻 간직한 듯하니,
세상 사는 동안 쇠잔한 한 몸을 잃지 말아야지.[43]

강유위는 이 시의 침통함을 보고서 심신으로 겪은 고초를 알 수 있다고 하며, "다행히 동지의 도움이 있어서 이 도道(孔敎)를 동방에 전한다면 그대는 영구히 사라지지 않을 수 있을 것이다. 『역』에서 '하늘의 운행은 강건하니 군자는 이로써 스스로 힘써 쉬지 말 것이다'라고 하였으니, 바깥의 환경이 더욱 심하게 공박하더라도 안으로 의지를 굳세게 떨쳐서 더욱 굳게 해야 한다. 그래서 '한 해가 겨울이 된 다음에 소나무와 잣나무가 시들지 않은 것을 안다'고 말씀했던 것이다. 안으로 의지가 이미 굳으면 밖으로 환경이 거슬리는 것은 모두 자신을 갈고 다듬는 도구로 보일 뿐이다"[44]라고 하여, 어떤 시련도 의지를 굳게 하여 극복하도록 격려하였다.

이때 이병헌은 배산서당의 건립을 통한 자신의 공교운동이 실패하였지만, 진환장陳煥章이나 공령건孔令健을 조선에 초청하여 강연회를 열어 조선의 유학자들이 빠져 있는 고루함을 풀 수 있다면 자신의 공교운동을 펼칠 수 있는 환경을 확보할 수 있다는 믿음을 가지게 되었다. 그는 이 일을 추진하기 위해 강유위에게 그의 제자인 진환장에게 조선에 가서 강연하도록 권유하는 편지를 부탁하고, 곡

---

43) 『李炳憲全集』, 下, 616쪽, 「眞菴略歷」, "岳瘦川凝春到遲, 恨如年長髮如絲, 沈思籌錯誰爲此, 瞥見來潮又至斯, 矢未能穿初誤的, 花難更上已移枝, 胸中若有回天志, 毋失殘軀在世時."

44) 『李炳憲全集』, 下, 616쪽, 「眞菴略歷」, "幸有同志之助, 令斯道其東, 則弟爲不朽矣, 易曰天行健, 君子以自强不息, 外境之攻迫愈甚, 內志之亢厲愈緊, 故曰歲寒而後知松柏之後凋也, 內志旣堅, 則外境之拂逆, 皆視爲磨礪之具而已."

부에 가서 공령건을 만나 설득해 보기로 결심을 하였다. 이 무렵 그는 항주에 머물면서 도서관을 드나들며 경전과 역사 서적을 열람하고 명승고적을 유람하고 있었는데, 그 사이에 주희의 24세손인 주수인朱守仁(호는 壽庭)을 만나 송학과 금문학 및 공교에 관해 종횡으로 담론하고 이를「수정필담壽庭筆談」에 남겼다. 또 지난번 항주에서 만나 깊이 사귀었던 항사원項士元과 다시 만났을 때는 항사원이 그에게 사진을 찍어 주고『서호지西湖誌』20부를 기증하는 등 깊은 호의를 보였다. 아울러 이곳에 들른 조소앙趙素昻을 십여 년 만에 만나 회포를 풀기도 했으며, 박은식을 만났을 때는 그가 이병헌이 그동안 겪은 이야기를 듣고서, "사람이 성취함은 오로지 만년의 절개에 달려 있다. 내가 몹시 바라는 바는 그대가 평생의 뜻을 이루어 내는 것이다"라고 하며 용기를 잃지 말도록 격려해 주기도 하였다.

윤4월 이병헌이 항주 서호의 광화사廣化寺로 옮겨서 머물고 있을 때 강유위는 제자인 왕양명王良鳴을 광화사에 보내어 이병헌과 함께 머물면서 학문을 강론하게 하였다. 5월에 강유위는 왕양명을 데리고 상해를 거쳐 청도로 갔으며, 이때 이병헌도 그들을 따라갔다. 이해 여름은 폭염이 혹심하였으나 청도는 선선하였으므로 그곳에서 피서를 하게 된 것이었다. 어느 날 강유위는 이병헌에게 북경대학 강사인 전유기錢維祺가 조선의 경학원經學院에 보낸 편지를 보여 주었는데, 이병헌은 이를 읽어 보고 상당히 실망하였다. 그동안 그가 강유위와 그 문인들에게 간곡히 바랐던 것은 중국 공교의 중심 인물들이 조선의 경학원 및 유림들과 소통하여 금문학을 제창함으로써 조선의 유교인들로 하여금 완고한 두뇌를 깨우치도록 하고자 하는 것이었으며, 그렇게 된다면 유교를 복원하고자 하는 그의 뜻도 얼마간 펼칠 수 있으리라는 기대를 갖고 있었다. 그러나 북경 공교회의 책임자인 진환장은 조선에 갈 뜻이 없었고, 전유기가 조선 경학원에 보낸 편지는 이병헌이 바랐던 것에 너무도 미치지 못하는 것이었다.

이에 이병헌의 남은 희망은 곡부의 공령건을 만나는 것이었다. 이병헌은 제남을 거쳐 6월 13일 곡부에 들어가 공령준孔令儁을 찾아갔으나 만나지 못했는데 노오부老五府로 공령간孔令侃을 찾아가 담화하다가 그의 아우 공령준이 지난해 병으로 죽었다는 사실을 듣고 놀라움과 슬픔으로 탄식하였다. 6월 하순 공자가 3세 때부터 옮겨 살았던 창평읍昌平邑(鄒땅 魯源村)을 찾아가 강유위의 글씨로 된 비석을 돌아보고, 이어서 공자가 탄생한 니구산尼丘山을 찾아가 새로 중수한 문묘에 참배하였다. 이튿날 아침 니구산 문묘 뒤의 산정에 올라가서 상제(昊天上帝)와 공자(至聖先師)에게 "엎드려 비옵건대, 우리 천제天帝와 성사聖師께서는 우리 16억 동포를 생각하시고 우리 2천년 신성한 도를 밝혀 주시어 교화와 양육의 안에 붙들어 주소서"라고 기도를 드리며, 비통한 마음으로 절하면서 곡하고 울부짖으며 기도하기를 반나절이나 하고 돌아왔다고 한다.[45]

이병헌은 노오부에 머물면서 공령간과 매일 대화하며 조선에 와서 강연해 줄 것을 부탁하였지만 공령간은 끝내 사양하였다. 이병헌은 강유위의 제자나 곡부의 공자 후손이 조선에 와서 강연하면 조선의 유림들 가운데 그 권위에 설복되는 사람들이 있으리라 믿고 끈질기게 부탁을 하였지만, 아무도 허락하는 사람이 없었다. 아마

---

45) 「眞菴略歷」, 『李炳憲全集』 下, 618쪽, "默禱于昊天上帝·至聖先師之下, 悲動于中, 拜而又哭, 哭而號泣, 曰伏惟我天帝聖師, 念我十六億同胞, 明我二千年聖道, 使們於化育之內."

당시 중국 공교회 유교인이나 곡부의 공자 후손들은, 중국은 물론 이요 조선의 유교인이나 지식인들 사이에서 유교개혁을 주창하는 강의가 호응을 얻을 것이라고는 생각하지 않은 듯하다.

결국 이병헌은 7월초 다시 빈손으로 청도에 돌아와 강유위와 왕양명을 만나 작별하고, 청도의 동문인서국同文印書局에서 자신의 저술『유교복원론』과 『공경대의고』 및 『총서』46)를 인쇄하면서 귀국준비를 하였다. 8월초 청도에서 우봉한于鳳翰이 그 스승 장소개張紹介를 인도하여 이병헌을 찾아와 장시간 필담을 하였다. 장소개는 하진무夏震武(호는 靈峯)의 제자로서 청말 민국초에 주자학의 학맥을 지켜 온 학자였고, 하진무는 우리나라의 상당수 성리학자들과도 서신 왕복을 하여 당시 국내에도 알려져 있는 학자였다. 하진무와 장소개는 중국에서 '남하북장南夏北張'이라 일컬어지는 인물들이다. 장소개가 조선의 유학자인 이병헌에게 관심을 갖고 먼저 접근하였던 것은 조선의 성리학자들이 학문적 수준이 높다는 사실을 잘 알고 있었기 때문이었지만, 이병헌은 이미 주자학자와 깊이 교류하기에는 개혁사상가로서 멀리 떠나 와 있는 상태였다.

이병헌은 귀국길에 대련大連을 거쳐 안동에 이르렀는데 이미 추석이 지났고, 8월 17일에 김천에 도착하였으나 병이 나서 며칠을 조섭하고 나서야 고향으로 돌아올 수 있었다. 다섯 번에 걸친 중국 방문에서 그의 학문적 방향은 강유위의 영향 아래 금문경학으로 확고히 기반을 다지는 것이었으며, 그의 공교복원에 대한 이상은 온

---

46) 저술 중 叢書는 『李炳憲全集』에 2종이 수록되어 있는데, 하나는 『山房叢書』이고, 다른 하나는 『涵眞菴叢書』이다. 『山房叢書』는 조선총독부와 일본정부에 '宗敎令'・'향교재산'・'묘지제도' 등의 문제로 보낸 건의서로서 유교회복을 위한 활동을 내용으로 한 것이요, 『涵眞菴叢書』는 李彦迪(晦齋)・金忠勇・柳成龍(西厓)이 誣陷을 받은 사실에 대해 변론하는 내용이다. 인쇄본은 『涵眞菴叢書』로 金澤榮의 발문이 붙어 있다.

갖 난관과 고통에도 불구하고 흔들리지 않는 신념으로 확립되었다. 비록 그의 공교운동이 보수적 지방유림의 배척으로 발판을 잃고 말았지만, 그가 중국을 왕래하고 강유위의 지도를 받으면서 열어 놓은 세계의 대세와 역사의 방향에 대한 시야는 이미 보수적 유림들의 완고한 의식과 적대감에 의해 시련을 겪으면서도 결코 꺾일 수 없는 원대한 안목으로 확고하게 방향설정을 하였음을 엿볼 수 있다.

4. 만년의 연구기

이병헌은 '유교의 복원'이라는 깃발 아래 자신의 평생을 유교개혁운동을 전개하는 데에 헌신하였다. 그가 공교사상을 형성하고 공교운동을 전개하던 과정은 대체로 3기로 나누어 볼 수 있다. 제1기는 34세 때부터 44세 때까지(1903~1913) 문헌을 통해 강유위의 영향 속에 공교의 성격을 인식하던 시기로서, 공교활동의 '준비기'라 할 수 있다. 제2기는 45세 때부터 56세 때까지(1914~1925) 중국을 다섯 번 방문하여 홍콩·상해·항주·청도로 강유위를 찾아가 직접 공교사상과 금문경학의 지도를 받으면서 자신의 공교사상을 체계화하고 배산서당의 건립을 통해 본격적으로 공교활동에 몰두하던 시기로서, 공교활동의 '몰입기'에 해당한다. 제3기는 57세 이후 71세로 세상을 떠날 때까지(1926~1940) 공교운동을 거의 중단한 채 금문경학의 연구에 전념하였던 시기로서, 공교활동의 '정리기'라 할 수 있다.

지방유림의 배척을 받아 배산서당을 중심으로 조선에 공교회를 조직하고 공교운동을 전개하려던 계획은 좌절되고 말았지만, 이병헌은 공교사상의 기틀인 금문경학의 연구를 심화함으로써 멀리 다음 시대에 공교운동의 토양을 제공하는 방향으로 자신의 관심을 전환하였다. 그는 다섯 번째 중국 방문에서 돌아오던 해(1925) 겨울에도 『춘추미의春秋微義』(강유위의 『春秋筆削大義微言考』로 보임)를 읽고 차록箚錄(隨錄)하는 데 몰두하여 관심의 방향을 금문경학 연구로 돌리기 시작하였다.

57세 때(1926) 이병헌은 봄에 꾸었던 꿈을 기록에 남겨 놓았다. 꿈에서 그는 태백산太白山(백두산)을 유람하다가 신인神人을 만났다. 신인이 그에게 산삼 열 뿌리를 주었는데, 그 산삼은 한 뿌리를 손으로 움켜쥘 수 없을 만큼 매우 컸다고 한다. 이때 신인이 그에게 "너는 이것을 조선의 10명산名山에 심어야 하지 사사로이 먹어서는 안 된다"라고 말하였다 한다. 그가 공교의 씨앗을 우리 땅의 곳곳에 뿌리겠다는 뜻을 여전히 자나 깨나 잊지 못하고 있었음을 말해 주는 대목이라 하겠다. 그해 6월 이병헌은 『시경삼가설고詩經三家說考』를 저술하였으며, 이 책을 항주 서호의 강장康莊으로 강유위에게 우송하였다. 이는 강유위의 질정을 받아 금문경학의 확고한 틀을 잡으려는 것이면서, 동시에 금문경학에 대한 상당한 자신감을 보여주는 것이기도 하다. 그가 8월에 호남지방과 서울을 다니다가 9월에 돌아왔을 때 강유위의 답장을 받았다. 강유위는 이병헌의 『시경삼가설고』를 받아보고서 "대지에 공교가 있는 날은 곧 그대의 저술이 유행되는 날이다"(大地有孔敎之日, 卽弟書流行之日也)라고 극찬하여 격려하였고, 이병헌도 감격하여 더욱 분발하게 되었다. 그해 10월에는 『서경금문설고書經今文說考』를 저술하였다.

이병헌은 58세 때(1927) 2월에 『예경금문설고禮經今文說考』를 저술하였는데, 3월초 신문지상에서 강유위가 2월 28일 세상을 떠났다는 기사를 보고서 몹시 놀라고 애통해했다. 강유위의 죽음이 그에게 얼마나 깊은 정신적 충격을 주었는지 이때 그의 오른쪽 옆구리 아래에는 밤톨만 한 한 덩어리의 종기가 생겼다고 한다. 이러한 심신의 충격을 받자, 그는 서울로 올라가 당국에 금문학의 이치를 설득하고, 이어서 백두산으로 들어가 바위 틈에서 나무 열매를 먹고 살면서 금문경의 학설을 정서하며 숨어서 병을 고치고자 마음을 먹고서 3월 14일 집을 나섰다. 이때 사이토(齋藤實) 총독은 삼국군축회의三國軍縮會議에 참가하기 위해 유럽으로 떠나, 그가 건의서를 내어오던 상대가 바뀌고 말았다. 서울에 올라와 여러 날 머무는 사이에 그의 옆구리에 생긴 종기는 점점 커지고 심한 소갈증으로 견디지 못하여 4월 14일 고향에 돌아왔다. 종기는 침술로 치료가 되지 않고 소갈증은 당뇨병이 되어 한약으로 다스리지 못하게 되자, 진주의 도립병원에서 종기는 수술을 받았지만 당뇨병은 쉽게 낫지 않았다. 이 무렵 강유위의 제자로 그의 저술인 『유교복원론』에 서문을 써 주었던 왕양명이 죽었다는 부음을 받았다. 스승 강유위를 잃고 또 공교운동의 동지로서 깊이 사귀었던 중국의 인사들이 세상을 떠난 소식을 거듭 접하면서 병고에 시달리는 그로서는 정신적 타격을 더욱 깊이 받지 않을 수 없었을 것이다.

　이듬해 59세 때(1928) 2월에 이병헌은 오른쪽 눈썹이 눈 속으로 들어오는 것을 수술하고 당뇨병도 어느 정도 차도가 있어서 두 아들을 데리고 부산으로 가서 바닷바람을 쏘이고 온천을 하며 정양하였다. 이때 그는 동래의 범어사梵魚寺에 가서 금강암金剛庵 뒤의 감로수를 마시며 치료를 하였는데, 마침 2월 28일이 강유위의 일주기一周忌라 암자 뒤의 산정에 있는 수십 길 되는 바위 위에 제물을 차려 놓고 현주玄酒를 따라 올리며 축문을 읽어 제사를 드렸다. 축문을 읽다가 눈물이 쏟아져서 옷깃을 적셨다고 하니, 스승 강유위를 사모하고 따르는 정이 얼마나 깊었었는지를 짐작할 수 있다. 그 후 양산의 통도사通道寺를 유람하고 고향에 돌아와, 고향의 망월望月(咸陽郡 柄谷面 月嚴里)에 돌아가신 부모님의 묘를 합장하고, 무덤 곁에 토산분암兎山墳庵을 세워, 이곳에서 독서하였다. 그해 9월에는 『역경금문고易經今文考』의 저술을 마쳐 사실상 오경에 대한 금문경학의 저술을 마무리하였다.

60세 때(1929) 당뇨병이 재발하여, 여행으로 병을 잊기 위해 3월에 서울로 올라왔다. 서울에서 옛 친우들을 만나는 한편 유교의 복원 문제와 관련하여 조선총독부와 일본정부당국과 교섭하였다. 이 무렵 그는 양주楊州(中下里)로 가서 최승모崔承模를 만나 경학에 관한 토론을 하였다. 최승모는 금문경학에 관해서는 몰랐지만 주자학에 사로잡히지 않고 자득自得의 학풍이 있어서, 이규준李圭晙의 경우처럼 금문학에 대한 이해가 넓어지면 유교개혁의 선구가 될 수 있을 것이라는 기대를 갖게 하였다.[47] 이처럼 이병헌은 주자학에 집착하는 보수적 유학자만은 아니었으며, 자신의 독자적 학설을 내세울 수 있는 인물들에게 유교개혁운동에 동참할 수 있는 가능성이 있음을 보고 희망을 걸기도 하였다.

이병헌은 4월에 원산을 거쳐 장전포長前浦로 가서 온정리를 거쳐 외금강과 내금강과 해금강을 두루 유람하고, 보광암普光庵에 머물렀다. 그는 이곳 칠성각七星閣에서 북신北辰(북극성)에 매일 기도를 드리고, 진주 출신의 승려 서진월당徐縉月堂의 요청을 받아 그의 승방에 옮겨 머물면서, 백일기도를 결심했다. 이때 그는 "엎드려 비오

---

[47] 『李炳憲全集』, 下, 620쪽, 「眞菴略歷」, "崔於經學, 雖有自得之趣, 未聞今文之大義, 略與李石谷等, 如至今文學漸明, 則不害爲改革之先驅也."

니, 신명께서는 이병헌의 어리석고 죄많음을 너그러이 살피시어, 신체가 건전하고 이목이 총명하게 해 주시고, 상하로 교제함에 기회와 마땅함을 잃지 않게 해 주시며, 지극히 성스러운 공자의 참된 경전을 써서 이 세상의 이목을 열어 깨어나게 해 주시고, 뜻을 같이하는 사람들과 더불어 몸을 편안히 하고 성명을 보전할 수 있는 자리를 함께 얻도록 해 주소서"48)라고 빌었다. 백일기도가 끝나갈 무렵에 신명의 도움을 받아 나아갈 방도를 하늘에 물어 점을 쳤는데 '미제지구未濟之姤' 괘를 얻었고, 백일기도를 마친 다음 다시 점을 쳤을 때는 '중부지리中孚之履' 괘를 얻었다고 한다. 8월에 서울로 돌아와 다시 당국과 유교복원의 방법을 교섭하는 일에 종사하다가 이듬해 정월에 고향으로 돌아갔다.

61세 때(1930) 3월 9일 배산서당의 제향일에 참례하였다. 1923년 배산서당이 낙성된 이후로 줄곧 유림들의 견제를 받아왔는데, 이때부터 다소 많은 선비들이 참석하였지만, 여전히 그의 마음에 입은 상처는 낫지 않았던 것 같다. 그는 토산분암에 들어가 『시경』을 읽으면서, 금문경전에 관한 자신의 저술을 교정하는 일에 종사하였다. 그해 7월 하순 서울로 올라왔다가 명륜학원明倫學院49)의 강사인 일본인 다카하시 도루(高橋亨)를 만났다. 이때 그는 다카하시와 함께 오늘의 경학은 금문이 아니면 그 참된 길을 얻을 수 없다는 문제로 토론을 벌이기도 했다. 이해 12월 18일은 그의 회갑일이라 자신의 일생을 돌아보며 감회에 젖었다. 이때 지은 시에서, "이 세상은 어

---

48) 『李炳憲全集』下, 620쪽, 「眞菴略歷」, "伏惟神明, 恕鑒炳憲之愚迷多罪, 使身體健全, 耳目聰明, 上下交際, 不失機宜, 用至聖今文眞經, 牖悎斯世之耳目, 情願與同人共得安身立命之地."

49) 日帝는 成均館을 '經學院'으로 바꾸고, 1930년 경학원에 식민통치에 순응하는 유림을 교육하는 기구로서 '明倫學院'을 부설하였다.

띤 세상인가, 내가 보낸 60년 세월이란, 순간순간 하늘이 주신 것을 소모했는데, 한 방울의 보탬도 없음이 부끄러워라"[50]라고 읊었으며, 거문고를 꺼내어 연주하기도 하였다. 자신의 평생 포부가 컸지만 이루어진 것이 없다고 탄식하는 회한의 정을 드러내고 있는 것이다.

63세 때(1932) 당뇨병이 도져서 우울한 기분을 떨치기 위해 서울과 지방을 두루 다녀보기도 하였다. 병이 좀 낫자 4월에는 함양향교에서 그를 배척하는 성토문이 나왔는데, 이때 그는 마음을 평정하게 지키며 자신의 입장을 변론하는 『변정록辨訂錄』을 저술하고 이를 인쇄하여 각 군의 향교에 보내는 적극적 대응을 하였다. 여름에는 더위를 피해 토산정사兎山精舍(兎山墳庵)에서 『시경』을 읽고 돌아왔다.

64세 때(1933) 봄에 의령宜寧에 가서 족보의 편집에 관여하였다. 7월에는 다시 유람길에 올라 의성義城을 거쳐 영덕盈德의 강구江口에서 배를 타고 강릉의 안목진安木津에 내려 경포대에 오르고, 대관령을 넘어 오대산으로 들어가 기도를 올렸다. 10월에 원주를 거쳐 서울에 들어가 창경원 안에 있는 장서각藏書閣의 문헌을 열람하고 유람한 뒤에 고향으로 돌아왔다. 전해에 일본이 만주국을 세우고 이해에는 중국과 일본 군대가 산해관山海關에서 충돌하는 사건이 벌어지는 등 일본의 중국침략이 강화되어 가고 있었다. 이때 이병헌은 당시의 주변상황에 자극을 받고 우리 역사를 민족주의적 입장에서 새롭게 고증하는 『칠천년역사정의七千年歷史正義』[51]를 저술하

---

50) 『李炳憲全集』 下, 621쪽, 「眞菴略歷」, "斯世今何世, 我來六十年, 刻刻耗天物, 慚無補一涓."

51) 『七千年歷史正義』라는 저술은 『李炳憲全集』에 수록되어 있는 『歷史正義辨證錄』을 가리키는 것으로 보인다.

였으나, 이해를 얻지 못하고 도리어 비판의 대상이 되었다.

　65세 때(1934) 11월 서울에 올라와 그가 저술한 『시경』・『서경』의 금문경전 주석을 판매하는 문제를 논의하였으나 뜻대로 이루어지지 않았고, 이듬해 66세 때(1935) 정월 다시 서울로 올라갔으나 금문경전을 통해 유교를 펼쳐 볼 길을 찾지 못하였다. 이때 그는 봉화의 청량산淸凉山에 들어가 이황이 학문을 연마하던 오산당吾山堂에 머물면서 하늘에 제사하고 기도하였으며 청량산의 신령(主神之靈)에게도 빌었다. 또 이곳에서 『역경』을 연구하였는데, 뒷날 그는 이때 『역경』을 연구하면서 만년에 스스로 깨닫는 싹이 트였다고 회고하였다.52) 그해 7월 하순에 고향으로 돌아온 뒤로는 우리나라 역사에 관심을 기울였다. 67세 때(1936) 5월에서 8월까지 토산정사에서 시를 통해 어울린 젊은이와 늙은이들이 모여 시회詩會를 열었는데, 이때 노석영盧碩泳과 신호열辛鎬烈 등이 참여하였다. 그해 가을 그는 서울에 올라가 자신이 저술한 『시경』・『서경』의 금문경전 주석의 판매 문제를 추진하였는데, 결국 뒷날로 미루고 말았다. 돌아오는 길에 구례求禮로 가서 황원黃瑗을 방문하고 화엄사華嚴寺와 쌍계사雙溪寺를 유람하고 돌아왔다.

　68세 때(1937)는 한 해가 저물도록 『역경』 연구에 몰두하였으며, 일과에 따라 『역경』을 공부하며 9번이나 차기箚記한 것을 남겼다. 이해에 중일中日전쟁이 일어나자, 그는 혼란한 주변정세를 바라보면서 매화・연・난초・국화(梅・蓮・蘭・菊)를 네 벗(四友)으로 삼아 감상하며 위안을 삼았다. 69세 때(1938) 정월에도 산속에서 『역경』을 공부하였고, 그동안의 『역경』 연구의 차기를 아들 재구在龜에게 『역경합고易經合考』로 정서하게 하여 출판 허가를 받기도 하였다.53)

---

52) 『李炳憲全集』 下, 622쪽, 「眞菴略歷」, "回念往年淸凉易課, 庶幾有晩年自悟之萌."

그해 8월초 동경에 가서 일본정부에 조선유교정책에 관한 교섭을 추진하였으나 아무런 성과도 얻지 못한 채 그해 11월초에 돌아왔다. 고향에 와서 『역경』 연구를 하며 한 해를 넘겼다.

70세 때(1939) 1월 1일부터 음력이 완전히 폐지되자, 그는 문을 닫아걸고 『역경』을 읽는 데 몰두하였다. 그가 만년에 이렇게 『역경』 연구에 몰입하였던 데에는 시국의 변동과 자신이 추진하던 일이 하나도 뜻대로 되지 않는 데 따라 현실을 떠나서 자연의 큰 변환질서에 의지하려는 뜻이 있었던 것으로 보인다. 그의 스승 강유위도 세상일이 뜻대로 되지 않을 때 『제천諸天』을 저술하며, 하늘을 노닐던 이야기를 들려 주고, "지구도 별것 아닌데, 한 나라의 일이야 자질구례하여 헤아릴 가치도 없다"는 것을 알아야 한다고 하여, 일의 성패에 마음이 동요되지 말 것을 일깨워 주었던 일이 있다.54) 그해 2월부터 병으로 앓아 눕게 되어, 5월에는 진주의 도립병원과 삼화의원三和議院에서 진찰을 받고 6월에 고향으로 돌아왔다. 6월 21일에는 아들 재구에게 병중에 저술한 「오괘변의五卦辨義」를 정서하게 하고, 11월에는 「수화개벽설水火開闢說」을 저술하였다.

이듬해 71세 때(1940) 1월 1일 아들들의 부축을 받고 일어나 세수를 하고 심신을 가다듬어 점괘를 뽑아 보고는 자신이 수명이 다한 것을 알았다고 한다. 1월 15일에는 세계대세를 묵묵히 살펴보니 중일전쟁이 세계대전의 초점이 되리라고 판단하고, 몇 년 가지 않아서 일본과 미국이 충돌하여 전쟁이 일어나면 일본이 패망할 것이요, 미국과 소련이 패권을 다투어 우리나라가 장차 두 나라의 유도

---

53) 이병헌의 『易課』는 필사본 상태로 몇 종을 확인한 바 있지만, 『易經合考』는 『李炳憲全集』에 수록되어 있지 않아 소재를 확인할 수가 없다.
54) 『李炳憲全集』下, 622쪽, 「眞菴略歷」, "弟伴知全地么麽, 一國尤小小不足計."

에 따라 남북이 분리될 것이요, 동족의 상쟁이 일어날 것임을 알았다고 한다. 또한 미국과 소련 두 나라가 패권을 다투다가 멸망한 다음에 진정한 평화가 올 것임을 알 수 있다고 하였다 한다. 또한 물질을 다루는 과학이 엄청나게 발달하고, 선진 각국이 나날이 연구하는 것이 모두 살인무기를 제조하는 것을 급한 일로 삼으며, 도덕사상을 주안으로 삼지 않아서 '태평'과 '대동'은 비록 시기상조이겠지만, 공자의 진리가 장차 세계무대에 등장한 다음에 정의와 인도적 평화가 자연히 도래할 것이라고 예언하였다고 한다.[55] 1월 20일 병이 더욱 깊어지자 큰 아들 재교在教를 불러 집안의 서책을 절대 빌려주지 말고, 금문경전을 신중하게 간직하여 좀이 먹지 않게 하며, 해마다 햇볕에 바람을 쏘여 영구히 뒷날에 전할 것을 당부하였다. 1월 23일 새벽에는 큰 아들 재교를 불러 임종을 눈앞에 두고 마지막 유훈을 남겼다.

다른 교는 모두 미신적인 신비종교에 말미암지만, 유교에 이르면 미신이 아닌 참된 신묘한 종교이다. 너희들은 비록 독서하지 않아서 깊은 생각이 없지만, 사람들과 교제할 때는 반드시 이로써 전파하기를 한결같이 하여라. 내가 생전에 의탁한 바 '대동'의 의리는 장차 그 속에서 싹트는 것이 이와 같다.[56]

유교와 타종교를 엄격히 분별하여, 유교를 '참된 신묘한 종교'라고 본 신념은 그가 죽음을 앞둔 순간에도 내려놓을 수 없는 것이었

---

55) 『李炳憲全集』下, 623쪽, 「眞菴略歷」. 이 기록은 1940년 당시에 생각하기에는 너무 이른 것이므로 뒷날 기록된 것으로 보이지만, 일단 기록된 것을 소개해 둔다.
56) 『李炳憲全集』下, 623쪽, 「眞菴略歷」, "他教皆由迷信的神秘宗教, 至於儒教, 非迷信, 眞神妙的宗教, 汝等不讀書, 雖無狀, 與人交際, 必以此傳播一如, 吾之生前所託 大同之義, 將萌芽于其中如是矣."

음을 보여 주는 대목이다. 이병헌의 평생은 바로 유교를 종교로서 인식하고 이를 통해 유교를 개혁하며 이 세상에 다시 천명하기 위해 바쳐진 것이라고 할 수 있다.

제2장

이병헌의 유교개혁사상과 공교운동

1. 유교개혁사상의 과제와 시대적 배경

　20세기 초반 유교개혁사상은 여전히 극소수의 진보적 유교지식인의 견해에 불과하였다. 대다수의 유학자들은 전통적 도학의 학풍을 묵수하고 있었으며, 이들은 시간이 갈수록 시대변화에 대한 적응력을 상실한 채 현실사회의 대세에서 밀려나면서 고립화되고 폐쇄화되어 점차 무기력함에 빠져들고 쇠퇴해 가는 과정을 밟아 가고 있었다. 따라서 유교개혁사상가들은 비록 소수에 불과했지만 시대변화에 대응하는 논리를 계발하고 전통의 폐단과 문제점의 개혁을 요구하는 목소리를 높여 갔다.

　유교개혁사상을 주창한 이들은 대체로 유교지식인 가운데 개화사상 내지 애국계몽사상을 추구하던 인물들이었고, 그만큼 서구문물의 영향 아래 새로운 상황으로 전개된 근대적 질서에 유교를 적응시키기 위해 개혁의 방법을 탐색하는 데 가장 민감한 관심을 보였다. 국내에서는 1910~1920년대에 유교개혁론이 그런 대로 다양하게 시도되었으나, 그 후 유교개혁사상가들이 급격한 사회변동에 대응하는 과정에서 대중을 이끌어 가는 역할을 제대로 수행하지 못하면서, 유교의 사회적 역할도 급격히 붕괴되어 갔다. 이에 따라 유교개혁을 통해 사회개혁을 실현하겠다는 기대도 점차 쇠퇴해 갔으며, 사실상 유교개혁론 자체가 실패로 돌아가고 말았다. 그러나 당시의 유교개혁론 가운데 개혁의 이론을 가장 정밀하게 체계화하고 그 실천방법을 가장 구체적으로 제시한 이병헌의 개혁사상을 주목할 필요가 있다.

　이병헌의 유교개혁사상이 지닌 근본적 특성은 바로 '유교의 종교적 각성'이라 할 수 있다. 이러한 종교적 각성으로 관습과 타성의 낡은 껍질에서 안주하던 유교의 모습을 변화시킴으로써, 유교를 통해 시대적 상황과 사회적 문제에 적극적으로 대응하며 결집된 힘을 형성하고자 하였던 것이다. 이병헌은 서양의 역사와 문명 속에서 종교의 역할이 얼마나 큰 것이었는지를 통찰하면서도 유교의 종교적 각성이 현대사회 속에 가장 합리적인 적응력을 가진 것임을 강조하였다. 여기서 이병헌의 '종교' 개념이 포함하는 범위와 기능에 유의할 필요가 있으며, 유교를 종교로서 각성할 수 있는 근거와 논리를 확인할 필요가 있다. '종교'라는 개념이 기독교 중심의 서구 문명을 배경으로 하는 만큼 이병헌 또한 그러한 영향을 받은 것이 사실이지만, 종교로서 유교의 성격을 얼마나 독자적으로 인식하고 있는가 하는 것은 유교의 정체성을 확립하는 데도 중요한 의미가 있다.

이병헌이 유교개혁사상의 이론을 체계화하는 데 상당한 노력을 기울여 자신의 독자적 영역을 확보하였을 뿐만 아니라, 유교의 개혁사상을 현실사회 속에 실현하기 위한 방법을 계발하고 그 실천에 힘썼다는 사실 또한 주목할 필요가 있다. 그의 유교개혁론이 실천운동으로 전개된 양상은 크게 두 가지 영역으로 구분해 볼 수 있다. 하나는 일제강점기의 식민지배체제에서 유교전통과 조직을 억제하려는 정책에 항의하여, 유교의 사회적 기반을 확보하고 유지하기 위한 활동이다. 다른 하나는 유교의 종교조직으로서, '공교회孔敎會'의 조직화와 그 구체적 정립을 위한 노력이다. 이러한 유교의 수호와 재건립을 위한 활동도 기본적으로 유교의 종교적 인식에 근거하고 있다는 의미에서 '공교孔敎'운동으로 확인할 수 있다. 여기서 '공교'란 종교적 각성에 따라 교주敎主로서의 공자에 대한 존숭을 확고하게 정립하고자 유교를 '공자의 교' 즉 '공교'로 인식하는 것을 의미한다. 이 운동은 강유위의 주도 아래 중국에서 공교회로 조직화되었다.

이병헌의 공교사상과 공교운동은 공교의 개혁적 재구성과 사회적 정립을 추구하는 것이었지만, 거기에는 그 시대의 다양한 사회문화적 요소들이 복합되어 있다는 사실에 주목할 필요가 있다. 먼저 이병헌은 기독교신앙만이 아니라 철학과 과학이 지닌 서양문명의 의미를 유교의 인식에 폭넓게 수용하고 있으며, 또한 국권을 상실하고 일제의 식민통치를 받고 있는 시대상황에서 민족의식의 각성과 식민통치체제에 대한 적응을 현실적으로 접근하고 있다. 그만큼 이병헌의 사상체계는 유교(공교)를 중심에 놓고 동양과 서양이 만나며, 민족주의의식의 이상과 식민통치세력의 현실이 교차하고 있었던 것이다.

2. 공교사상과 종교의식의 각성

1. 종교 개념의 재인식

이병헌은 「종교철학합일론宗敎哲學合一論」(1914)이라는 짧은 논문에서 처음으로 자신의 '종교' 개념을 체계적으로 제시하였다. 그 후 여러 문헌을 섭렵함으로써 '종교' 개념을 더욱 정밀하게 규정하여 「유교위종교철학집중론儒敎爲宗敎哲學集中論」을 저술하였다. 먼저 그는 "서구에서 종교라 말하는 것은 철학과 두 가지로 나뉘지만, 동방에서 종교라 말하는 것은 철학과 하나로 합한다. 종교와 철학이 둘로 나뉘는 까닭은 진지眞知와 미신迷信의 구별이 있기 때문이다"[1]라고 언급하였다. 그는 서구와 동방의 종교 개념이 다른 점에 주목하고 이러한 현상을 철학과 종교를 일치시키는지 분리시키는지로 확인하였으며, 그 원인을 '진지'에 근거한 종교 개념인지 '미신'에 근거한 종교 개념인지로 규정하였다. 곧 서구의 종교인 기독교는 미신을 내포하고 있으므로 진지를 추구하는 철학과 미신을 포함하는 종교가 분별될 수밖에 없지만, 동방의 종교인 유교는 미신을 벗어난 것이므로 철학과 종교를 합일시키고 있다고 인식한 것이다. 여기서 말하는 '미신'이란 합리적이고 현실적인 것에서 벗어난 초월적이고 신비적인 신앙을 가리키는 것으로, 이병헌은 종교의 개념에 미신적인 것이 포함될 수는 있지만 미신적인 것만을 종교라 할 수 없다는 입장을 보였다.

이병헌은 강유위가 종교를 '신도神道'와 '인도人道'를 포함하는 것으로 보고, 고대에는 '신도'를 존숭하다가 근대에 와서 '인도'를 중시한 사실을 들어, '신도'에서 '인도'로 진보한 것으로 보는 '종교' 개념을 수용하였다. 또한 그는, 명치유신 초기에 일본인이 'religion'을 '종교宗敎' 또는 '법교法敎'로 번역하는 것과 관련하여 '유교'의 '교' 자는 그 자체로 의미가 충족한 것이므로 '종' 자를 덧붙일 필요가 없다고 지적하였다. 그는 당시 극동지역에서 쓰이는 용어 가운데 세계에 통행되고 있는 '교'를 통상적으로 '종교'라 일컫는 사실을 인정하고 있었던 것이다.[2]

이병헌은 서양종교(기독교)에서 천당·지옥을 말하는 사실이 바

---

1) 『李炳憲全集』上, 545쪽, 「中華遊記一·駐燕錄」, "西歐之言宗敎者, 與哲學而爲二, 東方之言宗敎者, 與哲學而合一, 究其所以分, 則以其有眞知迷信之別耳." 같은 내용이 『李炳憲全集』上, 461쪽, 「魯越日記上·宗敎哲學合一論」에도 나온다.
2) 『李炳憲全集』上, 179쪽, 「儒敎復原論」, "儒敎之敎字, 不加毫末而其意自足, 則不必添宗字也, 但挽近以來, 極東名詞, 以世界現行之敎, 通謂之宗敎."

로 미신이 드러나는 점이라고 지적하고, 다수의 지식이 없는 대중에게 선을 권하고 악을 징계하고자 미신을 내세웠으며 오로지 신도神道로써 가르침을 베풀었다고 비판하였다. 여기서 그는 서양문물이 동양에 전파되면서 우리나라 지식인들이 종교를 미신적인 것으로 받아들이고 공자에 대해 철학가·정치가이나 종교가는 아니라고 보는 이유를 바로 기독교적 풍속에 따른 서양의 종교에 빠져들어 일어난 오류라고 지적하였다. 이에 따라 그는 "저 예수와 부처가 세상을 벗어나는 데 치우치고 신의 권위에 미혹된 것은 종교의 이름을 누릴 수 있다 하고, 우리 공자의 진실함이 안과 밖의 차별이 없고 도리가 하늘과 인간이 합치하는 것은 오히려 종교가 될 수 없다 하니 시험 삼아 묻자면, '교教'라는 한 글자는 오로지 서양사람이 홀로 가지고 있는 것이 되고 동방의 나라는 수천 년 융성하였는데도 영원히 '교'가 없는 나라인가?"3)라고 반문하여, 기독교나 불교의 초월적이고 신 중심적인 신앙을 종교라 하고 내재적이고 일체론적 신념인 유교를 종교가 아니라고 하는 것은 종교 개념이 잘못된 것임을 밝히고 있다.

이병헌은 종교 개념이 잘못된 양상을 두 가지로 지적하여 구체적으로 제시하였다. 하나는 서양의 종교가들이 신의 권위만 주창하고 인간세상을 바로잡아 다스리지 못하는 데 비해 공교는 사물을 밝히고 인륜을 살피는 점에서 정치나 철학으로 부를 수 있지만 세상을 초월하는(出世間) 종교로 볼 수 없다는 것으로, '미신'에 치우친 종교 개념을 들 수 있다. 다른 하나는 서양의 정치·법률이 유통하

---

3) 『李炳憲全集』上, 546쪽, 「中華遊記一·駐燕錄」, "彼耶佛之偏於出世, 迷於神權者, 方可以享宗教之名, 而我孔之誠無內外, 道合天人者, 反不能爲宗教家, 試問教之一字, 專爲泰西人所獨有, 而國於東方者, 芸芸數千年, 永爲無教之國也耶."

고 과학이 밝혀짐은 구세주의 신비한 힘에서 나온 것인데 동방의 부패한 국가의 옛 도리는 종교로 받들 수 없다는 것이므로, 그리스도를 전지전능한 주인으로 받들며 유교는 이에 미칠 수가 없다는 기독교 우월주의적 종교 개념이다.

이처럼 이병헌은 종교 개념이 초월적 신앙에 치우쳐 있거나 기독교적 우월주의에 빠져 있는 것은 모두 서양 중심의 입장으로서 종교 개념이 왜곡된 것이라고 확인하고, 균형 있고 포괄적인 올바른 종교 개념의 재인식을 요구하였다. 여기서 그는 종교에 깃들어 있는 미신적 요소는 인간의 지성이 충분히 발달하지 못했을 때 중요한 역할을 한 것은 사실이지만, 합리적 지성이 충분히 발달한 근대로 넘어오면서 종교에서 미신적 요소의 위치는 점점 쇠퇴하게 될 것이라고 보아, '이성理性'이 지배하는 근대적 정신을 새로운 종교 개념의 기준으로 받아들이고 있다.

이병헌은 기독교가 온 지구상에 보급되면서 마틴 루터(Martin Luther)가 머리를 고치고 얼굴을 바꾸는 외형적 개혁을 하였지만, 칸트(Kant)와 다윈(Darwin)이 출현하여 기독교에 대한 또 하나의 적대국이 등장하게 되었음을 지적하였다. 그것은 칸트의 철학이 제시한 합리적 사유와 다윈의 진화론이 제시한 과학적 사유가 20세기에 들어오면서 더욱 밝아지게 되고, 따라서 초월적 신앙으로서의 '미신'은 날로 엷어지게 될 것이라는 진단이었다. 이에 따라 각국의 종교가들은 그동안 쌓아 놓았던 초월적이고 신 중심적인 신앙의 견고한 성벽을 점차 상실하게 될 것이며, 종교에서 미신적 요소가 쇠퇴하게 되면 장래에는 종교와 철학이 반드시 하나로 합하게 될 것이라고 강조하였다.[4] 종교에 대한 이병헌의 견해는, 서구 근대문명에서

---

4) 『李炳憲全集』, 上, 547쪽, 「中華遊記一·駐燕錄」, "基督敎之行, 普及於全球, 而馬

종교와 철학과 과학이 서로 다른 영역으로 분리되고 충돌하는 사실에 주목하고, 이에 비해 동방의 유교에서는 종교와 철학과 과학이 일치하고 소통할 수 있음을 강조함으로써, 근대문명의 바람직한 방향에서 종교와 철학과 과학이 결합하는 이상적 모형으로 유교적 종교관을 제시하는 것이라 볼 수 있다.

한편 이병헌은 종교를 '형이상의 도리'요, 과학을 '형이하의 도구'라 하여 종교와 철학을 '형이상形而上'과 '형이하形而下'로 대비시키고, 철학에 대해서 '상과 하의 양면에 근거하여 유심론과 유물론의 두 유파로 나뉘는 것'이라고 정의하였다.5) 여기서 '형이상-형이하' 내지 '도道-기器'의 관계로 제시되는 종교와 과학은 본체와 현상의 체용體用 구조로서, 근원적으로 대립되는 것이 아니라 일체를 이루는 것이라 할 수 있다. 또한 철학에 '형이상-형이하'의 양면에 뿌리를 두는 유심론과 유물론의 두 가지 양상이 있는 것으로 보아, 철학이 종교나 과학과 모순되는 것이 아니라 연결되고 소통되는 것임을 알 수 있다. 따라서 이병헌의 종교 개념은 '형이상'(道)에 속하는 것이지만 철학이나 과학과 조화를 이루는 것이라 할 수 있다.

이병헌은 이런 종교 개념에 근거하여 종교의 변천과정과 유형을 제시하기도 했다. 그는 "서방에서 종교를 말하는 것은 자칫하면 미신이 주가 되는 것이지만 현세에서는 날로 문명으로 달려가니, 뱀을 숭배하고 짐승을 숭배하는 종교는 전멸한 지 이미 오래되었다. 기독교는 미신이 많고 진실이 적으며, 불교는 미신이 반이고 진실이 반이며, 유교는 진실이 많고 미신이 적다"6)고 하여, 미신으로 가

丁路得出, 則已改頭換面矣, 康德達爾文出, 則又生一敵國矣, 故曰二十世紀以後, 則哲理日明而迷信日薄, 各國宗敎家漸失中堅之壁壘, 而宗敎哲學必合于一矣."

5) 『李炳憲全集』上, 212쪽, 「儒敎爲宗敎哲學集中論」, "宗敎屬形而上之道, 科學屬形而下之器, 哲學或因上因下, 而分爲唯心唯物二派"

득한 동물숭배의 원시신앙은 사라졌으며 문명시대에 적합한 종교로 서는 유교가 가장 미신이 적어 우월하며 그 다음이 불교이고 기독 교가 가장 미신이 많아 열등한 종교라고 주장하였다. 이렇듯 이병 헌은 기독교에 배경을 둔 서양의 종교 개념에 자극과 영향을 많이 받으면서도, 서구가 성취한 근대문명에 유교가 더욱 적합한 종교로 인식될 수 있는 새로운 종교 개념을 제시하였던 것이다.

2. 공교의 종교적 각성과 신념

이병헌의 유교개혁사상이 지향하는 핵심적 과제는, 유교를 철학·도덕·교육·정치 등으로 볼 수 있지만 종교로 볼 수 없다는, 당시에 매우 널리 퍼진 견해에 맞서서 유교의 종교적 성격을 확인하여 각성시키고 종교로서 유교를 확립하는 것이다. 당시 유교인으로서 유교를 종교가 아니라고 규정하는 입장은, 종교로서의 기독교에 맞서서 기독교와 구별되는 유교의 독자성을 확보하기 위한 의도를 내포하는 것이라 할 수 있다. 그러나 기독교 등의 종교를 미신으로 규정하고 유교를 종교가 아니라고 하는 것은, 바로 유교의 종교적 기능과 역할을 포기하는 결과를 초래할 수 있다. 곧 기독교의 초월적이고 신비적인 신앙을 비현실적이고 비과학적인 것으로 보아 이를 거부하고 유교의 인륜·도덕에 기반한 현실성을 강조한다 하더라도, 대중의 가치의식과 생활방식 속으로 종교의 강력한 침투가 이루어지는 것이 사실이었다. 더구나 종교단체가 사회 속에서 집단

---

6) 『李炳憲全集』上, 211쪽, 「儒教爲宗教哲學集中論」, "西方之言宗教者, 動以迷信爲主, 然現世日趨於文明, 如拜蛇拜獸之教, 則全減者已久, 耶教則多迷而少眞, 佛教則半迷而半眞, 儒教則多眞而少迷."

화하여 광범하게 세력을 형성하고 조직적으로 영향력을 미치는 것과는 반대로, 유교는 전통의 규범과 타성적 관습에 의지하여 무기력하게 무너져 가는 과정을 밟아 가고 있었다. 바로 이러한 때에 이병헌은 유교의 종교적 각성을 통해 무너져 가는 유교를 새로운 생명력으로 되살리고자 하였다.

이병헌의 종교 개념은 유교의 종교적 인식에 따라 제시된 것이었다. 그는 "('종교'라는 말에서) '종' 자가 신비한 색채를 띠고 있으나 어찌 공자를 종교가가 아니라 하겠는가?"[7]라고 하여, 공자를 종교가로 인식하고 유교를 종교로 인식하는 데에 신비성이 배제되어야 하는 것은 아니라고 보았다. 곧 유교는 '인도'가 중심이지만 '신도'까지 포함하는 종교로 보는 적극적 해석을 하고 있는 것이다. 그는 공자가 교주가 되는 이유를, "하늘에 짝하는 도량이 있고, 만세의 백성을 구원하는 것"(有配天之量, 救萬世之民)이라 밝혀, 공자가 하늘에 짝이 되고 만민의 구원자가 됨을 강조하였다. 여기서 그는, 『주역』「계사전繫辭傳」에서의 "정精(陰)과 기氣(陽)가 모여 사물이 되고, 떠도는 혼魂은 흩어져 변하니, 이 때문에 귀신의 정상情狀까지도 알 수 있다"(精氣爲物, 遊魂爲變, 是故知鬼神之情狀), "신도를 궁구하여 조화를 안다"(窮神知化), "북 치고 춤추어 신명을 다하였다"(鼓之舞之以盡神)라는 언급이 모두 '성령계性靈界'의 일이라 확인하고, 『논어』「위령공衛靈公」에서 "살기를 구하여 인仁을 해침이 없도록 하고, 자신을 죽여서라도 인仁을 이루라"(無求生以害仁, 有殺身以成仁)고 언급한 것을 예로 들었다. 그는 이러한 경전구절들에 대해 "모두 성령을 중히 여기고 육체를 가볍게 여겨 하늘과 인간의 극치를 밝히라는 것

---

7) 『李炳憲全集』 上, 179쪽, 「儒教復原論」, "宗字又帶神秘的色彩, 則烏得以孔子爲非宗敎家哉."

이니, 이를 서양종교의 천당·지옥의 설명에 비교해 보아도 또한 원활하고 절실하지 않은가.……유교의 종교관념과 공자의 교조로서의 지위를 여기서 볼 수가 있다"[8]고 하여, 공자의 정신에도 비록 서양종교보다는 입세간入世間의 현실적 방법이 많지만 신묘한 세계나 귀신과 성령性靈을 중시하는 출세간出世間의 초월적 방법이 상당히 있음을 강조하고 있다. 여기서 유교의 종교성에 관한 이병헌의 입장이 드러난다. 곧 유교는 인류의 현실적 문제에 한정된 것이 아니라 신명神明·성령性靈의 신비적이고 초월적인 양상을 중요한 구성요소로 내포하고 있다는 인식을 제시하고 있다.

이병헌은 공자가 종교가인 것은 장엄하고 찬란하여 외면할 수 없는 것임을 강조하고, 종교가로서의 정밀한 뜻은 『주역』(「觀卦·象傳」)의 "성인은 '신도'로써 가르침을 베푸니 천하가 복종한다"(聖人以神道設敎, 而天下服矣)라는 구절에서 가장 뚜렷한 증거를 확인하고 있다. 이 구절에서 "'신도'로써 가르침을 베푼다"는 뜻의 '신도설교神道設敎'라는 네 글자는 '인도'만이 아니라 '신도'를 포함하는 유교의 종교성을 보여 주는 핵심적 내용인 것이다.[9]

또한 이병헌은 종교가로서 공자의 위상을 확인하여, "우리 부자夫子(孔夫子)는 옛 성왕을 집대성하고 억대로 전하는 교화의 주인으로서 하늘과 땅이 만물을 조화하고 양육하는 일에 참여하여 도울 수 있으니, 지구상에 하나뿐이고 둘도 없는 '교敎'가 된다. 그 '교'는 각 나라가 근본으로 삼는 '교'와 한가지로 '종교'가 된다 해도 해로

---

[8] 『李炳憲全集』上, 179쪽, 「儒敎復原論」, "皆所以重性靈而輕肉體, 明天人之極致, 較諸西敎天堂地獄之論, 不亦圓活而眞切乎,……儒敎之宗敎觀念, 孔子之敎祖地位, 於此可見."
[9] 『李炳憲全集』上, 315쪽, 「敬告域內儒林同胞」, "孔子之爲宗敎家, 則莊嚴燦爛, 其精義具在於大易神道設敎四字, 豈可以非宗敎目之乎."

울 것이 없지만, 다만 각 '교'가 치우쳐서 온전하지 못하고 미혹하여 진실하지 못한 것과는 다르다"10)고 하여, 공자가 유교를 집대성한 교주로서 유일무이한 '교'를 이루었음을 강조하고, 따라서 공자의 '교'는 종교일 뿐만 아니라 어떤 종교보다 온전하고 진실한 최상의 종교임을 강조하고 있는 것이다. 바로 이러한 점에서 그는 20세기 이후 현대문명이 발전함에 따라 종교에서의 미신적 요소는 점차 쇠퇴하고 종교와 철학이 결합하여 진실만이 힘을 발휘할 수 있게 될 것으로 보고, 이때에는 유교가 세계를 통합하는 유일한 종교가 될 것이라는 꿈을 밝히고 있다. 곧 그는 "공자가 바야흐로 지구상의 하나뿐이요 둘도 없는 종교가 될 것이요, 공교는 전 세계에 '대동의 교'(大同敎)가 될 것이다. 공자는 철학과 합일하는 종교가이다"11)라고 언명하였다. 이는 종교와 철학이 분립된 서양의 종교를 넘어서서 유교 속에서 종교와 철학이 일치됨으로써, 종교의 미신적 요소를 떨쳐 버리고 진실에 의해 관철되어 미래에 세계를 통합할 종교로서의 유교의 역할에 대한 신념과 희망을 밝히고 있는 것이다.

나아가 그는 유교의 종교적 성격과 지위를 확인하기 위하여 서양의 과학·철학·종교와 비교함으로써, 유교가 서양문명을 종합하고 지양하는 사실을 드러내고자 하였다. 먼저 서양의 과학과 견주어 보면, 서양과학이나 유교가 감각기관으로 지각하는 경험적 지식에서는 각각 장점을 지니고 있지만, '신도를 궁구하여 조화를 아는 것'(窮神知化)은 서양과학에는 없고 유교에만 갖추어져 있는 능력이

---

10) 『李炳憲全集』上, 547쪽, 「中華遊記一·駐燕錄」, "吾夫子旣集群聖之大成, 爲億代敎化之主, 則可以參天地贊化育, 而爲地球上獨一無二之敎也, 其與各國所宗之敎, 不害同爲宗敎, 而但不似各敎之偏而不全, 迷而不眞耳."
11) 『李炳憲全集』上, 547쪽, 「中華遊記一·駐燕錄」, "孔子方爲地球上獨一無二之宗敎家, 而孔敎乃爲全世界大同敎矣, 何以故, 孔子者哲學合一之宗敎家也."

라 하였다. 다음으로 서양의 철학과 견주어 보면, 서양철학과 유교가 유물론과 유심론에서 각각 장점을 지니고 있지만, 인간본성과 하늘을 하나로 꿰뚫고 있는 뜻은 유교만이 밝혀 주는 것이라 하였다. 또한 서양의 종교와 견주어 보면 서양철학과 유교는 영혼을 배양하고 널리 사랑하는 도리가 극진하여 세상에 모범이 되고 능히 '인仁'을 할 수 있지만, 현실세상에서 인륜을 온전히 실현하는 방법은 유교만이 알아본다고 하였다. 이처럼 그는 유교가 서양의 과학・철학・종교의 모든 방면과 견주어 보아도 대등한 내용을 지니면서 유교만이 밝힐 수 있는 깊은 영역이 있음을 강조하고, "장차 세계에서 최후에 우승하는 '교'가 될 것"이라는 유교의 종교적 우월성에 대한 확신을 밝히고 있다.[12]

이병헌은 근대적 전환기에서 한국사회의 사상적 갈등의 해결방법으로 유교를 종교로서 재인식하고 유교적 신념 위에서 주체적으로 근대의 과학 내지 학문체계를 수용할 것을 추구하였다. 따라서 그는 철학・과학・종교가 분열되어 있는 서양의 근대문화구조를 뛰어넘어 철학・과학・종교의 어느 한 영역에 치우치지 않고 이 세 영역을 모두 통합할 수 있다는 것을 유교의 새로운 종교관으로 확인하고, 바로 이 점에서 미래에서의 유교의 우월성에 대한 확신을 밝히고 있다.

---

12) 『李炳憲全集』 上, 214쪽, 「儒敎爲宗敎哲學集中論」, "欲擬於西方之科學, 則耳目鼻口, 各有所司, 而窮神知化之德, 獨具焉, 欲擬於西方之哲學, 則唯心唯物, 各有所長, 而性天一貫之旨, 獨擅焉, 欲擬於西方之敎祀, 則養魂博愛之道, 其極而範世克仁, 入世盡倫之方, 獨見焉, 殆將爲世界最後優勝之敎也夫."

3. 유교개혁론의 과제와 '상제'의 인식

1. 유교개혁론의 과제

이병헌의 유교개혁론은 전통유교의 폐단을 극복하여 유교가 현대사회에서 능동적이고 지도적인 기능을 발휘하기를 추구하는 것이다. 따라서 그는 전통유교에 대한 비판적 인식과 함께 개혁유교로서의 공교의 새로운 방향과 과제를 제시하는 데 관심을 기울였다. 이를 위해 이병헌은 당시 중국이나 조선의 유교지식인들이 보여 주는 사유방법의 유형을 '수구설守舊說', '혁신설革新說', '통신구설通新舊說', '통동서설通東西說'의 네 가지로 분석하여 검토하였다.

먼저 '수구설'은 송·원 시대의 리학理學을 조술하면서 교조인 공자를 망각하는 것으로, 수구파 전통도학자들의 견해를 가리킨다. 다음으로 '혁신설'은 전통유교의 말단에서 드러난 관습의 폐단을 개혁한다고 하면서 도리어 교조인 공자까지 배척하는 것으로, 반유교적 개화지식인의 견해를 가리킨다. 그 다음 '통신구설'은 서양의 과학은 받아들이지만 서양의 종교를 미신으로 보아 거부함으로써 유교의 종교성까지 거부하여 스스로 종교가 없는 민족이 되기를 감수하는 것으로, 양계초의 후기입장에서 볼 수 있는 유교비종교론儒教非宗教論의 견해를 가리킨다. 끝으로 '통동서설'은 공교가 순수하고 지극히 선하여 우주 안에서 폐지될 수 없는 '교'라는 신념으로서, 공교를 '교'라고 하는 것으로 충분하며 '종교'라고 말할 필요도 없는 것이라 하여 유교를 종교로 인식하는 유교개혁론을 가리킨다.[13]

---

13) 『李炳憲全集』 上, 211쪽, 「儒教爲宗教哲學集中論」, "漢鮮之儒, 有四層說, 一曰守舊說, 祖述宋元之學理, 不念教祖, 二曰革新說, 懲創末流之慣習, 反斥教祖, 三曰通新舊說, 不喜西方之迷信, 而自甘爲無教之族, 四曰通東西說, 念孔教純粹至善爲空

물론 이병헌은 '통동서설'의 입장을 취하여 유교는 종교로서 서양의 종교가 지닌 기능을 지니면서도 이를 넘어서 과학이나 철학의 기능까지 포함하여 지양하는, 최고의 통합적 진리체계라 하였다.

극단적 유교전통의 폐쇄성과 반유교적 개혁성을 벗어나서 서양 근대문명을 수용하되 유교의 종교성을 확립하고자 하는 '통동서설'은 동양과 서양을 소통시켜 하나의 통합된 세계를 제시하는 것이요, 미래에 지향해야 할 통합된 세계의 중심에 유교를 정립시키고자 하는 것이다. 여기서 이병헌은 신비적이고 초월적인 영역을 유교의 경전적 근거에서 확인하고 이를 적극적으로 끌어들여, 종교와 과학과 철학을 유교 속에 종합시킴으로써 유교의 포괄적 성격을 통하여 유교의 보편적 진실성을 확인하고 현실적 적합성을 확보하고자 하였다. 이는 유교의 이상을 미래에 발휘할 수 있는 가능성을 제시하고 있는 것이다. 그만큼 이병헌은 유교를 보편적 진리이자 현실적 합리성을 지닌 것으로 보고 있으며, 세계를 향해 개방적이고 미래를 향해 진보적인 성격을 지닌 것으로 적극적으로 해석하고 있다.

한편 이병헌은 강유위가 제시한 『예기』「예운」편의 '대동사상'과 『공양전』의 '삼세설'을 유교개혁사상의 이론적 기초로 확인하고 있다. 곧 이병헌의 개혁이론은, 강유위의 금문경학에 근거하여 세계통합의 이상을 제시한 '대동'의 사회철학과 역사발전의 방향을 제시한 '삼세설'의 역사·철학적 입장을 공교사상의 기초로 확보하여 정밀한 체계를 구축한 것이다. 이에 따라 이병헌은 "오늘은 유교가 크게 복원할 수 있는 기회이니, 공자의 큰 의리가 아니면 사회가 적화赤化하는 데 대해 그 평형을 잡아 줄 수 없을 것이요, 학계의

間不可廢之敎, 而以爲當日敎, 不必曰宗敎也."

청년들에 대해 나아갈 방향을 제시해 줄 수 없을 것이고, 서양의 학자들에 대해 감화시킬 수가 없을 것이며, 현세의 각 종교에 대해 병행하면서 어긋나지 않게 할 수 없다"14)고 하여, 당시 유교전통이 전반적으로 붕괴되는 심각한 위기에 당면하여서도 공자의 큰 의리로서 '대동'과 '삼세'에 근거하여 유교개혁을 행하여 '유교가 크게 복원할 수 있는 기회'(儒敎大復原之機會)를 맞고 있다는 적극적인 입장을 제시하였다.

그러나 이병헌이 유교개혁론의 이론적 기초로서 도입한 '대동'과 '삼세'의 의리는 주자학의 전통유교에서 발생한 폐단으로 인하여 공자까지 배척받는 현실을 해결하기 위한 방법으로 강조된다. 곧 그는 공자의 정신을 재해석함으로써 유교의 이상을 새롭게 제시하고자 한 것이다. 이병헌은 당시 유교를 받드는 사람들은 단지 주희를 조술하기만 하고 유교를 배척하는 사람들은 오로지 공자만을 배척하는 사실을 지적하고, '대동'과 '삼세'로 집약되는 공자의 대의를 새롭게 해석함으로써 공자를 배척하는 사람들을 설득하는 것이 바로 당면한 '유교의 사활死活 문제'라고 지적하고 있다.15)

또한 이병헌이 보기에, 당면한 문제들을 해결하기 위한 유교개혁론의 핵심 과제는 바로 유교를 종교적으로 각성하고 유교의 종교적 신념을 확립하는 것이었다. 곧 그는 유교의 종교적 신념을 확립함으로써 유교개혁의 전반적 개혁을 실현하고 유교의 조직화와 사회적 기능을 회복하여 유교를 중흥시키고자 하였다. 그는 당시 중

---

14) 『李炳憲全集』上, 338쪽, 「辨訂錄」, "今日乃儒敎大復原之機會也, 非此先聖之大義, 則對社會之赤化, 而無以定其平衡, 對學界之青年, 而無以與之指南, 對歐米之學者, 而無以得其感化, 對現世之各敎, 而無以幷行不悖也."

15) 『李炳憲全集』上, 329쪽, 「辨訂錄」, "今之奉儒敎者, 只述朱子, 斥儒敎者, 專攻孔子, 若使奉儒者而據孔子之微言大義, 則彼無可攻之口實, 斥儒者而聞孔子之微言大義, 則自無欲攻之觀念, 此今日儒敎之死活問題也."

국의 유교를 신파와 구파로 구분하면서, 구파인 전통유교를 '향교식 유교'(鄕校式儒敎)라 하고, 신파인 개혁유교를 '교회식 유교'(敎會式儒敎)라 구분하여 제시하였다.16) 여기서 그는 자신이 지향하는 개혁유교로서 '교회식 유교'와 극복해야 할 낡은 체제로서 '향교식 유교'의 주장과 특성들을 열거하고 대조한 '신구유교대조표新舊儒敎對照表'를 제시함으로써, 개혁의 방향과 과제를 구체적으로 밝히고 있다.17)

교회식 유교	향교식 유교
공자만을 높이고 상제에 배향함	선현들을 함께 받들어 공자에 배향함
공자는 종교가다	공자는 종교가가 아니다
공자는 대동주의다	공자는 대동주의가 아니다
『춘추』는 삼세진화三世進化의 글이다	『춘추』는 존군전제尊君專制의 글이다
중국은 일인一人, 천하는 일가一家이다	중국을 높이고 오랑캐를 물리침(尊中國攘夷狄) 유교를 지키고 이단을 물리침(衛吾道斥異端)
유신維新하여 금문경학今文經學을 천명함	수구守舊하여 고문경설古文經說을 받듦
공자의 탄생으로 기원을 삼음(孔紀)	제왕의 연대로 기원을 삼음
康有爲・廖平・蔡爾康・王德潛・陳煥章 등	夏靈峯・張紹介・于鳳翰 등

여기서 첫 번째와 두 번째 조목인, 공자를 유일의 교조로 높여서 상제에 배향하고 공자를 종교가로 인정한다는 것은 유교의 종교적 각성을 강조한 것이다. 그 다음의 세 조목에서 공자를 '대동주의'로 인식하고, 『춘추』를 '삼세'의 발전론으로 제시하고, 천하를 한

---

16) 『李炳憲全集』 上, 325쪽, 「轄訂錄」, "小生十數年前, 久游中國, 觀察儒敎, 敎之中自分新舊兩派, 有鄕校式儒敎, 是謂舊派, 有敎會式儒敎, 是謂新派."
17) 『李炳憲全集』 上, 326~329쪽, 「轄訂錄」.

집안으로 보는 것은 '대동'의 이상론과 '삼세'의 발전론에 근거한 금문경학의 기본적 개혁이론으로, 이는 여섯 번째 조목인 금문경학에 근거하여 개혁(維新)한다는 것과 더불어 이병헌이 강유위의 금문경학을 개혁이론의 근거로 삼고 있음을 보여 준다. 일곱 번째 조목인 공자기원을 사용한다는 것은 유교를 국교로 삼고 공자를 높일 것을 요구하는 것으로, 유교의 종교적 인식이자 국가제도 속에서 그 지위를 확보하려는 요구이다. 이러한 '교회식 유교'는 바로 강유위, 진환장 등이 이끌고 있던 '공교회'를 모형으로 삼은 것이다. 한편 중국이나 조선사회의 보수적 전통유교는 '향교식 유교'로서 개혁의 대상으로 설정하고 있다.

2. '상제'의 존재와 '심' 개념의 이해

이병헌은 '신도神道'・'신명神明'・'귀신鬼神' 등 신적 존재에 대한 유교적 의미에 주목할 뿐만 아니라 '천天'・'상제上帝'의 궁극적 주재자에 대한 유교적 인식에 주목하였다. 그것은 이병헌이 제시하고자 한 종교로서의 유교가 지닌 신앙적 세계를 확인하는 과제이기도 하다. 그는 천・상제의 초월적 존재에 대한 이해와 더불어 인간 존재에서 심・영혼의 개념을 해명하는 데 깊은 관심을 기울였다. 사실상 상제와 심의 문제는 기독교에서 제기한 문제였는데, 이병헌은 공교의 입장에서 이 문제에 대답할 필요성을 절실하게 인식하고 있었던 것이다.

그는 자신의 유교개혁이론을 체계화한 『유교복원론』을 저술하면서, '천'을 떠나서는 유교의 근원을 밝힐 수 없다는 인식에 따라 『천학天學』을 저술하여 부록으로 덧붙였다. 여기서 그는 '천'의 주재에 관해 논하면서 조화造化를 주장하는 상제가 어디에 있는지의 물음에 대해, "가까이는 나의 마음으로부터 멀리는 오대륙의 안과 우주의 바깥에 이르기까지 없는 곳이 없다"[18]고 대답하여, 상제의 편재성遍在性을 제시하고 이와 더불어 상제의 무형상성無形狀性을 강조하였다. 곧 상제에게 형상이 있는지의 질문에 대해, "오직 상제는 형상이 없으므로, 위로 푸른 하늘에서 아래로 땅속까지 주관하지 않는 사물이 없으니, 만물의 바탕이 되어 빠뜨림이 없는 것이다"[19]라고 하여, 형상이 있어서 한 공간에 고정되는 사물과는 달리 상제는 형상이 없음으로써 만물을 주관할 수 있는 것이라고 설명했다.

이병헌은 상제와 태극을 동일시하여, "태극은 상제의 대명사요, 상제는 태극의 주인이다"[20]라고 말했다. 곧 태극과 상제를 일치시키면서도 상제가 지닌 주인적 지위를 명확히 제시한 것이다. 또한 영국인 윌리엄슨(Williamson, 韋廉臣)이 「상제비태극론上帝非太極論」에서 상제를 태극과 다른 것으로 주장한 것에 대해 날카롭게 반박하였다.[21] 윌리엄슨은 태극에 지각과 지혜가 없다면 사람과 사물을 생성할 수 없음을 지적하여, 이치(理)는 본래 비어 있는 것으로, 의사(意)가 마음에서 생기듯이 상제에서 생기는 것이므로 상제가 없으면

---

18) 『李炳憲全集』 上, 197쪽, 「天學」, "近而自吾心, 遠而至於五洲之內六合之外, 無乎不在, 亦無在處."
19) 『李炳憲全集』 上, 197쪽, 「天學」, "惟上帝, 則無形狀, 故上窮碧落, 下及黃泉, 無物不管, 所以能體物而不遺也."
20) 『李炳憲全集』 上, 197쪽, 「天學」, "太極爲上帝之代名詞, 而上帝實太極之主翁也."
21) 李承熙은 1902년 Williamson의 「上帝非太極論」을 반박하여 「韋君上帝非太極論辨」(『韓溪遺稿』 6, 국사편찬위원회)를 저술하였다. 이병헌이 「辨考韋君上帝非太極論後」를 저술한 연대는 확인할 수 없으나 이 글은 『山齋漫錄』 上권에 수록되었고, 1903년의 저술인 「九經衍義」(제목을 표출하지 않았음)를 『山齋漫錄』 下권에 수록하고 있는 사실로 보면, 「辨考韋君上帝非太極論後」도 1903년경에 저술된 이병헌의 초기 저작으로 유추된다.

이치도 없다고 주장하였다. 그것은 기독교적 입장에서 상제를 궁극적 존재로 높이면서 지각이 없는 태극이나 주체가 될 수 없는 이치를 상제와 같은 차원으로 볼 수 없음을 강조하는 것이다. 이에 대해 이병헌은 "태극에 지각과 지혜의 자취는 없지만 지각과 지혜의 신묘함이 있으니, 전체를 모아들이지 않음이 없는 것을 '태극'이라 하고 주재하지 않음이 없는 것을 '상제'라 한다. '이치'라는 것은 뒤섞여 한 덩어리가 되기도 하고 뚜렷하게 드러나기도 하는 본체와 시키기도 하고 하기도 하는 작용이 있으므로, 주재의 신묘함을 모두 갖추어 모아들이고 있다"22)라고 하여, 상제와 태극과 이치가 가리켜서 말하는 양상은 다르지만 동일한 존재의 여러 측면으로서 서로 일치되는 것이라고 설명했다. 이러한 입장은 성리학적 견해와 동일한 것으로, 이병헌의 30대 시절의 초기 견해를 보여 주는 것이다.

그러나 이병헌은 후기로 가면서 상제·태극·이치를 일치시키는 성리학적 관점을 정면으로 거부하는 것은 아니지만, 상제의 존재를 '이치'보다는 '신神'으로 이해하는 입장을 강조하게 된다. 곧 그는 천지에 상제가 있는 것을 나의 몸에 마음이 있는 것에 비유하면서도, 마음과 상제를 '이치'로 볼 수 있는가의 문제에 대해서는, "마음이 진실로 모든 이치를 갖추고 있는 것이지만, 영혼을 버려 두고는 마음을 설명할 수 없고, 천의 주재는 곧 '상제'요, '상제'란 신의 칭호이니, 마음이 이치에 대한 관계와는 취지가 다르다"23)라고

---

22) 『李炳憲全集』上, 217~218쪽, 「山齋漫錄上·辨考章君上帝非太極論後」, "太極無知覺靈慧之迹, 而有知覺靈慧之妙, 以其無不總會而謂之太極, 以其無不主宰而謂之上帝, 蓋理之爲物, 有渾然燦然之體, 使然能然之用, 故總具會主宰之妙矣."
23) 『李炳憲全集』上, 198쪽, 「天學」, "心固具衆理, 而舍靈魂則說心不得, 天之主宰卽上帝, 而帝卽神之稱, 心之於理也, 命意本自不同."

하여, 마음이 이치로만 설명되지 않고 근원적으로 영혼의 측면이 있는 것처럼 상제에도 이치와 더불어 신의 측면이 근원적임을 강조하여, 상제의 존재를 '신神'으로 밝히고 성리학처럼 이치(理)로 한정시켜 볼 수 없음을 확인하고 있다. 이처럼 궁극적 주재자로서 상제를 '신'으로 확인한다는 것은 바로 유교가 '신도'의 영역을 내포하는 것이요, 그만큼 '신도'와 '인도'를 동시에 포괄하는 종교로서 인식하고 있음을 보여 주는 것이다.

또한 이병헌은 초월적 궁극 존재인 상제와 더불어 내재적 주체인 마음의 존재에 대해서도 '신' 개념과 연관하여 주목하고 있다. 그는 성리학의 존재론적 기본범주로서 '형形'·'기氣'·'신神'·'리理'의 개념을 검토하면서 '신'을 '기'의 한 양상으로 보거나 '리'의 드러난 현상으로 보는 성리학적 견해에서 벗어나 '신'의 생명 근거로서 그 고유성을 확립하고 있다.

어떤 사물이나 막론하고 모두 '형'·'기'·'리'를 갖추고 있지만, '신'에 이르면 오직 살아서 움직이는 것만이 홀로 갖추고 있다. 사물 가운데 움직이는 것이 영명한 것은 '신'을 간직하였기 때문이요, 살아 있는 사물 가운데 인간이 가장 고귀한 것은 그 '신'이 온전하기 때문이다. '신'은 하늘에 있으면 상제가 되고, 사람에 있으면 천군天君이 된다. 그 명칭은 '심心'이라 하지만 '심'이 '신'이 됨은 또한 분명하지 않겠는가.[24]

여기서 이병헌은 '신'이란 존재 양상에서 가장 높은 단계를 결

---

24) 『李炳憲全集』上, 371쪽, 「歷史正義辨證錄·心與神異名同義論」, "勿論何物, 皆具形與氣理, 而至於神, 則惟生而動者, 獨具焉, 凡物之中, 動者爲靈, 以其神存也, 動物之中, 人爲最貴, 以其神全也, 故是神也, 在天爲上帝, 在人爲天君, 其名曰心, 心之爲神, 不亦較然乎."

정하는 것으로 제시하고, 하늘의 상제와 인간의 마음(心·天君)이 같은 '신'임을 확인하고 있다. 이렇게 '신'의 위상을 규정함으로써, 그는 유교에 '신도神道'의 요소가 중심으로 자리 잡을 수 있게 하고, 이에 따라 유교의 종교적 성격을 확립하고자 하였던 것이라 하겠다.

4. 공교운동의 전개

1. 총독부의 유교정책에 대한 대응

1917년 조선총독부는 「종교령宗敎令」을 발표하면서 유교를 종교에서 삭제하고, 「향교재산관리규칙鄕校財産管理規則」에 따라 향교재산을 지방관청에 귀속시켰으며, 「공동묘지관리규칙共同墓地管理規則」에 의해 묘지제도를 친족단위가 아닌 마을단위의 합동방식으로 개혁할 것을 요구하였다. 이병헌은 이러한 총독부의 유교정책으로 인해 유교가 종교로서 조직되고 활동할 수 있는 기반을 상실하게 되고, 유교의 교당인 향교가 수리를 하고 제향을 지낼 재정기반을 상실하게 되며, 지역단위의 묘지제도가 시행되면 친족 중심의 유교적 전통사회의 기반이 무너진다는 강한 위기의식을 밝혔다. 이에 따라 그는 조선총독부와 일본정부의 총리에게 10여 차례 건의문을 보내 이 법령의 개정을 요구함으로써 사실상 유교의 보존을 위한 공개활동을 시작하였다. 그는 유교를 '종교'로 인정받고 가족단위의 '묘제'를 허용받지 않으면 "살아서 의지할 곳이 없고, 죽어서 돌아갈 곳이 없다"(生無可依, 死無可歸)고 주장할 만큼 절실한 당면 문제로 인식하고 있었다.

이처럼 이병헌은 조선총독부와 일본정부를 대상으로 유교를 종교로 인정하고 향교재산을 향교에 돌려주며 가족묘지제도를 허용해 줄 것을 건의하는 청원운동을 벌였는데, 그는 이에 대해 당시 사람들이 보인 태도를 다음 일곱 가지로 구별하였다.25)

- 대다수: 아무 성과도 못 얻으면서 일 벌이기를 좋아하는 사람들의 헛수고에 불과하다.
- 다수: 유교는 정도正道이니 보호하지 않아도 저절로 보호된다.
- 분별을 좀 아는 자: 경학원經學院에 진술해야지 총독부에 애걸함은 옳지 않다.
- 관료파: 이런 청원을 그치지 않으면 당국의 엄중한 조사를 받을 것이다.
- 관료 경험이 있는 자: 건의가 번거로워지면 경유하는 관청이 폐기할 것이다.
- 냉정한 자: 대강 찬성하나 일심으로 지킬 수 없는 것이다.
- 신진파의 대다수: 개혁의 시대를 맞아 마땅히 힘써야 할 것으로 본다.

이병헌은 이러한 일곱 가지 견해 가운데 자신을 지지하는 경우는 마지막의 '신진파의 대다수'일 뿐이라고 하였다. 그러나 이러한 청원과정에서 3·1운동이 일어나고 총독부의 이른바 문화정책이 시행되면서 「공동묘지개량지령共同墓地改良之令」에 따라 가족묘지제도가 허용되는 성과를 얻게 되었다.

이때 그는 「대조선정책전재유교론對鮮根本政策專在儒教論」을 저술하여 조선총독부와 일본정부에 제출하기도 하였다.26) 그는 일본이 조선을 통치하는 근본정책은 '유교 문제' 곧 유교를 종교로 인정하

---

25) 『李炳憲全集』 上, 648쪽, 「北游日記·上期實歷談」.
26) 「對鮮根本政策專在儒教論」은 1920년 일본 정부에 보낸 두 번째 건의서(長書)와 조선총독부에 보낸 네 번째 건의서에 副本으로 제출되었다.

는 문제를 해결한 다음에야 가능한 것이라고 주장했다. 여기서 유교를 종교로서 확인한다는 것은, 복식 등의 옛 제도를 회복한다는 것이 아니라 유교의 개혁이 중요함을 역설한 것이다.

> 우리나라의 유교는 반드시 한번 큰 혁명을 거친 다음에 떨쳐 일어날 수가 있다. 그렇지 않으면, 움직이기만 하면 현세의 진화하는 이치와 곧바로 어긋나게 된다.……이른바 개혁이란 마땅히 시대의 대세가 변천함에 따라 지극히 공정한 진리를 참작하고, 공자의 원래 모습을 회복하기를 구해서, 2천 년 동안 뒤엉키고 뒤덮여 막힌 습관을 쓸어 내어야 한다.27)

위의 글에서 이병헌은 유교를 종교로서 인정하는 일이 유교의 개혁과 병행되어야 할 과제임을 밝히면서 유교개혁의 과제를 제시하고 있다. 여기서 '시대의 대세가 변천함에 따를 것'과 '지극히 공정한 진리를 참작할 것'이 개혁의 조건이라고 한다면, '공자의 원래 모습을 회복하는 것'은 개혁의 목표요, '2천 년 동안 뒤엉키고 뒤덮여 막힌 습관을 쓸어 내는 것'은 개혁의 실현방법이라 할 수 있다.

나아가 이병헌은 일본이 유교에 대한 대책으로 상책을 행하면 세계의 맹주가 될 수 있고, 중책을 행하면 동아시아의 평화를 이룰 수 있고, 하책을 행하면 현재의 상태를 보존할 수 있다고 하여, 세 가지 대책을 들어 구체적으로 제시하였다.28) 곧 그가 말하는 '상책'

---

27) 『李炳憲全集』上, 650쪽, 「北游日記‧對鮮根本政策專在儒敎論」, "吾邦之儒敎, 必經一大革命而後, 可以振興也, 不爾則與現世進化之理, 動輒齟齬,……所謂改革者, 當隨時勢之變遷, 參諸至公之眞理, 求復孔氏之原狀, 掃除二千年榛蕪薉錮之習."
28) 『李炳憲全集』上, 650쪽, 「北游日記‧對鮮根本政策專在儒敎論」, "日本之對現時儒敎, 有三策, 得其上策, 則爲世界之盟主, 得其中策, 則可致東亞之平和, 得其下策, 猶可保現時之狀態."

의 내용은 정부가 유교를 중시하여 송학의 학풍을 몰아내고 공자가 밝힌 시중時中의 의리를 행하여 이 세상을 조성하면 '소강小康'에서 나와 '태평太平'으로 들어갈 것이며, 이렇게 되면 서양에서도 정의와 인도를 사모하여 배울 것이고, 종교·교육·철학이 세계에서 가장 우수한 지위를 얻게 될 것이니 세계의 맹주가 된다는 것이다. '중책'의 내용은 총명한 자제를 뽑아서 유교의 본질과 공자의 큰 의리 및 일본과 조선의 관계나 역사를 연구하게 하여, 조선유교의 개혁을 실행하고 민심을 수습하게 함으로써 동아시아의 평화를 이룰 수 있다는 것이다. '하책'은 유교를 종교로 인정하고 향교재산으로 공자사당의 제향과 수리비용을 감당하며 옛 의복을 입은 유림을 포용하는 것이다. 이와 달리 유교를 종교에서 제외시키고 향교 재산을 빼앗으면 조선인의 악감정을 도발시키는 것이니, 이를 '무책無策'이라 하였다. 여기서 '상책'이나 '중책'은 현실성이 전혀 없는 것이 사실이지만, 이병헌의 공교운동이 지닌 성격의 한 단면을 엿볼 수 있게 한다. 이를 통해 이병헌이 식민정부의 손에 의해서라도 정부의 힘으로 유교개혁을 추진할 수 있기를 희망하는 의식을 여전히 간직하고 있으며, 그만큼 대중 속에 뿌리를 내리고 새롭게 출발하는 종교운동으로서의 의식이 약하다는 사실을 확인할 수 있다.

한편 이병헌은 조선총독부에 보낸 네 번째 건의문에서 유교를 종교로 인정해야 할 근거로서 조선통감의 유고諭告에서 "유·불의 여러 '교'와 기독교를 불문하고……더불어 적당하게 보호하라"고 언급한 말을 인용하여, 조선총독부는 조선통감의 유고에서 공개적으로 선언하였던 사실에 근거하여 유교를 다른 종교와 같이 '종교'로 인정해야 한다고 요구하였다.[29] 이러한 주장은 일본의 식민지배

---

29) 『李炳憲全集』, 128쪽, 「山房叢書·四呈」, "當日統監諭告中,……又曰不問儒佛諸

체제에 대해 지난날의 공개발언을 논거로 삼아 지키기를 요구하는 것으로서, 유교의 본질적 성격이 종교임을 제시하는 것과는 달리 식민지배체제를 인정하는 태도를 보여 주고 있다.

이병헌은 1920년 세 번째 중국 방문을 하였을 때, 4월 1일에서 4월 9일 사이에 임시정부 경무국에 의해 구금되어 경무국장 김구의 신문을 받았던 일이 있었다. 이때 김구는 최종적으로 이병헌의 입장을 이해하고 그를 풀어 주었지만, 이병헌이 식민지배를 하는 총독부와 일본정부에 청원하는 태도에 대해서는 작은 결과를 얻기 위해 소중한 지조를 굽히는 태도가 잘못이라고 비판하였다. 이에 대해 이병헌은 "진실로 국수國粹를 간직하고 인도人道를 보존할 수 있다면 비록 자신의 생명을 희생하는 것도 할 수 있는데, 어느 겨를에 자기의 몸과 명성이 더럽혀지고 모욕당하는 것을 돌아볼 수 있겠는가"[30]라고 대답하여, '국수'를 이루고 '인도'를 가르치는 유교를 수호하겠다는 자신의 신념을 지키기 위해서는 식민지배자들에게 간청하는 굴욕도 감수하겠다는 입장을 밝히고 있다. 당시 임시정부에서는 이병헌을 심문한 결과에 대해 이름을 밝히지 않은 모씨某氏의 말을 빌려, 이병헌의 근본정신이 '유교의 확장'이라는 한 생각에서 나온 것임을 인정하면서도 '동화同化'니 '일선융합日鮮融合'이라는 생각이 나온 것을 지적하면서, "종교적 발전을 기약하려 하면서 적敵총독, 적敵 내각을 끼고 다른 종교를 배척하며 종교의 발전을 민족의 자유와 바꾸려는 심사心思는 가증하외다. 앞으로 뒤바꾸어 깨달아서 정정당당한 길로 나아가 그러한 정치 음모적 수단을 버리고

教, 與基督教(中略)與以適當之保護."
30) 『李炳憲全集』上, 649쪽, 「北游日記・對鮮根本政策專在儒教論」, "金公極言枉尋直尺之爲非, 然余本意, 則大不然, 苟存國粹而保人道, 則雖犧牲我性命, 猶且爲之, 何暇顧身名之汚辱哉."

오직 학문적 종교적 입지에서 문화적 운동을 한다 하면 다행이외다"31)라고 언급하여, 이병헌이 식민정부에 대해 벌였던 청원운동에 대해 임시정부 쪽의 부정적인 입장을 밝히고 있다.

2. 배산서당과 공교운동의 구현

이병헌은 공교운동의 구체적 실현을 위하여 1918년 배산培山(山淸郡 丹城面 沙月里 培養마을)의 친족들과 공교의 교당을 설립할 계획을 세웠다. 그가 단성 배산에 건립하였던 배산서당培山書堂은 우리나라 최초의 공교 교당이었다. 배산서당의 설립과정을 보면, 이병헌은 1920년에 곡부의 공묘孔廟(文廟)에 모셔진 공자의 성상聖像(眞像)을 모사해 주도록 곡부의 연성공부衍聖公府에 청원하는 편지(이황의 종손인 李忠鎬의 명의로 작성됨)를 가지고 중국에 들어갔다. 이 편지에서 "저 예수와 부처의 무리들은 교당을 세우면 반드시 교조를 높이는데, 오로지 지역 안의 선현들만 제향하는 것보다는 우리의 대성조大聖祖를 높이 받들어 우리들의 성인을 사모하고 도를 옹위하는 마음을 예수·부처의 무리들보다 훨씬 뛰어나게 하는 것이 어찌 낫지 않겠는가?"32)라고 하여, 교조로서 공자를 높이 받드는 것의 중요함을 지적하고, 기독교나 불교보다 교조를 받드는 데 적극적이어야 함을 역설하였다. 따라서 배산서당은 공자를 교조로서 높이고 받드는 일을 기본과업으로 삼고 있는 것이다.

배산서당의 배치구조를 보면, 기본건물은 3단계로 세워져 있다.

---

31) 『독립신문』 제79호(上海, 대한민국임시정부 발행, 1920년 5월 27일자).
32) 『李炳憲全集』上, 284쪽, 「九思齋及培山書堂事實錄·(附李參奉忠鎬上衍聖公書」, "彼耶佛之徒, 立敎堂, 必尊敎祖, 與其專享域內之先賢, 盍若崇奉我大聖祖, 使吾輩慕聖衛道之心, 遠勝於二氏之徒乎."

상단에는 '문묘'를 세워 선성 공자만을 모셨다. 중단에는 '도동사道東祠'를 세워 이황과 조식, 두 선현과 이병헌의 선조로서 두 선현과 동갑이요 친교를 맺은 이원李源(호는 淸香堂), 그리고 역시 이병헌의 선조로서 두 선현과 교유한 이광곤李光坤(호는 松堂), 이광우李光友(호는 竹閣)를 종향하였다. 또한 하단에는 강당을 세웠다. 배산서당의 기본구조를 전통의 향교·서원과 비교하여 다음과 같은 도표를 만들 수 있다.

배산서당	향교	서원
文廟→孔子	文廟→孔子·先賢	×
祠宇(道東祠)→先賢·先祖	×	祠宇→先賢
講堂	明倫堂	講堂

먼저 상단에 세워진 '문묘'는 공교회 교당으로서 매우 중요하고 독특한 의미를 지닌다. 이병헌은 배산서당의 설립을 둘러싸고 당시 유림들이 "공자를 멋대로 받들어서는 안 된다"(先聖不當擅奉)는 비난을 했던 사실에 대해 해명하면서, "선성先聖(공자)의 참된 성상을 받들고 선성의 참된 경전을 구하여 참으로 선성을 존숭하는 마음을 이루며, 특별히 문묘를 설치하여 옛 의례를 회복함으로써 교조를 홀로 높이는 뜻을 담고 있는 것은 실로 오늘에 마땅히 행해야 할 긴급한 일이요 깎아 낼 수 없는 정론定論이다"[33]라고 주장하여, 곡부에서 공자의 성상을 모셔 오고 문묘를 설치하여 공자를 모시는

---

[33] 『李炳憲全集』 上, 286쪽, 「九思齋及培山書堂事實錄·培山書堂設立趣旨書」, "奉先聖之眞像, 求先聖之眞經, 以致眞尊先聖之心, 特設文廟, 而復古儀, 以寓獨尊教祖之意, 則實今日當行之急務, 而不刊之定論也."

것은 '교조를 홀로 높이는'(獨尊敎祖) 뜻을 행하는 것이 긴급한 과제임을 강조하였다. 곧 배산서당은 공교회의 교당이요, 공교회는 공자를 교조로 높임으로써 종교로서의 정체성을 확고하게 정립한다는 인식을 기본으로 삼고 있는 것이다.

배산서당이 공교회의 교당이요 공자를 높이는 것을 기본과업으로 삼은 것은 문묘文廟와 사우祠宇를 별도로 세우고 있는 그 독자적인 건축구조에서 가장 잘 확인할 수 있다. 이러한 건축구조는 유교전통에서 보면 국가기관인 '향교'와 민간기관인 '서원'을 결합시킨 형태를 지닌 매우 독특한 형식이다. 배산서당의 제도는 이병헌의 공교운동에 따른 교회식 제도이므로 전통의 서원이나 서당과는 뚜렷한 차이가 있다.

유교전통에서 문묘는 성균관과 향교의 국가기관에만 설립하는 것인데, 이렇게 배산서당에 문묘를 세웠다는 것은 이미 유교가 국가 교화체제에서 제외된 다음에 민간에 의해 그 기능이 수용된 것임을 보여 주고 있으며, 우리나라의 이른바 '민립문묘民立文廟'의 효시라고 할 수 있다. 이처럼 민간에 의해 문묘가 처음 설립되자 보수적 유림들이 이를 참람한 행위로 규탄하였을 것임은 쉽게 짐작할 수 있다. 이러한 비판에 맞서 이병헌은 민간에서 문묘를 세울 수 있는 정당성을 해명하면서, "중고中古시대에 향교와 서원을 설립하는 것은 반드시 조정의 명령을 중요시하였다. 그러나 오늘에는 민권이 점점 융성하여 교당의 설립은 오로지 교인들이 스스로 처리한다. 하물며 궐리闕里(곡부) 연성공부衍聖公府의 위촉에 의거하여 선성의 교당을 주관하는 일이야 말할 것도 없다"[34]라고 하여, 시대가 변

---

34) 『李炳憲全集』, 上, 286쪽, 「九思齋及培山書堂事實錄·培山書堂設立趣旨書」, "若中古校院之設, 則必以朝命爲重, 然今則民權漸盛, 敎堂之設, 專自敎中辦理, 況楷

해서 교인들이 스스로 결정할 수 있다는 점과 공자의 종통을 계승한 연성공부의 허가를 받고 한다는 사실을 강조하였다.

또한 성균관과 향교의 전통적 문묘에는 공자의 신주神主만 있고 성상聖像은 설치하지 않았는데 배산서당의 문묘에는 성상을 모셨으며, 우리나라의 전통에서는 문묘에 공자를 중심으로 사성四聖(顏子·曾子·子思·孟子)과 공문십철孔門十哲 및 송조육현宋朝六賢을 비롯하여 중국의 많은 선현들과 우리나라 18선현을 종향으로 함께 모셨으나 배산서당의 문묘에는 오직 공자의 성상만을 중심에 모시고 공자만을 제향함으로써, 전통적 문묘에 많은 선현들을 모셨던 배향제도를 파기하는 성격을 띠고 있다. 그것은 이병헌이 오직 선성 공자만을 교조로 존숭하여 공교회의 종교적 성격을 강화한다는 의도를 반영한 것으로 보이는데, 이는 문묘제도의 기본성격에 대한 중대한 변화를 반영하고 있는 것이다.

다음으로 중단에 세워진 사우祠宇인 '도동사道東祠'도 매우 독특한 성격을 지니고 있으며, 그만큼 공교회 교당으로서 배산서당이 지닌 특성을 잘 보여 주고 있다. 곧 배산서당의 사우에 선현과 선조가 함께 모셔져 있다는 사실에 주목할 필요가 있다. 전통적으로 유림들이 사우에 선현을 주향主享으로 모시거나 배향配享 혹은 종향從享으로 모실 때에는 엄격한 심의를 거쳐 유림의 공론으로 결정한다. 그러므로 어느 씨족의 조상을 모시는 일은 쉽게 이루어질 수 없는 일이다. 따라서 도동사에 이황과 조식, 두 선현을 모시는 일은 당시 지방유림들도 당연히 받아들일 수 있었고, 두 선현과 교유하였던 이원을 배향하는 일도 수용할 수 있었을 것이다. 그러나 이씨의 선조들이 셋이나 사우에 모셔지는 것에 대해 당시 유림들로부터

闕里公府之屬意, 辦先聖之敎堂者乎."

부당하다는 비난이 일어난 것은 당연하다고 할 수 있다.

이병헌이 도동사에 선현과 선조를 모실 것을 결정한 것은 그가 배산서당을 설립할 때 이미 구상한 공교회의 조직이 지닌 성격과 연결된 것이며, 이러한 제향체제를 뒷받침하기 위한 논리도 준비하고 있었다. 그는 "선조를 높이는 마음을 미루어 현인을 높이면 그 마음이 점차 공정해지고, 현인을 높이는 마음을 미루어 성인을 높이면 그 마음이 공정하면서 점차 커진다"35)고 하여, 존조尊祖→존현尊賢→존성尊聖으로 존숭하는 마음을 공정하고 크게 배양하는 것이 정당함을 밝힘으로써, 공자를 존숭하는 것이 마땅함을 강조하였다. 그만큼 이병헌은 선조를 섬기는 마음을 미루어 선현을 섬기는 것이 마땅하다는 인식과 더불어, 개개인이 공자를 제향할 수 있다면 선조를 선현에 종향하는 것은 가문의 자율성에 맡겨질 수 있는 문제로 보았던 것이다. 그는 현실적으로 공교회의 교당을 설립하기 위해서 조선사회에 가장 강한 결속력과 튼튼한 기반을 지닌 공동체로서 가문의 씨족공동체를 주목하였고, 이런 이유로 이병헌 자신이 친족들을 설득하여 씨족의 재산으로 배산서당을 설립하였던 것이다.

1923년 정월 배산서당의 문묘와 도동사 건물이 준공되자, 이병헌은 다시 중국에 들어가 곡부 대성전의 공자 성상을 촬영한 모사본을 모셔 와 9월 19일 배산서당의 문묘에 봉안하였다. 이때 지방유림들 사이에서는 배산서당 사우의 배향 문제 등에 대한 성토가 일어났고, 뒤이어 동래의 안락서원安樂書院을 비롯하여 지방유림들이 성토하는 통문通文이 돌면서 맹렬한 비난을 받게 되었다.36) 배산서

---

35) 『李炳憲全集』 上, 286쪽, 「九思齋及培山書堂事實錄・培山書堂設立趣旨書」, "推尊祖之心而尊賢, 則其心漸公, 推尊賢之心而尊聖, 則其心公而漸大."

당은 조선공교회의 교당으로서 공교운동의 모체로 출발하였으나, 지방의 보수적 유림들의 배척으로 인해 좌절되고 말았다.

이처럼 20세기 전반기의 급변하는 시대에서도 당시 유림의 중심세력은 자기 개혁을 통해 활력을 찾아가는 모험을 하기보다는 전통의 관습 속에 안주하고 있었고, 그에 따라 이병헌이 공교운동을 통해 열정적으로 추구하던 유교개혁의 다양한 시도는 처음부터 엄청난 저항의 벽에 부딪혀서 실패로 돌아가고 말았던 것이다. 그러나 이처럼 첫발을 내디디면서 여지없이 실패했음에도 불구하고, 이병헌이 배산서당을 설계하고 이를 공교회 교당으로 설립하였던 구상은 그가 말하는 전통의 향교식 유교와 그가 추구하던 교회식 유교의 차이가 무엇인지를 선명하게 확인시켜 주고 있으며, 교회식 유교의 한 모형으로서 배산서당이 지니는 의미는 지워질 수 없는 것이라 하겠다.

5. 이병헌의 유교개혁사상이 지닌 의미

이병헌의 유교개혁사상은 유교를 '종교'로 각성하고 이를 공교회로 조직화하여 정립하는 것을 핵심적 과제로 삼은 것이다. 오늘날에도 유교가 종교인지 아닌지에 대한 논란은 계속되고 있는데, 유교의 종교적 인식은 유교를 종교로 인식하는 입장의 논리와 사유체계를 제시하는 것으로서 중요한 의미가 있다.

이와 같은 이병헌의 인식은 사상과 실천의 양면에서 다음 몇 가

---

36) 이병헌의 배산서당 건립에 따른 비난 내용과 해명은 「培山文廟及道東祠奉安後遭變日誌」 및 「辯誣錄」에서 자세히 볼 수 있다.

지 특성을 보이고 있다.

먼저 사상적 면에서 유교의 종교적 인식은 유교전통의 개혁과 긴밀하게 연결되어 있다. 어떤 의미에서는 이병헌의 유교개혁론이 지향하는 방향이 유교의 종교적 각성이요, 유교의 종교적 각성을 위한 방법과 토대의 정비가 유교개혁사상이라 할 수 있다. 유교의 개혁론과 종교적 인식이 직결되고 있는 까닭은 다음과 같다. 당시 서양문물의 수용과 근대화의 과정에서 전통의 형식에 안주하는 보수적 입장에 있는 유림이 대다수였으며, 이들은 이미 새로운 시대에 대한 적응력이 없을 뿐만 아니라 발언권이나 역할도 상실하고 말았다. 이에 비해 근대화와 개혁을 추구하는 소수의 유교지식인들에게는 서양문물을 어떻게 인식할 것인가의 문제가 바로 유교의 개혁 방향과 성격을 어떻게 확인하느냐의 문제로 연결되었다. 그리하여 서양문물에서 과학과 철학과 종교가 서로 충돌하고 있다는 사실을 인식하면서, 서양의 종교와 구별되는 유교의 종교적 성격을 인식하게 되었고, 유교의 가장 중요한 특성으로 서양의 과학과 철학을 조화롭게 수용할 수 있음을 강조함으로써, 유교를 미래의 진보 방향과 일치하는 종교요, 그만큼 우월한 종교로 확인하게 되었다.

이러한 면에서 이병헌의 '종교'에 대한 인식은 서양종교에서 미신적 요소를 비판적 시선으로 주목하고, 유교에서 '신도神道'의 각성을 통해 종교의 신앙적 세계를 강화해 가는 이중적 입장을 보여준다. 그가 궁극존재로서 '상제'의 존재를 인식하면서도 '태극' 개념과 연관성을 유지하는 한편 '상제'를 '신'으로 해명하는 데 초점을 맞추고 있는 것은 그만큼 '신도'의 신앙적 성격을 강조하고 있는 것이라 할 수 있다.

이병헌이 종교로서 유교를 재확인하고 유교의 종교성을 각성하는 것은 유교의 신앙적 열정을 확보함으로써 유교조직의 활력을 회복하기를 추구하는 것이다. 바로 이 점이 유교의 보존(保敎)을 통해 국가의 보존(保國)과 민족의 보존(保種)을 추구했던 강유위와 뚜렷한 차이를 보여 주는 대목이다. 이병헌은 일제의 식민통치체제 아래에서 적응하면서 유교의 보존 그 자체에 일차적 목표를 두고 있었던 것이다. 여기서 그는 유교개혁의 이론적 핵심 과제로 강유위가 제시한 '대동'의 이상과 '춘추삼세설'에 따른 역사발전을 제시하고 있다. 그것은 금문경학을 유교개혁론의 경학적 기반으로 확립하는 것을 의미한다.

이병헌은 유교개혁론의 이론적 정립에 못지않게 그 실천적 구현에 깊은 관심을 기울였다. 그가 총독부와 일본정부에 지속적으로 유교를 종교로 인정해 주기를 청원하였던 사실은, 종교로서 인정받아야만 유교적 가치로서 '인도'를 지키고 살아갈 수 있다는 신념을 보여 주는 것이다. 그러나 총독부에 청원한다는 것은 민간조직으로서 자율적인 종교운동을 전개하기보다는 통치조직에 여전히 의지하여 문제를 해결하겠다는 전통적 의식의 일면을 보여 주는 것이며, 또한 총독부에 적응하여 청원한다는 것은 민족적 자주의식에 철저하지 못하다는 문제를 불러일으킨다. 실제로 이병헌은 임시정부의 경무국에서 조사를 받으면서 일본의 식민지배체제에 대한 청원과 지나치게 굽히는 태도로 인해 비판을 받기도 하였다.

이병헌은 배산서당을 공교회의 교당으로 설립하면서 교회식 유교의 조직을 구현하고자 하였다. 여기서 그가 공자만을 유일한 교조로 받들고 선조와 선현과 선성을 일관하게 받드는 공교회의 구조를 제시한 것은 한국유교사에서 유일한 양상으로 주목받을 필요가 있다. 그의 공교회 조직운동은 보수적 지방유림들로부터 격렬한 비판을 받아 좌절되고 말았으며, 그를 따르는 공동체의 활동이나 계승하는 제자들의 집단도 배양하지 못하였으니, 그의 공교운동은 그 시대에 실패하였을 뿐만 아니라 다음 시대에도 계승되지 못하고 말았던 셈이다. 그것은 그의 유교개혁사상이 단기필마로 달린 그 자신만의 주장이었을 뿐이며, 이후로 그러한 개혁사상이 사실상 단절되고 말았음을 말해 준다. 또한 이병헌의 공교운동이 실패로 돌아가고 유교개혁사상도 단절되고 말았다는 것이 사실이긴 하지만, 이와 더불어 배산서당의 구조가 보여 주는 것처럼 그가 제시한 공교운동의 제도적 구상이나 곡부의 연성공부와 연결하여 성상을 모셔와서 공교운동을 출범시켰던 실행방법은 다른 사례를 찾을 수 없는 매우 독특한 것으로 의미가 크다고 하겠다.

이병헌의 유교개혁사상과 공교운동은 비록 당시에는 좌절되고 말았지만, 오늘의 한국사회에서 유교를 이해하고 유교가 지향하여야 할 방향을 제시했다는 데서 그 역사적 의미를 찾을 수 있을 것이다.

제3장

비공론에 대한 반박과 민족주의적 역사인식

1. 시대적 도전에 대한 공교사상의 대응

1910년 『황성신문皇城新聞』의 논설에서는 우리나라 유학의 융성함이 다른 나라에 미치지 못하는 것은 아니지만 국가의 위기를 만회하고 도탄에 빠진 백성을 구제하는 데 아무런 역할도 하지 못한 사실을 지적하며, 그 원인을 '지리地理' 관계와 '적습積習' 관계로 진단하였다. '지리' 관계는 견문이 넓지 못하고 지식이 미치지 못하여 세계대세와 학술에 어두워 외국문물을 오랑캐의 것으로 배척하는 것이요, '적습' 관계는 학문에서나 정치에서나 새로운 견해나 비판을 혹독하게 억압해 온 습관을 지적한 것이다. 이에 따라 아래와 같이 유교의 학문전통과 사회적 기능의 폐단을 절실하게 비판하였다.

> 학문·이론의 채용과 정치·법률의 변통을 꿈에도 생각하지 못하다가 마침내 남들은 진보하나 나는 퇴보하여, 대세가 이미 가 버린 다음에 비록 자기 몸을 희생하고 자기 뼈를 바스러지게 한들 한 치의 공적도 세울 수 있겠는가?……옛 유학자의 기존 이론을 맹종하여 일종의 노예 학문을 이루었을 뿐이니, 어찌 천하 고금의 무궁한 학문·이론을 대하여 단점은 버리고 장점은 취하는 실지 연구가 있으리오?[1]

이처럼 당시 조선의 유림을 이루고 있는 대다수 도학자들의 배타적 폐쇄성과 권위적 억압의 맹목성은 '노예학문'이라는 혹독한 비판을 당하였다. 그만큼 이 시대 다수의 유교인들은 비록 외세의 침

---

1) 『皇城新聞』(1910년 1월 24일), 「我國儒林論」.

략에 항거하며 의리를 지키고 순절하는 숭고한 태도를 보였지만, 시대변화의 대세에 적응할 능력을 잃고 퇴락해 갔음을 알 수 있다. 그러나 이 논설에서는 "지나간 실패를 거울 삼아 경계하면 장래의 방침을 요량할 것이니, 우리나라 유가儒家의 고유한 의리로 근저를 삼아 세계학술의 새로운 지식을 구해서 이용하면, 시국은 변천이 일정함이 없고 기회는 천지에 가득하니, 어찌 해 저물 때 수습할 수 없겠는가"라고 하여, 유림의 개방과 개혁을 통해 새로운 사회적 역할이 가능함을 기대하고 있다. 이는 이 신문의 유교비판이 유교에 대한 애정을 전제로 한 반성적 비판이지, 유교를 전면적으로 거부하는 반유교적 비판이 아님을 보여 준다.

유교전통이 새로운 시대변화에 적응하지 못하고 사회변혁의 요구에 대해 보수적 저항세력으로 자리를 잡자, 전근대적인 구질서에 집착하는 유교를 시대역행적이고 반문명적 세력으로 성토하는 한편, 새로운 근대적 질서를 건설하기 위해 유교전통의 파괴를 기본과제로 삼는 개혁세력이 등장하게 되었다. 이러한 반유교적 비판운동은 유교의 폐단에 대한 비판을 넘어서 공자의 근본정신을 비판하는 데로 나아가게 되었으며, 이를 '비공批孔운동'이라 일컫는다.

중국에서는 신해혁명(1911) 이후 공화제와 민주주의를 정치체제의 기본으로 정립하면서 유교전통을 전제주의로 거부하는 차별화가 일어나게 되었고, 5·4운동(1919) 기간 동안 공자에 대한 비판이 격렬해지면서 비공운동이 전면적으로 등장하기 시작하였다. 이처럼 공자를 비판함으로써 전통의 낡은 굴레를 극복하여 새로운 근대의 서구적 질서를 이루겠다는 의식은 중국에서 광범하게 확산되어 갔을 뿐만 아니라 우리나라에도 전파되었다. 그러나 우리나라에서는 일본의 식민통치세력의 통제가 엄격하여 자율적으로 개혁을 추진하는 데에 제한이 있었고, 또한 식민통치세력에 대한 저항세력이라는 점에서 같은 입장에 놓여 있는 보수적 유림과 근대적 개혁사상가들이 적敵 앞에서 분열과 갈등을 계속하는 것도 어려운 형편이었다. 그만큼 국내에서는 비공의 주장이 일어나긴 했지만 미약하였고, 비공을 반박하는 입장이 강경하게 등장하였지만 논쟁이 지속되지는 않았던 것이 사실이다.

국내에서 '비공'의 주장에 대한 반박은 두 가지 방면에서 제기되었다. 하나는 보수적 도학자들이 보였던 격렬한 비난의 대응이요, 다른 하나는 이병헌을 비롯한 유교개혁론자들이 전개했던 비공의 논리에 대한 이론적 반박이었다. 이와 더불어 유교개혁론자들이 스스로 유교사회의 전통과 관습이 지닌 폐단과 모순에 대한 반성적 비판을 다양하게 제기하였던 것도 사실이다.[2] 이병헌의 경우, 중국과 국내에서 제기된 비공의 논리에 대한 반박은 바로 자신의 공교운동을 정당화하는 기본과제의 하나였다고 할 수 있다.

20세기 초반, 유교개혁운동에 대한 여러 도전이 있었는데, 이 가운데 주목할 것으로는 유교에 대한 근본적 비판을 제기한 비공운동과 국가와 민족의 자율성을 근원적으로 말살하려고 하는 식민통치세력이라 할 수 있다. 비공운동은 유교전통에 대한 비판적 극복을 추구하고 있다는 점에서 유교개혁론과 공통된 요소를 지니고 있지만, 비공론이 유교를 전면적으로 부정하는 데 반하여 유교개혁론은 전통의 모순을 극복하면서 유교의 진실성을 새로운 질서 속에 실현하고자 한다는 점에서 상반된다. 또한 식민지배에 대해 보수적 전통유학자들은 의리론으로써 강한 저항정신을 지키고 있는 데 비하여, 유교개혁론자들은 민족주의의식을 고취함으로써 유교개혁론을

---

2) 금장태, 『한국현대의 유교문화』(서울대 출판부, 1999), 40~47쪽.

실현할 수 있는 사회적 기반을 확보하고자 하였다.

 이병헌의 유교개혁론은 당시의 격렬한 반유교적 비공론에 대응하는 한편, 이와 더불어 식민지배 아래 민족의 정체성이 위기에 놓인 현실에서 민족의식을 각성함으로써만이 민족문화의 전통적 기반을 이루고 있는 유교를 개혁하고 되살릴 수 있는 가능성을 확보할 수 있다고 보았다. 이에 따라 그는 유교개혁론을 민족사의 인식과 연결시키려는 시도를 하게 되었고, 여기서 공자와 유교를 우리 민족사의 연원에 연결시켜 해석하는 자기중심적 민족사관을 제시하였음을 알 수 있다. 나아가 동아시아의 중심에 조선을 자리 잡게 하고, 조선을 중심으로 여러 나라를 통합하는 하나의 민족체계를 설정하는 '대민족사관'을 통한 역사인식을 보여 주는 사실에 주목할 필요가 있다. 따라서 이러한 민족사의 인식과 민족사관의 정당성에 대한 성찰과 더불어, 그 의도가 지닌 성격과 의미를 검토하는 것이 중요한 과제라 하겠다.

2. 비공론에 대한 유교지식인의 반론

1. 중국 비공론의 전개와 반론

 중국에서의 유교에 대한 비판은 신해혁명(1911)이 일어나 중화민국이 성립되어 중국사회의 전통제도가 폐기되고 전통적 질서가 붕괴되어 가는 과정에서 활발히 일어나고 있었다. 당시 중국의 진보적 지식인들 사이에서는 민주주의와 과학을 신봉하면서 봉건적 전제군주제도와 종교적 미신을 거부하는 것이 공통의 추세였다. 유교를 비판하고 공교孔教의 국교화 요구를 거부한 대표적 인물로는 채원배蔡元培(1868~1940), 진독수陳獨秀(1879~1942), 오우吳虞(1874~1949), 호적胡適(1891~1962)을 들 수 있다.

채원배는 과학과 종교가 본질상 대립적인 것으로 보고, 과학이 발전하면 종교는 반드시 쇠락할 것이라고 파악하였으며, "종교는 다만 인류 진화과정 중간의 일시적인 산물이요, 영속하는 본성이 없다"[3]고 규정하였다. 이는 최종적으로 종교가 사라질 것으로 보는 견해이며, 과학을 진리의 기준으로 확고하게 신뢰하는 입장을 밝힌 것이다. 여기서 채원배는 "무지한 사람만이 종교를 믿는다.……공자의 위대함은 사회와 정치의 문제를 제일로 한 점이다"라고 언급하여, 유교 자체를 비판한 것은 아니지만 유교는 절대로 종교가 될 수 없다고 인식하여 유교의 국교화를 통렬히 반대하였다.[4]

이어서 5·4운동(1919)을 전후하여 일어났던 중국의 신문화운동에서 진독수와 호적을 선두로 한 당시의 진보적 지식인들은 "공자를 타도하자"(打倒孔家店)라는 구호를 부르짖으며, 유교에 대한 전면적 비판과 공격을 하였다. 공자에 대한 비판이 집중되었던 시기는 1911년에서 1928년 사이이지만, 가장 맹렬한 공격은 1930년대에 들어서면서부터 전개되었으며, 가장 강경한 비판자로는 호적, 진독수, 오우 등을 들 수 있다.[5]

먼저 진독수는 「재론공교문제再論孔教問題」(1917)에서 "일체의 종교는 모두 폐기되는 대열에 있다"고 하고, "나의 주장은 과학으로 종교를 대치하는 것이다"라고 선언하였다.[6] 이처럼 진독수는 과학

---

3) 牙含章·王友三 主編, 『中國無神論史』, 下(중국사회과학출판사, 1992), 965쪽에서 재인용.
4) 陳榮捷, 『근대중국종교의 동향』(형설출판사, 1987), 이은봉 역, 21쪽.
5) 陳榮捷, 『근대중국종교의 동향』, 25쪽.

을 신봉하는 입장에서 종교를 사라져 갈 낡은 질서로 보아 거부함으로써, 공교를 국교로 삼으려는 요구에 대해 강력히 저항하였다.

나아가 진독수는 유교가 현대의 평등사상에서는 용납될 수 없다고 보아, 유교의 신분적 차별의식을 비판함으로써 유교의 정치원리와 사회기능에 대한 비판을 제기하였다. 그는 「공자와 중국」(孔子與中國, 1937)에서 공자의 가치를 '비종교·미신적 태도'와 '군君·부父·부부의 3권三權을 일체로 하는 예교禮敎의 건립'이라 규정하고, "과학과 민주는 인류 사회진보의 두 가지 주요 동력이다. 공자가 신비하고 괴이한 것을 말하지 않은 것은 과학에 가까우나, 공자의 예교는 민주에 반대되는 것이다"[7]라고 언급하였다. 그만큼 공자의 근본적 가르침인 예교의 질서는 반민주적인 것이므로 폐기되어야 할 것이라고 규정하고, 오직 반종교적 요소만이 과학적인 것으로 인정할 수 있다고 보았던 것이다.

또한 오우는 「설효說孝」에서, "그들이 '효'를 가르치는 것은 '충'을 가르치기 위함이다.……중국을 '순종하는 백성(順民)을 제조해 내는 큰 공장'으로 만들고자 하는 것이 '효' 자의 큰 공용인 것이다"[8]라고 하여, '효'나 '충'의 유교적 도덕규범이 순종을 요구하는 전제적 질서를 뒷받침하는 규범이라고 비판하였다. 또한 그는 「흘인여예교吃人與禮敎」에서 공자의 예교禮敎에 대해 강한 적대감을 가지고 전면적인 비판을 하면서 "공자 선생의 '예교'를 궁극적인 데까지 추구하면 반드시 사람을 죽이고 또 사람을 잡아먹게 된다.……우리는 지금 분명히 깨달아야 한다. 사람을 잡아먹는 사람이 곧 예교를 말

---

6) 胡明 編選, 『陳獨秀選集』(天津人民出版社, 1990), 43쪽.
7) 胡明 編選, 『陳獨秀選集』, 230쪽.
8) 송영배, 『중국사회사상사』(사회평론, 1998), 328쪽에서 재인용.

하는 사람이다!(吃人的就是講禮敎的) 예교를 말하는 사람이 곧 사람을 잡아먹는 자인 것이다!(講禮敎的就是吃人的呀)"9)라고 외쳤다. 인의仁義의 도덕을 내세우고 예교의 법도를 강론하는 유교인은 이에 어긋난다고 판단되는 다른 인간을 경멸하고 적대하며 없애려는 적개심에 차 있게 되며, 바로 이것을 예교가 "사람을 잡아먹는다"(吃人: 食人)고 표현하였다. 그만큼 유교적 도덕규범의 비인간적 억압성을 비판하면서 그 폐해를 극단적으로 지적한 것이다.

한편 호적은 종교가 '상제의 존재'와 '영혼의 불멸'에 대한 신앙을 최소한의 조건으로 삼고 있다고 보고, 과학적 합리성을 기준으로 삼아 도교·불교·기독교의 신앙이 거짓된 것이라 규정함으로써, 종교를 전반적으로 비판하는 입장을 제시하였다. 여기서 그는 송학宋學이 불교에서 금욕적 종교의 영향을 받은 것은 인정에서 벗어난 것이라 비판하였다. 또한 송유宋儒에서 퍼져 나온 폐단으로 인해 후세의 유자儒者들이 '이치로써 사람을 죽이는 짓'(以理殺人)을 하게 되었다는 대진戴震의 말을 언급하고, 이를 당시 오우 등이 말하는 '사람을 잡아먹는 예교'(吃人的 禮敎)와 같은 맥락의 비인간적 태도라고 지적하며 유교에 대한 비판적 입장을 밝혔다.10) 그러나 호적은 "유교는 근대 과학사상을 개발하는 데 대단히 비옥한 토양을 제공하였다는 것이 나의 견해일 뿐만 아니라, 유교는 근대 과학정신과 태도에 지극히 적합한 많은 전통을 가지고 있다"11)고 언급함으로써, 유교에 대한 긍정적 평가의 입장도 간직하고 있었음을 보여 준다.

---

9) 송영배, 『중국사회사상사』, 332쪽에서 재인용.
10) 牙含章・王友三 主編, 『中國無神論史』 下, 994쪽.
11) 陳榮捷, 『근대중국종교의 동향』, 32쪽에서 재인용.

이처럼 신문화운동 기간에는 비공론批孔論으로 유교에 대한 격렬한 비판을 제기하였지만, 이와는 달리 유교에 대한 긍정적 재평가도 일어나고 있었다. 강유위를 중심으로 한 공교회의 긍정적 변론은 말할 것도 없고, 엄복嚴復(1853~1921), 하증우夏曾佑(1865~1924) 등 명망 있는 지식인들도 공교의 국교화를 요구하는 청원서에 서명하였으며, 제임스(Reginold F. James)와 같은 외국인도 공교회에 가입하고 유교의 국교화에 동의함을 밝혔다.12) 또한 장동손張東蓀(1886~1973)은 공자가 나이 오십에 천명을 알았다고 하는 것이나, 하늘이 공자에게 덕을 부여하였다고 하여 하늘로부터 받은 사명의식이 있다는 사실 등 6조목을 들어 유교를 종교로 입증할 수 있다고 주장하였다.13) 그밖에도 손문孫文, 양수명梁漱冥, 장개석蔣介石, 곽말약郭沫若 및 미국인 크릴(H. G. Creel) 등이 신문화운동이 전개되는 과정에서 비공론이 격렬했을 때 유교에 대한 긍정적인 재평가의 입장을 제시하였다.14)

2. 국내 비공론의 대두와 반응

1910년 대한제국이 망국의 위기에 놓이자 반유교적 지식인들로부터 조선왕조 5백 년 간의 구질서를 지탱한 이념이었던 유교에 대해 망국의 책임을 묻는 격렬한 비판이 일어났다. 『대한매일신보』(1033호, 1910년 2월 28일자)에서는 「유교계에 대한 일론一論」이라는 논설에서, "한국은 유교국이라 오늘에 한국의 쇠약이 이에 이르렀음

---

12) 陳榮捷, 『근대중국종교의 동향』, 17쪽.
13) 陳榮捷, 『근대중국종교의 동향』, 24쪽.
14) 陳榮捷, 『근대중국종교의 동향』, 29~32쪽.

은 오직 유교를 신앙한 까닭이 아닌가?"라는 질문을 던지고, 이에 대해 유교를 신앙함으로써 쇠약하게 된 것이 아니요, 유교의 신앙이 그 도를 얻지 못하였기 때문에 쇠약이 이에 이르렀다"고 대답하고 있다. 이 질문은 바로 당시 국가가 쇠망하게 된 책임이 유교에 있다는 비판론을 소개한 것이고, 이에 대한 대답은 유교의 본질에 과오가 있는 것이 아니라 유교를 그 시대와 사회에 실현하는 방법에 과오가 있었음을 지적하는 입장을 보여 주는 것이다. 또한 이 논설에서는 진심으로 유교의 도덕을 실천하지 않고 허위와 부패에 빠진 유교지식인을 비판하면서, "유교를 높이 받드는 것이 아니라 유교를 반대함이며, 유교를 간직하고자 함이 아니라 유교를 멸망시키고자 함이로다"라고 하여, 낡은 형식을 중시하고 보수에 집착하여 새로운 사업을 반대하는 대다수의 유교지식인에 대해 성토하였다. 이러한 비판은 유교전통이 진실성을 잃고 허위에 빠진 데 대한 반성적 비판이라 할 수 있다.

또한 장지연張志淵(호는 韋菴)은 조선왕조의 멸망에 대한 유교의 책임을 묻는 비판에 답하면서, 유교에 대한 역사적 비판으로 거슬러 올라가 대답을 찾고 있다. 곧 그는 양웅揚雄이 『법언法言』에서 "노魯나라는 유자儒者를 등용했다가 쇠약해졌다"는 비판에 대해, "노나라가 진유眞儒를 등용하지 않았기 때문이다"라고 해명한 사실을 인용하여, 유교사회가 쇠약해진 현상은 유교의 본질에 과오가 있는 것이 아니라 참된 유교정신을 실현하지 못한 과오임을 밝히고 있다. 또한 장지연은 역사적 사실로서 송宋나라에 도학道學이 융성하였으나 금金·원元의 침략을 당하였고, 우리나라 또한 도학을 존숭하던 조선왕조는 국운이 쇠약해져서 나라가 망하는 데까지 이르렀다는 비판이 있음을 제시하였다. 여기서 그는 유교지식인들이 지배하던 조선사회에서 참혹한 사화士禍나 붕당朋黨의 해독이 있었던 사실에 따라 유교를 비판하는 견해에 대해서도 "유교의 이름을 빌려 세상과 임금을 속이면서도 부끄러움을 알지 못하는 자들의 죄이니, 이는 다만 선왕의 죄인일 뿐만 아니라 곧 공자·맹자의 죄인이다"15)라고 언급하여, 정치를 담당하였던 유자들의 과오를 지적하고 유교의 과오가 아님을 밝히고 있다. 이는 진실한 유교인과 거짓된 유교인을 분별함으로써, 유교전통사회의 폐단에 대한 비판은 인정하지만 유교의 본래적 가치를 비판하는 것에는 반대하는 입장으로서, 비판의 초점을 거짓된 유교인의 책임에 맞추고 있는 것이다.

김택영金澤榮(호는 滄江)은 당시 공화제를 주장하는 사람들이 공자의 정치사상을 '전제'정치라 규정하여 공자를 원수처럼 여기는 비판론에 주목하면서, 군君·신臣이나 상上·하下의 질서를 잃은 상태인 '전제專制'와 군·신이나 상·하가 각각 제자리를 지키는 '명분名分'을 대립시키면서, 유교는 '전제'의 강압원리가 아니라 '명분'의 질서원리임을 강조하였다. 곧 "『춘추』의 큰 법도는 오늘의 '입헌立憲'이요, 요·순의 읍양揖讓(禪讓)은 오늘의 '공화共和'이다"라고 언급하여, 명분의 보편적 원리에 따르는 유교는 전근대적 전제군주제도의 원리가 아니라 현대적 민주주의제도(立憲·共和)의 원리를 내포하는 것이라고 제시하였다.16)

또한 장지연은 『장자』(「外物」)에서 "유자는 『시경』과 『예경』을 들먹이면서 남의 무덤을 파낸다"라고 비판한 사실을 들면서, "유학

---

15) 張志淵,「儒敎者辨」,『朝鮮儒敎淵源』, 193쪽, "假儒名而欺世主, 嘿然不知爲恥者之罪也, 是非但先王之罪人, 卽孔孟之罪人也."
16) 『金澤榮全集』(2), 104쪽,「孔子專制辨」, "今說者,……遂以共和之仇視孔子乎, 夫春秋之大法, 夫春秋之大法, 卽今之立憲也, 堯舜之揖讓, 卽今之共和也."

으로 거짓을 꾸미며 세상을 속이고 명망을 도둑질하는 자들이 어찌 '남의 무덤을 파낸다'는 비난을 면할 수 있겠는가"[17]라고 하여, 거짓된 유자에 대한 장자의 비판을 수용하고 있다. 이처럼 당시의 반유교적 비판에 대한 장지연의 태도는 그 비판 자체가 잘못되었다는 거부가 아니라, 비판의 대상을 '유교의 전반'이 아닌 '거짓된 유교'로 한정함으로써 진정한 유교와 혼동하여 유교 전반에 대한 비판으로 적용시키지 말 것을 요구한 것이다.

1920년 『동아일보』(32~37호, 5월 4일~5월 9일자)에 6회에 걸쳐 실린 「조선 부로父老에게 고함」은 조선사회의 '부로父老'들이 가장권家長權을 남용하는 폐단을 지적하고, '부로'로서의 의무를 행할 것과 자녀로 하여금 수성혼인獸性婚姻(早婚)을 강제하지 말 것, 그리고 '부로'된 책임을 다할 것을 요구하고 있다. 이러한 논설은 유교를 직접 공격하는 것은 아니지만, 유교사회의 가부장적 권위주의에 따른 폐단을 절실하게 지적하고 변혁을 요구하고 있는 만큼, 유교인들에게는 신랄한 비판의 소리로 들리지 않을 수 없었을 것이다. 같은 시기 『동아일보』(36~37호, 5월 8일~5월 9일자)에 '환민桓民 한별'이라는 필명으로 국어학자인 권덕규權悳奎(1890~1950, 호는 崖溜)가 쓴 논설인 「가명인假明人 두상頭上에 일봉一棒」은 '가짜 명나라 사람의 머리 위에 방망이 한 대를 내리치다'라는 뜻의 제목에서 보여주듯이 숭명배청崇明排淸의 의리를 내세우며 사대주의에 빠져 있는 조선사회의 도학파 유림들을 '가짜 명나라 사람'(假明人)으로 지목하여 직접 공개적인 비판을 한 것이다. 이 논설은 비공론으로까지 나가지는 않았지만 유교전통에 대한 강경한 비판입장을 밝힌 것이라

---

17) 張志淵, 『朝鮮儒教淵源』, 192쪽, "莊周曰, 儒以詩禮發塚, 憤此世排儒之言, 然假儒學而欺世盜名者, 惡得免發塚之譏歟."

할 수 있다.18)

그러나 이에 대해 보수적 전통도학자들의 항의와 비판이 들끓면서 사회적으로 큰 물의가 일어나게 되었다. 오진영吳震泳(호는 石農, 艮齋 田愚의 문인)은 「조선 부로에게 고함」·「가명인 두상에 일봉」의 논설을 보고서 「경고세계문敬告世界文」을 지어 격렬하게 성토하였다. 여기서 오진영은 "상제는 말이 없는 공자요, 공자는 말을 하는 상제이다"(上帝無言之孔子, 孔子有言之上帝)라고 하여 상제와 공자를 일치시킴으로써 공자의 권위를 확고하게 정립하여 공자에 대한 모독을 상제에 대한 모독으로 성토하였다.

한편 권덕규는 자신의 논설에서 일본의 유학자들 사이에 '공자가 제자들과 무리를 거느리고 침략해 온다면 어떻게 하겠는가'라는 가정법의 질문에 대해, "먼저 공구孔丘(공자)의 목을 베고 다음에 그 죄를 묻는다"고 대답한 일본 유학자의 견해를 칭송하였다. 이에 대해 오진영은 권덕규의 글에서 '먼저 공자의 목을 벤다'는 말이 나왔다는 사실에 대해, 아비와 임금을 시역한 것보다 더 혹독한 난적亂賊이라고 토죄하였다.19)

1931년에 민족운동의 변호사로 명망이 있던 이인李仁(1896~1979, 호는 愛山)이 공자를 비판하는 글을 발표하면서, '공부자孔夫子'의 '부夫' 자를 썩을 '부腐' 자로 고치고 공자의 이름 '구丘' 자를 원수 '구仇' 자로 고쳤으며, "부자夫子로써 살인한다"고 언급하며 공자에 대해 직접 공격적인 비난을 하였는데, 이각종李覺鍾은 이 글을 『신민

---

18) 權悳奎의 「假明人 頭上에 一棒」이라는 논설이 물의를 일으키자, 『동아일보』에서는 「假明人 頭上에 一棒과 儒敎의 眞髓」라는 해명의 논설을 4회에 걸쳐(『동아일보』 45~48호, 1920년 5월 17일~5월 20일) 수록하면서, 비판의 초점이 유교인의 일부에 맞춰진 것이지 유교인의 전부가 아니요 유교 자체도 아님을 해명하고 있다.
19) 『石農集』 권16, 24쪽, 「敬告世界文」, "權悳奎謂先斬孔丘, 噫噫痛矣, 弑父弑君者有之, 而矯誣欺天下耳, 未有此賊之公肆慘毒矣."

新民』(1925: 창간~1932: 폐간) 잡지에 실어 간행하였다고 한다.[20] 이는 국내에서 '비공론'의 가장 대표적인 사례라 할 수 있다.

이에 대해 오진영과 권순명權純命(호는 陽齋, 艮齋 田愚의 문인)은 각각 「주토이각종이인문誅討李覺鍾李仁文」이라는 같은 제목의 성토문을 지었다. 또한 공학원孔學源(호는 道峯, 蘆沙 奇正鎭의 문인) 역시 「성토이인문聲討李仁文」을 지어, 이인과 이각종을 격렬하게 배척하였다.

> 이인아! 하늘을 매도한다고 하늘이 낮아지겠느냐? 해에게 주정을 한다고 해가 떨어지겠느냐? 성인은 하늘에 근본을 두었는데 하늘과 땅이 썩더냐? 공자는 일·월과 같은데 일·월을 원수로 삼을 수 있겠느냐? 너의 '부腐·구仇'라는 언설은 하늘과 태양을 끊는 것인데도 아직도 하늘과 태양 아래서 죽지 않고 살아 있으니 하늘과 태양은 이다지도 너그럽구나.[21]

이러한 도학자들의 격렬한 배척은 비공론의 확장을 막는 데 엄청난 입력이 되었겠지만, 도학전통의 신념을 재확인한 것에 불과하며, 비공론의 새로운 조류에 대한 이론적 반박이 아니라는 점에서 설득력을 발휘할 여지는 없었다.

---

20) 『石農集』 권16, 25쪽, 「誅討李覺鍾李仁文」, "仁賊於夫子之夫, 變作腐, 聖諱幻作仇, 又以夫子爲殺人的, 而覺賊刊布其文於所謂新民誌."
21) 금장태·고광직, 『유학근백년』(박영사, 1984), 358쪽에서 재인용.

3. 이병헌의 비공론인식과 반론

1. 중국 비공론에 대한 인식과 반론

　이병헌은 유교에 대한 다양한 비판이 심화되어 비공론에 이르고 있는 현실에 특별히 관심을 기울였다. 유교에 대한 비판이 일어나는 현실에 대해 강한 적개심으로 즉각적인 성토를 하는 보수적 전통유학자와는 달리, 그의 유교개혁론은 유교에 대한 비판이 쏟아지는 현실을 발판으로 삼아 출발해야 한다는 인식의 산물이었다.
　당시 대부분의 유교지식인들은 서양근대문명을 수용하고 서양근대질서로 전환하는 근대적 변동과정에서 유교전통의 관습적 형식에 사로잡혀 변혁이 다급하게 요구되는 현실을 외면하고 있었다. 그들은 시대상황에 대해 무지했을 뿐 아니라 나아가 어떠한 변화도 거부하는 수구론을 내세움으로써 사회변혁과정에서의 장애요인으로 지목되고 있었다. 이러한 근대적 전환기에서 서구문물의 신학문을 수용하는 개혁론자들은 유교전통에 따라 초래되었던 많은 폐단과 모순을 과감히 비판하고 이를 개혁의 기반으로 확보하고자 하였다. 여기서 이병헌은 스스로 개혁론의 입장에 있다는 점에서 유교전통의 폐단을 인식하고 있었으며, 유교에 대한 비공론의 비판에 대해서도 그 발상의 배경을 폭넓게 이해하고 재평가함으로써, 비공론을 극복할 수 있는 이론적 토대를 마련하였던 것이다. 특히 유교로는 나라를 위할 수 없고 유교 때문에 나라가 망하였다는 비판에 대해, "조선의 멸망과 중국의 쇠약함은 유교를 잘 실천하지 않았기 때문이며, 소통하고 변화시키는 권도에 어두웠기 때문이다"[22]라고 하여,

---

22) 『李炳憲全集』 上, 133쪽, 「眞菴文稿・禱告文」, "朝鮮之亡, 中國之弱, 以不善儒教

당시 유교가 망국의 원인이라는 비판에 대해 나라가 망한 것은 유교를 잘못 시행한 사람의 책임이요, 유교 자체에는 나라를 구원할 원리가 있음을 역설하였다.

또한 이병헌은 20세기 초 근대적 변혁과정에서 중국이나 한국에서 유교를 반대한 원인을 다음 네 가지 조목으로 열거하였다. 첫째, '인권의 유린'(蹂躪人權)으로서, 유교는 사대주의에 빠져 선조를 오랑캐(夷狄)로 남겨 놓고 외국인을 짐승(禽獸)으로 지목하니, 이는 하늘이 부여한 인권을 유린하는 것이다. 둘째, '대세에 역행'(逆抗大勢)으로서, 『춘추』의 존주尊周와 전제專制의 의리를 고수하여 같지 않은 것은 모두 사설邪說로 배척하는데, 이는 신앙(信敎)의 자유에 어긋나는 것이다. 셋째, '진리의 오해'(誤解眞理)로서, 하늘은 둥글고 땅은 네모지다는 전통적 자연관인 천원지방설天圓地方說을 내세우고 있으나, 이는 과학의 기초적 상식에도 어긋나는 것이다. 넷째, '공자는 종교가가 아니다'(孔子非宗敎家)라는 입장으로서, 유교는 초월적이고 신비적인 종교의 색채가 없는 현세 중심의 정치나 철학에 한정되므로 우리나라 청년들이 유교에 복종할 의무가 없다는 것이다.

이러한 유교비판론에 대해 이병헌은 공자가 「예운禮運」편에서 특별히 밝힌 '대동大同'의 뜻은 오랑캐와 짐승으로 배척하는 태도를 극복하는 것이라고 하여 유교가 '인권의 유린'을 야기하지 않음을 제시하였다. 또한 『춘추』의 '삼세설三世說'에서 '입헌'과 '공화'의 의리를 언급하고, 공자가 "이단을 공격하면 해로울 뿐이다"(攻乎異端, 斯害也已)라고 말한 데서도 알 수 있듯이 이단의 배척을 거부하므로 '대세에 역행'이 아니라고 밝혔다. 심지어 공자가 증자曾子에게 대답하면서 '땅이 둥글다'(地圓)고 한 것을 증거로 삼아 유교전통에서

之故, 而昧乎通變之權也."

도 서양과학지식과 일치하는 견해가 있다고 하여 '진리의 오해'에 빠져 있는 것이 아님을 해명하였다. 끝으로 『주역』에서 "'신도'로서 가르침을 베풀었다"(神道設敎)라고 언급한 사실을 들어 공자가 종교가가 아니라는 견해를 반박하였다.[23] 이러한 이병헌의 해명은 유교에 대한 비판론을 적대적으로 거부한 것이 아니라, 비판에 대한 상반된 내용을 유교경전 속에서 발굴하여 비판이 편파적인 것임을 지적하여 극복하고자 한 것이다.

신해혁명과 5·4운동을 거치면서, 중국에서의 유교에 대한 비판론은 일차적으로 도학의 배타적 폐쇄성을 공격하다가, 점차 유교전반과 공자에 대한 비판론으로 심화되어 반유교적 비공론으로 진행된다. 이병헌은 이러한 반유교적 비판의 도전이 심화되어 가는 과정에 주목하여, 반유교적 비판론의 근거를 객관적으로 인식함으로써 이론적 반박과 극복을 위한 논리를 찾고자 하였다. 그는 유교의 배타적 태도가 인권을 유린하고 전제군주제도가 시대의 대세에 역행한다는 비판에 대해 근거 없다고 반박하는 것이 아니라, 이러한 폐단이 사실임을 인정하면서 이를 극복할 수 있는 유교의 내재적 논리로서 '대동'의 이상이나 '입헌'·'공화'의 제도가 유교경전 속에서 발견된다는 것을 강조하였다. 따라서 그는 유교에서 도학전통의 이단배척론을 극복의 대상으로 인정하면서도 이를 극복할 원리를 밖에서 들여와 유교를 대체시키려는 반유교적 입장에 있는 것이 아니라, 그 원리를 유교 내에서 찾아 조화와 진보의 새로운 질서를 제시하고 있는 것이다.

또한 이병헌은 상해에서 발간되는 『만국공보萬國公報』에 실린 채이강蔡爾康의「송유이화중국론宋儒貽禍中國論」을 당시의 유교에 대

---

23)『李炳憲全集』上, 159~161쪽,「海外書牘抄·警告域內同胞儒林」.

한 비판론의 기본방향으로 확인하고 있다. 채이강은 이 글에서 중화를 높이고 오랑캐를 배척하는 송학의 화이론華夷論에 따라 외국인을 원수처럼 보고 거부하거나 '신법新法' 곧 새로운 지식과 기술과 제도를 외면하고 수용하지 않는 것이 바로 중국이 쇠퇴하지 않을 수 없는 원인이라고 지적하였다. 여기서 이병헌은 송학의 폐쇄적 의식에 대한 비판에 기본적으로 동조하는 입장을 취하였으며, 이러한 비판을 현실적인 것으로 받아들였다.

한편 이병헌은 『만국공보』에서 번역의 책임을 맡고 있던 범의范禕가 발표한 「논유교여기독교지분論儒敎與基督敎之分」(1904)에 대해서는 유교 전반을 비판하는 비공론으로 일변한 사실을 지적하며 이를 비판하였다. 범의는 이 글에서 "중국이 전제專制로 누적되고 억압되어 있는 현상이 어찌 유교의 결과가 아니겠는가"라 하고, "공자는 지극히 '수구守舊'하는 인물이요, 유교는 지극히 '수구'하는 '교'이다"라고 하여, 중국의 전제주의와 수구론을 유교와 공자의 책임으로 돌려 비판하였다. 또한 범의는 「서임신보통학보序任申甫通學報」(1906)에서, "중하에 나라를 세운 것은 옛 신농·황제 이후 5천 년이 되었는데, 그 시작은 바빌로니아 문물을 동쪽 땅에 수입한 것이다"라고 하여, 중국 문명의 고유성을 부정하였다. 이에 대해 이병헌은 전제주의가 누적된 것은 '거짓된 유교인의 과오'(僞儒之失)라 하고, 공자를 '수구'에 빠진 인물로 비판한 데 대해서는 공자가 '시중時中'의 의리를 말한 사실을 들어 반박하였으며, 중국이 바빌로니아의 문물을 수입했다는 견해는 역사에 어두워 자신을 속이는 것이라 비판하였다.24) 이러한 반박에서도 이병헌은 부분적으로 유교전통의 폐단을 시인하기도 하고, 경전에서 반박할 수 있는 상반된 언급을 끌어

---

24) 『李炳憲全集』 上, 263~264쪽, 「泣告朝鮮十三道儒林同胞」.

와 공자를 변호하기도 하며, 때로는 전면적으로 부정하기도 하는 다양한 견해를 보여 주었다.

여기서 이병헌은, 송대 유학자에게 책임을 묻는 채이강과 공자에게 책임을 돌리는 범의, 이 두 인물의 비판을 사례로 들고서 우리나라의 유교인으로서 이러한 비판을 처음으로 잇달아 들었을 때 그 감상이 어떠한지를 묻고 있다. 그는 이러한 유교비판론은 "우리들 머리 위에 떨어진 새로운 벼락이다"(吾輩頭上新霹靂)라고 하며, 비판의 충격을 진지하게 받아들이고 이를 해결해야 함을 강조하였다. 또한 그는 "나는 다만 우리나라에는 전날에 채이강과 같은 의론이 없었던 것을 근심하고, 또한 우리나라에는 오늘에 범의와 같은 의론이 많은 것을 두려워할 뿐이다"[25]라고 하여, 전통유교인 송학에 대한 비판에 동조하는 입장을 밝히면서, 당시에 공자나 유교 자체에 대한 많은 비판을 해결해야 할 당면의 최대 문제로 인식하였다.

비공론이 심화되면서 중국에서는 신해혁명 후 국회의원들이 제천祭天의례와 공자에 대한 제사를 폐지할 것을 요청하였고, 이에 따라 내무부에서 공자에 대한 배례를 금지함으로써 각 학당에 있는 공자의 위폐가 철거되고 소학교에서의 경전독서가 폐지되었다. 이에 대해 강유위가 총통과 국회에 항의하는 전보를 보내고, 1916년 곡부의 공교회총리인 공소점孔少霑을 대표로 하여 공교회원 수천 명이 총통부에 전보를 쳐서 공교를 국교로 하도록 요구하였다. 이병헌은 이러한 사실을 주목하였으며, 공자와 유교를 비판하는 비공론이 날로 거세지는 현실의 한가운데서 공자와 유교의 진정한 모습과 진실한 의리를 밝힘으로써 비공론을 극복하는 것을 자신의 과제

---

[25] 『李炳憲全集』上, 264쪽, 「泣告朝鮮十三道儒林同胞」. "僕則但患吾域內之前日無蔡氏論者, 又恐吾域內之今日, 多爲范氏論者耳."

로 확인하였다.

2. 국내 언론의 비공론에 대한 인식과 반론

1920~1930년대 중국에서는 유교 전반에 대한 비판으로 비공론이 확산되었으며, 그 여파로 국내에서도 유교비판이 강하게 대두되고 있었다. 이러한 현실을 직시하면서, 이병헌은 제1차 세계대전 이후 사상과 언론에 큰 변화가 일어나 중국에서는 공자를 비판하는 사람들이 날로 많아지고 우리나라도 그 영향을 받고 있음을 지적하였는데, 그 사례로 1920년 『동아일보』에 실린 논설 「조선 부로父老에게 고함」과 권덕규의 「가명인假明人 두상頭上에 일봉一棒」을 들었다. 그러나 이병헌이 더욱 깊은 관심을 보였던 것은 국내 언론에 소개된 중국의 비공론으로서 공교운동에 대한 진독수陳獨秀의 비판론이었다.

이병헌은 1922년 『동아일보』에 실린 기사에서 강유위가 원세개 총통과 단기서段祺瑞 총리에게 보낸 편지를 반박한 진독수의 「중국사상혁명론中國思想革命論」(『新靑年』에 수록) 등을 번역하여 제시하고 있는 사실에 깊은 관심을 보였다. 진독수는 강유위가 중국인이 피를 흘려 얻어 낸 '공화제'를 반대하고 있다고 비판하였는데, 이에 대해 이병헌은 강유위가 '대동'과 '태평'의 뜻을 밝혀 왔던 사실을 강조하고, 강유위의 저술인 『대동서大同書』에서는 '입헌'·'공화'의 문제뿐만 아니라 '사회주의'에 대한 인식도 내포하고 있음을 밝히며, 강유위가 '공화'를 반대하는 것은 원세개 정부의 '공화' 정책일 뿐이라고 해명했다. 또한 진독수는 강유위가 신분계급을 중시하여 역대 '인민의 적'(民敵)들이 이용해 오던 공교를 제창한 사실을 언급하면서 공교를 창립하는 것은 근대 문명사와 정치사를 모르는 데서 말미암는 것이라고 비판하였는데, 이에 대해 이병헌은 강유위가 총통·총리에게 보낸 전보의 원문을 제시하여 그 대답을 대신하고 있다. 이 강유위의 전보에서는 "사람은 하늘이 아니면 태어날 수 없고, '교'가 아니면 설 수가 없다. 그러므로 상제를 공경하고 교주를 예배하는 것은 문명국의 공리公理이다"26)라고 하여, 종교의 확립은 문명국의 보편적 조건임을 제시하였다.

이와 더불어 『동아일보』는 진독수가 강유위를 비판한 글을 두 편 더 소개하고 이에 동의하는 논평을 붙였다. 먼저 진독수의 「헌법과 공교론」(憲法及孔教論, 『新靑年』 1916년 11월호 수록)에서 그가 "새로운 국가와 새로운 사회와 새로운 신앙은 공교와 서로 전혀 용납될 수 없다"고 선언한 데 대해, 이는 공교를 공화제의 국가체제와 서양문명을 수용한 사회질서에 전혀 상반되는 것으로 인식하는 진독수의 비판적 입장을 보여 주고 있다고 하였다. 이에 대해 이병헌은 공교가 무엇인지를 모르는 것이요, 자기가 가진 보옥을 잊은 채 남이 가진 질이 떨어지는 옥을 부러워하는 것이라 반박하고 있다.

다음으로 진독수는 「공자의 도와 현대생활론」(孔子之道及現代生活論, 『新靑年』 1916년 12월호 수록)에서 공교의 남녀 차별을 비판하였는데, 『동아일보』 기자도 이에 동의하여, "남녀의 자유교제가 유행하는 것은 공교의 대의에 반대하는 것이요, 자식이 부모를 배반하는 것은 도덕으로부터 인간을 해방시키는 것"이라고 하였다. 이에 대해 이병헌은 남녀의 역할 구별과 여성에게 정조貞操가 중요함을 강조했다. 그러나 '자식이 부모를 배반하는 것은 도덕으로부터 인간을

---

26) 『李炳憲全集』, 266쪽, 「泣告朝鮮十三道儒林同胞」. "人非天不生, 非教不立, 故敬上帝拜教主, 文明國之公理."

해방시키는 것이다'라는 언급에 대해서는, 남녀의 자유교제에 대해 서양에서도 남녀 학교의 분별이 있음을 지적하여 해명한 것과는 달리, "자식이 부모를 배반하는 것을 도덕으로부터 인간을 해방시키는 것이라고 말하는 것은 또한 오랑캐에 미루어 가는 것이 아닌가? 상상도 할 수 없는 일이다"27)라 하여, 극심한 거부감을 나타내었다.

나아가 이병헌은 『동아일보』에 실린 「반공교도덕혁명론反孔敎道德革命論」이라는 논설을 소개하고 있는데, 이 글에서는 강유위의 '대동론'에 대해 '공화'와 '세계주의'의 공교로서 진독수가 비판한 종래의 공교와는 다른 것이라 지적하며 강유위의 입장을 긍정적으로 평가하였으나, 다만 강유위가 주창한 '대동'의 사상과 '복벽復辟'(帝政의 회복)을 추진하는 행위가 합치하지 않은 점을 지적하여 비판하였다. 이에 대해 이병헌은 당시 중국의 실정이 '자유'라는 아름다운 명목에 취하여 '전제'와 '당쟁'의 소용돌이에 빠져 있어서 '공화'를 운용할 능력이 없음을 지적하고, 중국의 '공화'는 통일된 '전제'에서 분열된 '전제'로 들어가서 외국인의 관리와 간섭을 받게 될 것이라고 보았다. 여기서 이병헌은 강유위가 통탄하는 세 가지 조목으로 '중국 통일의 절망'과 '청조淸朝 유업의 포기'와 '광서 황제의 우대에 보답하지 못함'을 들면서, "중국의 가장 시급한 일은 통일에 있으니, 이로써 통일을 이루고 백성의 근본을 안정시켜서 진화하는 기반을 조성하여, 입헌을 하기도 하고 공화를 하기도 하며, 사회주의를 주장하기도 한다"28)고 언급하였다. 그만큼 이병헌은 강유위에

---

27) 『李炳憲全集』上, 266쪽, 「泣告朝鮮十三道儒林同胞」, "東報記者, 極表同情曰, 男女自由交際流行, 反孔敎之大義, 以子叛父, 自道德而解放人間,······東報之曰, 以子叛父, 自道德而解放人間云者, 抑亦伊於胡底耶, 不堪設想."
28) 『李炳憲全集』上, 267쪽, 「泣告朝鮮十三道儒林同胞」, "中國最急之務, 在於統一, 以此而成統一·定民本·作進化之基盤, 則或立憲, 或共和, 或主社會主義. 當隨世界之大勢, 因天下之公理, 操縱春秋三世之義, 展布平生之所學矣."

게서 '복벽'의 주장이 궁극적 목표가 아니라 중국이 분열하는 현실에서 긴급한 과제를 해결하기 위한 기반으로 통일을 이루기 위한 일시적 방편인 것으로 해명하고 있다.

나아가 이병헌은 『동명주보東明週報』(11호)에 실린 김창제金昶濟의 「유교와 현대」(儒敎及現代)를 검토하였다. 여기서 김창제는 중국의 민국일보民國日報를 인용하여 "도척盜跖의 해독은 한때에 미치지만, 도구盜丘(孔丘)의 재앙은 만세에 끼친다"라고 표현하는 극단적 공교 비판론을 소개하고 있는데, 그 요점은 다음 세 가지로 집약된다.[29]

첫째는 '유교의 정치사상적 결함'으로, 공자의 '존주尊周주의'를 사대주의라 하고, 공자의 말씀은 군권君權 만능의 독재·전제를 쉽게 이루고 인민을 노예로 삼아 단지 복종을 요구하므로 오늘의 민본주의(민주주의)와 서로 용납될 수 없다는 비판이다. 이에 대해 이병헌은 유교전통이 공자의 원래 정신을 상실하고 고문경학에 의해 왜곡되는 과정을 돌아보면서, "우리나라 유학자는 병통이 중국 유학자보다 더욱 심하니, 언론계가 유교의 해독을 통렬히 배척하는 것은 그 병통에 절실하게 맞는 것이다. 그러나 공자의 뜻을 살피지 않으면 또한 미혹되는 것이다"[30]라고 하여, 유교비판론이 지닌 정당성을 인정하면서도, 금문경학의 춘추의리를 통해 공자의 본래 뜻이 '존주'나 '전제'가 아님을 인식하도록 요구하고 있다.

둘째는 '유교의 윤리학적 결함'으로, 삼강·오상(오륜)이 불평등 도덕으로 존비의 계급을 구현하고 '삼종지도三從之道'·'칠거지악七去之惡'은 여자의 인격과 권리를 무시하니, 오늘날 자유·평등·공

---

29) 『李炳憲全集』 上, 269~270쪽, 「泣告朝鮮十三道儒林同胞」.
30) 『李炳憲全集』 上, 269쪽, 「泣告朝鮮十三道儒林同胞」, "東儒之受病, 比中儒尤甚, 報界之痛斥儒毒, 可謂切中其病, 而不察先聖之志, 則抑惑矣."

정의 도덕적 기초 위에서는 자립할 수 없다는 비판이다. 이에 대해 이병헌은 오륜의 정당성을 적극적으로 강조하고 '삼강'·'삼종'·'칠거'는 공자의 말이 아니지만 부분적으로는 의미가 있는 것이라고 긍정하고 있다. 그만큼 도덕규범의 인식에서는 이병헌이 여전히 보수적인 성격을 지니고 있음을 엿볼 수 있다.

셋째는 '유교는 종교가 아니라는 설'로서, 공자는 '신神'을 말하지 않았고 신비적 사상의 종교적 색채가 없으며, 유교는 윤리학·교육학·정치학의 범위를 벗어나지 못한다는 비판이다. 이에 대해 이병헌은 공자가 『주역』에서 "'신도'로서 가르침을 베풀었다"(神道設敎)고 하여 '출세간出世間'의 초월적 세계를 열어 놓았으며 『춘추』에서 '입세간入世間'의 현실적 변화를 갖추어서 종교적 세계를 밝혀 주었으나, 송대 이후로 사서四書가 중심이 되고 『주역』 등 오경五經이 제대로 읽히지 않음으로써 유교를 종교가 아니라고 보는 견해가 일어나게 되었다고 지적하였다.

여기서 이병헌은 후한後漢 이후로 역대의 전제가專制家들이 이용해 온 '구유교舊儒敎'로는 유교가 오늘날에 생존할 수 없다고 지적하고, 오늘의 시대는 공자가 말한 '천하를 공평하게 하는'(天下爲公) '대동'이 가까워지고 있는 시대라 제시하고 있다. 또한 그는 우리나라 유학자들이 송학에 빠져서 송학에 대한 비판이 공자에까지 미치게 된 사실을 모르고 있다고 지적하고, 유교전통을 고수하고자 하는 우리나라의 도학자들에게 "우리 유학자들이 공자의 진리를 미루어 밝히고 공자를 세계의 대종교가로서 받들게 한다면, 우리나라의 옛 도학자들과 송나라의 여러 선현들도 유교 안의 큰 인물로 남아 있을 수 있지만, 만약 단지 선현들을 받드는 것을 아름답게 여기고 교조에게 재앙이 미치는 것을 돌아보지 않는다면, 어찌 둥지가 부서진 다음에 온전한 알을 얻기를 바랄 수 있으리오?"31)라고 하여, 공자의 정신을 밝히고 공자를 교조로서 받드는 것이 유교에 대한 비판론에 맞서는 가장 근본적인 해결책임을 역설하고 있다. 이처럼 이병헌은 도학의 폐단에 대한 비판이 공자에 대한 비판으로 심화되고 있는 당시의 반유교적 비판에 대응하는 방법으로, 먼저 공자의 가르침으로 돌아가 유교정신을 개혁함으로써 유교를 수호하는 것이 시급한 과제임을 강조하고, 공자를 지켜 유교 자체를 지킬 수 있으면 결국 도학의 가치도 살릴 수 있는 길이 있음을 제시하여 보수적 도학자들을 설득하였던 것이다.

이병헌은 당시의 우리나라나 중국의 사상과 언론을 살펴보면 누구나 유교 자체가 이 세상에 생존하기 어렵다는 것을 알고 있다고 지적할 만큼, 유교가 존망의 위기에 놓여 있는 사실을 절박하게 인식하고 있었다. 이러한 시대에 쏟아지는 비공론의 반유교적 비판에 대응하는 논리로서 이병헌은 강유위의 핵심적 공교사상을 '신도설 神道設敎'와 '삼세三世·태평太平'의 의리를 표방한 것으로 보았으며 또한 공자가 언급한 '대동'의 이상을 현대의 민주적 사회질서에 적합한 것으로 제시하였다. 그러나 이와 더불어 이병헌은 당시 국내에서 절대다수인 보수적 도학자들이 강유위의 공교사상에 대해 적대적 비판론을 제기하는 것을 자신이 대응해야 할 중요한 도전으로 받아들이지 않을 수 없었다. 그는 먼저 전우田愚(호는 艮齋)가 양계초의 『강남해전康南海傳』에서 '대동'의 문제에 관한 언급을 조목별로 비판하고 있는 사실과, 조긍섭曺兢燮(호는 深齋)이 강유위의 공

---

31) 『李炳憲全集』 上, 271쪽, 「泣告朝鮮十三道儒林同胞」, "苟使吾儒者, 推明先聖之眞理, 奉孔子爲世界大宗敎家, 則吾東先正, 宋朝諸賢, 可保爲儒門之鉅子, 若徒知尊奉先賢之爲美, 而不顧禍及敎祖, 則烏可望破巢之求完卵哉."

교를 '짐승의 교'(禽獸之教)라 배척하였던 사실을 들면서, 이에 대해 후세 유학자들이 지닌 '소강'의 견해에 의거하여 '대동'을 원수처럼 보는 것에 불과하다고 하여 도학의 편협한 견해로 규정하였다. 다만 당시 그가 교류하였던 이규준(李圭晙, 호는 石谷)에 대해서는 '신도설교'의 의리를 발휘하기도 하고, '대동'을 밝힌 「예운」 편의 서문을 짓기도 하고, 『춘추』를 '공화'의 글이라 언급하기도 한 사실을 높이 평가하면서, 학문의 깊이가 얕고 국외 정세에 어두워 그 사상이 제대로 펼쳐지지 못함을 아쉬워하였다.32)

이렇게 비공론이 공자와 유교를 비판하고, 보수적 도학자들이 그와 강유위의 공교사상을 비판하자, 이병헌은 먼저 우리나라 도학자들이 구학(舊學)에 안주하고 있는 태도에 대해 마치 고치 속에 스스로 갇혀서 새로운 천지에 마음 두는 것을 원하지 않는 것과 같다고 하고, 자신이 강유위를 변호하는 것에 대해 "내가 강유위를 위해 변명하는 것은 감히 강유위를 변호하려는 것이 아니요, 장차 공자의 뜻을 밝히려는 것이며, 공자의 뜻을 밝히고자 하는 것은 감히 공자에게 사사롭게 하려는 것이 아니요, 장차 세계대동의 막이 오르는 것을 재촉하려는 것이다"33)라고 언명하였다. 이는 이병헌이 공교를 변호하는 궁극적인 목적이 공자가 제시한 '대동'의 이상을 이 사회에 실현하는 것이며, 이를 위해 강유위를 변호하기도 하고 비공론에 맞서기도 하는 것임을 밝히고 있는 것이다.

---

32) 『李炳憲全集』上, 271쪽, 「泣告朝鮮十三道儒林同胞」, "李石谷圭晙氏, 雅喜論六經之學, 或發神道設教之義, 或序禮運大同之篇, 或言春秋爲共和書,……其所自得, 則亦不可誣也."
33) 『李炳憲全集』上, 273쪽, 「泣告朝鮮十三道儒林同胞」, "僕之爲康公分疎, 非敢爲康公辨護, 將以明孔子之志, 欲明孔子之志者, 非敢私於孔子, 將以趨世界大同之幕也."

4. 이병헌의 민족주의적 역사인식과 대민족사관

1. 공교와 민족의식의 연관적 해석

국권을 상실하고 식민지배를 받는 20세기 전반기의 상황에서 공교운동은 종교운동만의 초연한 문제가 아니라 민족의 정체성에 대한 자각과 깊이 연결되어 추진되지 않을 수 없었다. 바로 이 점에서 친일유림의 유교개혁운동은 총독부의 어용단체로서 당시에 상당한 세력을 형성하였지만 정통성을 상실했을 뿐만 아니라 대중적 호소력도 없는 것이었다.

이러한 맥락에서 신채호申采浩(호는 丹齋)는 종교를 '국민에게 감화를 주는 하나의 큰 기관'으로 규정하고, '종교의 노예가 될 뿐이요 국가의 관념이 없는 종교'나 '종교의 신도가 될 뿐이요 국민의 정신이 없는 종교'는 20세기 새 국민의 종교가 될 수 없다고 거부하였다.[34] 이처럼 신채호는 유교개혁의 전제로서 국민과 국가 의식의 강화를 요구하고 있는 것이다. 또한 유인식柳寅植(호는 東山)은 20세기 초 당시의 현실이 동양과 서양이 충돌하는 치열한 경쟁으로 급변하는 시대임을 지적하면서, 그럼에도 불구하고 "우리 민족은 오히려 소라 껍데기 속에서 한가롭게 단잠에 빠져 어느 때인지도 모르는 사이에, 나라가 망하고 집이 무너져서 서로 이끌고 남의 노예가 되면서도, 벌레처럼 꿈틀거리며, 편안한 듯 눈이 먼 듯, 나라가 망하였는지도 모르고 자신이 굴욕을 당하는지도 모르면서, 완고함이나 지키고 먹고 마시기를 일삼고 있다"[35]고 언급하여, 역사를 이

---

34) 『丹齋申采浩全集・別集』(형설출판사, 1987), 227쪽, 「二十世紀新國民」.
35) 『東山全書』下, 88쪽, 「太息錄」, "我民族, 尙此優遊酣睡於螺殼之中, 不省何時而於焉之頃, 國破家覆, 相率而爲人之奴隷, 蠢蠢蠢蠢, 恬然曚然, 罔知其國之亡也, 罔知

끌어 왔던 유림이 역사변동의 방향과 망국에 대한 책임의식도 상실한 채 완고한 낡은 관습 속에 갇혀 있고 탐욕에나 빠져 있는 현실을 통렬하게 비판하고 있다. 한마디로 보수적 유림이 민족과 국가에 대한 책임의식을 결여한 맹목적 존재임을 질책하고 있는 것이다.

이병헌은 공교운동을 전개하면서 그 자신이 직접 조선총독부와 일본정부에 청원서를 보내는 등 일제의 식민지배체제를 현실로 받아들이는 태도를 보였던 것이 사실이지만, 다른 한편 공교가 민족의식에 기반함으로써 우리 사회 속에 확고한 기반을 확보할 수 있다는 사실을 철저히 각성하고 있었다. 그는 인간이 받드는 종교를 '자기 나라에서 나온 종교'(自國産出之敎)와 '세계 안의 지극히 선한 종교'(宇內至善之敎), 곧 민족종교와 세계종교로 구분하였다. 여기서 그는 우리의 민족종교로 '대종교大倧敎'와 '수운교水雲敎'(水雲神師之敎)를 지목하고, 세계종교의 예로는 '불교'·'기독교'(景敎)·'도교'를 들었다. 이와 관련하여 그는, 유교가 다른 종교를 이단으로 심하게 배척하고 있지만 지금 다른 종교들이 각각 상당한 지위를 지니고 유교를 적대시하게 되면 유교는 명목과 실질을 모두 상실하게 되고 방어의 성벽과 보루를 빼앗겨서 공격하지 않아도 스스로 부서질 것이라 하였다. 그는 유교에 대해 "우리나라의 입장에서 말하면, 유교는 자기 나라 종교가 아니요, 세계적 관점에서 말하면, 유교는 낙오한 종교이니, 신앙자유의 시대를 만나서 유교는 마땅히 폐지되지 않겠는가?"[36]라고 언급하면서, 유교가 안팎으로 설 땅을 잃고 무너져

其身之辱也, 頑固之是守, 飮啄之是營."
36) 『李炳憲全集』 上, 368쪽, 「歷史正義辨證錄·吾族當奉儒敎論」, "儒敎之排斥異端, 可謂極矣, 今立異於儒敎者, 各得相當之地位, 將與儒敎爲敵, 則儒敎之名實俱喪, 壁壘已拔, 不攻而自破, 且以吾邦而言, 則儒非自國之敎, 以天下而言, 則儒爲落伍

가는 극심한 위기에 빠져 있다는 현실을 인정하고 유교를 다시 살려내기 위한 유교개혁론의 방법으로 그의 공교사상을 제시하였다.

여기서 이병헌은 유교의 근원을 '복희에 근원하고, 순임금에서 갖추어지며, 공자에서 이루어졌다'(原於包犧, 備於虞舜, 成於孔子)고 보고, 유교의 역사적 쇠퇴과정을 '신新(王莽) 왕조에서 변질되어 경전이 이미 어지럽혀지고, 송宋에서 안주되어 미언대의微言大義가 이미 끊어졌다'(變竄於新而大經已亂, 偏安於宋而微言已絶)고 규정하였다. 이는 공자를 유일한 교조로 높이는 입장이면서 그 근원을 복희와 순임금으로 거슬러 올라가 확인하고, 또한 극복해야 할 유교전통의 폐단으로 신新 왕조의 유흠이 제시한 고문경학과 송宋 왕조 도학의 배타적 폐쇄성을 드러낸 것이다. 이처럼 유교가 퇴락한 현실에도 불구하고 그는 우리 민족이 유교를 받들어야 하는 당위성을 다섯 가지로 제시하고 있다. 그 첫 번째 조건은 유교가 우리나라에서 나온 종교라는 것이며, 두 번째 조건은 유교가 천하에 유일무이하며 지극히 선하여 상대가 없는 최선의 종교라는 것이고, 세 번째 조건은 유교에는 국가의 정수가 깃든 국민정신의 핵심이 있다는 것이며, 네 번째 조건은 유교는 다른 종교들을 통섭할 수 있고 철학이나 과학과 합치할 수 있는 포용성과 합리성을 갖고 있다는 것이요, 다섯 번째 조건은 유교야말로 오늘날에 적합하고 또한 세계에서 최종적으로 우승할 수 있는 종교라는 것이다. 이병헌은 그 근거로 현실적 적합성과 효용성을 제시하였다.[37] 따라서 이병헌이 유교와 민족의

之教, 當此信教自由之世, 無乃儒其當廢乎."
37) 『李炳憲全集』上, 369~370쪽, 「歷史正義辨證錄・吾族當奉儒教論」. 우리 민족이 유교를 받들어야 할 다섯 가지 이유는, ①儒教爲自國産出之教, ②儒教爲天下唯一無二至善無對之教, ③儒教爲國粹所寓之教, ④儒教可統諸教, 而又能合哲學科學, ⑤儒教適合於今日, 又當爲世界最終優勝之教로 제시하고 있다.

결합을 통해 새로운 공교사상을 추구하는 데에서 주목할 것은 유교를 우리나라에서 나온 종교로 제시하고 있다는 점이다.

유교가 우리나라에서 나온 종교라는 주장은 극단적 애국주의(chauvinism)의 관점을 표출한 것으로 보이지만, 바로 여기에 이병헌이 공교사상을 민족의식과 연결시키고자 한 의도가 명확하게 드러나 있다. 그는 유교가 우리나라에서 나온 것이라고 볼 수 있는 이유로 '儒儒'라는 명칭은 공자에서 이루어졌지만 '교'의 근원은 복희와 순임금에서 시작되며, 자신의 저술인 「칠천년역사정의七千年歷史正義」에서 복희와 순임금이 조선사람이라는 사실을 자세히 논증하였다고 밝히고 있다.38) 한 걸음 더 나아가 그는 "사람들이 공자가 중국의 성인임은 알면서도 우리나라의 동족임을 알지 못하고, 공교가 중국의 종교인 줄은 알면서도 우리나라의 종교임을 알지 못하는 것은 아직 생각하지 못한 것이라 하겠다"39)라고 하여, 공자가 우리나라 사람이라고 주장하였다. 이로 볼 때 그가 생각하는 우리 민족의 범위가 지금까지 받아들여지고 있는 것과는 다르다는 사실을 알 수 있다.

2. 역사인식과 대민족사관

유교가 우리나라에서 나온 종교요 공자가 우리나라 사람이라는 주장은 이병헌이 우리나라의 영토 범위와 민족 개념을 새롭게 해석

---

38) 『李炳憲全集』 上, 369쪽, 「歷史正義辨證錄・吾族當奉儒敎論」. 여기서는 이병헌의 「七千年歷史正義」가 『歷史敎理錯綜談』에 수록된 「吾族四入中原論」의 다른 명칭이라고 밝히고 있다.
39) 『李炳憲全集』 上, 254쪽, 「踏海叢談」. "人知孔子爲支那之聖, 而不知爲東方之族, 知孔敎爲支那之敎, 而不知爲東方之敎, 則殆未之思也."

하고 있음을 의미한다. 조선왕조가 망국의 위기에 놓이게 된 이후부터 일제의 식민지배 아래에서 민족의식이 고조되면서 우리 역사에 대한 관심이 매우 고조되었던 것은 사실이다. 이러한 시대배경에서 우리의 상고대 역사를 서술하면서 사실의 고증을 가볍게 여기고 민족의 연원을 상고대로 멀리 소급시키고 설화적 내용을 역사적 사실로 구체화시켜 서술하는 흐름이 등장하였다. 그 가운데 가장 뚜렷한 흐름은 이 시기에 등장한 민족종교로서, 대종교大倧敎에서 단군신화의 시기를 역사적 사실로 서술하고 우리 민족의 지리적 영역이나 종족적 범위를 만주지역을 포함하는 것으로 확장함으로써 민족의식을 고취시키고자 하였던 것이다. 이 시기에 출현한 우리의 상고사에 대한 서술로는 『규원사화揆園史話』・『환단고기桓檀古記』 등 여러 가지가 있으나, 조작된 부분이 상당히 많은 것으로 평가되고 있다.

이처럼 확장된 민족 개념에 근거한 역사서술에서는 민족의 활동영역을 한반도에 국한시키지 않고 만주지역을 우리 역사의 무대로서 중시하며, 만주지역에서 활동하던 민족들을 우리 민족의 범위에 끌어들이고 있다. 20세기 초반, 대종교에 관여하였던 유교지식인들의 상당수가 이러한 역사인식에 심취되어 있었다. 유인식柳寅植(호는 東山)은 『대동사大東史』에서 단군조선 이후부터 고려 이전까지의 우리나라를 남조南朝와 북조北朝로 구분하였는데, 특히 만주지역에서 활동하던 북조로서 부여・여진・말갈 등과 고구려・발해를 중시하였으며, 배달족 안에 조선족과 더불어 북부여족・예맥족・옥저족・숙신족 등을 포함시켰다. 또한 이원태李源台가 저술한 『배달족강역형세도倍達族疆域形勢圖』에서는 만주지역 바깥까지 넓게 확장된 지역 안에 배달족으로서 우리 민족의 여러 종족이 차지하고 있는 강

토를 지도상으로 제시하였다. 이러한 확장된 민족의식은 사대주의
적이고 배타적인 유교전통의 역사의식이나 일본 식민지배체제의 식
민사관植民史觀에 맞서서 민족주의적 역사의식을 구현하고자 한 것
으로 볼 수 있다. 이렇듯 확장된 민족 개념의 역사의식은 우리 민
족을 매우 넓고 큰 범위까지 포괄하고 있다는 점에서 '대민족사관
大民族史觀'이라 부를 수 있을 것이다.

이병헌은 일찍이 대종교의 창립자들과 만나 교류하면서 이들의
대민족사관을 이해하게 되었고, 그 영향 아래 자신의 공교사상을
대민족사관에 근거한 역사인식을 통해 해석하였다. 그가 1922년에
저술한 『역사교리착종담歷史敎理錯綜談』은 대민족사관에 입각하여
우리의 민족 개념을 몽고족·거란족·만주족까지 포함시켜 역사적
으로 우리 민족이 중국을 네 차례나 지배하였던 경험이 있다고 주
장하고 있다. 그 첫 번째는 복희伏犧로서 천하 문명의 원조요, 조선
민족발전의 효시라 하였다. 두 번째는 순舜이 요堯를 계승하여 제왕
이 되고 천하의 어질고 성스러운 인물을 선택하여 제왕의 자리를
물려주었으니 '공화'의 원조가 되며, 조선민족 문명의 대표라고 하
였다. 세 번째는 여진 완안부完顏部의 아골타阿骨打는 금金을 세워
중원을 지배하였는데, 조선민족 무공武功발달의 명확한 경험이라 하
였다. 네 번째는 여진의 누루하치가 다시 금金(後金)을 세우고 태종
때 청淸으로 국호를 바꾸어 중원을 점령하였는데, 조선민족의 성명
聲明·문물을 발양하는 극치라 하였다.40) 여기서 그는 복희가 백두

---

40) 『李炳憲全集』上, 358~360쪽, 「歷史敎理錯綜談·吾族四入中原論」. 여기서 조선
민족이 중원을 점령하여 지배한 네 차례는 다음과 같다.
①包犠(爲天下文明之祖) → 朝鮮氏族發展之嚆矢.
②虞舜(爲世界共和之元祖) → 朝鮮氏族文明之代表.
③金 太祖阿骨打·太宗 → 朝鮮氏族武功發達之明驗.
④清 太祖努爾哈赤·太宗 → 朝鮮氏族聲明文物發極度.

산 아래서 일어나 서쪽으로 진출하여 중원의 제왕이 되었다고 보고, 『주역』에서 말하는 "제왕이 진에서 나왔다"(帝出乎震)는 제왕은 복희요, 진震은 동방인 우리나라를 가리키는 것이라 하여 복희를 우리나라 사람으로 확인하였다. 또한 순이 풍馮땅에서 태어났는데 이곳을 단군·기자의 옛 땅이라 보고, 맹자가 "순은 동이東夷의 사람이다"라고 언급한 사실에 의거하여 순을 우리나라 사람으로 확인하였다. 그는 금金나라의 선조가 고려에서 나왔다고 보았으며, 이에 대해 금나라가 처음 일어났을 때 고려를 '부모의 나라'(父母國)라고 하였던 사실을 들고 있다. 이와 관련하여 청淸나라는 금나라를 이었으니 그 후예이며, 청나라 황실의 성이 '애신각라愛新覺羅'인 것을 보면 신라의 족속이 틀림없다고 보았다. 그래서 청나라는 우리나라를 한漢족의 이전 제왕들에 비교하면 가장 친절하게 후대하였는데도 우리나라는 청나라를 배척하고 명나라를 받들어 폐단을 이루었던 것이라고 비판하였다.

이처럼 이병헌은 대민족사관에 따라 상당히 심한 견강부회의 해석으로 조선민족이 중원을 지배한 사실이 있는 것으로 논증을 시도하였다. 곧 중국 지배라는 사실을 내세워 예속된 역사가 아니라 주체적 역사를 강조하였으며, 복희·요를 끌어들여 우리 민족의 문화적 근원성을 제시하고자 하였던 것이다. 이러한 주장은, 그 객관적 사실성을 논외로 한다면, 망국의 백성으로서 민족 긍지를 끌어올리고 사대주의에 젖어 있던 전통유교의 역사의식을 전면적으로 뒤집어엎는 새로운 시각을 열어 주는 것이며, 민족정신과 유교를 새로운 논리로 결합시키려는 시도라는 점에서 음미해 볼 필요가 있다.

이병헌은 민족사 인식과 유교경전의 교리적 인식을 결합하여 해석하려는 시도로서 『역사교리착종담』이나 『역사정의변증록歷史正義

辨證錄』을 통해 유교문화의 시원으로서 복희와 순을 우리나라 사람으로 입증하는 데 많은 문헌을 동원하고 있다. 특히 그는 "고위서古緯書에 지지摯・요堯・직稷・설卨이 모두 제준帝俊의 아들이라 하였다. 제준은 동방의 상제이다"[41]라고 하여, 동방의 상제로서 '제준'을 들고, 지摯(帝嚳의 長子, 少昊)・요堯(帝嚳의 子, 摯의 異母弟라 함)・직稷(周의 시조, 棄)・설卨(殷의 始祖, 契)의 선조라고 하여, 이들을 모두 동방의 인물로 끌어들이고 있다. '제준'의 명칭을 중국에서는 '섭제천황攝提天皇'이라 하는데 '섭제'는 별의 이름으로 동방에 속하는 것이요, 조선에서는 '단목신인檀木神人'이라 일컫고, 일본에서는 '고천원일물신대高天原一物神代'라 부르는데 여기서 '고천원'은 천신天神이 사는 곳이다. 이렇게 전해 오는 명칭은 각각 다르지만 그 실지는 하나로서 모든 인간의 시조가 된다고 한다. 곧 '제준'이 동방의 신이고 인간의 시조라면, 지摯・요堯와 같은 중국의 고대 제왕이나 직稷・설卨과 같은 중국의 고대 어진 신하뿐만이 아니라 모든 인간은 우리나라의 상제에서 나온 것이라 하여, 우리나라를 역사의 근원이요 세계의 중심으로 확인하고 있는 것이다.

　상제로서 '제준'을 동쪽 땅 우리나라에 연결시켜 확인하는 것은, 바로 우리 땅을 상제의 나라로 신성화시키는 것이다. 상제를 통해 우리나라를 신성화하고 이 상제를 모시는 공자의 역할을 확인하면, 공자가 우리나라 사람이건 아니건 공교와 우리 민족사는 깊이 연결되어 해석될 수 있다. 따라서 그는 공자가 상제를 높이면서 우리나라를 소중히 여겼던 사실을 강조하여, "공자는 천제天帝가 동방에 살며 인仁을 행하는 의리를 깊이 체득하였다. 그러므로 구이九夷의

---

[41] 『李炳憲全集』上, 254쪽, 「蹈海叢談」, "古緯書云, 摯堯稷卨, 皆帝俊之子, 帝俊者, 東方之上帝也."

땅에서 살고 싶다거나 뗏목으로 바다를 건넌다는 설은 평일에 스스로 말한 바이니, 뒷날의 유학자처럼 우리나라를 오랑캐로 보는 관념이 있다는 것은 결코 듣지 못했다"42)고 하여, 공자를 통해 우리를 오랑캐로 보는 중국 중심의 전통적 천하관을 씻어 내고자 하였던 것을 확인할 수 있다.

5. 비공론에 대한 대응논리와 대민족사관의 의미

유교전통사회가 서구적 근대질서로 전환하는 격동의 시대에 유교적 신념이 가장 철저하던 조선사회는 새로운 변화질서에 능동적으로 적응하지 못하면서 국가의 멸망이라는 참담한 현실에 빠졌다. 이러한 상황에서 변화를 주도하는 세력은 보수적 유교전통에 대해 망국의 책임을 묻고, 마침내 유교 자체에 대한 비판론이 일어나게 되었던 것은 필연의 과정이라 할 수 있다.

이병헌은 유교개혁사상가로서, 유교전통의 보수성에 대한 비판에는 사실상 공감하는 입장을 밝히고 있다. 그러나 유교 자체와 공자를 비판하는 비공론에 대해서는 적극적으로 반박하였다. 다만, 이병헌의 비공론에 대한 반박은 공교의 새로운 해석을 통해 유교전통의 폐단을 극복하고 새로운 시대에 효율적으로 적응할 수 있음을 이론적으로 해명하는 방법을 취하고 있다는 점에서, 감정적으로 강력한 배척의 입장을 선언한 보수적 도학자들과는 분명한 차이를 보여 주고 있다. 이때 이병헌이 공자의 사상을 새롭게 재해석하는 논

---

42) 『李炳憲全集』 上, 254쪽, 「跡海叢談」, "孔子深體, 天帝居東方行仁之義, 故居夷浮海之說, 爲平日所自道, 則決不聞其有後儒夷狄我東方之觀念也."

리는 강유위의 금문경학에 근거하여 공자의 정신으로 '대동大同'의 이상을 강조하는 배타적 거부논리가 아니라 조화적 화합논리로 유교의 근본정신을 재해석하는 것이며, '삼세설三世說'의 진보를 통해 서구의 진화론에 상응하는 역사발전론을 유교적인 새로운 역사의식이자 세계관으로 제시하는 것이다.

    나아가 유교에 대한 비판이론 가운데는 유교에는 종교적 초월성이나 신비성을 찾을 수 없으므로 유교를 종교로 볼 수 없다는 견해가 강력하게 제기되고 있었다. 당시 유교의 종교성을 부정하는 입장으로는 유교비판론의 견해뿐만 아니라, 다수의 유교지식인들 사이에서도 유교는 서양종교와 같은 미신적 요소가 없으므로 종교가 아니라고 규정하는 인식이 있었다. 이에 대해 이병헌은 유교를 종교가 아니라고 규정하는 양쪽의 입장에 대응하는 논리로서, 한편으로는 유교에는 『주역』에서 말하는 '신도설교神道設教'의 신비적 세계가 공자의 중심적 특성이라 하여 종교적 신비성이 있음을 강조하고, 다른 한편으로는 유교에는 서양종교와 달리 미신적 요소가 없으므로 서양과학이나 철학과도 긴밀하게 결합하여 근대 문명의 합리적 정신과 일치하는 것임을 강조하였다. 여기서 이병헌이 유교의 종교성을 강조하고 이를 통해 공교운동을 전개하고 있는 것은 유교의 가르침이 단순히 이론적 지식이나 행동규범의 체계가 아니라 종교적 신념이며, 종교적 신념을 지님으로써 유교를 통해 사회개혁과 미래의 이상을 실현할 수 있다는 확신을 보여 주고 있는 것이다.

    이병헌의 유교비판론 내지 비공론에 대한 반박의 논리는 유교가 현실의 사회적 폐단과 모순에 책임이 있음을 인정하면서도, 그 폐단이 유교의 잘못된 인식과 구현에서 말미암는 것이므로 올바른 유교의 본래 정신을 회복함으로써 모두 해결될 수 있다는 것이다. 따라서 그의 입장은 당시의 비공론이 바탕하고 있는 근대적 개혁론과 근본적으로 대립적 위치에 자리 잡고 있는 것이 아니었으며, 개혁을 추구하되 개혁의 방향과 이상에 대한 대답을 서양에서 찾는 것이 아니라 유교의 근본적 재해석을 통해서 찾아야 한다는 시각의 차이를 보였던 것이다. 그러나 현실적으로 유교의 본질과 공자의 정신을 재해석한다는 것은 보수적 유교전통으로부터 엄청난 적대적 비판을 받지 않을 수 없었고, 유교의 안과 밖의 양면에서 적을 만나 대응하지 않을 수 없는 곤경에 놓인 것이 실제의 형편이라 할 수 있다.

또한 이병헌은 유교의 재해석을 통해 공교의 이상을 실현할 무대를 결국 우리 땅에서 찾을 수밖에 없는 현실에서 일제의 식민통치를 받는 민족의 정체성과 유교의 연관성을 확인하는 문제를 해결하지 않을 수 없었다. 그리하여 민족주의적 역사관과 공교의 경학적 해석을 결합하여 해석하면서 극단적 애국주의로 대민족사관을 제시하여 유교가 우리나라에서 나온 종교요 공자도 우리나라 사람이라고 확인하는 데까지 나아갔다.

이병헌이 유교를 우리나라에서 발생한 민족종교의 하나로 보는 새로운 견해를 제시한 것은 민족의식을 통해 유교의 발생 근원을 혁신적으로 해석한 것으로 볼 수 있지만, 이러한 견해가 과연 유교를 민족종교로 강조한 나머지 세계종교로서 가져야 할 보편성을 확보하는 데 실패하지 않았는지를 확인할 필요가 있다. 민족 중심의 해석과 세계를 향한 보편적 해석이 쉽게 조화를 이루지 못하면 두 가지 입장이 분리되어 각각 별도로 제시되지 않을 수 없다는 문제가 생긴다. 또한 유교가 우리나라에서 발생하였고 공자가 우리나라 사람이라는 주장이 당시의 우리나라 대중들에게 얼마나 설득력을 발휘하고 공감을 불러일으킬 수 있었을지 실제로 예측하기도 어렵다. 더구나 중국과 일본을 비롯한 세계 속에서 이러한 대민족사관의 해석이 통용된다는 것은 처음부터 불가능한 일일 것이다. 사실 이러한 역사인식이 실제로 민족적 자존심을 향상시키는 데 얼마나 효용성이 있을지는 의문이지만, 그가 대민족사관의 역사인식을 통해 민족적 자존심을 고취시키고 우리 민족을 유교적 신념의 주체로 확인하고자 하였던 의도만은 선명하게 이해할 수 있을 것이다. 실제로 그가 제시한 대민족사관에 의한 해석은 사실의 고증이라기보다는 자신이 지닌 공교신앙의 일단을 고백하는 것이라 볼 수 있다.

이병헌과 가까웠던 유교운동가요 독립운동가인 박은식朴殷植(호는 白巖)은 이병헌의 『역사교리착종담』의 서문에서 "우리나라는 이로부터 비로소 상고 신대神代 역사의 광명에 접하고 또한 새로운 유교의 면목이 있게 되었다"고 하고, "역사는 국혼이 간직된 곳이니, 국혼을 강하고 굳세게 하고자 한다면 마땅히 역사의 배양에 의지해야 하며 '신도설교'의 의리로 국혼에 짝을 삼아야 한다"43)고 하여, 이병헌이 상고시대의 신화를 민족사로 인식하고 이를 유교교리와 결합시켜 해석한 점을 적극적으로 높이 평가하였다. 그러나 이병헌이 이 저술에서 우리 민족이 중국을 네 번 지배했다고 서술한 점에 대해 박은식이 전혀 언급하지 않은 사실을 보면, 이병헌의 대민족사관이 당시 민족사관에 투철한 인물들에게도 공감을 받기는 어려웠던 것으로 보인다.

---

43) 박은식, 「歷史敎理錯綜談序」,(『李炳憲全集』上, 357쪽), "吾國自此始接上古神代史之光明, 而亦有新儒敎之面目矣,……歷史爲國魂所存, 欲强固國魂, 當資歷史之培養, 而神道設敎之義, 配於國魂"

제4장

금문경학의 체계와 이해

1. 금문경학과 공교사상의 기초

이병헌은 강유위를 만나기 이전부터 그의 영향을 받아 유교를 종교로서 각성하여 유교개혁론을 수립하였다. 또한 이병헌은 강유위를 찾아가 직접 지도를 받으며 공교孔敎사상을 심화시켜 가는 과정에서 강유위의 영향을 받아 금문경학을 공교사상의 기초로 확립하게 되었다. 이와 관련하여 이병헌은 "공자孔子의 도는 그 범위가 우주에 펼쳐 있고 삼세三世를 조종하며, '신도神道'로 교화하고 시대에 맞게 드러나는 것이니, 세상을 치료하는 좋은 약이 금문今文의 오경五經에 갖추어져 있다"[1]고 언급하였다. 그리하여 우주와 역사 속에서 보편적인 원리가 되고 초월적 근원과 시대적 현실 속에서 이치가 구현되는 방법으로서, 세상을 치료하는 '공자의 도'를 간직한 것이 바로 '금문'의 오경임을 역설하였다. 이는 강유위의 영향 아래 정립된 이병헌의 공교사상이 바로 금문경학에 기초를 두고 있는 것임을 확인시켜 주는 것이다.

유교사상의 역사를 보면, 중대한 전환의 변혁기에서 새로운 사상체계를 구성할 때마다 이에 따른 경학체계의 혁신적 재구성이나 재해석이 이루어졌음을 알 수 있다. 전한前漢시대에 유교가 국교로 정립되면서 오경의 경학체계가 수립되었고, 전한에서 후한으로 넘어가는 과정에서 유흠劉歆이 주도한 고문古文경학은 전한시대의 금문今文경학에 대항하여 중대한 변혁을 일으켰던 것이다. 또 송대에 성리학의 해석체계가 정립되면서 이전의 '오경五經' 중심의 경학은 '사서四書' 중심으로 전환되었으며, 명대 왕수인王守仁(호는 陽明)은

---

1) 『李炳憲全集』上, 214쪽, 「儒敎爲宗敎哲學集中論」, "孔子之道, 範圍六合, 操縱三世, 神而化之, 以時出之, 醫世之良劑, 具於今文五經."

심학心學을 제기하면서도 주희의 『대학장구大學章句』체계를 거부하고 『고본대학古本大學』의 새로운 해석에서 출발하였다. 청대 전반기의 실학에서도 한대의 경학 곧 한학漢學으로 돌아가는 고증학의 학풍이 일어났으며, 청대 말기의 강유위는 서양문물이 압도하는 새로운 세계질서에 대응하여 유교사상의 변혁을 추구하면서도 공양학公羊學의 경학적 재해석과 금문경전을 통한 경학체계의 근본적 변혁을 이루었던 것이다. 따라서 강유위는 이병헌에게 유교의 원형을 회복한다는 사상적 변혁을 추구하기 위해서는 그 토대에 금문경학의 재정립이 반드시 필요하다는 것을 명확하게 제시하였으며, 이병헌도 이를 받아들여 교조로서 공자를 높이기 위해 곡부의 공자 성상(眞像)을 모사해 오는 일과 공자의 올바른 가르침을 재정립하기 위해 공자의 진정한 경전(眞經)을 구입해 오는 일을 공교운동의 중심 과제로 확인하고 이 일을 추진하는 데 심혈을 기울였던 것이다.

이병헌은 '금문'을 공자 문하에서 전해 온 진실한 옛 경전으로 확인하고 '고문'을 유흠이 만들어 낸 거짓된 후세의 경전이라고 규정하였다. 그리하여 그는 비판하고 극복하고자 하는 전통유교의 모든 폐단과 모순이 '고문'경전에 근원한다고 보았으며, 그 자신이 새롭게 밝히고 실현하고자 하는 공교의 방향과 이념은 '금문'경전 속에서 찾을 수 있고 또 발굴되고 있음을 확인하였다. 그러므로 공자를 교조로 받들고 종교가로서 확인할 수 있는 것도 금문경학적 안목으로 금문경전을 재해석하는 데서 가능한 것이며, '대동大同'과 '태평太平'의 이상을 제시하고 '춘추삼세설春秋三世說'을 통해 역사발전론을 제시함으로써 복고주의적 수구론을 극복할 수 있는 것도 금문경전의 재해석으로 확인할 수 있다고 보았다.

이러한 금문경학의 인식은 이병헌이 스승 강유위로부터 전수받은 것이기도 하지만, 그 자신도 유교의 미래가 금문경학의 토대 위에서만 가능한 것이라는 확고한 신념을 갖고 있었다. 따라서 그는 공교운동을 전개하는 과정에서 주위의 몰이해에도 불구하고 금문경전과 금문학서적의 구입에 엄청난 노력을 기울였으며, 국내에서 벌였던 공교운동이 보수적 지방유림들의 공격을 받아 실패로 돌아간 이후에도 금문경학의 연구와 저술에 필생의 힘을 기울였던 것이다. 그만큼 이병헌이 이룬 다양한 금문경학의 저술을 통해서 그의 금문경학적 인식이 어떻게 그의 유교개혁사상과 연결되고 있으며, 그가 바라보는 새로운 세계질서 속에서 '공자의 도'가 무엇을 발언하고자 하는지를 주의 깊게 살펴볼 필요가 있다.

2. 금문경학의 체계와 사서의 이해

1. 금문경학의 체계

이병헌이 49세 때(1920) 세 번째로 중국으로 강유위를 찾아갔을 때, 강유위는 이병헌에게 "그대는 유교를 원형으로 돌려놓고자 하는데, 한나라의 금문경전은 공자 문하 70제자의 후학들이 입으로 그 의리를 말하고 죽간竹簡에 받들어 전한 것이니, 진정한 원형으로 돌려놓은 것이다"[2]라고 하여, 오로지 금문경전을 통해서만 유교의 원형을 회복하는 '유교복원'이 가능하다는 점을 강조하였다. 여기서 강유위가 이병헌에게 제시한 금문경전의 목록은 다음과 같다.[3]

---

2) 『李炳憲全集』, 下, 605쪽, 「眞菴略歷」, "君欲儒教還原, 而漢之今文經, 乃孔門七十子後學之所口說其義, 奉竹簡之傳者, 眞還原也."
3) 강유위가 제시한 금문경의 목록은 「北遊日記」(『李炳憲全集』, 上, 643쪽)와 「眞菴略

『詩』　齊・魯・韓 三家(今存『韓氏外傳』) / 陳喬樅;『三家詩考』/『詩緯』
『書』　歐陽・大夏侯・小夏侯 三家 / 伏生;『尙書大傳』/『書緯』
『易』　施・孟・梁邱 三家(『皆小傳』) / 惠棟;『易漢學』/『易緯』
『禮』　『儀禮』・『禮記』(明堂位・祭法・月令은 僞古文)・『大戴禮』/『禮緯』
*班固;『白虎通』(그 속에서 百分之一은 僞竄)
*許愼;『五經異義』(今古文을 兼陳하였는데 半은 진실)
『春秋』　『公羊』(何休注)・『穀梁』・『春秋繁露』/『春秋緯』
*劉向;『說苑』・『新序』・『列女傳』
『論語』　齊・魯 二家 / 包咸 注;『論語述河』/『論語戩』
『孝經』　『孝經緯』

이 목록에서는 금문경으로 『시경』・『서경』・『역경』・『예경』・『춘추』의 오경과 『논어』・『효경』을 포함하고 있다. 또한 강유위는 위서緯書를 금문경학을 위해 중요한 참고가 되는 것으로 열거하면서, "비록 참위讖緯는 후세 사람이 견강부회한 것이 많지만 분별하여 읽는 것이 마땅하다"[4]고 언급하여, 거짓된 것이 섞여 있지만 위고문僞古文과는 달리 전한시대의 문헌임을 확인하고 있다.

그 후 이병헌은 54세 때(1923) 네 번째로 중국을 방문하여 곡부의 대성전에 모신 공자의 성상(眞像)을 모사해 오고 강유위의 도움을 받아 금문경(眞經)을 구입해 왔다. 이때 강유위가 작성하여 이병헌에게 금문경전과 금문경학 연구를 위해 구입해야 할 기본서적으로 제시하였던 20종의 도서목록을 분류해 보면 다음과 같다.[5]

歷」(『李炳憲全集』下, 605쪽)에 수록되어 있다. 이 목록은 경전・주석・緯書별로 분류하고, 금문경학의 기본문헌을 '*'로 구별해서 열거한 것이다.
4) 『李炳憲全集』下, 605쪽, 「眞菴略歷」, "雖讖緯多後人附會, 宜分別讀之."
5) 『李炳憲全集』下, 614쪽, 「眞菴略歷」.

詩經:	『韓詩外傳』	(望三益齋 周廷霖・趙懷玉刻)
	『詩古微』	(魏默深家刻續)
	『齊魯韓三家詩說』	(陳喬樅家刻續)
書經:	『尙書大傳』	(陳左海校補/ 古經訓堂)
	『歐陽大小夏侯三家書說』	(陳喬樅家刻)
易經:	『京氏易』	(士禮居叢書)
	『易林』	(士禮居叢書)
	『易漢學』	(經訓堂叢書)
禮經:	『大戴禮』	(雅雨堂叢書)
今文學書	陳立;『白虎通疏證』	(金陵局本抱經堂)
	『七緯』	(易緯・書緯・詩緯・禮緯・樂緯・春秋緯・孝經緯/ 福州積石山房叢書)
	荀卿;『荀子』	(抱經堂古逸叢書)
	賈誼;『新書』	(抱經堂叢書)
	劉向;『說苑』	(何喜俊刻)
	劉向;『新序』	(鐵華館叢書)
	劉向;『列女傳』	(阮文達刻)
	劉向;『別錄』	(開經堂叢書・玉函山房叢書)
	揚雄;『法言』	(秦石觀齋叢書)
	王充;『論衡』	(通津學堂叢書)
	許愼;『五經異義』	(開經堂叢書)

이 금문학 도서목록을 보면 강유위가 제시한 금문학의 기본범위를 짐작할 수 있으며, 금문경전으로서 쟁점이 되거나 유의해야 할

것으로는 『시경』・『서경』・『역경』에 집중되어 있는 사실을 알 수 있다. 또한 『예경』의 금문경은 『의례』가 기준이요 『춘추』의 금문경은 『공양전』이 기준이라는 점을 명백하게 확인하고 있음을 알 수 있다. 이와 더불어 금문학 서적 11종은 후한後漢시대의 왕충王充과 허신許愼의 저술을 제외하면 전한前漢시대의 문헌이 대부분이고, 특히 위고문僞古文을 만들었다고 비판의 대상이 되는 유흠의 부친 유향劉向의 저술이 4종이나 열거되고 있는 사실이 주목된다. 이 도서목록은 이병헌의 금문경학 연구에 있어 강유위의 저술과 더불어 바탕이 되었던 것이므로 유의할 필요가 있다.

이병헌의 금문경학 연구업적은 1920년대 초반에 공교사상을 접촉하면서 강유위의 『신학위경고新學僞經考』를 공부하던 시기의 독서록인 『독위경고讀僞經考』(1920)에서 출발하여, 사서와 『주역』에 관한 저술인 『경설經說』(1922)과 『시경』・『서경』・『예경』・『악경』을 금문경학적 입장에서 개괄한 『공경대의고孔經大義考』(1924)가 있다. 이어서 1920년대 후반에는 『시경』・『서경』・『예경』・『춘추』・『역경』을 각 경전별로 주석하여 금문경학의 연구를 체계화하였다.

강유위와 이병헌의 금문경학 저술목록은 다음과 같이 대비시켜 볼 수 있다.6)

---

6) 이 목록에 보이는 강유위의 저술 뒤에 붙은 '*' 표는 康保延 編,「康有爲先生著述繫年表」(『民國 康長素先生有爲・梁任公先生啓超 師生合譜』, 楊克己 編, 臺灣商務印書館, 1982)에 소개되고 있지만, 蔣貴麟 主編, 『康南海先生遺著彙刊』(臺北, 宏業書局, 1976)에 수록되지 않은 강유위의 경학저술로서, 현존 여부를 확인하지 못하였다.

		강유위	이병헌
經學通論		1891/『新學僞經考』 1896/『孔子改制考』	1920/『讀僞經考』 1924/『孔經大義考』(「總論」)
四書	大學	1902/『大學注』*	1922/『經說』(「大學說」)
	論語	1902/『論語注』(序 1903) 1893/『論語爲公羊學考』*	1922/『經說』(「論語說」)
	孟子	1901/『孟子微』 1893/『孟子爲公羊學考』*	1922/『經說』(「孟子說」)
	中庸	1901/『中庸注』	1922/『經說』(「中庸說」)
五經 ｜ 六經	詩經	1890/『毛詩僞證』*	1924/『孔經大義考』(「詩經」) 1926/『詩經附注三家說考』
	書經	×	1924/『孔經大義考』(「書經」) 1926/『書經傳注今文說考』 1933/『尙書補義』
	禮經	1884/『禮運注』(『大同書』 前身) 1890/『周禮僞證』*	1924/『孔經大義考』(「禮經」) 1927/『禮經附注今文說考』
	樂	×	1924/『孔經大義考』(「樂」)
	爾雅	1890/『爾雅僞證』*	×
	春秋	1894/『春秋董氏學』 1896/『春秋(學)郵』* 1897/『春秋考義』* 1901/『春秋筆削大義微言考』	1922/『春秋筆削考』
	易經	×	1922/『經說』(「易說」) 1928/『易經今文考』 1938/『易課小箋合考』(易經小箋)

  『독위경고』는 강유위가 지은 『신학위경고』의 편차를 따라 기술한 독서록이다. 그 첫머리에 "금문이란 공자 문하에 전해진 진실한 옛 경전이요, 고문이란 유흠이 만들어 낸 거짓된 새 학문이다"[7]라고 하여, 금문은 참된 '경전'이고 고문은 거짓된 '학문'이라고 분별하였다. 그만큼 강유위가 고문의 거짓됨을 밝히고 금문을 드러낸

---

7) 『李炳憲全集』 下, 3쪽, 「讀僞經考」, "今文者, 孔門所傳眞古之經, 古文者, 劉歆所創僞新之學也."

것이 유학계에 미친 영향의 중대함을 지적하고 있는 것이다. 또한 『공경대의고』의 「총론」에서는 '공경孔經'이란 '공자가 정한 육예六 藝의 경'이라고 정의하고, 그 명칭과 순서를 『시경』·『서경』·『예 경』·『악경』·『역경』·『춘추경』으로 확인하고 경전의 명칭과 순 서를 바로잡고자 하였다.8) 여기서 『예경』을 후세 사람이 '의례'라고 말하고 『역경』을 전한 말엽에 『주례』의 '3역三易'(連山·歸藏·周易) 이나 『좌전』의 언급에 따라 '주역'으로 일컬어서 그 명칭이 왜곡된 것임을 지적하였다. 또한 "육예는 다스림에서 하나이다. 『예』로써 사람을 절제하게 하고, 『악』으로써 조화를 발현시키며, 『서』로써 사업을 말하고, 『시』로써 뜻을 통달하게 하며, 『역』으로써 신도로 조화를 이루게 하고, 『춘추』로써 의리를 말한다"9)는 공자의 말을 인용하여, '육예'가 바로 '육경'임을 확인하고 있다.

이병헌은 '오경'에서 빠진 공자의 경전으로 '육경'의 체계에서 『악』에 대한 관심을 기울여, 『악』의 성격을 규명하는 데 독특한 견 해를 제시하고 있다. 곧 그는 "『악』은 본래 소리만 있고 글은 없었 으니, 공자의 바른 『악』은 바로 바른 『시』가 되는 것이다"10)라고 하여, 『악』이 『시경』을 노래한 소리임을 밝히고 있다. 또한 『공경 대의고』에서도 『시경』·『서경』·『예경』·『악경』에 대한 해석을 다루면서, "『악』은 본래 도구(거문고·비파·종·북 등)는 있으나 글 은 없으며, 그 소리의 마디에 대한 문장은 『시』와 『예』에서 틈틈이

---

8) 『李炳憲全集』, 下, 36쪽, 「孔經大義考·總論」, "先秦西漢諸儒所稱, 皆曰詩書禮樂 易春秋, 則次第已定, 不謀而同, 旣正名義, 則次第先後, 亦不可不正也."
9) 『史記』 권126, 「滑稽列傳」, "六藝於治一也. 禮以節人, 樂以發和, 書以道事, 詩以 達意, 易以神化, 春秋以道義"
10) 『李炳憲全集』, 下, 35쪽, 「孔經大義考·總論」, "樂, 本有音而無書, 孔子之正樂, 乃 所以正詩也." 이병헌의 '樂'에 대한 이러한 견해는 淸代 今文學者인 邵懿辰이 『禮經 通論』에서 밝히고 있는 견해와 일치한다. 이에 대해서는 黃開國 主編 『經學辭典』 (四川人民出版社, 1993), 176쪽을 참조할 것.

보인다"11)라고 하여, '육경'으로서의 『악』은 본래 문장의 형태로 된 것이 아니라 소리요 악기임을 강조하였다. 다만 『악』의 가사는 바로 『시경』의 '시'이며, 『예경』에서 의례와 음악이 병행하는 사실을 언급하고 있음을 지적하였다. 따라서 그는 『시』와 『예』와 『악』이 서로 돕고 서로 필요로 하는 상호보완적 연관구조를 이루고 있는 것임을 확인하고, 특히 "『시』와 『악』은 합하여 하나가 되며 나누어 둘이 될 수 없음을 잘 보여 준다"12)고 하여, 『시경』과 『악』이 겉과 속처럼 일체의 관계임을 강조하였다.

2. 사서의 공교사상적 이해

이병헌은 『경설』에서 '사서'에 관한 견해를 밝히고 있는데, 『대학』·『논어』·『맹자』에 대해서는 극히 단편적 논설을 제시한 데 비해, 『중용』에 대해서는 상세한 해석을 하고 있다. 이로 볼 때, 이병헌의 경학체계는, '오경' 가운데 『주역』에 가장 큰 비중을 두고 있는 것처럼 '사서'에서는 『중용』을 중심으로 삼고 있음을 알 수 있다.

먼저 이병헌은 『경설』의 「대학설」에서 자신이 1917년 금강산 마하연에 머물 때 『대학』의 "머물 곳을 안 다음에 뜻이 정해짐이 있다"(知止而後有定)는 구절이 '격물치지格物致知'의 방법임을 깨달았다는 사실을 밝히며, '격格'을 '정正'(바로잡는다)의 뜻으로 해석해야 한다고 주장하였다. 바로 이 점에서 이언적李彦迪(호는 晦齋)이 『대학

---

11) 『李炳憲全集』, 下, 105쪽, 「孔經大義考·樂」, "樂, 本有器(如琴瑟鍾鼓之類)而無書, 其音節篇章, 間見於詩禮."
12) 『李炳憲全集』, 下, 106쪽, 「孔經大義考·樂」, "詩與樂, 則尤見其合而爲一, 不可分而爲二矣."

장구보유大學章句補遺』에서 제시한 견해를 받아들여, 왕수인이 '격'을 '정'으로 해석한 것은 '격물'과 '정심'을 혼동시킨 것이라고 거부하고, "'격물'은 사물에 접촉할 때 곡진하게 함을 바르게 하는 것이요, '정심'은 마음을 통제할 때 지키고 배양하기를 바르게 함이다"13)라고 정의하였다. 여기서 그는 『대학』에서 가르치는 기본정신이 '바르게 함'(正)에 있다고 강조하고, 또한 "한 편의 글은 '경'을 나누고 '전'을 나누는 것이 불가하다"14)라고 하여, 『대학』을 경經 1장과 전傳 10장의 구조로 분석한 주희의 견해를 거부하였다. 이러한 사실에서 『대학』에 대한 이병헌의 견해가 지닌 특징을 엿볼 수 있다.

이병헌은 「논어설」을 통해, 부처나 예수는 죽음의 광경을 자세히 묘사하고 있는 데 비해 『논어』에서는 제자가 공자의 임종 때 말씀을 기록하지 않은 사실을 아쉬워하며, 『예기』 「단궁상檀弓上」에서 공자가 자공子貢에게 "밝은 임금이 나오지 않으니 천하에 누가 나를 높이겠는가"(夫明王不興, 而天下其孰能宗予)라고 말한 사실을 지적하였다. 그러나 그는 자사子思가 『중용』에서 "하늘에 짝한다"(配天)라고 공자의 도를 형용한 것은 공자를 '천하 만세의 교조'로 표명한 것이라 하여, 공자의 위치가 『중용』을 통해 확립되고 있음을 지적하였다.15) 또한 「맹자설」에서도 "『맹자』를 읽는 것은 마땅히 공자를 높이는 것이 첫째의 의리가 됨을 알아야 한다"16)고 하여, 『맹자』의 근본정신도 공자를 높이는 데 있는 것으로 확인하고 있다. 이처

---

13) 『李炳憲全集』, 下, 11쪽, 「經說・大學說」, "格物, 接物時致曲之正, 正心, 制心時持養之正."
14) 『李炳憲全集』, 下, 11쪽, 「經說・大學說」, "蓋一篇之文, 不可分經分傳也."
15) 『李炳憲全集』, 下, 11쪽, 「經說・論語說」, "子思子眞能形容孔子之道, 而配天一節, 已表明聖祖爲天下萬世之敎祖矣."
16) 『李炳憲全集』, 下, 12쪽, 「經說・孟子說」, "讀孟子者, 當知尊孔子爲第一義"

럼 그가 추구하는 첫째 과제가 공자를 교조로 높이는 것이라는 공교사상의 입장에 따라 '사서'를 읽는 관점도 교조로서 공자의 지위를 확인하는 데 초점을 맞추고 있는 것이다.

이병헌은 「중용설」에서 주희가 33장으로 분석한 것을 따르지 않고 16단위로 나누어 제시하고 있다. 곧 이병헌이 제시한 16단위를 주희의 『중용장구』 33장과 비교해 보면, 『중용』은 ①(1장), ②(2~11장), ③(12장), ④(13~15장), ⑤(16장), ⑥(17장), ⑦(18~19장), ⑧(20장), ⑨(21~24장), ⑩(25~26장), ⑪(27장), ⑫(29장), ⑬(30장), ⑭(31장), ⑮(32장), ⑯(33장)으로 구분된다.17)

먼저 이병헌은 ①(1장)에서 정현鄭玄이 "'성'은 타고난 바탕이다"(性者, 生之質)라고 언급한 것은 『효경설孝經說』에서 나온 것으로 공자의 참된 전승이라 하여 '성' 개념을 확인한 것이며, 이 장이 공교의 근본이 된다고 지적하였다. 또한 ②(2~11장)에서 '중용'에 대해 "'중'은 정正으로서 치우치거나 의지하지 않고 지나치거나 못 미치지 않음의 명칭이요, '용'은 용用으로서 평상한 이치이면서 신명의 오묘함이다"18)라고 정의하였다. 여기서 이병헌은 주희의 분류체계상 『중용』 2~11장을 하나의 장으로 볼 수 있으며 공교의 전체를 발현하고 지知·인仁·용勇(三達德)의 표준을 수립하는 것이라고 규정하고 있는 것이다.

이병헌은 특히 ⑤(16장)를 가리켜, "『중용』 한 편의 중심축이요, 공교의 두뇌이다. 성대하도다 '신神'이여, 지극하도다 '성誠'이여"19)

---

17) 여기서 『중용장구』의 28장은 이유를 밝히지 않은 채 제외시켰으며, ⑫(29장)도 앞의 2절(王天下……不信民弗從)을 제거하고 뒤의 4절(君子之道……蚤有譽於天下者)만을 별도의 단위로 표출시키지 않고 다루고 있다.
18) 『李炳憲全集』 下, 12쪽, 「經說·中庸說」, "中者, 正也, 不偏不倚, 無過不及之名, 庸者, 用也, 平常之理, 而神明之妙也."
19) 『李炳憲全集』 下, 13쪽, 「經說·中庸說」, "此章, 實中庸一篇之樞紐, 而孔敎之頭

라고 하여, 이 장의 중심적 위치를 강조하면서 그 핵심 개념으로 '신神'과 '성誠'을 부각시키고 있다. 그는 인간의 '신'이 우주의 '신'과 서로 감응하고 소통함을 강조하면서, 특히 '신'과 '심'의 관계에 주목하여 "인간의 몸에서 '신'의 오묘한 작용을 미루어 나가면 '심'이 실체가 되니, 그러므로 성인이 사람을 가르치는 데 있어 '신'을 말하지 않고 '심'을 일컫는다"[20]라고 언급하였다. 그는 인간의 '심'이 '신'을 드러내는 실체임을 확인함으로써, 유교전통이 '신'을 강조하지 않고 '심'을 중시하게 된 것은 '심'을 말하면 그 속에 '신'이 드러나고 있음을 전제로 하는 것임을 지적하였다. 이와 더불어 그는 근세의 성리학에서 심성·리기의 변론에 빠져 '심'을 '리理' 혹은 '기氣'에 배속시키기만 하는 사실에 대해, "'심'은 '신'의 실체요, '신'이란 리·기의 속에 자리 잡고 헤아릴 수 없는 오묘함을 갖추고서 천지와 만물의 주재가 되는 것임을 모르는 것"[21]이라고 비판하였다. 나아가 그는 공자의 가르침이 비록 '신'을 쉽게 말하지는 않지만, 유학이 '성'과 '천도'에 근원하고 있다는 것은 바로 '신'에 근원하는 것임을 이 장에서 명확하게 제시한 것이라 하고, '귀신의 덕'을 제시한 『중용』의 '귀신장鬼神章'(16장)은 『주역』에서 말하는 '신도설교神道設敎'와 통하는 것으로, 이를 통해 공자가 '만세의 크게 바르고 지극한 중심이 되는 종교가'임을 알 수 있다고 역설하였다.[22] 이처럼 이병헌은 '신' 개념을 강조함으로써, 무엇보다 공자의

腦也, 盛哉神乎, 至哉誠乎."
[20] 『李炳憲全集』 下, 14쪽, 「經說·中庸說」, "就人身上推出神之妙用, 則心爲當體, 故聖人敎人, 不言神而稱心."
[21] 『李炳憲全集』 下, 14쪽, 「經說·中庸說」, "不知心爲神之當體, 而神也者, 位乎理氣之中, 具不測之妙, 爲天地萬物之主宰者也."
[22] 『李炳憲全集』 下, 14쪽, 「經說·中庸說」, "此章當與大易言神道處參看, 則當知聖人神道設敎之意, 而孔子當爲萬世大正至中之宗敎家矣."

종교가적 위치와 유교의 종교적 성격을 강화하고자 하기 위한 경전적 기반으로 『중용』과 『주역』의 중요성을 확인하고 있으며, 또한 '신' 개념을 공교의 종교적 인식의 핵심요소로 받아들이고 있다. 이러한 주장은 당시 서양종교로서 등장한 기독교적 종교 개념에서 영향을 받은 것으로 보인다.

이병헌은 ⑫(29장)에서 '군자의 도'를 "자신에 근본하고 서민에 징험하여, 삼왕三王에 상고해도 그릇됨이 없고, 천지에 세워도 어그러짐이 없으며, 귀신에 물어도 의심됨이 없고, 백세 이후에 성인을 기다려도 미혹됨이 없다"23)고 한 것은 자사子思가 공자의 가르침을 극찬한 것이라 하여, 동서・고금의 어떤 교조보다 공자의 뛰어남을 확인하고 있다.24) 여기서 그는 특히 백세百世는 3천 년이요, 공자는 3천 년 뒤에 성인이 다시 나타나서 '대동'의 새로운 가르침을 발휘할 것을 알았다고 보는 강유위의 견해를 소개하고, 서양인 중에 5백 년 뒤에 공교가 전 지구상에 크게 행할 것이라고 말한 사람이 있음을 언급하면서, 당시가 공자기원 2473년이므로 '태평'과 '대동'의 세상이 5백 년 이내로 이르게 될 것임을 기대하는 희망을 밝히기도 하였다.25)

또한 ⑭(31장)에서 천하에 지극한 성인의 덕을 말하고서, 그것이 '하늘에 짝이 된다'(配天)고 언급한 데 대해, "공자가 대종교가이며 (공교가) 참종교가 됨을 알고, 하늘이 독실하게 낳고 재배하는 이치

---

23) 『李炳憲全集』 下, 17쪽,「經說・中庸說」, "本諸身, 徵諸庶民, 考諸三王而不謬, 建諸天地而不悖, 質諸鬼神而無疑, 百世以俟聖人而不惑."
24) 『李炳憲全集』 下, 17쪽,「經說・中庸說」, "東西今古, 諸聖諸哲之爲敎主爲右上者, 何限, 而可以當此者, 惟孔子一人而已."
25) 『李炳憲全集』 下, 17쪽,「經說・中庸說」, "康先生, 以百世爲三千年, 而孔子知三千年後聖人復作, 發揮大同之新敎, 西人亦云, 五百年後孔敎大行於全球者, 今距孔子之生已二千四百七十三年, 默察世運, 細考敎理, 太平大同之至, 必有其日興, 若是乎, 其遲遲耶."

를 아는 것이니, 이것이 『중용』을 읽는 첫 번째 의리이다"26)라고 하여, 천하의 지극한 성인으로서 하늘에 짝이 되는 공자가 위대한 종교가임을 밝히는 것이 『중용』에서 가장 중요한 과제임을 지적하고 있다. 그리하여 그는 『중용』을 '공자의 덕을 밝히기 위해 지은 것'이라 규정하고, 『중용』에서 공자를 '군자君子'·'성인聖人'·'지성至誠'·'지성至聖'·'중니仲尼' 등으로 일컫고 있으나 결국에는 "마땅히 공자가 만세의 교주가 됨을 알아야 한다"고 강조하였다.27) 그만큼 이병헌은 『중용』을 통해 공자를 교주로 확인할 것을 역설하고 있으며, 그 자신의 공교사상에서 교주로서의 공자의 위치를 확인하고 확립하는 데 『중용』의 중요성을 제시하고 있는 것이다.

3. 『역경』의 금문학적 이해

1. 『역』의 작자와 명칭의 문제

이병헌의 『역경』 연구는 『경설經說』(1922)에 수록된 「역설易說」에 잘 나타나 있다. 여기에서 그는 64괘의 각 괘를 간단하게 설명하면서 이미 금문경학적 관점을 분명하게 제시하고 있다. 이어서 그의 『역경』 연구를 체계적으로 정립한 저술인 『역경금문고易經今文考』(1928)는 『시경』·『서경』·『예경』의 저술에 잇달아 이룬 것으로 금문경학적 저술을 마무리하는 의미를 지닌 것으로 볼 수 있다.

---

26) 『李炳憲全集』, 下, 18쪽, 「經說·中庸說」, "知孔子之爲大宗敎家, 而爲眞宗敎, 且知天之篤生栽培之理矣, 此乃讀中庸第一義也."
27) 『李炳憲全集』, 下, 19쪽, 「經說·中庸說」, "學者當知, 一部中庸爲昭明聖祖之德而作, 則曰君子·曰聖人·曰至誠·曰至聖·曰仲尼者, 語皆有下落, 當知至聖先師之爲萬世敎主矣."

그는 『역경금문고』의 저술 이후에도 66세(1935)부터 70세(1939)까지 생애의 만년에 『역경』 연구에 몰두하여 10여 차례 『역경』의 독서일과로서 '역과易課'의 기록을 남겼으며, 이 기록들을 합친 『역과소전합고易課小箋合考』(易經小箋, 1938)를 남기고 있다. 이처럼 그가 『역경』 연구에 특별히 많은 공을 들인 것은 곧 그의 공교사상이 『역경』에서 그 귀결처를 찾았다는 사실을 말해 주는 것으로 볼 수 있겠다.

이병헌은 "『역』이라는 글은 공자가 '신도'로서 가르침을 베푼 중대한 경전으로 '육경'의 첫머리를 이루는 것이다"[28]라고 언급하여, 『역경』의 기본성격을 다음의 세 가지로 간결하게 규정하고 있다. 첫째, 제작의 주체로서 『역』은 공자가 가르침을 베푼 경전이며, 둘째, 가르침의 내용은 '신도로써 가르침을 베풀었다'(神道設敎)는 것이며, 셋째, 『역』이 경전에서 차지하는 위치는 육경 가운데서도 주인이 되고 두뇌가 되는 중심 경전이라는 것이다. 그가 「역설」에서 "육경이 모두 공자의 경이지만, 『역』은 더욱 첫머리가 된다"[29]고 언급한 것도, 『역경』의 저작 주체를 공자로 확인하고, 육경에서도 중추가 되는 경전임을 강조한 것이다. 『역경』의 저작 주체를 공자로 확인하는 것은 공자의 지위를 교주로서 확보하고자 한 이병헌의 공교사상에서 핵심적 과제로 요구되고 있는 것이요, 『역경』의 내용을 '신도설교神道設敎'로서 인식하는 것은 공자를 종교가로, 공교를 종교로 확인하기 위한 초월성의 요구에 상응하는 것이라 할 수 있다. 그만큼 이병헌의 『역경』 해석은 그의 공교사상을 확립하기 위한 경

---

28) 『李炳憲全集』 下, 219쪽, 「易經今文考」, "易之爲書, 則乃孔子神道設敎之大經, 實六經之主腦也".

29) 『李炳憲全集』 下, 20쪽, 「經說・易說」, "六經皆爲孔子之經, 而易尤爲主腦也".

전적 기반을 다지는 작업이라 할 수 있으며, 금문경학적 관심에 따라 『역경』의 이해에 접근한 것으로 볼 수 있다.

먼저 『역』의 제작과 편찬과정에 대한 문제가 중요한 의미를 지닌다. 이병헌은 『역』의 「대전大傳」(「繫辭傳」)에서 복희가 '처음 8괘를 지었다'(始作八卦)고 하고, 『역』이 일어나게 된 것은 '은말·주초 때이니, 문왕과 주왕이 관계된 일이다'(當文王與紂之事)라고 언급한 데에 따라, 후세에 복희가 8괘를 짓고 문왕이 64괘로 연역했다는 믿음이 있게 되었음을 지적하면서, "「대전」이 서술한 것은 공자가 옛것에 가탁한 말을 인용한 것이니, 그 대의를 종합하여 말하면 비록 '괘'와 '효'를 아울러 보더라도 공자가 차례를 정한 것이라 말하는 것이 옳다"30)고 하였다. 그는 괘를 처음 그린 성인으로 복희와 문왕을 지목하면서도, 이러한 언급을 공자가 자신이 짓고서 옛 성왕에 가탁한 것이라고 보았다. 이는 강유위의 '탁고개제설託古改制說'을 끌어들여 적용시킨 것으로 공자가 괘·효에 순서를 부여하여 『역』의 체계를 구축하였음을 확인하는 것이다.

이에 따라 『사기史記』(「孔子世家」)에서 『역』을 읽다가 가죽 끈이 세 번이나 끊어졌다는 것도 단순한 독서가 아니라 공자가 『역』을 짓고 있던 사실을 말한 것이라고 해석하였다. 또한 상·하 2편으로 구성되어 있는 『역경』에 대해서도, "『역』의 상·하 편이란 공자가 주나라시대 괘와 효의 점치던 말씀을 거두어 마름질하고, '서'·'단'·'계'·'상'·'설괘'·'문언'을 붙여서 경으로 정한 것이다. 그러므로 『역경』 2편을 공자가 지은 것이라 한다"31)고 하여, 현재의 『역경』

---

30) 『李炳憲全集』下, 219쪽, 「易經今文考」, "大傳所述, 乃引孔子託古之辭也, 綜其大義而言, 則雖立卦爻, 謂孔子次第之, 可也."
31) 『李炳憲全集』下, 220쪽, 「易經今文考」, "凡易之上下篇者, 孔子因周世卦爻之繇辭, 取以裁之, 序彖繫象說卦文言, 定之爲經, 故曰易經二篇者, 孔子之所作也."

이 공자가 지은 것임을 확인하였다. 여기서 그는 주나라시대에 괘와 효를 이용하여 점을 쳤던 사실과 그 괘·효에 '점치는 말씀'(繫辭)이 있었던 사실을 지적하고, 공자가 『역경』을 짓는 과정은 한편으로는 주나라 때 괘·효로 점치는 말씀을 자료로 모아들이고 이를 마름질하여 체계를 세운 것이며, 다른 한편으로는 '서'·'단'·'계'·'상'·'설괘'·'문언'을 지어 『역경』으로 완성시킨 것으로 보았다. 이처럼 그는 공자가 이전의 자료를 이용하여 『역경』을 직접 지은 것이라고 확인하였다.

그러나 공자가 '십익十翼'(上彖·下彖·上象·下象·上繫·下繫·文言·說卦·序卦·雜卦)을 지었다는 견해에 대해서는, 이 견해가 『한서漢書』「예문지藝文志」에 근거한 것이라고 확인하고, 이에 따라 『역』을 '경經'과 '전傳'으로 나누게 되었다고 지적하였다. 이병헌은 2천년 동안 유학자들이 '십익설'에 깊이 빠져들었음을 밝히면서, "십익설이 나오면서 경전을 존중하는 의리는 경멸당하였고, 성인을 깎아내리는 논의가 일어났다"[32]고 하여, 십익설을 철저히 비판하고 있다. 그것은 곧 『역』의 '경經'에 해당하는 8괘·64괘와 괘사·효사를 복희, 문왕, 주공이 지은 것이라 하고 '전傳'에 해당하는 십익을 공자가 지은 것이라 보는 『역』의 저작과정에 대한 전통적 견해에 대해 성인을 모욕하고 경전을 속이는 것이라 문책하고 있는 것이다. 여기서 그는 '상象'의 경우 괘의 '상'과 효의 '상'을 상·하로 나눌 수 있지만 '단彖'은 상·하로 나눌 수 없고, '계사'는 「역대전易大傳」으로서 공자의 문인이 공자의 말씀을 기록한 것으로 기록자의 뜻을 덧붙여 이룬 것이며, '서괘'·'잡괘'는 말씀의 취지가 옅은 것으로

---

32) 『李炳憲全集』 下, 29쪽, 「經說·易說」, "十翼之說出, 而尊經之義蔑矣, 貶聖之論作矣."

하내河內에 의탁한 한漢 이후에 얻어진 것이라 하여, '십익'의 10편이 성립하지 않음을 강조하였다. 따라서 그는 "오늘날 현행하는 경문은 공자가 손수 정해 놓은 『역』이니, '십익'의 명목이 폐지된 다음이라야 성인을 모독하고 경전을 속이는 학설이 일어나지 않을 것이다"33)라고 선언하여, 십익설을 부정하고 『역』이 공자가 직접 확정한 경전임을 재확인하였다. 그것은 '성인이 경전을 짓고 현인이 전을 붙였다'(聖經賢傳)는 '경'과 '전'의 구성체계에 따라 『역』을 '경'과 '전'으로 나누고서 '경'을 복희, 문왕, 주공에 귀속시키고 '전'을 공자에 맡기는 것은 공자의 권위를 떨어뜨릴 수밖에 없다는 인식의 반영인 것이다. 따라서 이병헌은 『역』이 공자의 손으로 이루어진 '경'임을 확인함으로써 교조로서의 공자의 권위를 밝히고, 육경이 공자의 저작이라는 강유위의 '탁고개제설'에 따른 금문경학적 입장을 관철하고 있는 것이다.

이와 더불어 『역』의 명칭 문제에 있어, '역경' 혹은 '주역'이라는 명칭이 병행하고 있는 사실에 대해, 이병헌은 '주역'이라는 명칭을 거부하고 '역경'이라는 명칭이 정당하다는 입장을 밝혔다. 먼저 그는 '주역'이라는 명칭은 원래 『주례』(春官·宗伯·大卜)에서 세 가지 역(三易)으로서 '연산連山'·'귀장歸藏'·'주역周易'을 들고 있는 데서 근원하는 것이라고 제시하고, 유흠이 『주례』를 위작으로 본 것을 근거로 『주례』의 주장이 불확실한 점을 지적하였다. 또한 '세 가지 역'이란 점치는(卜筮) 데 사용하는 것이지만, '연산'과 '귀장'은 공자가 취하지 않았으니 있는지 없는지를 따질 가치도 없는 것이라고 규정하였다. 나아가 '주역'에 대해 "문왕과 주공이 지은 것이라

---

33) 『李炳憲全集』 下, 220쪽, 「易經今文考」, "今日現行之經文, 卽孔子手定之易, 十翼之名廢, 然後侮聖誣經之說不作矣."

가정하더라도 이미 주나라를 기준으로 삼아 점을 치는 데 쓰지 않고 공자가 이를 취해서 경으로 삼은 것이 아니라면, 끝내는 쇠퇴한 세상에서 점을 칠 때의 점괘의 말이 되고 마는 것이다"34)라고 규정하였다. 이렇듯 이병헌은 '주역'을 공자가 손수 지은 경전인『역경』이 아님을 강조하고, 공자가『역경』을 지을 때 자료로 사용하였던 주나라 때의 점치는 말(주사·점사) 정도로 인정하고 있을 뿐이다. 그리하여 그는 '주역'이라는 명칭으로 '연산'·'귀장'과 병렬시키는 것은 경전을 존중하는 의리를 모르는 것이라고 지적하고, "세 가지 역의 명칭이 폐지된 다음이라야 공자의 '역도易道'가 밝아져서 하나로 높이도록 통합할 줄 알 것이다"35)라고 언명하였다. 그만큼 공자가 지은『역경』은 보편적 진리를 지닌 경전이며, 주나라의 명칭에 얽매여 '주역'으로 일컬어질 수 없는 것임을 강조하고 있는 것이다.

2.『역』의 근본원리로서의 '신도'에 대한 인식

이병헌은 공자가 제시한『역경』의 기본정신을 관괘觀卦에서 언급하고 있는 '신도로써 가르침을 베푼 것'(神道設敎)으로 제시하고 있다. 곧 그는 "『역』이란 공자가 비로소 마름질하여 '경'으로 삼은 것이며, '신도'로써 교화하는 의리를 깃들게 하였으니, 공자가 교주가 되는 까닭은 여기에 있다.『역』은 곧 '신도로써 가르침을 베푼' 중대한 '경'이다"36)라고 밝혔다. 또한 좀더 간결하게『역』을 정의하면

---

34)『李炳憲全集』下, 219쪽,「易經今文考」, "假使謂文周所作, 旣不爲宗周卜筮之用, 若非孔子取以爲經, 則終爲衰世占候之繇辭."
35)『李炳憲全集』下, 219쪽,「易經今文考」, "三易之名詞廢, 而後孔子之易道乃明, 而知統乎一尊也."
36)『李炳憲全集』下, 223쪽,「易經今文考」, "蓋易者,……惟孔子始裁之爲經, 以寓神

194

서, "한마디로 덮어 말하면, 『역』이란 공자가 '신도'로써 교화하는 '경'이다"37)라고 규정하고 있다. 이처럼 『역』의 핵심적인 정신을 '신도'로 인식하는 것은 바로 공자의 교조적 지위를 확립하는 것이며, 유교를 종교로서 인식하는 기반을 삼고자 하는 것이다.

'신神'이란 말이 유교전통에서 매우 신중하게 언급되고 있다는 사실은 이병헌 자신도 잘 알고 있다. 그러나 그는 "신神이라는 한 글자는 『역』의 전체를 결집시키는 자리이다"라고 선언할 만큼, 『역』을 통해 생생하게 살아 움직이는 '신' 존재에 대한 인식을 강조하였다. 여기서 그는 "'신'은 종교의 표본이 되고, 천도天道의 극치가 된다"38)고 언명하여, '신'이 없이는 『역』도 성립하지 않으며, 종교를 이룰 수도 없고 천도를 실현할 수도 없다는 인식을 보여 주고 있다. 또한 그는 공자가 평소에 '신'을 말씀하지 않은 이유를 해명하면서, "성인의 가르침은 사람을 쉽게 깨우치게 하는 것으로, 사람의 몸에서 하나의 '심心' 자를 집어내었으니, '심'이 곧 '신'이다"39)라고 언급하였다. 이러한 견해에 따르면, 유교전통에서 '심·성'의 문제를 중시해 왔던 것은 바로 '심'을 밝힘으로써 '신'을 드러낼 수 있다고 보았기 때문이다. 따라서 『역경』(「繫辭傳」)에서 말하는 '신'을 궁구하는 것(窮神)은 바로 『맹자』(「盡心」)에서 말하는 '심'을 온전히 실현하는 것(盡心)과 서로 통하는 것으로 볼 수 있다.

한편 이병헌은 '신' 존재의 양상이나 속성을 분석하는 데 별다른 관심을 기울이지 않을 만큼 '신'의 존재를 자명한 것으로 받아들

化之義, 孔子之所以爲敎主者在此, 易卽神道設敎之大經也."
37) 『李炳憲全集』, 下, 227쪽, 「易經今文考」, "一言而蔽之曰, 易者, 孔子神化之經也."
38) 『李炳憲全集』, 下, 27쪽, 「經說·易說」, "神之一字, 爲易總會處, ……神爲宗敎之標本, 天道之極致."
39) 『李炳憲全集』, 下, 27쪽, 「經說·易說」, "蓋聖人之敎, 使人易曉, 就人身上拈出一箇心字, 心卽神也."

였다. 그는 "『역』의 쓰임은 오로지 '감응'의 도리에 있으니, '감응'의 오묘함은 정성됨(誠)에 있다.……『역』의 도는 사람이 정성스러운지 아닌지에 달려 있을 뿐이다"40)라고 하여, 『역』의 '신도'가 인간의 '심'과 소통하는 감응의 도리에 따라 인간 마음의 정성됨(誠)을 중시하고 있다. 그것은 인간이 마음에서 '신'과 일치하는 '감응'의 방법으로서 '성誠'의 중요성을 강조하고 있는 것이다. 따라서 '신'과 '심'의 소통은 나아가 상제와 인간의 소통을 말하는 것이 되며, 그만큼 이병헌은 『역경』을 통해 인간의 '성誠'을 매개로 '신'과 '심'이 소통하고, 상제와 인간이 소통하는 종교적 세계를 확보하고자 하였음을 알 수 있다.

또한 『역경』에서 점占(卜筮)은 '신도'가 드러나는 방법의 하나로 주목되고 있다. 이병헌은 "점의 원리에 이르러서는 천지간에 몽매함을 열어 주는 도리로 누가 '신'을 넘어서겠는가?"라고 하여, 점을 통해 '신'이 드러나고 있음을 지적하고, "점을 치는 것은 사람이요 알려 주는 것은 '신'이다. 사람이 '신'과 교통하는 데는 귀중하게 여기는 것이 정성(誠)이요, 경계하는 것이 교만함(驕)이니, 어찌 감히 마음을 다하지 않겠는가"41)라고 하여, 점을 통해서도 내 마음이 정성스러움으로써 '신'과 교통할 수 있음을 강조하였다. 이처럼 그는 『역경』을 통해서 인간의 '심'이 초월적 '신'과 만나는 방법을 제시하고, 이러한 '신'과의 만남이라는 종교적 구조에서 특히 '성誠'을 '신'과 만날 수 있는 조건으로 강조하고 있다. 이는 이병헌이 인간의 마음

---

40) 『李炳憲全集』 下, 23쪽, 「經說・易說」, "易之爲用, 專在感應之道, 感應之妙, 在於誠,……易之道, 在其人之誠否耳."
41) 『李炳憲全集』 下, 236쪽, 「易經今文考」, "及筮占之原理, 天地間牖蒙之道, 孰過於神哉,……筮之者人也, 告之者神也, 人之交神, 所貴者誠, 所誡者驕, 曷敢不盡心乎."

에서 '성'의 신앙적 자세를 중시하고 있음을 잘 보여 주는 대목이다.

4. 『시경』・『서경』・『예경』의 금문학적 이해

1. 『시경』의 금문학적 이해

이병헌의 『시경』에 대한 주석으로는, 「시경」을 첫머리로 삼아 「서경」・「예경」・「악」의 4편으로 구성된 『공경대의고』(1924)와 『시경』에 대한 전문주석서인 『시경부주삼가설고詩經附注三家說考』(1926)가 있다. 이병헌은, 당시 보수적 유림들의 배척을 받아 공교운동이 좌절되는 상황에서 개혁론자들(新派)의 공격은 비록 핏빛을 보이더라도 오히려 의리로 깨우칠 수 있었지만, 수구론자들(舊派)의 방해는 문자와 말로 다투는 듯하나 견줄 수 없이 심하여 칼끝으로 찌르는 듯한 사나움으로 나날이 심하게 해치는 것이었다고 하였다. 이러한 상황 속에서 그는 문을 닫아걸고 금문경학의 연구에 몰두하여 '오경' 가운데 가장 먼저 『시경』을 주석하였다.

이병헌은 『시경부주삼가설고』를 완성하자 이것을 바로 항주의 강유위에게 보내 가르침을 청하였다. 이때 강유위는 답장을 통해 "대지에 공교가 있는 날은 바로 그대의 저서가 유행하는 날이다"[42] 라고 하며 아낌없는 칭찬과 격려를 보냈다. 이와 더불어 강유위는 "그대가 이 큰 업적을 이루었으니, 비록 온 나라가 일어나 공격하더라도 무슨 손상이 있겠는가? 다만 문장 가운데 『모전毛傳』(『毛詩』)과 삼가三家를 많이 인용하여 참과 거짓을 뒤섞어 놓아 스스로 그 사

---

[42] 『李炳憲全集』, 下, 619쪽, 「眞菴略歷」, "大地有孔敎之日, 即弟書流行之日也."

례를 어지럽혔기에, 금문을 연구하는 사람으로 하여금 밝게 믿을 수 없도록 한다. 그대는 속히 깎아 버려야 할 것이다"43)라고 언급하였다. 곧 고문경학을 따르는 『모전』의 인용을 깎아 내어, 금문경학으로 관철하도록 요구한 것이다.

여기서 이병헌은 강유위의 지적을 받아들여, "돌아보면 공교가 오늘날 세상의 뜻 있는 선비들로부터 공격을 받는 것은 경전의 취지를 오해하였기 때문이며, 경전의 취지를 오해하는 것은 금문의 학설을 아직 듣지 못하였기 때문이다"44)라고 하였다. 곧 금문경학을 밝힘으로써 공자의 경전 정신을 올바르게 인식시킬 수 있고 나아가 공교에 대한 비판도 극복할 수 있다는 입장을 밝힘으로써, 『시경』 주석이 금문경학에 철저히 입각하여야 한다는 전제를 받아들이고 있다.

이에 따라 이병헌은 고문경으로서의 『모전』이 금문경으로서의 삼가三家(魯 申培公의 『魯詩』, 齊 轅固生의 『齊詩』, 燕 韓太傳의 『韓詩』)의 『시』와 달라진 점을 분석하였다. 우선 그는 '경전의 본문이 달라진 것'에 대해, 글 자체가 비슷하기 때문에 달라진 것, 발음과 뜻이 통용되어 달라진 것, 자세히 살피지 못하여 달라진 것으로 구분하였다. 또 '경전의 취지가 달라진 것'은, 나태한 뜻을 징계하는 것을 싫어하여 달리한 것, 선배와 어른을 압도하고자 하여 달리한 것으로 구분하여 『모전』에서 전제주의가 발호하는 데 영합하고자 한 숨은 사정을 드러내고자 하였다.45) 그러나 그는 현실적으로 삼가三家의

---

43) 『李炳憲全集』, 下, 後14쪽, 「詩經孔學考・凡例」, "弟成此大業, 雖擧國攻之, 何損焉, 惟文中多引毛與三家, 竝眞僞雜湊, 自亂其例, 且令考今文者無以昭信, 弟速刪之."
44) 『李炳憲全集』, 下, 後14쪽, 「詩經孔學考・凡例」, "顧今孔敎之爲現世志士所攻擊者, 以其誤解經旨也, 經旨之誤解者, 以其未聞今文之說也."
45) 『李炳憲全集』, 下, 後12쪽, 「詩經孔學考・凡例」, "蓋毛之於經文, 與三家相異者,

자료가 완전하지 못하여 『모전』의 설명을 제거하면 초학자가 『시경』을 이해하기 어려운 현실적 난점을 강조하면서, 수정본에서도 『모전』을 선택적으로 이용하였다. 이러한 그의 태도는 "금문·고문 대립의 극단을 피한 온건한 학자의 태도"라고 평가받기도 하였다.[46]

『시경』에 대한 이병헌의 기본인식은 그것이 '육경' 가운데 첫 번째 순서에 놓이는 것임을 중시하는 것이다. 곧 "『시』는 감흥을 일으켜 교화하는 것으로, 고무시켜서 신명을 다 발휘하는 도를 이루는 것이요, 실로 인재를 양성하는 첫걸음이고 모든 경전의 입문이다"[47]라고 규정하였다. 그것은 인격을 배양하는 첫머리에서 인간을 감동시켜 흥기하게 하는 『시』의 교화적 역할을 중시하고 있는 것이다. 또한 그는 "『시』는 공자 문하에서 처음 배우는 '경'임이 분명하다. 유흠이 고문학을 거짓 편찬한 이후로 『시』는 『역』의 뒤로 물러나게 되었으니, '육경'은 이미 문으로 들어가는 길을 잃게 되었다"[48]라고 지적하여, 금문경학의 체계에서는 『시경』이 '육경'의 첫머리로 올라 가장 먼저 배우는 것이었지만, 고문경학에서 『역경』이 첫머리에 올라 가장 큰 비중을 차지하게 됨으로써 경학을 공부하는 순서가 무너지게 되었음을 지적하였다.

有因字體之略似而致之者, 有因音義之通假而致之者, 有因不審而致之者矣, 其故欲立異之情, 則不可諱也, 又於經旨, 與三家相異者, 有嫌其懲創逸志而致之者, 有欲壓倒前輩長者而致之者, 其所以迎合專制跋扈之隱情, 則不可掩也."

46) 車柱環, 「『詩經孔學考』에 부쳐서」(『李炳憲全集』, 下, 後7쪽). 『詩經附注三家說考』는 『詩經孔學考』라는 제목으로 차주환의 해제(『詩經孔學考』에 부쳐서)가 덧붙은 채 활자화되어 『아세아연구』(고려대 아세아문제연구소) 통권 25·28·29·30호(1967. 3~1968. 6)에 실렸으며, 이 활자본 『詩經孔學考』는 『李炳憲全集』 하권의 뒤쪽에 별도의 쪽수 표시로 수록되어 있다.
47) 『李炳憲全集』, 下, 後165쪽, 「詩經孔學考·補義」, "詩者, 所以興作教化, 鼓之舞之而造乎盡神之道也, 此實作人之初步, 群經之入門也."
48) 『李炳憲全集』, 下, 後11쪽, 「詩經孔學考·凡例」, "詩爲孔門初學之經, 審矣, 自劉歆僞纂古文學以後, 退詩於易之後, 六經已失入門之路."

이병헌은 경전주석방법으로서 독일인 화지안花之安(원명 미상)이
『정학규正學規』(學問之訓)에서 제시하고 있는 서양의 경전주석방법에
적극적인 관심을 보여 이를 소개하고 있다. 화지안이 제시하는 경
전주석방법은, 첫째, 그 경이 어느 때 드러나고 어느 때 감추어졌는
지의 변천 과정을 논하고, 둘째, 그 경이 누구에 의해 나온 것이며
뒷사람이 거짓 가탁한 것이 아님을 확립하기 위해 원작자와 뒷날의
조작한 사람을 분별하며, 셋째, 서로 같고 다름을 고증하는 비교 연
구를 하고, 넷째, 옛날과 지금의 이름난 주석을 열거하는 다양한 견
해를 폭넓게 검토하며, 다섯째, 여러 견해의 발언을 절충하여 종합
하는 것이다.49) 그만큼 이병헌의 금문경학은 서양의 경전주석방법
까지 참고하는 적극적 개혁의식을 지닌 것이다.

2. 『서경』과 『예경』의 금문학적 이해

이병헌의 『서경』 주석은 『공경대의고』(1924)의 「서경」 편과 『서
경전주금문설고書經傳注今文說考』(1926)와 『상서보의尙書補義』(1933)의
세 가지로 이루어진다. 이병헌은 금문·고문의 쟁점이 가장 뚜렷한
『서경』의 경우 금문경전으로 전한시대 복생伏生이 전한 『서경』 28편
만을 주석하였다.50) 여기서 그는 정현鄭玄이 공자가 편찬한 『서』를

---

49) 『李炳憲全集』, 下, 後13쪽, 「'詩經孔學考·凡例」, "試論西書之注, 一論此經之某時
顯某時晦, 二立據此經出自某人, 非後人僞托, 三考其同異, 四備列古今名家注疏,
五折衷群言."
50) 『孔經大義考』의 「書經」 편과 『書經傳注今文說考』는 모두 금문 28편만을 다루고
있지만, 『孔經大義考』의 「書經」 편에서는 편차가 '呂刑' 25, '文侯之命' 26, '費誓'
27로 제시되고 있으나, 『書經傳注今文說考』에서는 '枇誓' 25, '甫刑' 26, '文侯之命'
27로 제시되어 있다. 실제로는 같은 내용이지만 篇名이나 순서에 차이를 보이고 있는
것이다.

높여서 『상서尙書』로 일컬은 이후 '상서'가 일반적 명칭으로 쓰였지만 그 자신은 '육경'의 하나로서 '서경'으로 칭한다는 입장을 밝히고 있다.

이병헌은 이른바 '고문상서'로 일컬어지고 있는 것에 4종이 있음을 지적하고 그에 대해 다음과 같이 설명했다. 첫째, 공안국孔安國의 '고문'은 벽 속에 간직되었던 것이 아니라 구양씨歐陽氏와 대하후大夏侯·소하후小夏侯가 전한 28편으로 '금문'과 같다. 둘째, 유흠劉歆의 '고문'은 공벽孔壁(공자의 옛집 담벼락)과 공안국을 가탁한 것으로 16편의 가짜 고문僞古文이다. 셋째, 두림杜林의 '고문'은 서주西州(河西)에서 얻었다는 칠서漆書(옻칠로 글씨를 쓴 竹簡)로서 가규賈逵가 훈훈을 달고, 마융馬融이 전전을 짓고, 정현이 주석한 것으로 복생·공안국의 '고문'에 「태서泰誓」편을 더하여 29편이 된 것이다. 넷째, 왕숙王肅의 '고문'은 현행의 만서晩書(未詳) 25편으로 복생의 28편을 나누고 합쳐서 58편을 만들어 공안국에게 가탁하고 있는 것이다. 여기서 이병헌은 공안국과 유흠과 두림의 '고문'은 모두 소멸되고 오직 왕숙의 '고문'만이 남아 있다는 사실을 지적하고 배우는 사람들이 정밀하게 선택해야 한다고 강조하고 있다.[51]

한편 이병헌은 『서경』의 금문과 고문을 구별하면서, "'금문'이란 유흠이 거짓 종정鍾鼎에 가탁하여 '고문'을 창작한 이후에 공자 문하에서 전해진 경전을 지목하여 '금문'이라 하였으니, 실지에 의거해서 말하면 '금문'이 '진짜 고문'이다"[52]라고 하여, 유흠에 의해 가

---

51) 『李炳憲全集』下, 127쪽, 「書經傳注今文說考」, "凡古文尙書有四本, 有孔安國之古文, 有劉歆之古文, 有杜林之古文, 有王肅之古文,…… 今歐陽·大小夏侯之書, 及劉歆之所託, 馬鄭之傳注俱亡, 惟王肅僞孔本獨存, 學者宜精擇焉."

52) 『李炳憲全集』下, 101쪽, 「孔經大義考·書經」, "今文者, 乃劉歆托僞鍾鼎, 創作古文以後, 目孔門所傳之經爲今文也, 據實而言, 則今文爲眞古文."

짜 '고문'이 만들어진 다음에 진짜 '고문'을 '금문'이라 일컫게 되었음을 밝히고 있다. 또한 "'고문'이라 말하는 것은 유흠이 공자의 집 벽에서 나온 것을 공안국이 나라에 올렸다고 말한 것으로, '금문'의 편목을 약간 고치고 「골작汨作」·「구공九共」 이하 16편을 덧붙인 것일 뿐이다. 만약 공자의 집 벽에서 나온 『서』가 없다면 그만이지만, 있다면 사마자장司馬子長과 아관兒寬이 『서』를 직접 전하였으니, 공안국에게서 반드시 먼저 보았을 것이다. 어찌 두 사람이 못 본 것을 유흠이 혼자 보았겠는가?"[53)]라고 하여, 유흠의 '고문'이 거짓된 것임을 확인하고 있다.

나아가 이병헌은 『서경』의 성격을 인식하면서, 특히 『시경』·『춘추』와의 상관성에 주목하고 있다. 그는 『시』와 『서』란 모두 바른 도리가 실현되는 세상에서 말미암아 변란의 시대로 가는 것을 보여 주는 것이라고 하였다. 곧 "『시』의 사시四始(風·大雅·小雅·頌의 첫 편)는 문왕·무왕의 융성함을 말하고 상송商頌에서 끝내니, 그 뜻은 앞 시대가 멸망한 것을 경계로 삼는 데 있다. 『서』의 삼과三科는 이제二帝(堯·舜)와 삼왕三王(湯·文·武)의 사업을 서술하지만 '문후지명文侯之命'과 '진서秦誓'에서 끝나니, 그 뜻은 진秦이 오랑캐의 도로써 주周를 대체하고 패도의 계통으로 제왕을 계승하니 변란의 극심함을 드러내는 데 있다"고 하여, 『시』와 『서』는 성왕이 다스리던 태평한 시대에서 혼란의 시대로 쇠퇴하는 역사적 과정을 배경으로 하고 있는 것이라고 규정하였다. 이에 비해 "『춘추』는 혼란을 다스려 바른 도리로 돌아가는 것으로 '원년'에서 시작하여 '기린'을

---

53) 『李炳憲全集』下, 101쪽, 「孔經大義考·書經」, "所謂古文, 則劉歆言出自孔壁, 安國上之, 而略改今文篇目, 加增汨作九共以下十六篇而已, 若使孔壁書, 而無則已, 有則司馬子長·兒寬, 親傳書, 故于孔安國必先見之, 何二子之不得見, 而歆獨見之乎."

잡는 데서 끝나니, 극심한 변란에서 말미암아 바로잡아 가는 것이요, '태평'을 이루는 바른 경전이다"라고 하여, 『춘추』를 혼란한 시대를 만났지만 이를 바로잡아 태평의 이상사회를 지향하는 것으로 설명하였다. 여기서 이병헌은 『시』・『서』와 『춘추』의 경전적 성격이 지닌 차이를 드러내면서도 '만세에 법도와 경계를 내려 주는 점'에서는 세 가지가 모두 하나임을 밝히고 있다.54) 그만큼 이병헌은 『서경』이 성왕의 치세나 후세의 변란을 제시하고 있는 것은 모두 변란의 그릇됨을 경계하여 깨우쳐 주는 경전으로서의 기능이 있음을 강조하였던 것이다.

이병헌의 『예경』에 대한 해석으로는 『공경대의고』의 「예경」편과 더불어 『예경부주금문설고禮經附注今文說考』(1927)가 있다. 여기서 그가 말하는 『예경』은 후세 사람이 『의례儀禮』라고 일컫는 17편이요, 공자가 편찬한 『예경』을 해명하는 데는 대덕戴德의 『대대예기大戴禮記』와 대성戴聖의 『소대예기小戴禮記』(禮記)가 우익羽翼이 되는 것이라고 하여 채택하였지만, 『주례周禮』와 『일례逸禮』는 거짓된 것으로 가탁했다는 사실을 확인하여 배제하였다.55) 또한 『예경』 17편에서 「상복喪服」편은 자하子夏의 전傳으로 보았으며, 「상복전喪服傳」과 『대대예기』・『소대예기』는 『예경』을 밝힌 것으로 『역』에서 「대전大傳」(「繫辭傳」)이 있는 것에 해당한다고 제시하였다.56)

한편 『예경부주금문설고』에 부록으로 붙인 「예경총론禮經總論」

---

54) 『李炳憲全集』, 下, 208쪽, 「書經傳注今文說考」, "詩書, 皆由正而之變, 詩四始, 言文武之盛, 而終于商頌, 志先世之亡以爲戒, 書三科, 述二帝三王之業, 而終于文侯之命秦誓, 志秦以狹道代周, 以覇統繼帝王, 變之極也, 春秋撥難反正, 始元終麟, 由極變而正之也, 其爲致太平之正經, 垂萬世之法戒, 一也."
55) 『李炳憲全集』, 下, 345쪽, 「禮經附注今文說考」, "先明經乃孔子所定, 大小戴記, 爲之羽翼, 故於周禮及逸禮之爲僞託者, 槪無及取焉."
56) 『李炳憲全集』, 下, 103쪽, 「孔經大義考・禮經」, "大戴小戴之傳記, 無往而不發明十七篇之義也, 合而言之, 喪服傳與大小戴禮, 猶易之有大傳也."

에서는 예학으로 들어가는 문과 길로 삼도록 청나라 금문학자 소의진邵懿辰의 『예경통론禮經通論』을 발췌하여 제시하면서, "소의진의 말은 구절마다 절실하고 글자마다 명백하여, 예학의 강령을 갖추었고, 경을 높이는 의례를 천명하였으니, 배우는 사람이 마땅히 받들어야 하는 법도이다"57)라고 하여, 소의진을 높이 평가하여 『예경』의 금문학적 이해에 기준으로 삼도록 강조하고 있다.

5. 이병헌 금문경학의 의의

이병헌은 청말 공양학파의 금문경학을 체계화한 강유위로부터 직접 친절한 지도를 받으며 금문경학의 연구를 시작하였다. 이를 통해 그는 유교개혁론을 위한 공교사상의 이론적 근거를 확립하는 동시에 공교운동의 방향을 확고하게 뒷받침할 수 있었다. 그는 만년에 오경에 대한 금문학적 주석에 심혈을 기울여 방대한 업적을 이룸으로써, 국내에서 금문경학의 영역을 개척하고 확고히 수립하는 데 주도적 역할을 하였다. 따라서 그가 금문학적 경전주석을 통해 공양학파의 금문경학을 체계화하였던 사실은 우리나라 사상사 내지 경학사에서 독보적 위치를 차지하는 것으로 주목할 필요가 있다.

이병헌이 이루어 낸 금문경학의 체계는 기본적으로 강유위의 금문경학에 기반하면서도 이병헌 자신의 독자적 빛깔을 지닌 것이었다. 강유위는 경전주석에서 『춘추』의 주석에 가장 주력하였는데, 이병헌은 강유위의 『춘추필삭대의미언고』에서 제시된 의리 가운데 중

---

57) 『李炳憲全集』 下, 504쪽, 「禮經附注今文說考」, "邵氏之言, 句句切實, 字字明白, 備禮學之綱領, 闡尊經之義例, 學者當奉之爲三尺."

대한 것을 간추려 인용하여 『춘추필삭고』를 편찬하면서, 더 이상 군더더기를 덧붙일 필요가 없음을 언급하였다. 그만큼 『춘추』의 주석은 전적으로 강유위에 의존하고 있음을 밝힌 것이다. 그러나 이병헌의 『시경부주삼가설고』(1926)·『서경전주금문설고』(1926)와 『예경부주금문설고』(1927) 및 『역경금문고』(1928)와 같은 저술은, 강유위에 의해서도 주석 작업이 본격적으로 착수되지 않았거나 주석이 미비한 상태였던 『시경』·『서경』·『예경』·『역경』에 대해 독특한 주석의 틀을 잡고 있음을 보여 준다. 이러한 이병헌의 주석 작업은 독자적이고 폭넓은 금문경학의 체계화를 이루고 금문경학의 체계를 완성해 가는 데 중요한 기여를 하였던 것으로 평가할 수 있다.

또한 이병헌의 유교개혁론은 기본적으로 금문경학에 경전적 근거를 두고 있으며, 그 기본과제는 『역경』의 신명론神明論, 『중용』의 배천론配天論, 『공양전』의 삼세설三世說, 「예운」편의 대동설大同說로 제시되고 있다.58) 여기서 『춘추』의 '삼세설'과 「예운」편의 '대동설'이 강유위가 가장 중시하는 유교사상의 사회개혁론적 성격을 보여 주는 것이라고 한다면, 『역경』의 '신명론'과 『중용』의 '배천론'은 이병헌에 의해 더욱 강조되는 유교의 종교적 성격을 확립하는 기반으로 주목되고 있는 것이라 하겠다. 그만큼 금문경학을 통해 사회개혁론의 방법을 정립하는 것이 변혁의 격동기에 놓였던 중국사회에서의 강유위의 시대적 핵심 과제였다면, 식민통치 아래에서 사회변혁의 길이 막혀 있는 조선의 이병헌으로서는 유교의 종교적 신념을 정립하는 것이 관심의 초점이 되었던 것으로 보인다.

---

58) 『李炳憲全集』 上, 198～199쪽, 「儒敎復原論·天學」, "大易, 爲神明界之書, 而無秦焚漢僞之侵, 中庸, 論配天之旨, 而世宙之人力漸通, 春秋, 寓三世之志, 而公羊董何傳口說, 禮運, 發大同之義, 而子游之筆蹟猶新."

이병헌이 금문경학을 국내에 도입하고 개척하는 데 혁신적 역할을 하고 독보적 지위를 지녔던 만큼이나, 그의 금문경학은 그동안 후학들에 의해 계승되거나 확산되지 못한 채 무관심 속에 파묻혀 있었다. 다만 최근에 이병헌의 『시경』 주석을 검토하면서 그의 금문경학이 지닌 개혁적 성격을 들판에 일어난 작은 불길에 비유하여, "그 자체는 맹렬하지도 뜨겁지도 않지만 오래지 않아 그 불길이 들판을 태울 것이요, 조선시대 학문조류를 완전히 개혁하여 변하게 할 것이니, 이 점이 이병헌의 『시경공학고』의 최대공헌이라 할 수 있다"[59]는 논평이 제시되었던 일이 있다. 이러한 평가는 한국 사상사에서 그의 금문경학 연구가 지닌 혁신적 성격을 주목한 것이라 할 수 있다.

이처럼 이병헌은 한국 근대사상사 속에서 강유위의 유일한 계승자로서 확고한 위치에 있었으며, 조선후기의 극소수 실학자들에 의해 고증학적 경전해석이 시도되었지만 여전히 주자학의 경학이 지배하는 한국 사상계에서 공양학파 금문경학의 새로운 영역을 열어주었다 한국 경학연구사에서 혁신적 관점과 이론으로 경학의 체계를 정립하였던 경우를 들어 보면, 17세기 후반 윤휴尹鑴(호는 白湖)의 고학적 경학과 19세기 전반 정약용丁若鏞(호는 茶山)의 실학적 경학, 그리고 20세기 전반 이병헌의 금문학적 경학이 근세의 한국 경학사에서 가장 혁신적 변혁을 일으켰던 사례라고 할 수 있을 것이다. 따라서 이병헌의 금문경학은 우리 시대의 경학연구에서 새롭게 관심을 불러일으키고 경학연구의 방향을 제시하는 데 기여할 여지가 큰 가능성을 지니고 있다고 할 수 있다.

---

59) 金學主,「李炳憲『詩經孔學考』略論」,『中國域外漢籍國際學術會議論文集』(臺北, 國學文獻館, 1990), 234쪽.

제5장

유교개혁론의 양상과 이병헌의 유교복원론

1. 유교개혁론의 배경과 유형

20세기 전반기는 국권을 상실하고 식민통치를 받게 되는 사회체제의 중대한 변동에 따라 유교전통의 붕괴가 촉진되고 근대사회로 전환하기 위한 사상적 격변이 일어난 시기였다. 이러한 시대에 대부분의 유교지식인들은 한말 도학의 철저한 배타적 수구론을 계승하여 여전히 보수적 방어의식에 사로잡혀 있었다. 그러나 유교의 사상과 제도가 이미 전통적 형식으로는 근대적 사회변동에 적응할 수 없다는 인식이 일어나면서, 한편에서는 유교에 대한 전면적 비판이 제기되었고 다른 한편에서는 유교사상의 개혁을 통해 새로운 시대환경에 적응하고자 하는 유교개혁론이 다양한 사상적 배경에서 제기되었다. 이 시대에 제기된 유교개혁론을 대체로 네 가지의 유형으로 구분해 본다면, 첫째 도학적 유교개혁론, 둘째 애국계몽운동적 유교개혁론, 셋째 양명학적 유교개혁론, 넷째 금문경학적 유교개혁론으로 볼 수 있다.

우선, 도학을 배경으로 하는 유교개혁론을 살펴보기로 하자. 그 대표적 인물로는 이승희李承熙(1847～1916, 호는 韓溪)와 송기식宋基植(호는 海窓, 1878～1949)을 들 수 있다. 도학자로서는 극히 드문 경우이지만 이승희는 붕괴해 가는 유교체제를 새롭게 조직화하기 위한 시도로, 중국에서 망명생활을 하는 동안 1913년 중국의 공교회조직과 연결하여 만주지역에서 동삼성한인공교회東三省韓人孔敎會를 설립하여 유교재조직운동을 벌였다. 이에 비해 송기식은 국내에서 활동하며 영남도학의 학풍을 배경으로 지켜 가면서도 신학문을 폭넓게 수용하는 애국계몽사상의 입장을 취하였다. 이승희와 송기식을 도학적 유교개혁론자로 규정하는 이유는 도학전통에 대한 비판적 태도를 지니지 않으면서 유교조직의 새로운 변화를 추구하고 있다는 점에 주목한 것이다.

둘째는, 애국계몽사상을 배경으로 하는 유교개혁론이다. 애국계몽사상가들 가운데는 이미 유교를 벗어나거나 기독교에 입문한 인물들도 있었지만, 여전히 유교전통을 민족정신의 기반으로 인식하는 인물들도 상당수 있었다. 신채호申采浩(1880~1936, 호는 丹齋), 장지연張志淵(1864~1921, 호는 韋菴), 유인식柳寅植(1865~1928, 호는 東山)을 그 대표적 인물로 들 수 있다. 이들 애국계몽사상가들은 청년기에 도학교육을 받았지만, 계몽사상가로 전환하면서 도학적 유교전통의 폐단에 대한 선명한 비판의식에 근거하여 유교사상의 개혁을 추구하는 특징을 보여 주고 있다.

셋째는 양명학을 배경으로 하는 유교개혁론이다. 그 대표적 인물인 박은식朴殷植(1859~1925, 호는 白巖)은 사실상 애국계몽사상가의 핵심적 인물 가운데 한 사람이지만, 도학과 주자학의 한계를 인식하면서 양명학을 적극적으로 수용하는 입장을 밝히고 있다는 점에서 양명학적 유교개혁론자라 할 수 있다.

넷째는 금문경학을 배경으로 하는 유교개혁론이다. 금문경학적 유교개혁론을 대표하는 거의 유일한 인물로는 이병헌이 있다. 이병헌은 강유위의 지도 아래 공양학파의 금문경학을 자신의 유교개혁론에서 이론적 기반으로 확립하였으며, 중국 공교회와 연결하여 공교운동을 전개하였다.

이러한 네 가지 유형의 유교개혁론이 지닌 공통점으로는 유교를 사상적 기반으로 확립하고 있다는 사실은 말할 것도 없고, 이 외에 일정한 정도의 서양근대문물에 대한 이해를 지니고 있으며, 정도의 차이는 있지만 유교를 종교로서 인식하는 경향이 강하고, 유교개혁사상의 이론적 배경으로 강유위와 양계초梁啓超(1873~1929, 호는 任公)의 영향을 많이 받았다는 점을 지적할 수 있다.

유교개혁론에서 서양문물에 대한 배타적 태도를 찾는 것은 어려운 일이다. 도학적 유교개혁론이 서양문물에 대해 가장 관심이 약한 경우라 할 수 있지만, 그 대표적 인물인 이승희도 나름대로 서양의 과학지식과 국제정세를 이해하고 수용하는 데 관심을 기울이고 있었다. 또한 유교개혁사상가들은 대체로 유교의 종교성에 대한 각성을 통해 유교적 신념을 활성화하고 유교공동체의 조직을 강화하고자 하는 의지를 지니고 있었다. 당시 중국에서 유교개혁론을 주도적으로 이끌어 가던 강유위의 공교회는 도학적 유교개혁론자인 이승희에게 직접적인 영향을 미쳤을 뿐 아니라 이병헌에게도 절대적인 영향을 미쳤다. 양명학적 유교개혁론자인 박은식은 강유위의 유교개혁사상으로부터 직접적인 영향을 받지는 않았지만, 그가 주도하여 1909년 설립한 유교 교단의 이름을 '대동교大同敎'라고 한 사실에서 강유위가 주창한 대동론의 영향을 받은 것으로 볼 수 있다. 또 애국계몽사상가인 신채호, 유인식의 경우나 도학적 유교개혁사상가인 송기식의 경우도 '대동'을 미래가 지향할 이상사회로 언급하고 있는 사실에서 간접적이나마 강유위와 양계초의 영향을 엿볼 수 있다.

유교개혁론을 사상적 배경에 따라 네 가지 유형으로 구분하는 것과 더불어, 유교개혁론을 이론적으로 체계화했는지의 여부에 따라 유교개혁사상을 단편적으로 제시하였지만 체계화하지 못한 경우와, 유교개혁사상을 중심 과제요 신념으로 확인하여 체계적으로 구성하여 제시하였던 경우의 두 가지 양상으로 구분해 볼 수 있다.

그러한 구분에 따르면, 신채호는 초기에 단편적으로 유교개혁론을 제기하였지만 후기에는 민족사 연구에 몰두하고 급진적 투쟁에 나서면서 유교에 대한 관심을 잃어버린 경우이고, 유인식은 유교개혁을 위한 기본구상을 분명히 밝혔지만 체계화하지는 못한 경우이며, 장지연은 초기에는 박은식과 함께 대동교조직에 참여하기도 하였지만 유교개혁론을 단편적으로 제시하는 데 그쳤던 경우라고 할 수 있다.

이에 비해 유교개혁론을 체계화한 경우를 보면, 박은식의 「유교구신론儒敎求新論」(1909)은 양명학적 입장을 기반으로 하고 있으며, 송기식의 『유교유신론儒敎維新論』(1921)은 도학적 기반을 지키고 있으며, 이병헌의 『유교복원론儒敎復原論』(1919)은 금문경학의 입장을 추구한 것이다. 여기서 제시된 유교개혁론의 세 저술은 20세기 초 유교개혁의 이상을 명확히 천명하고 유교개혁의 현실적 여건과 과제와 방법을 체계적으로 제시했다는 점에서 주목할 필요가 있다.

박은식, 송기식, 이병헌에 의해 제시된 유교개혁론을 체계화한 저술은 이 시대 유교개혁론의 성격과 양상을 이해하는 데 중요한 기준이 될 수 있을 것이다. 따라서 여기에서는 유교개혁론의 다양한 과제 가운데서 특히 시대와 상황의 인식이 어떻게 제기되었는지의 문제와 종교성의 각성이 어떻게 시도되었는지의 두 가지 문제를 중심으로 점검해 봄으로써 유교개혁론의 다양한 양상이 지닌 내용과 특성을 조명해 보고자 한다. 이처럼 다양한 사상적 배경의 유교개혁론을 대비시킴으로써 이병헌의 '유교복원론'이 지닌 유교개혁론의 체계와 이론적 특징을 더욱 분명히 확인할 수 있을 것이다.

2. 20세기 초 유교개혁론의 전개양상

1. 이승희의 도학적 공교운동

이승희李承熙(호는 韓溪)는 한말 영남도학의 거장인 이진상李震相 (1818~1886, 호는 寒洲)의 아들로서 도학의 학풍을 철저히 계승한 인물이다. 그는 62세 때(1908) 블라디보스톡으로 망명하여 이듬해부터 만주지역에서 활동하면서 망명한 동포들의 공동체조직을 강화하고 이념을 확립하기 위해 강유위와 진환장陳煥章(1881~1931)이 이끌고 있는 공교회조직과의 연결을 추진하였다. 이승희의 공교회 활동은 그가 지켜 온 도학이념을 벗어나거나 버리는 것이 아니라 도학의 이념적 기반 위에 중국의 공교조직과의 연대를 강화하는 것이었다.

당시 진환장이 주임으로 활동하던 북경 공교회는 강유위의 공양학적 배경을 지닌 공교사상을 엄격하게 관철하는 입장이 아니라, 현실적으로 전통적인 유교지식인을 폭넓게 포용하여 조직화하는 데 주력하고 있었다. 따라서 이승희처럼 도학을 배경으로 한 유학자도 참여의사만 밝히면 공교회로부터 환영을 받을 수 있었다.

이승희가 도학이념을 기반으로 공교운동에 참여하였던 만큼 그의 유교개혁론은 유교전통을 비판하거나 혁신하려는 것이 아니었다. 다만 현실의 대세에 대한 주의 깊은 인식에서 도학이념을 현실에 적응할 수 있도록 새롭게 계발하고자 한 것이었으므로, 엄격한 의미에서 '유교개혁론'이 아니라 '유교개량론'이라 해야 할 것이다. 따라서 이승희가 유교의 개혁을 표방하는 체계적인 저술을 하지는 않았지만, 그 나름대로 현대사회에 유교가 적응할 수 있는 실천방법을 체계화하는 데 치밀한 관심을 기울였던 점에 유의할 필요가 있다.

1913년 12월에 이승희가 북경 공교회로 진환장을 찾아가 만났을 때 진환장이 공교회의 체제에 관한 자문을 구할 만큼, 이승희는 이미 공교에 대해 구체적인 인식을 지니고 있었다. 이때 이승희는 『공교회잡지孔敎會雜誌』에 투고하거나 북경 공교회의 강연활동에 참여하고 강유위에게 공교의 내용을 질의하는 편지를 보내는 등 공교회의 중심에서 적극적으로 활동하였으며, 북경 공교회로부터 승인을 받아 공교회의 지부로서 동삼성한인공교회東三省韓人孔敎會를 설립하였다.[1]

이승희는 공교를 진흥시키기 위한 실천방법으로서 교육제도의 체계적 구성안을 제시한 「공교진행론孔敎進行論」(1914)을 북경 공교회가 간행하는 잡지인 『공교회잡지』에 발표하였다.[2] 또한 이러한 교육제도의 개혁에서 현실적으로 부딪히는 세 가지 난점을 지적하였는데, 그것은 첫째, 인륜・도덕을 위주로 하는 공교와 사물・사업을 위주로 하는 신학新學의 내용이 판연하게 다르며, 둘째, 중국의 국력이 쇠약하고 백성은 어리석어 전국에 걸쳐 널리 학교를 세울 수 없으며, 셋째, 옛 경전의 오묘한 내용과 신학문 서적의 복잡한 체제를 절충하기 어렵다는 것이다.[3] 그만큼 이승희는 도학이념에 근거한 명분만을 표방하는 것이 아니라 교육개혁의 과정에서 당

---

1) 『韓溪遺稿』 7(국사편찬위원회), 553~559쪽, 「韓溪先生年譜」, '癸丑・甲寅年條'.
2) 『韓溪遺稿』 6, 138~143쪽, 「孔敎進行論」. 여기서 이승희는 교육제도의 재조직화를 위한 구성요건으로서 學宮(學校)・學員(學生)・敎科書・敎規(學制)의 네 가지 과제를 검토하고 있다.
3) 『韓溪遺稿』 6, 141~142쪽, 「孔敎進行論」, "有從而難之者有三, 其一曰, 孔敎與新學, 判爲二途, 不可溝通, 此謂孔敎主倫常道德, 新學主名物事功也,……其二曰, 中華國力艱棘, 民愚而裹, 無以普立學校.……其三曰, 古經旣奧妙, 新書又複雜, 敎科文字, 實難折衷."

면하게 되는 현실적 조건과 난점을 객관적으로 인식하는 안목을 지니고 있었던 것이다.

이승희의 유교개혁론은 교육체계를 재구성하여 추구하는 데 그 특징이 있다. 또한 그가 유교교육체계의 새로운 구성으로 아동교육과 여성교육에 세밀한 주의를 기울이고 있었던 사실은 주목할 만하다. 먼저 그는 아동교육을 위해 전통적으로 아동용 교과서로 사용해 오던 주흥사周興嗣의 『천자문千字文』을 대신하여 새로운 지식체계로 구성된 천자문으로서 『정몽류어正蒙類語』(1884)와 그 해설서인 『몽어류훈蒙語類訓』(1888)을 저술하고, 소학과小學科에 해당하는 경전으로서 「곡례曲禮」 편을 주석하여 『곡례집간장구대전曲禮輯刊章句大全』(1894)을 저술하기도 하였다. 또한 여성교육과 가정교육의 중요성에 비상한 관심을 기울여 『여범女範』(1912)·『가범家範』(1912)·『규의閨儀』를 저술하여 교과서적 체계화를 이루었으며, 여학과女學科에 해당하는 경전으로서 「내칙內則」 편을 주석하여 『내칙집간장구대전內則輯刊章句大全』(1894)을 저술하였다.

나아가 이승희는 공교의 교육내용을 규정하여 『공교교과론孔敎敎科論』(1914)을 저술하고, 교육제도의 구체적 개혁안으로서 학교의 등급과 직제를 제시한 「학제규칙學制規則」을 저술하였다. 또한 공교와 신학을 종합한 공교의 교과목을 체계화한 「학안규칙學案規則」을 비롯하여, 학교제도와 교육방법 및 각급 학교의 수업시간표까지 작성하여 보여 주는 「학과규칙學課規則」을 저술하였다. 이승희에 의해 제시된 교육제도와 원리 및 방법론의 체계와 구상은 전통에 대한 혁신적 개혁이 아니다. 그것은 주희가 남긴 업적을 철저히 존중하면서 당시의 시대적·문화적 상황에 적응하려는 계승적 재구성을 기본입장으로 관철하고 있는 것이다. 이처럼 현실인식에 근거하여 유교의 재구성을 추구한 것은, 이승희의 유교개혁론이 지닌 특성이라 하겠다.

이승희는 1909년 만주에서 우리 동포들의 공동체인 한흥동韓興洞(密山府)을 개척하였을 때, 「일칙명日則銘」과 「일송오강십목日誦五綱十目」을 지어 매일 아침 낭송하는 것을 의례로 정착시켰다. 「일칙명」에서는 "밝고 밝은 상제는 그 명령이 그침이 없다"(明明上帝, 其命無息)로 시작하고, 「일송오강십목」에서는 "천지를 위해 마음을 세운다"(爲天地立心)로 시작하는데, 이를 통해 그의 유교개혁론이 상제에 대한 신앙을 강조하고 있다는 사실을 확인할 수 있다.

이승희는 동삼성한인공교회의 설립취지문에서도 '공교'를 "만세의 중심이요 바른 교"(萬世中正之敎)로 제시하고, 10조의 절목節目을 제시하였다. 그 첫 조목에서 "우리 공자의 교는 천지·일월과 같아서 사람은 모두 볼 수 있다.……무릇 입회하는 사람은 반드시 전날의 부패하고 거짓된 습속을 통렬히 버리고 오직 정성된 마음으로 교를 따라야 한다"[4]고 하여, '종교'라는 이름으로 선언하고 있지는 않지만 '공교'의 근원성과 보편성에 대한 신념을 밝히고 성심으로 따르는 신앙적 태도를 요구하고 있는 점에서 종교적 각성을 엿볼 수 있다. 또한 그는 강유위의 대동 개념과는 별도로 대동의 이상을 강조하여 『예운집주禮運集註』(1914)를 저술하였으며, 공자의 위치를 부각시키기 위해 『공자세기孔子世紀』(1915)를 저술하기도 하였다. 그것은 이승희가 도학적 배경을 지키면서도 공자를 교조로 높이는 공교의 종교적 입장에 매우 근접해 있음을 제시하는 것이며 또한 강유위의 대동사상에 대한 관심과 영향을 반영한 것이

---

4) 『韓溪遺稿』 6, 264쪽, 「東三省韓人孔敎會趣旨書」, "吾孔子之敎, 如天地日月, 人皆可見.……凡入會者, 必痛刮從前腐敗虛假之習, 惟誠心服敎."

라 할 수 있다.

2. 애국계몽사상가의 유교개혁론

애국계몽사상가인 장지연, 신채호, 유인식의 유교개혁론을 개괄해 보면, 유교전통의 폐단에 대한 엄격한 현실적 비판의식에 근거하여 유교개혁론을 제기한 공통성을 보여 주는데 이 가운데 유인식이 가장 철저한 비판의식을 제시하였다. 또한 이들은 종교적 각성에서도 공통성을 보여 주는데 신채호가 가장 미약한 관심을 지녔으며 그만큼 일찍 유교개혁론에서 이탈하였다. 이들의 유교개혁론에 대한 관심을 보면, 신채호는 그 관심이 망명 이전 초기로 한정되었고, 장지연도 초기에는 대동교의 종교조직에 참여하였으나 후기로 가면서 쇠퇴하였으며, 안동권의 보수적 지역기반에서 활동하던 유인식만이 종교적 관심을 지속적으로 보여 주었다.

같은 애국계몽사상가들 사이에서도 이러한 차이가 드러나는 이유는 무엇인가? 먼저 사상적 배경에서 보면, 신채호는 민족운동의 행동화에 몰두하였고, 장지연은 우리 문화에 대한 국학적 인식을 기반으로 삼고 있었지만 사상적 배경의 특성이 뚜렷하지 않았으며, 유인식은 양계초의 영향을 사상적 배경으로 분명하게 확인할 수 있었던 점에서 그 차이를 드러낸 것으로 볼 수 있다. 또한 활동지역에서 보면, 신채호는 후반에 해외에서 망명생활을 하였으며, 장지연은 국내에서 활동하였지만 일반대중을 대상으로 하는 언론기관에서 활동하였고, 유인식은 비록 보수적이었지만 유교문화가 강한 지역기반에서 교육활동을 하였던 점에서 그 차이를 드러내고 있는 것이라 하겠다.

1) 장지연의 유교개혁론

장지연은 영남도학의 학풍 속에서 성장하였지만, 1899년 『시사총보時事叢報』와 『황성신문皇城新聞』의 주필로서 언론을 통한 계몽운동에 주력하였다. 그는 『조선유교연원朝鮮儒教淵源』(1922)을 저술하여 민족문화의 전통으로서 유교의 전개과정을 밝히고, 그 끝에서 유교가 지닌 본질적 가치의 진실성을 강조하였다. 이와 관련하여 그는 조선시대 사화士禍의 참혹함과 붕당의 혹독한 피해에 대한 유교의 책임론에 대해, "이것이 어찌 유교가 시킨 것이겠는가. 실지로 정치가 길들인 것이요 또한 유교의 명목을 빌려 임금을 속이고 웃음을 흘리면서 부끄러워할 줄 모르는 자들의 죄이다. 이들은 선왕의 죄인일 뿐만 아니라 바로 공자·맹자의 죄인이다"[5]라고 하여, 거짓된 유교의 죄를 물음으로써 진정한 유교를 적극적으로 옹호하였다. 이처럼 장지연의 유교개혁론은 진실한 유교와 거짓된 유교를 분별하고 유교와 정치를 분별하여 버려야 할 부분과 살려 나가야 할 부분을 가려냄으로써, 유교개혁의 방향과 과제를 제시하고자 한 것이었다.

한편 장지연은 공자를 '유교의 종조'(儒教宗祖)라고 밝힘으로써, 공자를 종교의 교주로 확인하여 유교의 종교성을 각성하는 입장을 보여 주고 있다. 특히 그는 유교의 종교적 각성을 통하여 민족정신의 강화를 추구하였다. 그리하여 우리 민족의 종교적 시조를 단군의 '신교神教'라고 보고, 기자箕子를 한국유교의 '종조'라고 규정하였다.[6] 이처럼 그의 유교개혁론은 민족의식에 깊이 뿌리박고 있었다.

---

[5] 張志淵, 「儒敎者辨」, 『朝鮮儒敎淵源』 권3, 193쪽, "是豈儒敎之使然也, 實乃政治之馴致也, 抑又假儒名而欺世主, 嚣然不知爲恥者之罪也, 是非但先王之罪人, 卽孔孟之罪人也."

[6] 張志淵, 「儒敎者辨」, 『朝鮮儒敎淵源』 권1, 1쪽, "檀君之季, 殷太師箕子避周以來,

장지연은 초기에 박은식 등과 대동교를 창건함으로써(1909) 유교를 조직화하는 종교운동을 전개하였다. 그는 양계초가 '종교란 국민의 뇌질腦質을 주조하는 원료'라고 한 말을 인용하면서, 한 나라의 강약과 흥망은 종교에 걸려 있다고 하며 국가와 민족에 있어 종교가 차지하는 역할에 주목하였다. 나아가 그는 공자의 탄일誕日의례와 문묘文廟의 석전釋奠의례 및 제천祭天의례를 비롯한 황제의 의례(皇禮) 등 유교의례의 체계적 재구성을 추구하고, 의관衣冠제도의 개혁방법을 검토하기도 하였다. 이처럼 의례의 재정립을 통한 유교적 실천의 활성화를 추구하는 것은 유교개혁운동의 중요한 과제라 할 수 있다.

장지연은 유교개혁론이 지향하는 새로운 유교의 기본성격에 대해서도 양계초를 따라 '진화進化주의·평등平等주의·겸선兼善주의·강립强立주의·박포博包주의·지성至誠주의'의 '6대주의'를 제시하였다.7) 이러한 그의 유교개혁론이 강유위와 초기 양계초의 영향에 깊이 젖어 있음은 쉽게 확인할 수 있지만, 이러한 영향은 후기로 갈수록 유교개혁론에 대한 관심이 쇠퇴해짐에 따라 점차 희미해져 갔다.

2) 신채호의 유교개혁론

신채호는 성균관 박사로 임명된 26세 때(1905) 황성신문사 사장인 장지연의 초청을 받아 논설 기자로서 언론을 통해 애국계몽운동을 전개하기 시작하였다. 그는 자신의 유교개혁론이 추구하는 과제

洪九疇之道, 敎化東方,……朝鮮雖謂之儒敎宗祖之邦可矣."
7) 張志淵이 유교의 六大主義로 제시한 새로운 특성은 梁啓超가 「論支那宗敎改革」(1899)에서 제시한 6대주의에서 重魂主義를 至誠主義로 바꾼 것뿐이고 다른 항목은 같다.

와 신념을 밝히면서, "보수를 변하고 실천을 힘쓰며, 수구守舊를 변하고 취신就新을 힘쓰며, 침정沈靜을 변하고 활동을 힘쓰면, 반드시 백성의 지혜를 진흥하며 국가의 주권을 옹호하여 유가의 큰 광채를 번쩍일 날이 있을진저"[8]라고 하여, '보수・수구・침정'의 폐쇄적이고 정체된 낡은 질서를 비판하고, '실천・취신・활동'의 능동적이고 진보적인 새로운 질서로 나아감으로써 국민계몽과 국가주권을 확보하는 것이 그의 유교개혁사상이 추구하는 기본방향임을 제시하고 있다.

신채호의 유교개혁론은 낡은 질서를 허물고 새 질서를 추구하는 진보주의적 관심과 국권의 자주성을 확립하기 위한 민족주의적 관심에 기초를 두고 있는 것이다. 초기에 그는 국운이 쇠퇴한 책임을 유교에 돌리기보다는 올바른 유교적 신앙이 결여된 데에서 그 원인을 찾았고, 사회의 그릇된 유교적 신앙의 폐단을 예리하게 성찰하였다. 당시 망국의 위기를 당한 상황에서 쇠퇴한 유교의 교세를 확장하려는 유교확장론이 활발하게 일어나고 있었는데, 그는 "동쪽에서 주창하고 서쪽에서 화답하며, 왼쪽에서 부르고 오른쪽에서 불러, 어제 한 '회會'가 세워지고 오늘 한 '교敎'가 세워져, 오색의 깃발이 일제히 나부끼니, 오호라 유교가 과연 확장되는가?"[9]라고 하여 유교확장론의 문제점에 주목하면서, '문명의 풍조' 곧 새로운 근대적 서구문명을 적극적으로 수용하는 것이 유교확장의 필수적 조건임을 강조하였다.

또한 신채호는 유교확장의 방법이 '유교의 진리를 확장함'에 있다고 규정하여, 유교확장론의 기준을 '진리의 확장'으로 제시함으로

---

8) 『丹齋申采浩全集』 別集(형설출판사, 1987), 109쪽, 「儒敎界에 對한 一論」.
9) 『丹齋申采浩全集』 下(대한매일신보 1909. 6. 16. 발표), 119쪽, 「儒敎擴張에 對한 論」.

써, '진리의 확장'이 아니라면 확장은커녕 도리어 멸망하게 될 것이라고 경고하였다. 특히 그는 당시 유교확장론을 주창하는 여러 집단 가운데 진리를 위배하는 경우를 세 가지 유형으로 구분하고 이들을 비판하였다. 첫째, 매국노賣國奴(친일파)들이 황금이나 낚고 벼슬이나 훔치고자 유교확장을 주창하는 것은 국가의 적이요 유교의 적이다. 둘째, 우학자愚學者(보수파 도학자)들이 맹목적으로 존화尊華주의를 주장하고 완고한 사상을 고취하고자 유교확장을 주창하는 것은 문명의 적이요 유교의 적이다. 셋째, 미외배媚外輩(외세에 아첨하는 무리)들이 간사한 술책으로 다른 종교를 박멸하고 동포를 유혹하고자 유교확장을 주창하는 것은 사회의 적이요 유교의 적이다. 이처럼 그는 유교확장론을 주창하는 다양한 입장들 가운데 거짓된 집단이 많은 현실을 심각하게 경계하였던 것이다. 그리하여 그는 "유교의 진리를 확장하여 허위를 버리고 실학에 힘쓰며, 소강을 버리고 대동에 힘써서 유교의 빛을 우주에 비출지어다"[10]라고 선언하였다. 곧 진실한 유교의 확장을 위해 진리를 확장한다는 것은 바로 '허위'와 '소강'을 버리고 '실학'과 '대동'에 힘쓰는 것임을 천명한 것이다. 여기서 '실학'이란 현실성과 실용성을 유교적 학문방법의 기준으로 확인하는 것이요, '대동'이란 강유위의 대동사상에서 영향을 받아 유교의 새로운 이상으로 제시하고 있는 것이다.

    신채호의 유교개혁론은 국권의 수호와 국민정신의 강화를 추구하는 민족의식의 조건에 철저히 제약을 받고 있었던 것이 사실이다. 따라서 그는 종교를 '국민에게 감화를 주는 하나의 큰 기관'으로 규정하고, '종교의 노예가 될 뿐이요 국가의 관념이 없는 종교'나 '종교의 신도가 될 뿐이요 국민의 정신이 없는 종교'는 20세기

---

10) 『丹齋申采浩全集』下, 119~120쪽, 「儒教擴張에 對한 論」.

새 국민의 종교가 될 수 없다고 거부하였다.[11]

나아가 그는 우리나라 유교도덕의 폐단으로 다음 네 가지를 제시하였다. 첫째는 굳세고 용감함이 아니라 오직 부드럽고 온후한 것을 도덕으로 강조한 '관념의 오류'이다. 둘째는 온 세상 사람을 노예로 만들어 혁명가나 파괴자를 내지 못하는 '복종의 편중'이다. 셋째는 개인 사이의 상호적 규범으로 사덕私德을 제시할 뿐 국가와 사회에 대한 공덕公德이 없는 '공公·사私의 전도'이다. 넷째는 산림에 숨은 고사高士와 눈앞의 편안함을 즐기는 보수주의자를 주로 만들어 내는 '소극의 태심太甚'이다.

또한 나라 잃은 백성이 가져야 할 도덕으로 다음의 세 가지를 들었다. 첫째는 국가주의를 넘어서 세계주의로 나가지 않는 '유有제한적 도덕'이다. 둘째는 국가를 위해서라면 붓을 잡거나 칼을 잡는 일이 모두 도덕이라는 '무공포적 도덕'이다. 셋째는 중국에서 수입하여 고질이 된 도덕이 아니라 우리나라를 강성하게 할 고유의 도덕인 '국수적 도덕'이다.[12]

유교도덕의 폐단에 대한 비판적 인식만이 아니라 민족의식을 도덕적 가치로 강조하면서 더 이상 유교 도덕에 의존하지 않는 것으로 볼 때, 신채호는 이미 유교개혁을 통한 희망이나 기대를 포기하기 시작하였던 것 같다. 실제로 1910년 중국에 망명한 이후 그는 역사 연구를 통한 민족의식의 각성을 추구하였고, 대종교大倧敎와 천도교 등 민족종교에 관심을 기울였으며, 불교와 기독교에도 관심을 보이며 무정부주의에 빠져들기도 하였다.[13] 이로 볼 때 그는 망명

---

11) 『丹齋申采浩全集』 下, 227쪽, 「二十世紀 新國民」.
12) 『丹齋申采浩全集』 下, 60~68쪽, 「道德」.
13) 愼鏞廈, 『申采浩의 사회사상연구』(한길사, 1984), 11~72쪽.

후에 유교개혁에 대한 관심을 상실하였다고 할 수 있다.

3) 유인식의 유교개혁론

유인식은 영남도학자로서, 1903년 서울에 머물면서 신채호로부터 양계초의 『음빙실문집飮氷室文集』을 빌려 읽은 후 홀연히 결심을 하고 개화론자로 전환하였다. 이때 그는 "심성心性·리기理氣가 전날의 학술이라면 기화氣化·성광聲光은 오늘의 학설이요, 전통예복(峨冠法服)이 전날의 풍속이라면 서양복장(洋裝剃髮)은 오늘의 풍속이다"14)라고 선언하였는데, 이처럼 과거의 성리학을 버리고 오늘의 서양 자연과학을 받아들이며, 과거의 전통의관을 버리고 서양식 복장과 두발을 받아들이는 등 서양문물의 수용을 시대적 과제로 인식하고 있었다.

또한 유인식은 "이제 우리나라의 폐습을 구제하고자 하면, 쌓인 폐단의 원인을 먼저 살피지 않을 수 없다. 이에 망국의 원인이 정부와 유림의 부패에서 말미암았음을 논한다"15)라고 하여, 망국의 원인이 유림과 유교체제의 조선정부가 부패했던 데에 있었음을 통렬하게 각성하고 부패의 현상을 조목별로 분석함으로써 유교개혁의 출발점으로 삼았다. 특히 그는 유림의 부패를 분석하면서 경학가 經學家(도학자)의 폐단으로서 우리나라 학설이 공허한 이론에 빠진

---

14) 『東山全書』下, 133쪽, 「通白鶴書堂士林」, "心性理氣, 前日之學說, 而氣化聲光, 今日之學說也. 峨冠法服, 前日之禮俗, 而洋裝剃髮, 今日之禮俗野."
15) 『東山全書』下, 88쪽, 「太息錄」, "今欲救我國之弊習, 不可不先察其積弊之原因也, 玆論亡國之原因, 由於政府儒林之腐敗者."
유인식은 정부와 유림의 부패 조목을 다음과 같이 열거하고 있다.
(1)정부의 부패: ①君權太重, ②勳戚世臣之禍, ③黨論之禍, ④尊大學者, ⑤疎武備, ⑥科擧之弊, ⑦用人尙閥, ⑧事大主義, ⑨田賦民籍之弊, ⑩吏胥之弊.
(2)유림의 부패: ①經學家(道學者), ②科學家(科擧之學), ③崇拜儒賢, ④儒院(書院), ⑤經學家之專制, ⑥豪家(世族)之專制, ⑦家庭教育範圍之狹窄, ⑧薄生財.

채 성찰할 줄을 모르는 사실을 비판하고, 마음을 다스리는 공부와 세상을 경륜하는 도구가 없고 국민을 위한 계책이나 세계의 형편을 알지 못한다고 지적하였다. 또한 "인재가 날로 저지당하고, 백성의 지혜는 날로 막히며, 학술은 날로 그릇되고, 풍속은 날로 퇴락하여, 마침내 나라가 망하게 된 것은 모두 경학가에게서 나온 재앙이다"16)라고 하여, 망국의 책임이 도학자에 있음을 확인하였다. 이처럼 그는 도학파가 비판하였던 양명학을 긍정적으로 평가하고 있다.

유인식은 특히 경학가(도학자)들이 다른 사상과 종교를 이단異端·사설邪說로 배척함으로써 학풍의 창조성을 상실하게 하는 사상적 전제를 비판하며, "3성인(공자·석가·예수)이 일체를 이루며 모든 종교는 평등하다"(三聖一體, 諸敎平等)라고 언급한 강유위의 말을 인용하여, 학문과 신앙의 자유와 평등함을 강조하였다. 여기서 그는 "정치의 전제는 백성의 기개를 쇠퇴시키고, 학문의 전제는 백성의 지혜를 막아 버린다. 백성의 기개를 쇠퇴시키는 것은 그래도 말할 수 있지만, 백성의 지혜를 막아 버리는 것은 나라를 멸망시키고 종족을 절멸시키는 근원이다"17)라고 하여, 도학파의 학문적 전제가 국가와 민족의 멸망을 초래하였음을 지적하였던 것이다.

또한 유인식은 "교화敎化·형정刑政은 임금이 위에서 베풀면 아래에서 풍속이 이루어진다"고 하여 군주에 의한 위로부터의 정치를 지난날의 의리로 규정하고, "국민을 위한 책임이 반드시 유림사회에 있다"는 인식은 20세기 이후 시대의 의리(時義)라고 확인하여,18) 유

---

16) 『東山全書』, 下, 101쪽, 「太息錄」, "我國學說, 從事口耳, 不知省察,…… 人才日鋇, 民智日塞, 學術日訛, 風俗日退, 卒以亡國, 皆經學家之崇也."
17) 『東山全書』, 下, 105쪽, 「太息錄」, "政治之專制, 民氣衰, 學問之專制, 民智塞, 民氣之衰, 猶可言也, 民智之塞, 國亡種滅之源也."

림이 사회변혁의 주체로 자각하고 백성을 위한 책임의식을 각성하도록 촉구하였다. 그러나 그는 당시 우리나라 사람 가운데 중년 이상은 사상이 부패하고 고질이 깊어서 떨치고 일어나기를 기대할 수 없지만, 청년들은 내일의 한반도 주인으로서 이천만의 허위에 가득 찬 민족을 구원할 것이라고 언급하기도 하였다.[19] 그만큼 허위에 가득 찬 도학전통의 유림들에 대한 절망감을 분명하게 보여 주고 있으며, 기상이 활발하고 사상이 청신한 청년에게 새로운 시대의 희망을 걸고 있는 것이다. 이에 따라 그는 교육을 통한 젊은 인재의 배양이 중요함을 강조하였으며, 1907년 고향에서 협동학교協同學校를 세워 교육을 통한 계몽활동을 벌였다.

유인식은 1919년 양계초가 정한 시무학당時務學堂의 「학기學記」를 참조하고 우리나라 청년들이 배우는 데 필요로 하는 과제를 선정하여 15조목의 「학범學範」을 제시하였다.[20] 이 가운데 15조의 '종교사상'에서는 자신의 종교관과 유교관에 대해 언급하고 있다. 그는 공자에 대해 "모든 성왕聖王의 으뜸으로 만세토록 태평을 열어 주어, 온 세상이 존숭한다"라고 설명하고, 우리나라는 유학자에서 부녀자에 이르기까지 공교를 자부하지 않는 자가 없어서, 불교가 유입된 때에도 공교의 교세는 여전하여, "진실로 이천 년 동안 국민정

---

18) 『東山全書』下, 109쪽, 「太息錄」, "客曰, 夫敎化刑政, 人君施之於上, 而俗成於下,……今吾子以爲國民之責任, 必在於儒林社會, 不亦迂遠乎, 余曰, 子之所言, 今日以前之時義, 吾之所言, 二十世紀以後之時義也."

19) 『東山全書』下, 109쪽, 「太息錄」, "我民族中年以上, 其思想腐敗, 痼癖已深,……固無望於振作之矣, 惟我靑年小子, 卽來日半島主人也,……以救我二千萬虛僞之民族也哉"

20) 『東山全書』下, 110~119쪽, 「學範」. 유인식이 「學範」에서 제시하고 있는 학문을 위한 방법과 과제의 15조목은, ①立志, ②養心, ③倫理學, ④公德心, ⑤熱誠, ⑥毅力, ⑦涵畜, ⑧治身, ⑨讀書, ⑩窮理, ⑪學文, ⑫合群, ⑬經世, ⑭理想, ⑮宗敎思想이다.

신의 정수였다"라고 밝히고 있다.21) 곧 공자는 온 세상이 존숭하는 교주요 유교는 우리나라의 국수國粹라고 확인하고 있는 것이다. 그러나 한편으로 그는, 근세에 종파가 다원화하면서 유교가 침체되고 사상가나 명망 있는 인물이 모두 사교邪敎(기독교를 가리킴)에서 나오는 현실도 인정하고 있었다.

이처럼 유교가 쇠퇴하는 현상에 대해, 유인식은 공교 자체가 다른 종교보다 못하기 때문이 아니라 신앙(信敎)이 다른 종교의 교도들만 못하기 때문이라고 지적하였다. 다른 종교가 천당지옥설과 인과응보설의 미신으로도 진실하고 정성스러운 신앙(眞誠信仰)을 이루는 반면에, 유교는 경학의 대가조차도 입으로만 경전을 외울 뿐이요 진실한 정성과 실질의 얻음이 없다는 것을 문제점으로 규정한 것이다.22) 이는 그가 유교인의 신앙이 진실하고 정성스럽지 못한 문제점을 절실하게 인식하고 있음을 보여 주는 것이다.

한편 유인식은 "지금 신앙의 자유와 모든 종교의 평등의 학설이 세상에 성행하였으나, 형세는 여러 종교들을 합쳐서 일치시킬 수 없으니, 다만 국민정신의 정수를 지켜서 다음 세상에 소멸되지 않게 하여야 할 뿐이다"23)라고 하여, 유교수호론을 제시하였다. 먼저 그는 "인간에게 종교사상이 있고 난 후에 마음이 깃들 곳과 사업이 의거할 곳이 있으며 모든 일마다 궁극처가 있다"24)고 하여, 종교가

---

21) 『東山全書』 下, 118쪽, 「學範」, "孔子, 道冠百王, 爲萬世開太平, 天下皆宗之, 我國人最尊尙,……是誠二千年國粹也."
22) 『東山全書』 下, 118쪽, 「學範」, "蓋迷信天堂地獄因果之說, 而眞誠信仰也, 孔敎則不然, 雖經學大家, 皆委靡苟且, 日講詩書禮樂之說, 而塗聽塗說, 未有眞誠, 未有實得, 此儒敎之所以日盆墮落也."
23) 『東山全書』 下, 118쪽, 「學範」, "今信敎自由, 諸敎平等之說, 盛行於世界, 勢不可合諸敎而一之也, 只可保守國粹, 而不至減絶於來世而已."
24) 『東山全書』 下, 118쪽, 「學範」, "人必有宗敎思想, 然後心有主着, 事有據依, 攻藝辦事, 各有究竟."

인간의 삶에 기반이 되고 기준이 되는 보편적 가치를 지닌다는 점을 인정하였다. 나아가 당시 세계에서 '열강'(强權)이라 일컬어지는 나라들이 모두 종교와 신앙의 힘으로 굳은 결속을 유지하고 있는 사실을 지적하면서, "우리나라도 경쟁과 병탄의 시국에 처해서는 종교의 힘이 없이 나라를 유지하고 회복할 수 없으니, 여러분들은 마땅히 국민정신의 정수를 신앙하는 것으로 하나의 중심 생각을 삼아야 할 것이다"25)라고 하여, 국가의 주권을 유지하는 데 종교가 필수적인 역할을 함을 인식하고, '국수國粹' 곧 국민정신의 정수로서 공교의 신앙을 주장으로 삼아야 함을 요구하였다. 이처럼 유인식은 서양의 신학문을 받아들여야 함을 인식함과 더불어 '국수'를 중요시하는 민족주의적 시각에서 세계사조를 통찰하고 있으며, 우리나라가 자국의 일에 무관심하였던 것이 나라를 망하게 하는 원인이 되었다고 강조하였다. 그가 '국수'로서 유교를 이해하고 있는 것은 분명히 양계초의 입장을 수용하고 있는 것이며, 유교를 종교로서 확신하고 있는 것은 그가 1902년 이전의 양계초의 입장을 지키고 있다는 사실을 말해 주는 것이다.

3. 박은식의 유교구신론과 양명학적 유교개혁사상

1. 시대인식과 유교구신의 과제

박은식은 장지연과 더불어 『황성신문』과 『대한매일신보』의 주

---

25) 『東山全書』, 下, 118쪽, 「學範」, "我國處競爭呑噬之局, 無有宗敎力, 莫可扶回, 諸君當以信仰國粹, 爲一部主旨."

필로서 활동하고, 신민회新民會와 서북학회西北學會를 조직하고 서북협성학교西北協成學校를 설립하는 등 언론과 교육을 통한 애국계몽운동에 종사하였으며, 1909년 장지연 등과 대동교大同敎를 창립하여 유교개혁운동에 나섰다.

박은식은 전통유교의 폐단에 대한 철저한 성찰에서 유교개혁론을 시작하고 있는 점에서 다른 애국계몽사상가들과 공통성을 보이고 있다.[26] 그는 전통사회의 지식집단을 유림가儒林家·행세가行世家·잡술가雜術家·학구가學究家의 4유형으로 나누고, 이들의 폐단을 분석하였다. 그는 '유림가'의 폐단에 대해, 첫째, 말 한마디만 달라도 분열하는 것은 도덕상의 본지를 크게 잃은 것이며 인민의 일상적 가르침(普通之敎)이 될 수 없다고 지적하였으며, 둘째, 옛 폐습을 독실하게 지켜 시대적 적합성(時宜)에 따라 새로운 것을 찾지 않고 예의를 공허하게 담론하며 경제를 강구하지 않음을 지적하였고, 셋째, 사회적 공공가치(兼善)를 외면하고 개인적 내면의 수양(獨善)만 중요시하여 국가와 인민의 문제에 무관심한 것은 성현이 정성을 다하여 세상을 구제하려는 어질고 의로운 마음에 배치할 뿐만 아니라 자신과 가정을 지키는 방책도 생각하지 않는 것이라고 비판하였다.[27] 이러한 유림가의 폐단을 인식하는 것은 바로 유교개혁론의 과제와 방향을 제시하는 것이 될 수 있다.

또한 그는 일반여론이 유림파에 대해, 완미頑迷하고 고루하여 옛 습관을 굳게 지키며 시대상황에 어두운 자, 은둔을 달게 여기며 자신을 깨끗이 하는 것만을 숭상하고 국민과 국가를 잊어버리는 자, 일생 동안 부지런히 옛 책만 연구하고 새 이치를 탐구하지 않는

---

26) 신용하, 『박은식의 사회사상연구』(서울대출판부, 1982), 139~141쪽.
27) 『朴殷植全書』下(단국대출판부, 1975), 8~11쪽, 「舊習改良論」.

자, 거만하게 스스로 신중하게 하고 의리를 공허하게 담론하며 경제를 강구하지 않는 자로 규정하여 비판한 사실을 언급하고, 유림파를 개명開明시대의 커다란 장애물로 보는 당시 사회의 비판적 여론을 지적하였다.28) 이로 볼 때, 그가 유림의 분열적이고 수구적이며 개인 고립적인 폐단을 지적함으로써, 공동체의 통합과 신학문 수용의 혁신과 민족국가의 보전을 지향하는 것을 유교개혁론의 방향으로 삼고 있음을 알 수 있다.

박은식은 『유교구신론儒敎求新論』에서 그가 추구하는 유교개혁론의 핵심 과제를 3조목으로 집약시켜 제시하고 있다. 여기서 그는 유교가 '개량되고 새로워져야 함'(改良求新)을 요구하고, 그렇지 않으면 유교는 융성할 수 없을 뿐만 아니라 결국은 멸망할 것임을 경고하였다. 그리하여 그는 "차라리 여러 선배에게 죄를 받고 유림파에 노여움을 얻을지언정, 차마 공자의 도가 끝내 땅에 떨어지고 마는 것을 참을 수는 없다"29)고 선언하여, 유교를 지키기 위한 자신의 확고한 신념을 밝혔다. 그가 제시한 유교의 3대 문제와 유교개혁의 방법은 다음과 같다.

첫째, 유림파의 정신이 오로지 임금을 지향하고 인민사회에 보급하려는 정신이 부족하다는 것이다. 이러한 부족함을 채우기 위해서는 「예운」편에서 제시된 공자의 '대동大同' 의리와 맹자의 '중민重民' 이론이 바로 인민에게 보급할 정신을 갖추고 있음을 확인하고 이를 실천해야 한다고 하였다.

둘째, 여러 나라를 두루 다니면서 천하를 바꾸려는 신념(主義)을 강구하지 않은 것이다. 이러한 문제점을 해결하기 위해서는 『주역』

---

28) 『朴殷植全書』 下, 31~32쪽, 「賀吾同門諸友」.
29) 『朴殷植全書』 下, 44쪽, 「儒敎求新論」.

('蒙卦')의 "내가 아동을 찾는 것이 아니라 아동이 나를 찾는다"(匪我求童蒙, 童蒙求我)라는 신념을 지킨다는 비활동적이고 소극적인 태도에서 탈피하여, 조헌趙憲(호는 重峯)이 여행길의 숙소에서도 지나가는 사람들에게 이이李珥(호는 栗谷)의 『격몽요결擊蒙要訣』을 일독할 것을 권하며 설명했던 것처럼 혈성血誠과 활법活法으로 적극적인 전파를 해야 한다고 하였다.

셋째, 우리나라 유교가 간단하고 쉬우며 직접적이고 절실한(簡易直截) 방법을 필요로 하지 않고, 오로지 흩어지고 방만한(支離汗漫) 공부만을 숭상함으로써 학풍과 학문방법이 어긋난 것이다. 이를 극복하기 위해서는 "하나로 꿰뚫는다"(一以貫之)는 공자의 말씀, "대체大體를 먼저 세운다"(先立乎大者)는 맹자의 말씀, "간략함을 지킨다"(守約)는 정자程子의 말씀, "요령을 안다"(知要)는 범씨范氏의 말씀을 중시하고, 주자학의 방만하게 흩어진 방법이 아닌 양명학의 간단하고 절실한 요점의 방법을 써야 한다고 하였다.

이러한 유교구신론의 3대 문제를 요약하면, 군주 중심을 벗어나 인민 중심으로 전환하는 것, 소극적 폐쇄성을 벗어나 적극적 전파 활동으로 전환하는 것, 산만한 주자학의 학풍을 벗어나 간단하고 절실한 양명학의 학풍을 추구하는 것이라고 하겠다. 다시 말하면 민주적 사회의식과 행동적 선교방법 그리고 주체적 신념의 교리를 지향하고 있는 것이다.

특히 박은식은 유교구신론을 기반으로 삼아 양명학을 강조하는 양명학적 유교개혁론의 영역을 개척하였다. 그는 일본 양명학회 주간에게 보낸 편지에서 주희만을 존숭하는 우리의 학풍 속에서 자신이 하루아침에 양명학을 주창하게 된 소감을 네 가지로 나누어 제시하였다.[30]

첫째, 학술은 복잡해지고 인간의 능력과 세월은 유한한데, 이 시대에 철학에 종사하여 인도人道의 근본을 수립하고자 하는 자에게 간단하고 직접적인(簡易直截) 방법은 노력하는 시간을 덜어 주는 것이다. 둘째, 성리학이 근래에 와서 보수적이고 활발한 모습을 잃어 사기士氣가 왕성하지 못하고 인문人文이 떨치지 못하므로 변혁하여 새롭게 하지 않을 수 없다. 셋째, 풍속이 어지러워지고 원기가 허약해지면서 각종 이설異說이 파고드는 현실에서 대중이 지향할 곳을 일치시키고 풍속과 기강을 정비하기 위해서는 특별히 양명학을 주창하여 교육계에 붉은 깃발을 세우는 것이 쇠퇴하는 정신에 빛이 되고 빠져 들어가는 인심을 구제할 수 있게 한다. 넷째, 학술의 진보와 물질문명의 경쟁적 발달에 따라 도덕과 평화가 쇠퇴하는 현실에서 도덕을 밝히고 인극人極을 유지하여 백성에게 행복을 주기 위해서는 '양지良知'의 학설이 어두운 거리의 불빛이 될 수 있다.

또한 박은식은 왕수인을 도학가·군략가·정치가·기절가氣節家·문장가의 다양한 역량을 발휘한 인물로 높이면서, 한마디로 '공자와 맹자를 활용하는 학자'라고 규정하였다. 특히 그는 일본의 명치유신明治維新을 이끌었던 주요 인물들을 '왕수인을 활용한 학자'라고 지적하고, "일본이 서양의 물질을 통해 국력을 크게 떨치고, 동시에 동아시아의 철학으로 백성의 도덕을 배양하여, 문명사업의 완비를 도모할 수 있었다"고 하여, 자신의 양명학적 유교개혁론이 일본을 하나의 모범으로 받아들이고 있음을 나타내었다. 여기서 그는 서양인의 물질을 발명하는 탁월한 능력은 타인의 학설에 의존하지 않고 실질에 나아가 연구하여 스스로 터득하는 것인데, 이러한 점은 바로 양명학의 정신이 타인의 학설에 의지하지 않고 스스로의

---

30) 『朴殷植全書』 下, 237~238쪽, 「日本陽明學會主幹에게」(1909. 12. 2.).

몸과 마음에서 찾아 터득하는 점과 같은 것이라고 제시하였다.[31] 또한 서양의 철학자인 소크라테스나 칸트 및 버클리의 학설이 왕수인의 '지행합일설'과 부합하는 점이 있음을 지적하였다.[32]

이처럼 박은식은 서양문명과 양명학의 공통성에 주목함으로써, 양명학에서 현대의 서구문명을 산출할 수 있는 가능성을 발견하였다. 그만큼 그의 유교개혁론은 우리의 유교문화의 개혁을 통해 새로운 서구문물을 수용하고 조화시켜 가는 것이라 할 수 있다. 나아가 그는 대동교의 조직화를 통해 양명학과 강유위의 대동사상을 우리 사회의 시대적 현실 속에서 종합하는 양명학적 유교개혁론의 독특한 논리를 계발하였다.

2. 유교의 종교적 인식

박은식은 초기 저작인 「종교설宗敎說」(1901)에서 당시 사회의 당면과제 가운데 종교 문제가 긴급하고 절실한 것임을 강조하면서, '교敎'(종교)에 대해 "성인이 하늘을 대신하여 말씀을 정립하심으로써 만민을 깨우쳐 주는 것이다"[33]라고 정의하였다. 이는 성인의 말씀을 매개로 위로 하늘의 명령이 드러나고 아래로 인간에 대한 교화가 이루어지면서 하늘과 인간의 소통을 실현한다는 그의 유교적 종교 개념을 제시한 것이다. 한편 그는 유교의 종교적 근거를 마음의 개념적 인식에서 찾았다. 이에 따라 "천지와 만물은 한 근원에서 함께 나오고, 동해와 북해에 떨어져 있어도 마음이 같고 이치가 같

---

31) 『朴殷植全書』, 下, 236쪽, 「再與日本哲學士陽明學會主幹東敬治書」.
32) 『朴殷植全書』, 下, 246쪽, 「與韋菴書」.
33) 『朴殷植全書』, 中, 414쪽, 「宗敎說」, "敎者, 聖人代天立言, 以牖萬民者也."

다. 성인은 내 마음의 같음을 먼저 얻었으니, 그러므로 그 같음을 미루어 '교'로 삼는다"34)라고 하여, 마음을 중심으로 우주가 일체를 이루는 질서를 제세하였는데, 이는 양명학적 인식 위에서 유교의 종교적 세계관을 인식하는 것으로 볼 수 있다.

또한 박은식은 서양에서 종교를 존숭하고 신봉함이 동방에서 공자를 대하는 존숭과 신봉보다 훨씬 지극함을 인정하였다. 그러나 그는 천하의 큰 중용(大中)을 지극히 하고, 천하의 바른 이치(正理)를 극진히 함에는 공자의 '교'보다 나은 것이 없다고 역설하였다. 이는 유교가 비록 신앙의 열정에서는 서양종교보다 뒤떨어지지만 진리에서는 서양종교보다 우월하다는 확신을 밝힌 것이다. 아울러 그는 공자의 도가 세상에 널리 행하지 못하였음을 인정하였으나, "공자의 도는 큰 중용이요 바른 이치이니, 만약 세상의 운행이 더욱 밝아지고 인간의 지혜가 더욱 열리면, 화복(禍福)으로 대중을 유혹하고 위협하는 저들(다른 종교)은 한쪽으로 물러나겠지만, 공자의 도는 세계에 크게 펼쳐질 것이다"35)라고 하여, 미래에 공자의 도가 널리 행해질 것이라는 희망을 강하게 제시하였다.

박은식은 종교를 '도덕의 학문'이라고 하고 일반과목의 학교를 '경제의 방법'이라 구별하였다.36) 종교를 '도덕의 학문'으로 인식하는 것은 유교의 종교 개념을 확립한 것이다. 이때 종교(도덕의 학문)와 일반과목(경제의 방법)의 두 가지가 병행되어야 하지만, 그는 특히 국가에서 '도덕의 교'를 더욱 중시해야 한다고 강조하였다. 그는

---

34) 『朴殷植全書』中, 414쪽, 「宗敎說」, "天地萬物, 同出一原, 東海北海, 心同理同, 聖人先得我心之所同然者, 推其所同然者, 而爲之敎."
35) 『朴殷植全書』中, 416~417쪽, 「宗敎說」, "夫子之道, 大中至正, 若世運愈明, 人智愈開, 彼以禍福誘脅大衆者, 將退聽一邊, 而吾夫子之道, 大伸於世界耶."
36) 『朴殷植全書』中, 418쪽, 「宗敎說」, "宗敎者, 道德之學也, 諸科學校者, 經濟之術也."

당시 우리나라 유교사회의 타락이 심해지면서 사람들이 서교西敎(기독교)에 들어가지 않으면 동학東學에 들어가는 현실을 지적하며, 공자의 도를 종교로 붙들어 세워 주는 일이 시급한 과제임을 역설하였다. 곧 그는 "공자의 도를 나라 안에 떨쳐 일으키고 백성의 마음속에 젖어들게 하면, 국가를 위한 확고부동한 기틀이 융성하게 이루어질 것이다"37)라고 하여, 유교를 국가 수호의 정신적 기반으로서 확립할 것을 주장하였다.

여기서 박은식은 유교를 종교적으로 진작시키기 위한 구체적 과제를 세 조목으로 제시하고 있다. 첫째, 종교의 사무를 정비하여 밝히기 위해서 태학太學(成均館)의 관장館長과 교수敎授가 학부學部(오늘의 교육부)에 예속되지 않고 독자적으로 관리할 수 있도록 할 것을 요구하였다. 둘째, 지방에서도 사림들이 실행과 실학이 있는 선비를 추천하여 향교鄕校의 교수를 맡게 하여 학도를 교육하게 할 것을 요구하였다. 셋째, 『소학小學』과 사서四書를 국문으로 번역 간행하여 평민과 부녀자도 모두 송독하게 할 것을 요구하였다. 그러므로 그의 유교개혁론은 교육을 중심으로 유교조직을 지탱하고자 하는 전통적 방법을 계승하면서도, 먼저 정부로부터 분리시켜 유림에 의한 자립적 운영을 추구하고, 동시에 지식층 중심으로부터 벗어나 대중 속으로의 확산을 추구하는 두 방향으로 요약될 수 있을 것이다.

박은식은 『학규신론學規新論』(1904)에서도 학교제도를 통한 자신의 유교개혁론을 체계화하면서, 그 하나로 '종교의 유지를 논함'(論維持宗敎)을 제시하였다.38) 여기서 그는 "우리나라의 종교는 공자의

---

37) 『朴殷植全書』 中, 418쪽, 「宗敎說」, "苟使夫子之道振作於國中, 浹洽於人心, 則其爲國家不拔之基, 將蔚然以成."

도"라고 선언하였다. 또한 우리나라가 공자를 종사宗師로 받들며 예법과 의리를 밝혀서 풍속의 교화를 유지해 왔던 역사 속의 역할을 인정하면서 후세에 와서 유교가 쇠퇴한 현실을 진단하여, "종교에 이르면 겨우 명목만 남으니 국가의 원기元氣도 이로 말미암아 위축되었다"고 하여, 특히 유교의 종교적 쇠퇴가 국가의 쇠약화와 상응하고 있음을 확인하였다. 나아가 "국가에 종교가 없으면 어떻게 국가가 될 수 있겠는가?"라고 반문하면서, 일반과목의 학교를 확장시키는 과제와 함께 특히 종교의 유지가 더욱 시급한 것임을 역설하였다.

박은식은 1909년 9월 장지연 등과 '대동교大同敎'를 조직하여 종교부장으로 활동하였으며, 그해 공자탄강기념일(10월 10일, 음력 8월 27일)에 강연을 하면서 대동교의 배경과 종지 및 발전방법을 제시하였다. 곧 그는 대동교의 용어는 「예운」편에 나오고, 그 의리는 『춘추』에 있다고 지적하였다. 이는 강유위의 대동사상에서 제시하는 사회이상론과 '삼세설三世說'(據亂世・升平世・太平世)의 역사발전론을 수용하고 있음을 의미하는 것이다. 더구나 "최근 동양학계에 한두 명의 호걸스러운 선비가 나와 우리 '공교'의 대동학大同學을 표출함이 있으니, 지금부터 세계의 진화가 날로 고도로 달려가면 반드시 대동교가 세계에 행하여 천하가 공평하게 되는 지극한 정치를 볼 수 있을 것으로 생각한다"39)고 언급하여, 강유위와 양계초에 의해 표방된 대동사상을 공교가 지향할 새로운 이상으로 확인하고 있다.

박은식은 대동교의 종지를, "성인의 마음은 천지・만물로 일체

---

38) 『朴殷植全書』中, 29~31쪽, 「學規新論」. 박은식의 「學規新論」은 그의 「宗敎說」과 내용이 상당 부분 동일하다.
39) 『朴殷植全書』下, 59쪽, 「孔夫子誕辰紀念會講演」.

를 삼으니……'인仁'의 본체가 원래 이와 같으며,……성인이 천지·만물로 일체를 이루는 '인'을 미루어 천하에 가르침을 세우되, 사람마다 고유한 본심의 밝음에 근거하여 열어 주고 이끌어 주어 그 신체의 사사로움과 물욕의 은폐를 극복하고 다스리며, 나아가 마음의 본체가 같음을 회복하면, 천하의 사람이 '인'에 함께 돌아가서 태평의 복락을 함께 누리게 하는 것이다"40)라고 제시했다. 이것은 한마디로 양명학의 치양지설致良知說을 대동교의 기본교리로 수용하고 있음을 의미한다. 그는 '대동'을 천하가 공평하게 되는(天下爲公) 사회적 현상으로 인식하였지만, 그 근거는 천지·만물을 일체로 삼는 인간 마음의 본체인 '인'의 일치에서 확인하고 있는 것이다.

또한 박은식은 대동교의 발전방법을 '국민의 계몽'(開導國民)과 '세계를 향한 선교'(世界宣布)의 두 가지로 제시하고 있다. 먼저 국민의 계몽을 위해 대동교의 저술을 국문으로 번역하여 일반 남녀 동포가 모두 이해하고 신앙하게 하여 대동의 교화를 이룰 것을 강조하였다. 다음으로 세계를 향해 선포하기 위해서 이황과 이이 등 우리 선현들의 저술과 대동교의 새 저술을 한문으로 번역하여 중국과 일본에 전파하고, 아울러 영어로 번역하여 대동교의 영향을 서양학계에 전파시킬 것을 강조하였다.41)

이에 따라 박은식은 유교의 종교적 각성을 통해 대중적 확산과 세계적 성장을 추구하는 과제를 확인하고, 나아가 유교의 장래에 대한 강렬한 희망적 확신을 제시하였다. 그는 20세기 초의 세계정세 속에서 유교의 위상을 돌아보면서, "과거 19세기와 현재 20세기는 서양문명이 크게 발달하는 시기요, 장래 21~22세기는 동양문명

---

40) 『朴殷植全書』, 下, 59~60쪽, 「孔夫子誕辰紀念會講演」.
41) 『朴殷植全書』, 下, 61쪽, 「孔夫子誕辰紀念會講演」.

이 크게 발달할 시기이니, 공자의 도가 어찌 끝내 땅에 떨어지고 말리오. 장차 전 세계에 그 빛을 크게 드러낼 시기가 있을 것이다. 아아, 우리 한국유림이여, 밝은 눈으로 관찰하고 분발하여 담당할지어다"42)라고 천명하였다. 이처럼 그는 다음 시대에 유교의 주도적 지위를 회복함으로써 서양의 압도적 영향력을 극복할 것이라는, 인류의 정신사에 대한 전망을 자신의 확고한 신념으로 밝히고 있으며, 그만큼 종교운동가로서의 성격을 분명하게 드러내 주고 있다.

박은식은 미래에 대한 자신의 확신을 뒷받침해 주는 근거로서 마틴 루터(Martin Luther)가 로마 구교舊敎(천주교)를 개혁하여 유럽의 암흑시대를 벗어나게 하였다는 서양의 사건을 언급하였는데, 이는 그가 자신의 유교구신론을 루터의 종교개혁에 상응하는 것으로 이해하고 있음을 보여 주는 것이다. 그렇지만 그가 말하는 유교의 '구신求新'에서 '신'은 서양에서 온 것(新學)이 아니라 유교의 고유한 빛이라는 점에 유의하여야 한다. 곧 '신'의 의미는 공자가 "옛것을 익혀서 새것을 안다"(溫故而知新)고 하고, 장재가 "낡은 견해를 씻어 내어 새로운 의식을 부른다"(濯去舊見, 以來新意)고 했던 '신'의 뜻이며, 박은식은 그것을 옛것을 익히고 넘어서서 얻는 새로운 깨달음이라고 해석하였다. 이에 따라 박은식은 "도덕은 '날로 새로워짐'(日新)으로써 빛나고, 국가의 명맥은 '새롭게 함'(維新)으로써 길어지는 것이니, 새롭기를 구하는 뜻은 밖에서부터 오는 것이 아니다"라고 선언하였다.43) 이는 박은식의 유교구신론이 유교의 내재적 자기발전임을 확고히 인식함으로써, 수단으로서는 서양의 근대문명을 수용하

---

42) 『朴殷植全書』 下, 48쪽, 「儒敎求新論」.
43) 『朴殷植全書』 下, 48쪽, 「儒敎求新論」, "道德은 以日新而輝光ᄒ고, 邦命은 以維新而增長ᄒ나니, 求新之義가 非自外來라."

더라도 본질적으로는 유교정신의 자기혁신을 추구하는 것임을 역설하고 있는 것이다.

4. 송기식의 유교유신론과 도학적 유교개혁사상

1. 시대인식과 유교유신의 과제

송기식은 『유교유신론』의 첫머리에서, "경전 속에서 성인을 뵈었으며, 마음으로 성인을 신앙하였으며, 언행을 성인에 복종하였으므로 성인을 위하여 희생이 되고 졸도가 되어, 우리 인류에 대도大道를 유신維新하여야 양심에 부끄러움이 없을 것이니 백 번 꺾여도 굽히지 않고자 한다"44)고 하여, 유교를 '유신'할 책임을 담당한 사람으로서의 자신의 확고한 신념을 밝히고 있다. 이처럼 그는 유교개혁의 신념을 성인에 대한 불굴의 신앙심에서 확립하였다.

송기식은 유교개혁론의 근거로서 유교의 진리를 바꾸지 않는 불역不易의 '도체道體'와 바뀌는 변역變易의 '시중時中'이라는 양면으로 인식하여, "한 근본의 큰 부분은 '불역'이요, 만 가지로 다른 작은 부분은 '변역'이다. '불역'은 경經이며 체體요, '변역'은 위緯이며 용用이다. '불역'은 형체가 없는 데 근거를 두고, '변역'은 형체가 있는 데에서 활용한다"45)고 하여, 불변적 기준을 확립하면서도 시대와 상

---

44) 宋基植, '緖言', 『儒敎維新論』, 宋時亮・宋時雨 발행(1998), 127~128쪽. 이 책은 國漢文本으로 安秉珆의 譯註가 원문의 앞에 붙어 있으며 『註釋 儒敎維新論』이라는 표제가 붙어 있다.
45) 宋基植, '제1장', 『儒敎維新論』, 137쪽. 여기서 그는 '不易의 道體'로서 "敬이 怠를 이기고 義가 欲을 이기게 하라" 등의 17조목을 열거하고, '變易의 時中'으로서 "堯・舜의 授禪이 湯・武의 征伐로 변하였다" 등의 9조목을 열거하였다.

황에 따라 변하는 '시중時中'의 가변성을 강조함으로써 변혁론의 이론적 정당성을 확보하고자 하였다.

또한 송기식은 당시의 사회현실에서 유교가 처한 상황과 현상을 정밀하게 반성적으로 인식함으로써 유교개혁의 과제와 방향을 제시하고 있다. 먼저 그는 근세에 유교가 쇠퇴하고 무너진 원인을 다음 네 가지로 언급하였다. 첫째는 전제정치시대의 계급에 따른 인재선발방법이 문벌을 숭상하는 고질을 이루었으며, 둘째는 한문을 숭상하고 한문을 유교로 오인하여 국문을 멸시했기 때문에 백성을 쉽게 깨우치게 하지 못했고, 셋째는 과거시험을 위한 문장(科文)에 집착하여 심성을 간직하고 배양하는(存心養性) 실학을 강구하지 않았으며, 넷째는 유림들이 당론黨論을 완전히 풀지 못하여 공론公論이 정해지지 못한 사실을 들었다. 이러한 문제점은 유교의 본질적 가치가 아니라 조선사회에서 그릇되게 형성된 유교전통의 폐단을 지적한 것이지만, "이 시대 사람들의 이목을 놀라게 할까 두려워 필설筆舌을 삼간다"[46]고 한 그의 언급을 통해, 보수적 유학자들의 반발을 살 것을 두려워하여 유교전통의 폐단을 심각하게 지적할 수 없는 한계를 스스로 드러내고 있다. 이러한 유교의 폐단을 인식함에 있어 그는 유교의 근본정신의 정당성에 대한 신념을 전제로 하고 있다. 따라서 "근본 뜻은 구세救世주의의 포용성이었는데, 근세에는 학민虐民주의의 편협함을 이루고, 근본 뜻은 박시博施주의인데 근세에는 계급차등階級差等주의가 되어 버렸다"[47]고 하여, 포용성이 폐쇄적 편협성으로, 박애정신이 계급차별적 질서로 변질된 현실을 지적하고, 이러한 변질은 유교적 진실성이 인간의 탐욕에 의해 왜곡되고 은폐

---

46) 宋基植, '제2장', 『儒敎維新論』, 153쪽.
47) 宋基植, '제4장', 『儒敎維新論』, 171쪽.

된 것임을 제시하였던 것이다.

한편 송기식은 폐단이 매우 심각하여 유교의 교화체제가 무너지는 데까지 이른 현실에도 불구하고 개혁의 의지가 없는 유교인들의 자포자기적 상태를 지적하면서, 당시 유교지식인의 위선적인 태도를 '향원鄕愿'이라 하고, 명망 있는 오래된 가문의 자손으로 집안의 사회적 지위에 안주하는 자들과 이러한 자들에게 복종하는 노예근성이 있는 자들에 대해 언급하였다. 여기서 그는 우리 사회의 유교인들 가운데 유교 숭배의 근성이 굳건하여 유교인이 아니라고 하기 어려운 '향원' 같은 이들을 다섯 가지로 유형화하여 분석하였다.[48]

첫째는 혼돈노성파混沌老成派로, 옛 과거시험 문장을 숭상하고 신학문을 황당한 것이라고 거부한다. 둘째는 구학고집파舊學固執派로, 성리학 연구에만 몰두할 뿐 유교의 폐단을 개혁하는 데에는 무관심하다. 셋째는 부귀자존파富貴自尊派로, 선대의 사업을 지키는 것이 효도라는 구실을 들어 유교의 발전을 위한 모든 사업을 거절한다. 넷째는 외관파外觀派로, 앞의 세 파를 미워하여 인류에게 해독을 끼치는 자들이라고 비판하고 유교를 비방하면서도 그 습관은 유교에 머물고 있다. 다섯째는 자훼파自毁派로, 각 종교의 신기한 이론에 정신을 빼앗겨 유교를 배반하여 공자의 춘추정신은 전제專制를 주로 하니 현대의 인권시대에 맞지 않는다고 비판한다.

이렇게 위선적인 유학자들을 다섯 가지 유형으로 제시하였을 때, 앞의 세 가지 유형인 '혼돈노성파'·'구학고집파'·'부귀자존파'는 옛 학풍이나 지위에 집착하는 보수적 유교인으로서 개혁의지가 없는 인물들임을 알 수 있다. 이에 비해 뒤의 두 가지 유형은 유교의 폐단에 대한 비판적 인식은 있지만, '외관파'는 외형적 반성의

---

48) 宋基植, '제3장', 『儒敎維新論』, 161~164쪽.

태도만 있을 뿐 내면적 개혁의지가 없는 경우이고, '자훼파'는 유교에 대한 반성이 아니라 자포자기적 비판에 빠진 경우를 지적한 것이라고 하겠다. 이는 당시의 유교지식인들 사이에서 '자훼파'까지 열거할 수 있는 상황을 엿볼 수 있게 하는 대목이다.

당시 사회는 유교의 폐단이 심각하게 드러나면서 사회 각층에서 유교를 비판하고 있었다. 이와 관련하여 송기식은 "오늘날 어떤 사람이든지 언론상에 '유교' 두 글자를 말하면 안색을 찌푸리고, '유교는 과거의 유물에 불과하다'고 하며, 심한 자는 '우리 민족을 이렇게 문약하게 하고도 부족하여 또 그 두 글자를 입에 올리는가'라고 한다"[49]라고 하여, 유교에 대한 비판의식이 일반대중 속에 얼마나 광범하게 퍼져 있는지를 절실하게 지적하였다.

한편 송기식은 이러한 현실에서도 당시의 시대상황에 대응하는 유교인들의 소극적인 태도를 세 가지 유형으로 나누었다. 첫째, 완론파緩論派는 양반·상민의 신분계급을 갑자기 바꾸는 것은 어렵다고 하여 급격한 개혁을 반대한다. 둘째, 모호파模糊派는 유교사회의 타락을 비난하면서도 바로잡기를 어려워하여 개혁하고자 하지 않는다. 셋째, 고루파固陋派는 혼란한 시대에는 문을 닫고 스스로 지켜야 한다고 생각하며 일체의 개혁을 거부한다. 여기서 그는 유교전통에서 신분계급이나 당파의 폐단이 얼마나 심각한지를 지적하면서, "20세기에는 종교의 도덕주의와 사회의 문명풍조가 날로 진보하여 인류에 수백 년 동안 극심한 독을 퍼뜨린 원인을 타파하자 하니 오늘의 유교인이 아니겠는가?"라고 하여, 유교인이 현대사회에서 대중의 타파대상이 되고 있는 현실에 주목하였다. 아울러 그는 "시대의 적절함을 민활하게 보고 인류에 의무를 행하면 묵은 감정을 풀

---

49) 宋基植, '제6장', 『儒敎維新論』, 185쪽.

것이지만, 밖으로 새로운 풍조에 눈을 휘둥그렇게 뜨고 바라볼 뿐이고, 안으로 완고함에 뿌리를 내려 인류에 장애가 되므로 사회 각 계층의 압박을 받는다"50)고 하여, 시대에 맞게 개혁하지 않고 있는 데서 유교에 대한 비판과 압박이 쏟아지게 된다고 지적하였다.

송기식은 이처럼 유교개혁이 당면의 과제임을 역설하면서, 한편으로 보수적 유교인이 시대적 임무를 외면하는 문제점을 지적하고, 다른 한편으로 개혁을 실현한다면 바로 이 시대가 유교부흥의 기회임을 강조하였다. 그는 유교사회가 붕괴의 위기를 맞고 있던 당시의 상황에서 조선시대를 유교의 전성시기로, 당시를 유교의 쇠망시기로 보는 상식적 견해를 거부하고, 조선시대 5백 년은 오늘날 유교가 부흥할 기틀을 배태한 시기로 규정하였다. 그만큼 유교유신을 통해 새로운 시대에 유교의 진정한 정신을 발휘하여야 한다는 강력한 희망을 밝히고 있는 것이다. 여기서 그는 그동안 실현하지 못하였지만 오늘에 실현하여야 할 공자의 가르침으로 '대동大同'의 이상을 재확인하고 있다. 그리하여 그는 다음과 같이 선언하였다.

성인의 이 말씀(大同說)을 후세에 전하여 속히 실현할 것을 기대하였으나, 몇천 년을 공허한 말씀으로 책 속에 남아 있다가 이제 도덕주의를 고취하니, 장래에 진실한 모습을 드러낼 것은 틀림없는 일이므로, 유교부흥의 때요 기회라 한다. 일어날지어다. 오늘은 전제專制의 안개가 걷히었으며 자유의 종과 북이 울린다. 때와 기회에 민활하여야 망망한 우주 속에서 백 년의 생애를 허무에 돌아가게 하지 않을 것이며, 억조 인류의 만세 기초를 대동세계의 실현에 두어야 할 것이다.51)

---

50) 宋基植, '제6장', 『儒教維新論』, 188~189쪽.
51) 宋基植, '제7장', 『儒教維新論』, 195쪽.

여기서 그는 유교개혁의 이상을 「예운」편의 '대동' 개념으로 천명하고 있으며, 그것은 강유위의 영향이 이 시대 유교개혁사상에 얼마나 광범하게 파급되고 있는지를 잘 보여 주는 것이다.

2. 유교의 종교적 인식

송기식은 당시의 퇴락한 유교를 새롭게 살려 내는 과업을 담당한다는 것이 마치 버마재비가 수레바퀴를 가로막듯 무모한 것이라는 지적을 스스로 인식하고 있었다. 그러나 이러한 지적에 대해 그는 자신의 굳은 신념을 밝히고 개혁의 방향과 원칙을 천명하였다.

허물어져도 우리가 사는 집이고, 나약하여도 우리 민족이니, 피와 땀으로 희생을 바치더라도 우리 집을 일으켜 세워야 할 것이며, 간과 뇌를 땅에 바르더라도 우리의 민족을 부활시켜야 할 것이다. 앞에 놓인 험한 길은 상제上帝의 애호하고 도와주시는 권능이 있을 것이며, 선성先聖의 이끌어 주시고 화육을 돕는 신령이 있을 것이다. 그러므로 나는 일찍이 말하기를 하늘의 도는 '성誠'일 뿐이니, 털끝만 한 사욕도 깨끗이 씻고 진실하여 망녕됨이 없는 '성'을 착착 나아가게 하면 성인이 말씀하신 대동세계가 앞날에 올 것을 확신한다.52)

여기서 송기식은 유교를 '유신'하는 것은 우리의 가문과 민족을 회복하는 것이라 하여 어떠한 희생으로도 실현해야 한다는 개혁의 절실한 요구를 확인하고, 상제의 '권능'과 공자의 '신령'이 도와줄

---

52) 宋基植, '緖言', 『儒敎維新論』, 132~133쪽.

것이라는 유교적 신앙고백을 하고 있다. 또한 진실하고 정성스러운 '성'을 기준과 근거로 삼고 있으며, '대동'으로서 개혁의 이상을 제시하고 있다.

송기식은 유교의 개혁에서 종교적 각성이 중요한 과제임을 다각적으로 확인하고 제시하였다. 먼저 그는 유교에서 '교주' 문제에 관심을 기울여, 유교전통에서는 성인이나 현인이 계실 때는 성인이나 현인이 유교의 도를 제시하고 대중을 이끌어 가는 교주였던 사실을 들고서, 성인이나 현인이 없는 때는 교주가 없다 하여 유교의 도가 없어진 것으로 오해하는 관습이 있었음을 지적하였다. 이에 대해 그는 당시 세계의 각 종교는 교주가 없는 제도(無敎主制)를 시행하는 사실을 지적하고, 유교에는 지성대성至聖大成의 성인 공자가 계시니 하필 현존하는 교주를 추대할 필요가 없음을 강조하였다.[53] 이는 그 시대에 성인이나 현인으로 교주를 삼을 필요 없이 공자를 교주로 삼아야 한다는 인식을 보여 주고 있는 것이다.

또한 그는 유교를 진실하게 행하지 않음으로써 각종 고질이 발생함을 강조하면서, 종교를 갖지 않은 무종교인無宗敎人을 일곱 가지 유형으로 나누어 제시하고 있다. 먼저 호명파好名派는 이름을 낼 수 없으면 종교나 사회단체에 적극적으로 참여할 의사가 없고, 탐리파貪利派는 세상에 필요한 사업이 있더라도 자기에게 이익이 없으면 가담하지 않으며, 금전파金錢派는 가난하고 약한 사람의 재산을 빼앗고 이익을 독점하고, 의뢰파依賴派는 자립정신이 없이 옛 명망가의 행동을 모방하여 문명한 세상에서 숨어 지내며, 참위파讖緯派는 미래를 예언하는 참위서에 미혹되어 가산을 탕진하고, 곤궁파困窮派는 생계를 꾸리지 못하여 부호가나 세력가에 의지하여 살아

---

53) 宋基植, '緖言', 『儒敎維新論』, 130쪽.

가며, 부랑파浮浪派는 도박이나 주색에 빠져 가업과 자신을 파탄에 빠뜨린다고 하였다. 또한 이러한 일곱 가지 유형의 무종교인이 생기는 우리 사회의 병폐에 대해서는, "그 원인은 우리 유교가 해이함에서 말미암으니, 장래에 변화하여 '대동'의 한 곳에 돌아가게 하면 전날의 죄과는 소멸할 것이다. 이제 병통을 자세히 보여 주는 것은 신통한 의원의 신묘한 치료방법을 구하는 것이다"54)라고 설명하였다. 이처럼 그는 이 시대의 병폐가 유교적 신앙심을 상실하는 데서 생긴 것임을 확인하고, 이러한 병폐를 자세히 밝히는 것은 치료방법을 찾기 위함임을 지적하며, 나아가 그 폐단을 치료하는 유교개혁의 과제가 '대동'의 이상사회를 실현하는 것이라 제시하고 있다.

한편 송기식은 유교의 개혁을 위한 현실적 조건으로 조선인의 유교적 신앙이 골수에 깊고 은연중에 지지세력이 넓다는 등의 여러 가지 희망적인 사실을 제시하였다. 첫째는, 비종교인 대부분은 정신 속에 유교의 가르침이 꽉 차서 유교에 따라야 마음이 안정되며, 또 유교를 좋아하지는 않더라도 감히 배반하고 떠나지 못한다는 점이다. 둘째는, 향교・서원・서당이 완비되어 있으므로 교당을 새로 지을 비용을 사실상 줄일 수 있고, 경서를 끼고 방황하는 청년들이 많다는 점이다. 셋째는, 각 지방에는 백발이 되도록 경전을 연구하여 청년들의 사표가 될 만한 학식이 풍부하고 인격이 뛰어난 학자가 많다는 것이다.55) 비록 적극적 개혁의식이 없고 방향을 찾지 못하고 있는 인적자원이거나 전통체제의 교당이지만 개혁의 토대가 되는 여건으로 활용할 수 있는 여지가 크다는 사실을 주목한 것이다.

---

54) 宋基植, '제5장', 『儒敎維新論』, 182쪽.
55) 宋基植, '제8장', 『儒敎維新論』, 197~199쪽.

송기식은 유교를 '반정反正'한다는 유교의 종교적 개혁방법을 구체화하기 위해, 성리性理의 강구와 윤상倫常의 권장은 고금에 차이가 없고, 예식禮式은 고금을 참작하여 개혁하여야 하며, 일에 대처함(處事)은 시의時宜에 맞게 적절히 판단해야 한다는 일반적 원칙을 제시하였다.56) 곧 그가 개혁하고자 하는 중심 영역은 '예식'의 의례절차와 '처사'의 사무처리방법이었으며, '성리'의 이론적 근거와 '윤상'의 도덕적 규범은 그대로 지켜 가겠다는 것이다. 바로 이 점에서 그의 유교유신론이 지닌 도학적 기반을 확인할 수 있다. 여기서 그는 유교의 종교적 개혁을 위한 구체적 방법을 11조목으로 검토하였다. 그 가운데 종교적 개혁의 중요한 조목으로 종교연원(사람마다 상제를 대표하여 인류에게 大道를 가르친 진정한 성인공자를 宗主로 받들 것), 입교의식(이 의식을 행하면 敎人조직을 통해 학문장려도 되고 교회의 유지방법도 저절로 될 것임), 교회의 설립(옛날의 지방 儒林會를 교회로 재조직할 것), 복일復日 강론(『주역』에 근거하여 일요일을 '복일'로 이름 붙이고, 경전의 본뜻과 현 시대의 사정을 참작하여 강연을 할 것), 경의經義 강습소 설립(교인 중에 18세 이상으로 장래 강사가 될 자질이 있는 사람을 강습생으로 교육할 것), 경전의 번역(한문으로 편찬된 경전만으로는 인류에게 보급하기가 불가능하니 국문으로 번역할 것), 사례四禮의 참작(예설의 번잡한 폐단을 벗어나 검소하고 정성스럽게 하도록 할 것) 등을 들었으며, 그밖에 도덕의 권장을 위해서는 윤강倫綱의 포상을, 사회의식의 개혁을 위해서는 계급타파를, 유교의 새로운 교육체제로는 부인교육과 학교교육을 강조하고 있다.

나아가 유교의 종교적 바탕으로서 '본원本原'을 배양하는 방법을

---

56) 宋基植, '제9장', 『儒敎維新論』, 201쪽.

강조하면서, 하늘이 사람에게 부여하고 사람이 하늘에서 직접 받은 바탕을 '성性'으로 제시하고, 이 '성'을 기르는 방법을 '경敬'이라고 확인하였다.57) 여기서 그는 '성性'과 '경敬'의 문제를 종교성과 철학성으로 나누어 설명하면서, 먼저 철학성은 "천리天理를 강구하여 나의 지식을 얻는 것"으로서, 『대학』의 '격물치지格物致知'와 『중용』의 '지천知天' 등이 이에 해당하는 것이라 하였다. 철학성은 밖에서 찾으니 동動을 위주로 하고, 철학을 주로 하면 의문이 일어나 문제를 깊이 파고들어 사고와 판단이 분명해지지만, 해결방법이 여러 갈래로 나뉘는 문제가 있게 된다. 이에 비해 종교성은 "나의 '성'을 길러 나의 신령스러운 영혼이 하늘과 한가지로 통하는 것"으로서, 『중용』의 '아직 발동하지 않은 중'(未發謂之中)이나, 『주역』의 '고요하여 움직이지 않음'(寂然不動) 등이 이에 해당하는 것이라 하였다. 종교성은 안에서 찾으니 정靜을 위주로 하고, 종교를 주로 하면 신앙력이 생겨 우주의 근본원리를 꿰뚫어 깨닫기 쉽지만, 미신에 빠지거나 고집하기 쉬운 문제점이 있고, 신앙으로 인하여 용감하게 나아가 스스로 깨달음을 체득하게 된다고 한다. 여기서 유교는 종교성과 철학성의 두 요소를 합하였으며, 이를 전체로 온전히 합한 분이 성인이고 그 결합에 미약한 분이 현인이요, 그 밖의 사람은 '철학주의'가 많아서 문자의 말단을 파고들기 때문에 오래될수록 더욱 번잡해져 성인의 근본 뜻을 점점 상실하게 된 것이라고 하였다.58)

　이처럼 송기식은 유교의 본래 모습을 종교성과 철학성의 온전한 결합으로 파악하고, 후세에 유교가 왜곡된 것은 철학성에 치우

---

57) 宋基植, '제10장', 『儒敎維新論』, 219쪽.
58) 宋基植, '제10장', 『儒敎維新論』, 219~221쪽.

치게 되었기 때문이라고 진단하였다. 이에 따라 그는 복희伏犧가 괘卦를 그린 것이나 공자가 인仁을 말씀한 것은 원래 종교성에서 나온 것인데 후세 사람들이 강론에만 종사하여 철학주의에 빠지게 되었다고 지적하였다. 또한 정자程子 이후로 '경' 공부의 방법이 개발되었음을 주목하고, '경' 공부의 방법으로 공자의 제자들(顔淵·仲弓)과 송대 도학자들(程子·謝上蔡·尹和靖·李延平·朱子·劉元城)의 중심 개념을 '화두話頭'로 소개하면서, '경' 공부를 "나의 본연한 천성을 맑게 하여 상제께 받은 원리를 회복하게 하는 것"이라 하였다. 아울러 "이 본원을 길러서 범위가 하늘과 같으며, 신령이 하늘과 통하고, 쉬지 않음이 하늘을 따르며, 만물을 발육함이 하늘과 같다. 이러한 공부를 쓰지 않으면 활발한 기상이 없어서 태만한 마음이 생기니 '사경死敬'이요 '활경活敬'이 아니다"[59]라고 하여, '성'을 길러 하늘과 통하게 하는 '활경'의 방법을 제시하였다.

여기서 송기식은 주희가 "지천知天은 물격지지物格知至이다"라고 한 언급을 인용하면서, 이를 극기克己하여 천리天理에 돌이키는 '경' 공부요 '위인爲仁' 공부라 하고, 주희가 "하루아침에 환하게 관통한다"(一朝豁然貫通)고 언급한 것은 성학聖學의 중대한 열쇠로 이 방법을 인류에 시행하여야 '대동의 세상'(大同世)을 이룰 것이라고 강조하였다.[60] 그것은 '격물'의 철학적 궁리와 '지천'의 종교적 신념이 일치되고 관통되는 철학과 종교의 결합을 통해 '대동'의 이상이 실현될 수 있음을 주장하는 것이다. 곧 그는 각 종교의 교리에서 불교의 '참선', 기독교의 '기도', 천도교의 '송주誦呪'도 모두 '경' 공부의 사례라 하고, "유교의 '경'은 '천지만물이 본래 나와 일체이기 때문

---

59) 宋基植, '제10장', 『儒敎維新論』, 226쪽.
60) 宋基植, '제10장', 『儒敎維新論』, 226~227쪽.

에 내 마음이 바르면 곧 천지의 마음도 바르다'고 하니, 천지간에 만물을 활용하자면 먼저 나의 본연한 '성'을 함양하여야 하며, 그래서 언제나 나의 '성'에 한 가지도 붙이지 아니하고, 상제께서 나에게 내려주신 본연의 '리理' 곧 '성'을 허명虛明·정일靜一하게 하는 것이 유일무이한 '경' 공부이다"61)라고 설명하였다. 이처럼 '경' 공부는 바로 유교의 종교성을 확립하고 실현하는 근본방법이 된다. 이와 더불어 그는 선현의 '경' 공부방법을 열거하면서, 조광조趙光祖(호는 靜菴), 서경덕徐敬德(호는 花潭), 이황李滉(호는 退溪), 조식曺植(호는 南冥), 김인후金麟厚(호는 河西), 이이李珥(호는 栗谷) 등 우리나라 도학자들의 견해를 제시함으로써, 유교의 종교성으로 '경' 공부를 밝히는 데서도 도학전통의 기반을 확인하고 있다.

송기식은 당시 인심이 흩어져 마음 붙일 곳이 없는 현실에서, 유교의 종교조직으로서 공자묘孔子廟에 교적敎籍을 두고 각 지방에 '교회'를 세우며 '복일'을 삼가 지킬 것을 제시하면서, '복일의례'의 예식순서를 정하였다. 곧 처음 절차는 '정좌靜坐'로서, 곧고 단정하게 앉아 정신을 거두어들이고, 천성을 함양하며, 상제를 마주 대하여 자기 마음에 부끄러움이 없게 하는 것으로서, 10분 내지 20분으로 시간을 정한다. 다음 절차는 '강연'으로, 제목 아래 경전의 뜻과 풍속의 언론으로 설명한다. 마지막 절차는 다시 '정좌'로서, 이를 마친 다음에 폐회한다.62) 이러한 '복일의례'는 교회조직의 의례로서, 특히 '정좌'는 '경' 공부를 하는 방법으로 제시되고 있는 것이다. 송

---

61) 宋基植, '제10장', 『儒敎維新論』, 230~231쪽. 송기식의 설명에 의하면, '敬'이라는 글자를 뽑아 내어 하나의 방법으로 제시한 것은 程子가 시작이지만, '敬' 공부의 근원은 黃帝의 『丹書』와 堯舜의 '精一'과 文王의 '翼翼'과 武王의 '建極'과 공자의 '直內'와 顔子의 '如愚'와 曾子의 '守約'과 맹자의 '求放心'에서 비롯되었다.
62) 宋基植, '제11장', 『儒敎維新論』, 239~241쪽.

기식은 예식을 엄격하게 하지 않으면 교회의 사무를 집행하기 어려울 것임을 지적하고, 가정교육보다 교회당에서 공동의 논리로 윤리를 가르치는 것이 효과적임을 강조하였다. 또한 다른 종교에서도 살아 있는 성인이 그 종교를 지배하는 것이 아니라 보통사람 다수가 형체가 없는 한 사람의 '종주'를 모시는 것으로서, 이를 '사회시대'라 하여, 유교도 보통사람의 의견으로 규칙을 시행하는 교회조직을 제시하고 있다.

송기식은 각 종교의 교리나 서양의 여러 학설을 유교와 비교 해명하면서, "하늘이 하나이므로 '도'의 쓰이는 곳이 만 가지로 다를지라도 그 큰 근원의 이치는 하나일 뿐이다. 이로 말미암아 동서고금에 종교가들의 여러 종류의 문호가 각각 수립되고 철학의 여러 학설이 점차 나왔지만, 그 원리를 찾아보면 선善의 큰 근원이 되는 '천리'에 모두 기인한다"고 하여, 다양한 종교와 학설이 근원적으로 하나의 '천리'에 근원한 것이라 확인하였다. 또한 그는 "원만한 안목과 공평한 마음으로 우주 안을 살펴보면, 세계를 좌우하는 종교나 철학에서 최고 수준의 대부분인 각 주의主義를 창도함은 혹 우열이 있을지라도 대개는 상제의 한집안 일에 불과하다"[63]라고 언명하여, 차별적 다양성의 근원에 있는 근원적 일치성을 강조하였다. 여기서 그는 각 종교와 각 학설의 차이(異)를 살핌은 일치(同)를 이루고자 함이요, 유교는 종교와 철학과 여러 과학을 아울러 포괄하는 것이라 하였다. 이를 위해 그는 다음과 같이 유교와 여러 종교의 교리를 비교하였다.[64]

---

63) 宋基植, '제12장', 『儒敎維新論』, 246쪽.
64) 宋基植, '제12장', 『儒敎維新論』, 247~250쪽. 그는 서양철학과 유교를 비교하면서도 탈레스·아낙시만드로스·아낙시메네스·소크라테스·플라톤·아리스토텔레스·홉스·스피노자·루소·베이컨·데카르트·칸트·다윈·스펜서·몽테스키외·벤

仙敎	불교	예수교	천도교	대종교	유교
鍊性	參禪	祈禱	誦呪	祭天	敬
至治	大乘	審判	廣濟	—	大同
—	因果	赦罪	—	—	福善禍淫
—	惟我獨尊	獨生子	人乃天	三神	敬則天人爲一
—	慈悲	愛	—	—	仁
延年	極樂	天堂	—	—	名立後世
—	法	誡命	—	—	禮
—	敎法 - 覺	傳道 - 信	布德 - 侍	—	勸學 - 學

이와 관련하여 송기식은 "서양의 여러 학설을 지금 고증한 바에 의하면, 우리 유교의 여러 학설과 일부분도 차이가 없을 뿐만 아니라 경전의 뜻이 지닌 순수한 취지는 우월한 점이 있지만, 지금의 현상에 저들은 저렇게 우월하고 우리는 이렇게 열등하니, 무슨 까닭인지를 통렬하게 살펴야 한다. 저들의 학설은 실지에 착수하여 나아가고 우리는 공허한 말로 시행함이 없는 것이니, 교리와 학설의 부족함은 절대 아니다"[65]라고 언급하였다. 이는 서양의 종교·철학·과학과 유교가 근원에서 서로 일치함을 지적하고, 현상에서 서양이 우월한 데 비해 유교사회가 열등한 것은 실지로 행한 결과와 공허한 말에 빠져 있었던 결과의 차이일 뿐임을 강조하여, 유교를 개혁함으로써 서양과 같은 대열에 서거나 더 나아갈 수 있다는 신념을 밝힌 것이다.

송기식은 지난날 유교가 맹자·한유韓愈·정자·주자를 표방하

덤·허버트 스펜서의 이론을 유교의 경전이나 유학자의 학설에서 유사한 것을 끌어들여 대응시키고 있다. 또한 물리·화학 등 과학에 관한 학설에서도 동양에 諸葛亮(木牛), 忠武公(거북선), 好古 柳徽文(地球說), 茶山 丁若鏞(經濟), 磻溪 柳馨遠(田制), 星湖 李瀷(僿說) 등이 있어 서양에 양보할 것이 없지만, 정치가의 장려가 없었기 때문에 침체한 것이라고 언급했다.

65) 宋基植, '제12장', 『儒敎維新論』, 260~261쪽.

여 타종교에 대해 배타적인 배외排外주의의 태도를 내세운 사실이 있음을 인정하였다. 그러나 공자의 "이단을 전공하면 해로울 뿐이다"(攻乎異端, 斯害也已)라는 말은 우리 도를 닦을 것을 강조한 것일 뿐, 배타적이 아님을 지적하였다. 따라서 그는 "오늘날 인류에게 큰 근본인 '중中'과 통달한 도리인 '화和'의 도를 실현한다면,……오늘이 유교의 통일하는 때요 기회이다"[66]라고 하여, '중·화'의 포용적 도리를 구현하여 유교로 세계를 통일할 것을 역설하고 있다. 여기서 그는 오늘날의 종교계를 '도덕경쟁의 시대'라 하고, 전날과는 달리 겸허하게 받아들이는 포용력을 중시하며, '배외주의'를 일체 풀어 버리고 자신의 실력을 양성하여 유교의 '통일주의'를 주창하였다. 그는 이러한 실천의 첫걸음으로 유교의 내부 갈등을 먼저 풀어야 할 것을 강조하여, 육왕陸王학파의 공적을 인정하고 서로 용납하지 못한다면 밖으로부터 멸시를 당할 것이라고 경계하였다.

나아가 송기식은 성인이 오늘에 있더라도 유교의 '통일주의'를 행할 것이라는 확신을 밝히면서, 유교의 '통일주의'에 대한 네 가지 원칙을 내세웠다. 첫째, 중용의 원리로서의 '시중時中주의', 둘째, 다양성의 포괄원리로서의 '집대성集大成주의', 셋째, 현실적 기반으로서의 '일용사물당연日用事物當然주의', 넷째, 실천의 수준으로서의 '지어지선止於至善주의'이다. 여기서 그는 "이 네 가지 '주의'로 동서고금의 종교계·철학계·과학계를 전체로 포괄하는 것이니, 장래에 유교가 통일할 원리를 예정함이다"[67]라고 하여, 유교를 통해 새로운 통일된 가치질서와 신념체계를 구축할 것을 역설하였다.

송기식은 자신의 유교유신을 통한 신념을 『유교유신론』의 마지

---

[66] 宋基植, '제13장', 『儒敎維新論』, 266쪽.
[67] 宋基植, '제13장', 『儒敎維新論』, 271~272쪽.

막 제14장에서 '세계는 유교 범위 내에 영원한 태평의 장래'를 이룰 것이라 밝히고 있다. 그는 "문명한 세상은 삼대三代(夏·殷·周) 이전에 있었고, 혼탁한 세상은 미래에 있다"는 인식이 학설의 진보를 막고 도전의 용기를 꺾는다고 하여 복고주의를 경계하고, 공자가 『춘추』를 지은 취지가 '삼세三世'(據亂世·昇平世·太平世)를 제시하여 미래에 문명의 진화를 제시한 것이라 확인하였다. 또한 그는 『주역』 64괘가 '미제未濟' 괘로 끝나는 사실도 세계의 장래를 기대하는 뜻을 간직한 것이라고 지적하였다. 나아가 「예운」편의 '대동설'도 공자가 세계의 장래를 기대한 것이라 하였다. 따라서 그는 무한한 범위와 정밀한 규모와 무궁한 '시중'의 원리로 진화의 장래를 지닌 유일무이한 것이 유교라 주장하고, 유교의 임무에 대해 안으로 정신을 수양하고, 밖으로 인류을 이행하며, 가까이는 사회를 지배하고, 멀리는 만물을 총괄하며, 작게는 이 시대 사무를 편의하게 처리하고, 크게는 천하의 후세를 화평하게 하는 것이라고 제시하며, "오늘은 우리 유교의 진면목을 드러낼 때요, 기회이다. 성인이 기대하던 '태평세'가 오늘부터 시작하며 '대동세'가 장래하여 무궁할 것이다"라고 선언하였다.[68] 이처럼 그의 유교개혁론은 종교·철학·과학을 통합하는 '포괄성'을 확인하고, 미래에 태평·대동의 이상사회 실현을 지향하는 '진보성'을 역설함으로써, 오늘에서 출발하는 미래의 새로운 유교적 세계질서를 희망적으로 전망하는 것이다.

---

[68] 宋基植, '제14장', 『儒教維新論』, 275~277쪽.

5. 이병헌의 유교복원론과 금문학적 유교개혁사상

1. 시대인식과 유교복원의 과제

이병헌의 유교개혁론은 강유위의 영향 아래 금문경학의 입장을 기반으로 확보함으로써, 무엇보다 먼저 송대 도학의 유교전통에 대한 비판적 인식을 명확히 제시하고 있다. 곧 그는 "근세의 유교인은 송·원의 여러 현인들의 술지게미(糟粕)에 취하여 천지 사이에 참된 유교가 있는 줄을 알지 못하였다"[69]고 하여, 송대 도학의 성리학적 세계관과 화이론적 의리론을 참된 유교와 대립적으로 인식하고 있음을 보여 준다. 따라서 그는 송·원·명·청 시대에 융성했다는 유학도 입과 귀에 흘러 다니는 것일 뿐이라고 규정하고, '한학漢學시대'나 '송학宋學시대'를 일컬어 천하가 공자를 존숭할 줄을 알았던 것으로 보이지만, 사실상 "이때부터 공자의 참 면목이 감추어졌다"[70]고 하여, 한학과 송학에 대한 비판적 입장을 제시하였다.

이병헌은 우리나라 유교가 한결같이 송학을 근본으로 삼고 주희를 주체로 삼아 왔음을 인식하면서, 공자의 도에 접근하는 방법으로 이황과 이이를 통해 정자와 주희로 나아가고, 정자와 주희를 통해 안자와 맹자로 나아가고, 안자와 맹자를 통해 공자로 나아가는 단계적 접근방법이나, 주희의 이론을 통로로 삼아 공자에게 나아가야 한다는 도학적 입장에 대해, "활쏘기에서 홍심紅心을 과녁으로 삼는 것과 같다"고 비유하거나, "고향에 가는 자는 제2의 고향(幷州)

---

69) 『李炳憲全集』 上, 194쪽, 「儒敎復原論·結論」, "近世之儒, 醉於宋元群賢之糟粕, 不知天地間眞有儒敎."
70) 『李炳憲全集』 上, 185쪽, 「儒敎復原論·儒敎沿革(第六章)」, "宋元明淸之際, 儒學可謂盛矣, 然流於口耳, 自漢以下, 謂之漢學時代, 自宋以下, 謂之宋學時代, 天下稍知尊孔子, 然孔子之眞面, 從此隱矣."

을 목표로 삼을 것이 아니라, 곧바로 고향을 목표로 삼은 다음이라야 마침내 고향에 도달하는 날이 있는 것과 같다"고 비유하여 이황과 이이, 정자와 주희를 통해 공자에 접근하는 것이 아니라 공자로 직접 찾아가는 길을 제시하였다. 여기서 그는 송대 유학자의 '이적을 물리치고, 사설을 배척하는'(攘夷斥邪) 의리나 '훈고訓詁·사장詞章'의 방법과 공자의 '신도로 교를 베푸는'(神道設敎) 의리와 '춘추삼세春秋三世'의 지시를 대비시키면서, 송대 유학이 전혀 이치에 맞지 않고 오늘의 대세에도 상응하지 못함을 비판하였다. 나아가 "우리의 근세 유학자들도 (송학의) 말폐만 답습한다. 오늘날 진화론의 공리에 성을 내어 서로 큰 차이를 드러내지만, 반드시 일대 혁신을 겪은 다음이라야 유교의 원래 모습을 만회할 수 있을 것이다"71)라고 하여, 송학전통을 공자의 정신이나 현대문명의 양쪽에 모두 맞지 않는 것으로 규정함으로써 송학의 혁신적 극복을 통해 유교복원을 추구할 것을 제시하였다.

이렇게 도학전통을 극복하고자 하는 이병헌의 입장은 철저히 공자에게로 돌아가자는 것이다. 곧 "진실로 내가 본래부터 지니고 있는 성령性靈으로 하늘에 직접 종사하고 공자에 감촉한다면, 좌우에서 근원을 만날 것이며 그 무사한 바를 행할 것이지만, 단지 진심으로 공자를 배울 수 없을지를 걱정할 뿐이다"72)라고 하여, 자신의 '성령'으로 하늘과 공자를 만날 것을 요구하였다. 따라서 그는 당시 천하가 급변하는 시국에 당면해서는 먼저 '공자에 절충할 것'을 강

---

71) 『李炳憲全集』 上, 186쪽, 「儒敎復原論・儒敎沿革(第六章)」, "吾邦近世之儒, 踏襲其末弊, 悻悻然, 與現世進化之公理, 互相逕庭, 必經一大革新, 而後儒敎之原狀可挽回也."

72) 『李炳憲全集』 上, 178쪽, 「儒敎復原論・儒敎名義(第一章)」, "苟以吾人固有之性靈, 直隸於上天, 感觸於聖師, 則左右逢原, 行其所無事, 但患不能直心學孔子耳."

조하고, 그렇지 않으면 반드시 도학전통의 낡은 관습에 얽매일 것임을 경계하였다.

그는 도학전통의 낡은 관습으로 상투를 간직하고(保髮), 넓은 소매 옷(廣袂)을 유교인의 첫째 의리로 여기는 태도에 대해, 복식이란 각각 그 시대에 맞게 올바른 것을 제정하는 것임을 강조하고 우리나라 유교인들의 고집스럽고 막힌 견해를 비판하였다. 또한 도학에서 내세우는 '화이華夷'의 분별 의리에 대해, 한·당을 거쳐 송·명에 이르도록 '자기를 높이고 남을 낮추는 습관'에서 나온 것이라 지적하고, 외국인을 보면 오랑캐요 짐승이라 지목하니 천하의 공평한 이치에 크게 어그러진 것이며『춘추』의 근본취지를 완전히 잃은 것이라 비판하였다. 아울러 '정통'의 이념도『춘추』의 의리가 아니라, '전제시대에 제왕을 지나치게 존중하는 잘못된 관습'에 불과하다고 하였다.73) 이처럼 이병헌은 도학의 이념적 주제인 '화이론'과 '정통론'을 도학자들이 주장하는 것과는 반대로 '춘추의리'가 아님을 강조하고, 전근대적 전제주의 시대의 관습으로 규정하여 거부하였던 것이다.

도학의 심성·리기설에 대해서도 "마음은 본래 광명한 것이요, 성령을 스스로 갖추었으니, 이 마음을 마땅히 수련하고 확충하여야 한다. 그 방법은 고요히 하여 집중함에 있으니, '기氣'가 맑아지고 '리理'가 투명해지면 신명이 자기 몸에 있어서 천하의 이치를 감응하여 통하게 된다"고 하여, 수양방법 중심으로 간결하게 정의하여 받아들이고 있지만, 이와는 달리 리·기를 분별하여 끝없이 시비를

---

73)『李炳憲全集』上, 180쪽,「儒敎復原論·儒敎宗旨(第三章)」, "歷漢及唐, 至于宋明, 尊己卑人之習, 寢成華夷之畛域, 見外國人則目爲夷狄禽獸, 大悖天下之公理, 全失春秋之主旨;……今日所謂正統之論, 實非春秋之旨, 不過是專制時代過尊帝王之謬習."

이어 갔던 성리학의 학풍과 더불어 그 결과로 마침내 일상생활에서 매일 필요로 하는 기구나 이용후생의 도구를 모두 다 버리는 데 이르렀다"고 하여, 관념 논쟁에 빠져 실용적 관심을 외면한 폐단을 비판하였다.74)

또한 오로지 옛 도를 지키는 것을 자신의 책임으로 삼아 이 시대의 개화문명을 돌아보지 않는 수구론에 대해, "공자의 도는 넓고 커서 바깥이 없으며, 세상에 대응하는 데 밝고 진화에 대해서 절실하다.……공자의 '시중時中'이라는 저울을 가지고 유사한 것에 감촉하여 통하게 하면 여유로움이 있다"75)고 하여, 옛 도에 집착하는 것은 공자의 가르침을 스스로 끊어 버리게 되는 문제점이 있음을 절실하게 지적하고 있다. 따라서 그는 '보교保敎' 곧 유교를 지킨다는 것이 옛 도리나 전통을 지키는 것이 아니라 '유교의 근본정신을 진실하게 아는 것'(眞知儒敎之宗旨)에서 시작하는 것임을 역설하였다.

다음으로 그는 유교개혁론, 곧 '복원'의 방향을 확인하기 이전에 우선 유교가 쇠퇴하였던 원인을 진단하였다. 그는 교조敎祖를 숭배하는 관념과 사회의 공공의식, 그리고 교통수단(舟車)이 서양에 미치지 못하였고, 또한 쇄국주의로 인해 동아시아가 열등하게 되었다고 지적하였다.76) 이는 공자를 높여야 하는 기준의 확립이 불분명하였다는 점과 사회에 적응하는 실용적 도구와 현실적 인식이 결여되었다는 문제점을 지적한 것이다.

---

74) 『李炳憲全集』上, 180쪽, 「儒敎復原論・儒敎宗旨(第三章)」, "心本光明, 性靈自具, 當修鍊之充養之, 而其方則在靜而專焉, 氣淸而理澈, 神明在躬, 則感而通天下之故矣.……遂至形下日須之器, 利用厚生之具, 一切等棄之."
75) 『李炳憲全集』上, 181쪽, 「儒敎復原論・儒敎宗旨(第三章)」, "孔子之道, 博大無外, 明於應世, 切於進化……執夫子時中之衡, 觸類而通之, 則綽有餘裕."
76) 『李炳憲全集』上, 187쪽, 「儒敎復原論・儒敎傳布(第七章)」, "其爲敎也至大, 開發也甚遲, 然其原因亦有四, 一崇拜敎祖之觀念不及西人, 一社會共公之思想不及西人, 一舟車之交通不及西人, 一鎖國主義又爲東亞遺傳之劣性."

여기서 그는 유교개혁의 과제로서, 먼저 '사회공공의식'이라는 사회윤리에 대해 공자가 「예운禮運」 편에서 "천하를 공공으로 삼는다"고 하여, '대동大同'의 이념을 제시한 것은 서양의 종교가도 미칠 수 없는 것이라고 강조하였다. 다만 「예운」 편에 대해 공자의 말씀이 아니라 후세에 위작된 것이라는 주장이 일찍부터 제기되었는데, 이에 대해 그는 "「예운」 편 이 단락의 가리킴은 바로 『중용』의 '하늘에 짝한다'(配天)는 뜻과 함께 세계가 진화하는 이치에 일치하는 것이니, 여기서 비로소 공자가 '성인 중에 때에 맞는 분'임을 알 것이다"[77]라고 하여, 「예운」 편의 진실함을 '성인 중에 때에 맞는 분'(聖之時者)으로서의 공자를 가장 잘 드러내준다는 사실로 확인하고 있다.

또한 유교개혁의 과제로서 정자와 주희의 경전해석이나 정몽주, 이언적, 이황, 이이, 송시열의 리학理學을 폐지할 수 있는지의 당면문제에 대해, 그는 "무릇 개혁이라 하는 것은 파괴하는 것을 이르지만, 잘못 파괴하면 진수眞粹가 없어진다. 그러므로 잘된 개혁은 '어쩔 수 없다'는 생각에서 나와 '그만두어서는 안 된다'는 자리에서 시행된다"고 하여, '어쩔 수 없다'(不得已)는 개혁의 신중성과 더불어 '그만두어서는 안 된다'(不容已)는 개혁의 확고함을 개혁론의 기본원칙으로 제시하고, 이에 따라 "진실로 그 말이 공자에 합치하면, 비록 어리석은 사람의 말이라도 폐지할 수 없지만,…… 말이 공자와 다르면 비록 정자·주자·회재·퇴계·율곡의 훈계라도 감히 일일이 법으로 삼아서 받들 수는 없다"[78]고 하여, 공자의 정신에 일치하

---

77) 『李炳憲全集』 上, 182쪽, 「儒教復原論·儒教倫理(第四章)」, "禮運此段之指, 正與中庸配天之義, 世界進化之理, 若合一契, 始知孔子聖之時者也."
78) 『李炳憲全集』 上, 186쪽, 「儒教復原論·儒教沿革(第六章)」, "凡言改革者, 破壞之謂也, 而不善破壞, 則眞粹亡矣, 故善改革者, 出乎不得已之意, 而行乎不容已之地,

는지 여부를 확고한 기준으로 수립할 것을 밝히고 있다.

따라서 개혁의 과제는 정자, 주희, 이언적, 이황, 이이보다 공자에 합치하는 올바른 인식이 과연 가능한가를 확인하지 않을 수 없다. 이에 대해 그는 "시대의 대세時勢로서 논의한 것에 불과하다"고 하여, 공자에 합치하는지를 판단하는 기준으로 '시대의 대세'를 제시하고 있다. 이에 따르면 콜럼버스가 지구가 둥글다는 것을 관찰한 뒤에는, '하늘은 둥글고 땅은 모나다'(天圓地方)는 말이 소옹과 주희가 근본으로 삼았던 것이라도 지금은 폐지하지 않을 수 없으며, 오대주에 교통이 열려 중국이 아시아 동쪽에 위치한 5대 문명국의 하나에 불과한 것임을 알게 되었으니, '중화를 존중하고 오랑캐를 물리친다'(尊中壤夷)는 것은 송대 유학자가 왕성하게 주창한 것이었으나 지금은 폐지하지 않을 수 없으며, 또한 공화제를 시행하여 국민이 국가의 핵심요소임을 알게 되었으니, 군왕의 권위를 숭배하는 것은 비록 중세의 유학자들이 일치하는 견해지만 이제는 폐지하지 않을 수 없다고 하였다. 이러한 사실을 근거로 그는 "비록 정자·주자·회재·퇴계가 오늘에 태어나도 그렇게 하지 않을 수 없을 것이다"[79]라고 하여, 개혁의 정당성에 대한 확신을 밝히고 있다.

여기서 이병헌은 공자에 합치되는 것과 서세동점西勢東漸의 서양문명에 동화되는 것을 혼동하는 것이 아닌가 하는 문제를 제기하고, 이에 대해 서양인이 발명한 공리公理도 본받아야 할 것들은 이미 공자가 2400년 전에 밝혀 놓았던 것이라고 주장하였다. 곧 '지구가 둥글다'는 뜻은 공자가 증자에게 증명하였으며, "배와 수레가 이

苟其言之合乎孔子, 雖愚夫之言, 不可廢也,……言之異乎孔子也, 雖程朱晦退栗谷之訓, 亦不敢一一奉以爲法也.

79) 『李炳憲全集』 上, 186쪽, 「儒敎復原論·儒敎沿革(第六章)」, "雖程朱生於今日, 不得不爾也."

르는 곳과 사람의 힘이 통하는 곳에서는……어버이를 존중하지 않음이 없다"(『중용』)는 말은 이미 중국과 외국을 포괄하고 있는 세계관이며, "백성이 중하고 임금은 가볍다"(『맹자』)는 논의는 『춘추』의 의리라고 제시하였다. 또한 '지구설'이나 오대륙의 교통 및 공화제의 원리 등에 대해서는 "서양의 법도로서 공리에 합하는 것은 이미 공자의 큰 도에서 벗어날 수 없다"고 주장하여, 공자 속에 서양의 근대 문명까지 포괄시키고 있다. 이에 따라 유럽의 헌법과 북미의 공화제는 「예운」편의 '대동大同'에 관한 해석이 되었고, 『춘추』의 삼세설三世說에 관한 주석이 되었다고 주장하기에 이른다. 여기서 그는 "우리가 말하는 바 개혁이라는 것은 공자의 도를 회복하고 세속 유학자의 관습을 타파하여 오늘에 적합하게 할 따름이다"[80]라고 하여, 개혁의 목표가 공자의 도를 회복하는 것이요, 개혁의 과제가 유교전통의 관습을 타파하며 시대현실에 적합성을 실현하는 것임을 제시하고 있다.

2. 유교의 종교적 인식

이병헌의 유교개혁론은 기본적으로 종교적 인식에서 출발한다. 그는 유교를 '공자의 교'(孔子之敎)라고 정의하며, "공자가 공자가 되는 이유는 그가 교주이기 때문이요, 그가 교주가 되는 이유는 하늘에 짝하는 도량이 있어 만세의 백성을 구원하기 때문이다"[81]라고

---

[80] 『李炳憲全集』 上, 186쪽, 「儒教復原論・儒教沿革(第六章)」, "西法之暗合公理者, 已不能外孔子之大道也,……吾所謂改革者, 復先聖之道, 而破俗儒之慣習, 以適於今日而已."
[81] 『李炳憲全集』 上, 179쪽, 「儒教復原論・儒教性質(第二章)」, "孔子之所以爲孔子, 則以其爲教主, 而其所以爲教主者, 則以其有配天之量, 救萬世之民也."

선언하였다. 이처럼 유교의 종교적 인식은 공자를 교주敎主로 확인하는 데에서 그 기반을 정립하고 있는 것이다. 이병헌은 공자가 요·순·우·탕·문·무·주공의 도를 집대성한 것은 마치 황해가 양자강·황하·회수·제수의 물을 받아 큰 바다가 된 것과 같다고 비유하였으며, 그에 따라 요·순·우·탕·문·무의 도는 중국의 한 시대에 행해진 것이지만 공자의 '교'는 세계에 영원토록 드리워져 있는 것이라고 설명하였다. 여기서 그는 '유교'라는 명칭을 설명하면서, "천하 후세의 대중을 구원할 수 있는 까닭에 '교敎'라 한 것이고, 또 공자가 유자儒者이므로 특히 '유儒'라는 말로써 그 '교'를 이름 지은 것이다"라고 하였으며, 이에 따라 "공자는 우리에게 유일무이한 교주이다"82)라고 선언하였다.

또한 공자만을 존숭하는 이유로서, 요·순·문왕 등 성왕의 다스림이 중국 땅에 한정되고 또한 그 시행도 한 시대에 그치는 것과는 달리, 교조인 공자는 그 가르침이 천지사방에 가득하고 그 공로는 만세에 미친다고 대조시킴으로써, 그 범위가 모든 성왕들보다 넓고 큰 것이기 때문임을 강조하였다. 특히 그는 공자를 교주로 받드는 까닭에 대해, "세상을 구제하는(濟世) 희망이 가장 원대하며, 또 신명에 들어가는(入神) 길을 열어 주었기 때문이다"83)라고 하여, '제세濟世'의 희망과 '입신入神'의 신앙을 강조하기도 하였다.

이병헌은 유교의 종교성을 '심心'과 '신神' 개념을 통해 확인하였다. 그는 '심'에 대해 "유교인의 학문은 마음을 위주로 하고 마음이

---

82) 『李炳憲全集』上, 177～178쪽, 「儒敎復原論·儒敎名義(第一章)」, "蓋能救天下後世之大衆, 故曰敎, 且孔子儒者也, 特以儒名其敎焉,……孔子之爲我獨一無二之敎主."
83) 『李炳憲全集』上, 191쪽, 「儒敎復原論·儒敎希望(第九章)」, "濟世之希望最爲遠大, 而又能開入神之路也."

가장 신령하여, 천지에 있어서는 '공공의 주재'(公共之主宰)가 되고, 한 몸에 있어서는 '자아의 주재'(自我之主宰)가 되니, 오직 성인만이 그 마음을 다 발휘할 수 있다. 그러므로 나의 마음은 천지의 마음과 서로 유통하고 지각하고 활동하며 변화하니, 우주 안에 하늘이 홀로 낳아서 배양하는 것이 지극하다"84)라고 정의하였다. 아울러 '심'에 의한 '만물의 변화·양육을 참여하여 돕는'(參贊化育) 공로는 한 시대를 넘어서 만세를 두터이 할 것이며, '널리 베풀고 대중을 구제하는'(博施濟衆) 사업은 중국 땅을 넘어서 천지사방에 미칠 것이라고 하였다. 또한 '지나간 자리를 감화시키고 신령스러움을 남기는'(過化存神) 오묘함을 말하면, 요·순의 정치와 부처·예수의 영혼(精魂)이 이를 벗어날 수 없다고 하였다. 이는 유교의 '마음'(心) 개념을, 나와 천지가 소통하는 근거로 확립하고 불교나 예수교의 '영혼' 개념을 포함하는 것으로 확인하는 것이다.

또한 이병헌은 '신神'이 '심心'을 벗어나지 않는 것이라고 하여 양자를 일치시키고 있다. 곧 "공자의 이른바 '입신入神'이란 마음이 의리를 정밀하게 연구하여 들어가는 것이요, '진신盡神'·'궁신窮神'에서도 '신神'이 마음을 벗어나는 것이 아니요, 활동은 반드시 하늘을 따르니, 이와 같이 살고 이와 같이 죽는다면 어디에 간들 천당이 아니며, 어디에 간들 극락이 아니겠는가"85)라고 하여, '신'을 마음의 '신명'으로 이해하고 있음을 보여 주고, 이 '심신心神'이 하늘을 따라 활동하는 자리가 바로 천당이요 극락임을 확인하고 있다.

---

84) 『李炳憲全集』上, 191쪽, 「儒教復原論·儒教希望(第九章)」, "儒者之學, 以心爲主, 以心爲最靈, 在天地則爲共公之主宰, 在一身則爲自我之主宰, 惟聖人能盡其心, 故自我之心, 與天地之心, 互相流通, 明動變化, 六闢四達, 天之獨生而培之者, 至矣."
85) 『李炳憲全集』上, 191쪽, 「儒教復原論·儒教希望(第九章)」, "孔子之所謂入神者, 從此心精研義理而入, 以至盡神窮神, 神不外心, 動必以天, 如此而生, 如此而死, 何往而非天堂, 何往而非極樂."

나아가 '심'의 수양을 통해 지각과 기운을 밝혀 가면 점차 '신'에 들어가게 된다는 '입신'의 단계를 제시하고, 이러한 '입신'이 『역』에서 말하는 '감응하여 마침내 통하게 되는'(感而遂通) 것임을 밝히고 있다. 여기서 그는 "하늘과 인간이 감응하여 통하게 되면 즐거움이 다할 수 없게 되어 세상에서 숨어도 근심이 없고 저녁에 죽어도 괜찮다. 이와 같은 것은 살아서 마음이 천지에 참여하고, 죽어서 신명이 조화造化에 노닌다. 이것을 일컬어 천당·극락이라 하여도 옳지 않겠는가"86)라고 하여, '입신'을 통해 천지와 감응하는 세계를 바로 천당과 극락에 일치시킴으로써, 천당 개념을 유교적 입신의 경지로 해석하여 수용하고 있다.

그는 '신神'과 '혼魂'의 개념 구별에 대해서도, "지각과 기운으로 말하면 '영혼'이라 하고, 헤아릴 수 없음으로써 말하면 '신'이라 한다"87)고 정의하였다. 여기서 그는 인간이 자신의 선행에 대해 영혼이 그 보응을 받을 수 있는지의 문제에 대해, 자손에게 '남은 경사'(餘慶)나 자신이 받는 '많은 복'(多福)은 복선화음福善禍淫의 이치에 따라 '밖에 있는 것'(在外者)에 나아가 논한 것이라 하고, 이에 비해 '입신'은 성품을 다하여 천명에 이르는 내 마음을 따르는 것으로 '속에 있는 것'(在內者)에 나아가 말한 것이라고 구별하였다. 이에 따라 마음을 다하여 '입신'할 수 있으면 일체가 만남에 따라 태연하며, 그 삶과 죽음에서 지각과 기운이 길이 존재하고 신명은 화평하고 즐거워 그 보응이 크다고 역설하였다.88) 그것은 도덕적 선악에

---

86) 『李炳憲全集』 上, 191쪽, 「儒教復原論·儒教希望(第九章)」, "入神者, 卽感而遂通之謂也, 天人感通, 樂不可極, 遯世無憫, 夕死亦可, 如此者, 生而心與天地參, 死而神與造化遊, 此之謂天堂極樂, 不亦可乎."
87) 『李炳憲全集』 上, 192쪽, 「儒教復原論·儒教希望(第九章)」, "以知氣而言, 則謂之靈魂, 以不測而言, 則謂之神."
88) 『李炳憲全集』 上, 192쪽, 「儒教復原論·儒教希望(第九章)」, "餘慶多福, 不過因福

따른 외재적 보응의 차원과 심성의 수양을 통한 '입신'의 경지로서 내재적 보응의 차원을 구별하는 것이요, 사후에도 지각과 기운이 길이 존재하고 신명이 화평하고 즐거움을 누릴 수 있음을 인정하여 사후세계도 받아들이고 있는 것이다.

이병헌은 유교와 불교·예수교 등의 다른 종교를 비교하여, 유교의 종교적 특성을 인식하면서, 먼저 "'교'를 세우는 방법은 다르나, 세상을 구원하려는 뜻은 같다"[89]고 언급하였다. 여기서 '입교'의 방법을 살펴보면, 서방 종교(西敎: 불교·예수교)는 천당·지옥설로 교파의 문호를 세웠지만 유교는 백성의 윤리와 사물의 법칙의 실지로서 교파의 종지를 정한 것으로, 서방 종교는 '위로부터 시작하여 아래에 이르는 것'(自上而達下)이요, 유교는 '아래에서 배워 위로 도달하는 것'(下學而上達)으로 그 방법적 차이를 밝히고 있다. 그러나 천하 후세의 사람들이 도에 대해 미혹된 것을 불쌍히 여겨 그들을 구원하려고 하는 마음은 한가지라고 하여, 구세救世라는 목적에서는 일치함을 지적하였다.

곧 공자의 '교'로서 유교가 자리 잡은 위치는 "중국의 옛 성인들에 비교하면 '출세간'의 법이 많고, 서방의 교조에 비교하면 '입세간入世間'의 법이 많다"고 하여, 초월적 '출세간出世間'의 법과 현실적 '입세간'의 법이 균형을 이루고 있는 것이 유교의 성격임을 확인하고 있다. 따라서 그는 "서양인이 박애와 공덕을 중시하는 것은 참으로 아름답다고 평가하면서도, 그 종교는 '위는 말했으나 아래는

善禍淫之常理, 而就其在外者論之也,……若窮理入神, 則從盡性至命之吾心, 而就在內者言之也,……苟能盡心而入神, 則一切隨遇而泰然,……知氣長存, 神明和樂, 其爲報應不亦大矣乎."
89) 『李炳憲全集』 上, 179쪽, 「儒敎復原論·儒敎性質(第二章)」, "其所以立敎之方則異, 而救世之意則同也."

잃었다'(語上而遺下)고 하고, 그 행동은 '사회는 중히 여겼으나 자신에게 절실한 윤리는 소홀히 여겼다'"90)고 언급하여, 서방 종교가 유교에서처럼 균형을 이루지 못하였음을 지적하였다. 여기서 그는 '출세간'의 초월성을 종교로 보는 견해에 대해, "다만 세간을 떠난 것을 보고서 종교로 삼으면서, 도리어 세간 속에 들어와 세간을 벗어날 수 있는 것이 참된 종교가 되는 줄을 알지 못하니, 하나를 붙잡고 둘을 버리는 것에 가깝지 않겠는가"91)라고 하여, 출세간 중심의 종교 개념 자체를 재인식하도록 요구하고 있다. 또한 그는 현실세계를 일체 버리는 것이 불가능하므로 불교인도 "세계를 버린 바깥에 다시 법계法界는 없다"고 하고, 예수교인도 천국을 인간세상에서 세우고자 한 사실을 들어, 현실성을 인정하고 있음을 확인하였다. 이에 따라 그는 "각 종교가 출세간에 치우친 것은 반드시 공자의 '하늘과 사람에 일관하는 도리'와 '입세간이면서 출세간인 도리'에 돌아올 것이다"라고 하여, 유교의 우월함을 확인하였다. 아울러 어느 서양철학자가 "5백 년 후에는 공자의 '교'가 전 지구에 크게 행할 것이다"라고 언급한 말을 인용하면서, 그는 "백 년까지 꼭 기다릴 필요도 없다"92)고 하며 유교가 세계적으로 크게 번창할 것임을 확신하였다.

나아가 동서양이 교통하고 여러 종교들이 공존하는 현실에서 '신교자유信教自由'가 현세의 공공한 규례임을 인정하여, 다른 종교

---

90) 『李炳憲全集』 上, 179쪽, 「儒教復原論・儒教性質(第二章)」, "比諸支那之前聖, 則多出世間法, 而較諸西方之教祖, 則多入世間法,……西人之博愛而重公德, 誠美矣, 然語其教, 則語上而遺下, 語其行, 則重社會而忽切身之倫也."
91) 『李炳憲全集』 上, 193쪽, 「儒教復原論・儒教結果(第十章)」, "徒見出世之為宗教, 而反不知入世而能出世者之為眞宗教, 則不幾於執一而廢二乎."
92) 『李炳憲全集』 上, 194쪽, 「儒教復原論・儒教結果(第十章)」, "各教之偏於出世者, 必歸乎先聖之天人一貫, 入世而兼出世之道矣, 西哲亦言, 五百年後孔子之教, 必大行於全球, 遇則曰, 不必待百年也."

에 대한 배척이나 공격을 경계하였다. 특히 불교나 예수교가 다른 종교와 대립하여 엄청난 희생을 치렀던 역사가 있음을 지적하고, 공자가 "이단을 공격하면 해로울 따름이다"라고 언급한 뜻이 다른 종교에 대한 공격을 경계한 것임을 강조하였다. 아울러 송대 유학자나 조선시대 선현들이 다른 종교를 공격하고 배척할 것을 주장으로 삼았던 것은 그 해독이 매우 크다고 경계하고, '신교자유'를 모든 종교가 지켜야 할 원칙으로 강조하였다. 또한 불교에도 남종·북종에 16종이 있으나 각각 한 가지의 의리를 밝히는 데 방해되지 않으며, 기독교는 신교·구교의 두 파가 있으나 다같이 그리스도를 존숭할 수 있다는 사실을 들어, 공자의 풀무 속에 정자와 주희, 육구연과 왕수인을 함께 용납할 수 없다는 인식을 비판하였다. 따라서 그는 "우리나라 유교는 동서남북의 당론이 있어서 사람마다 의견이 다르고 당파마다 존숭하는 것이 달라 서로 함부로 욕하여 끝이 없으니, 이 풍속을 반드시 한 차례 쓸어 낸 다음에 공교의 진리를 찾을 수 있고 우리 유교의 원래 모습을 회복할 수 있을 것이다"[93]라고 하여, 한국의 유교사회가 분열된 현실을 극복하는 것이 바로 개혁의 일차적 과제임을 강조하였다.

여기서 이병헌은 '공자의 도'를 참된 모습으로 복원하면 모든 사상과 종교를 합일할 수 있다는 포괄주의적 신념을 밝히고 있다. 그는 세계 안의 각 종교는 반드시 하나로 합하는 날이 있다는 확신과 더불어 "오직 공자의 유교가 하나로 할 수 있다"[94]는 유교의 우

---

93) 『李炳憲全集』 上, 191쪽, 「儒教復原論・儒教交際(第八章)」, "吾邦之儒, 則有東西南北之論, 人各異見, 黨各異尊, 互相醜詆, 罔有紀極, 此風必一掃, 而後孔教之眞理可尋, 而吾儒之原狀可復也."
94) 『李炳憲全集』 上, 193쪽, 「儒教復原論・儒教結果(第十章)」, "惟孔子之儒教, 可以能一之."

월성에 대한 확신을 보여 준다. 따라서 그는 "공자의 도는 크고도 갖추어져 있다. 이 때문에 천지사방에 가득하여 없는 곳이 없고, 만년을 살펴도 항상 새롭다. 오직 이것은 사사로움이 없으므로 능히 크며, 치우치지 않으므로 능히 갖추어져 있다"95)고 하여, 공자의 도에 있어서의 '사사로움이 없고'(無私) '치우침이 없는'(不偏) 보편성과 포괄성을 강조하고 있는 것이다. 이처럼 그는 성인·철인이 깨달은 진리를 모두 유교에 포함시킬 수 있다는 입장에서, "교리에서 말하면 고금의 성인·철인의 역사는 '이름 붙이지 않은 유교'라 해도 방해될 것이 없다"96)고 하였다. 그것은 도학전통의 극단적 폐쇄주의를 극복하는 정도를 넘어서서, 모든 종교나 사상을 '이름 붙이지 않은 유교'(不名之儒教)로 규정하는 극단적 포괄주의 입장을 제시하고 있는 것이다.

이병헌은 공교가 '신도(神道)'의 종교성을 지니며 세계의 '진화' 원리와 '대동'의 사회이상을 내포하는 있는 것이라 확인하면서, "도는 사람으로 인해서 존재하는 것이니, 우리 유교의 붉은 깃발이 세워지지 않았다면, 공자의 지극한 공평함과 정성이 천하 후세에 알려지지 않을 것이며, '유교'라는 이름도 세상에서 영원히 끊어졌을 것이다"97)라고 하여, 유교를 천하에 전교(傳敎)하지 못한다면 세상에서 절멸될 수 있다는 위기의식을 각성시키고 전교의 중요성을 강조하였다. 여기서 그는 교주가 창교(倡敎)한 것을 교도로서는 보교(保敎)하

---

95) 『李炳憲全集』上, 177쪽, 「儒教復原論·敍言」, "孔子之道, 大矣備矣, 是以彌六合而不匱, 閱萬期而常新, 惟其無私, 故能大, 不偏, 故能備."
96) 『李炳憲全集』上, 185쪽, 「儒教復原論·儒教沿革(第六章)」, "自教理上言, 則古今聖哲之歷史, 不害爲不名之儒教."
97) 『李炳憲全集』上, 180쪽, 「儒教復原論·儒教宗旨(第三章)」, "道必因人而存, 吾儒之赤幟不立, 則先聖之至公血誠, 無以布白於天下後世, 而儒教之名, 將永絶於寰宇之內矣."

는 것이 본분이라 하여 '보교'의 중요성을 강조하며, 특히 이러한 '보교'의 사명감을 배타적 정통주의 입장이 아니라 '신교자유'의 원칙 아래서 실현할 것을 요구하였다.

그는 유교가 전교하는 일에 소홀히 하였기 때문에 유교인의 지식과 역량이 가장 열등하며 '교'가 소극적이 되었던 것이라고 지적하고, 그 원인은 전제정치에 젖어서 전교의 책임을 오로지 당국자의 처분에만 맡겼기 때문이라고 설명하였다. 또한 유교전통에서 '스승은 가서 가르치지 않는다'는 인식에 대해, 공자가 천하를 두루 돌아다니며 가르치고자 하였던 사실을 들어, 공자를 전교의 모범으로 확인하고 있다.

나아가 그는 근래 중국에서 공교는 종교가 아니라 하여 문묘文廟(공자사당)의 제사가 폐지되고 경전의 강독을 금하는 법률이 국회의 찬동을 얻은 어려운 상황 속에서, 다만 공교회의 여러 사람에 힘입어 겨우 공교의 명칭이 보존되고 있을 뿐, 그 위축됨이 노인의 무기력함과 같다고 보았다. 또한 명치유신 이후 일본의 유교는 묶어다가 높은 집에 올려놓은 상태이며, 우리나라 역시 '종교령宗敎令'이 발표된 이후로 유교가 종교의 명단에서 삭제되었으므로, 이러한 상황에서 유교를 천하에 전교하는 것은 어렵다고 생각하였다. 이에 대해 그는 공자의 교가 반드시 세계 최후에 승리할 수 있는 세 가지 근거를 다음과 같이 언급하였다. "그 첫째는 공자는 미신파迷信派가 아니요 진지眞知를 위주로 하니, 세계의 문명이 더욱 진보하고 백성의 지혜가 더욱 밝아진 다음에는 마땅히 모두 진지의 교를 따를 것이요, 둘째는 공자는 자존파自尊派가 아니요 예양禮讓을 위주로 하니, 세계에 경쟁이 점점 종식되고 평화가 발전한 다음에는 마땅히 모두 예양의 '교'를 따를 것이요, 셋째는 공자는 배외파排外派

가 아니요 대동大同을 위주로 하니, 인간세상에 국가의 경계가 점점 소멸되고 모든 민족이 일체가 된 다음에는 마땅히 모두 '대동의 교'를 따를 것이다."98) 곧 공자가 '미신'·'자존'·'배외'라는 종교가 지닌 미개하고 폐쇄적인 폐단을 지니지 않았으며, '진지'·'예양'·'대동'이라는 새로운 문명의 기준, 미래의 이상을 제시하는 것임을 강조함으로써 새로운 시대에 전교할 마땅한 자격과 권리가 있음을 확인한 것이다.

이병헌은 당시 우리 사회의 현실에서 공교를 전교하는 방법을 다음과 같이 구체적으로 제시하였다. 첫째, 교당敎堂을 지어 공자를 성심으로 섬겨야 하며, 둘째, 성경聖經을 가려 뽑아 번역하여 천하에 배포할 것이며, 셋째, 교사敎士를 선정하여 천하에 경전을 강설해야 한다는 것이다.99) 이병헌이 공교를 '교회식 유교'라 새롭게 규정하며 전교의 방법으로 '교당·성경·교사'를 제시한 것은 바로 그의 공교운동이 요구하는 교단조직의 체계를 보여 주는 것이라 할 수 있다. 또한 여기에 그의 공교운동이 기독교의 종교조직적 기능을 수용하고 있다는 사실을 쉽게 엿볼 수 있다.

이병헌이 지향하는 유교개혁의 방향은 한마디로 '복원'이라 확인할 수 있다. 그는 마틴 루터의 종교개혁과 자신의 유교복원을 대비시켜, 마틴 루터는 실지로 '종교를 바꾼 것'(改敎)이지 '원상을 회복한 것'(復原)이 아니라고 하였다. 그는 유교의 '복원'이 반드시 유교계의 일대 혁명을 겪은 다음에야 가능할 것이라고 하면서, "이른바 '혁명'이란 마치 예수교의 루터와 불교의 홍란紅鸞처럼 '머리를

---

98) 『李炳憲全集』上, 189쪽, 「儒敎復原論·儒敎傳布(第七章)」 "一, 孔子非迷信派而眞知爲主,……一, 孔子非自尊派而禮讓爲主,……一, 孔子非排外派而大同爲主"
99) 『李炳憲全集』上, 189쪽, 「儒敎復原論·儒敎傳布(第七章)」, "一, 當營建敎堂, 以誠心事孔子, 一, 當另擇譯書, 以聖經布天下, 一, 當擇定敎士, 以經說開演於天下."

고치고 얼굴을 바꾸는 것'(改頭革面)이 아니라 폐지되고 떨어진 것을 닦고 드러내며 명분을 바로잡는 일(正名)일 뿐이다"100)라고 하여, 그가 지향하는 '복원'의 성격이 새로운 창조가 아니라 일그러지고 상실된 원형을 바로잡고 회복하는 것임을 명백히 제시하고 있다. 이런 의미에서 그는 자신의 '복원'을 '상도常道에 돌이키고 근본으로 돌아가는 것'(反經歸本)이라고 정의하였으며, '공자의 원래 모습'(孔子之原狀)을 회복하는 것이라고 하였다.101) 그것은 공교의 본질적 진실성을 회복시키는 것이며, 시대상황 속에서 공교의 진실성을 재발견하는 것이라 할 수 있다.

6. 유교개혁론의 특성과 의의

20세기 초반은 조선왕조의 붕괴와 더불어 유교전통의 존립에 중대한 위기가 닥쳐왔던 만큼, 이러한 격동의 국면에서 유교조직은 존립의 방법으로서 한편으로는 전통을 재강화하여 수호하는 것이 추구되었고, 다른 한편으로는 새로운 시대변화에 적응하기 위한 개혁의 시도에 따라 다양한 조직화가 추진되었던 것이 사실이다. 이러한 유교조직운동에서 유교개혁론을 체계적으로 제시한 경우는 그 사상적 배경에 따라 크게 네 가지로 나누어 볼 수 있다. 먼저 신채호, 장지연, 유인식 등 애국계몽운동가의 유교개혁론은 폐단에 대한 반성이나 개혁의 방향에 대한 인식은 분명하지만 이론을 체계화하

---

100) 『李炳憲全集』 上, 195쪽, 「儒教復原論・結論」, "吾所謂革命者, 非爲改頭革面, 若耶佛之路得紅鸞也, 修擧廢墜, 正名而已."
101) 『李炳憲全集』 上, 178쪽 「儒教復原論・儒教名義(第一章)」 및 『李炳憲全集』 上, 177쪽, 「儒教復原論・敍言」.

거나 조직화를 통한 유교운동을 전개하는 데는 비교적 소극적이었다. 이에 비해 도학·양명학·금문경학을 배경으로 하는 유교개혁론은 개혁론을 체계적으로 제시하고 유교조직운동을 전개하는 데 적극적인 모습을 보여 주고 있다. 따라서 그 대표적 경우로 박은식의 양명학적 유교개혁론과 송기식의 도학적 유교개혁론 및 이병헌의 금문경학적 유교개혁론을 이해하면, 이 시대 유교개혁론의 현실과 과제와 방향을 점검하고 그 특성을 확인할 수 있다.

이 시대 유교개혁론은 조선시대 도학전통에 대해 기반으로 활용할 것인가 비판적으로 극복할 것인가의 입장에서 차이가 있지만, 새로운 서양문물의 근대적 질서를 현실적 조건으로 받아들이고 있는 사실에서나 강유위의 대동사상에 상당한 영향을 받고 있다는 점에서 공통성을 보여 주고 있다. 그러나 유교개혁론의 기본과제로서 현실을 인식하고 대응하는 태도와 유교의 종교적 각성이라는 두 주제를 중심으로 비교해 보면 그 접근방법이나 인식내용에서 상당한 차이와 특성을 확인할 수 있다.

먼저 박은식의 유교개혁론은, 전제군주제도에서 공화제로 전환하면서 소극적 교육에서 벗어나 적극적 전교를 추진하고 주자학의 번쇄한 관념론에서 탈피하여 양명학을 통해 간단명료한 실천원리를 확보하는 것이었다. 박은식의 개혁론은 시대적응에 관심의 초점을 맞추었으나 유교개혁의 이상을 확고하게 정립하지 못한 아쉬움을 남겼다. 그는 '대동교'를 조직하여 '대동'이라는 이념을 표제에 내걸었으나 그 성격을 뚜렷하게 밝히지는 못하였다. 또한 그가 양명학의 간이직절한 원리를 기준으로 삼을 것을 표방하였을 때, 조선사회의 도학적 기반을 포기하였을 뿐이지 새로운 양명학적 학풍의 기반을 조선사회에서 확보하기 어려웠던 것이 현실이었다. 그래서 그는 일본 양명학회와의 연결을 시도하였던 것으로 보인다. 당시 중국에서도 양명학에 대한 새로운 관심이 일어났고 박은식과 같은 애국계몽사상가인 유인식도 일본에서 명치유신이 일어났을 때 양명학자들이 어떤 역할을 했는지에 관심을 가졌다. 그러나 박은식은 '대동교'의 종교조직을 주도하였을 뿐만 아니라, 유교의 종교적 인식을 강조하여 종교로서 유교의 장래에 대한 확고한 신념을 보여 주고 있지만, 만년에 망명하여 민족독립운동을 하면서 종교조직을 유지하는 데 실패하였고 이로 인해 유교운동 자체에 대한 관심도 잃어버리고 말았다.

다음으로 송기식은 도학전통의 현상적 폐단을 깊이 인식하면서도 도학적 기반을 자신이 지향하는 유교개혁론의 토대로 지켜 가는 입장을 확립하였다. 그의 유교개혁론은 광범한 도학기반의 현실을 받아들이고 있다는 점에서 박은식이나 이병헌보다 현실적 토대가 견고하다고 할 수 있다. 그는 지방 '유림회'를 '교회'로 재조직하여 종교조직으로 확보하고 종교운동을 전개하기 위한 구상을 제시하고 도학적 수양론의 '경敬'을 유교적 신앙의 기본개념으로 확립하고자, 도학전통의 토대에 근거한 유교개혁의 방법을 구체적으로 제시하였다. 그러나 그의 유교개혁론은 문서 위의 이론으로서는 중요한 의미가 있다고 할 수 있으나, 그 이론에 따라 실제로 조직운동을 전개하여 성공하거나 실패하였던 경험을 보여 주지 못한 한계가 있다.

이에 비해 이병헌의 유교개혁론은 도학전통을 전면적으로 비판하고 공자를 교주로 하는 종교로서 유교를 인식하는 데 가장 철저한 입장을 밝히고 있다. 그는 서구 근대문명에서 유래한 현대적 가치와 제도를 공자의 정신과 일치시키며 강유위의 금문경학에 바탕하여 '대동'의 이상을 정립함으로써 공자를 통해 동서고금의 모든 사상과 종교를 통합하는 포괄적 입장을 극진하게 강조하고 있다.

여기서 강유위의 영향은 유교개혁론의 공통기반이지만, 박은식은 '대동' 개념을 양명학적 논리와 결합하여 해석하면서 개혁의 논리보다 이상의 표준으로 받아들이고 있으며, 송기식은 '대동'을 유교개혁론의 이상으로 제시하면서도 '천도'로서 성誠의 실현을 통해 이루고자 하는 것으로 보아 사회개혁의식의 약한 측면을 보여 주었다. 이에 비해 이병헌은 강유위의 금문경학과 공양학에 근거하여 '대동'을 역사발전론이자 사회개혁론으로서 받아들이는 점에서 분명한 차이를 드러내고 있다.

한편 송기식은 도학의 사회기반을 수용하고 있다는 점에서 매우 현실적이었지만, 당시 도학자들이 폐쇄성과 보수성으로 견고하게 무장되었던 점을 고려하면 도학기반 위에서 개혁론이 실현될 수 있다는 것은 사실상 기대하기 어려운 일이었다. 박은식은 양명학을 선택하여 논리적 적합성을 선명하게 드러내고 있지만 현실적으로 지지기반이 없는 개혁운동의 한계를 떨치지 못하고 말았다. 이에 비해 이병헌은 도학전통의 폐단과 도학이념의 시대적 한계를 철저히 비판함으로써 금문경학의 개혁론을 제시하였으며, 비록 그의 개혁운동은 도학계층의 지지기반을 잃었을 뿐만 아니라 강한 저항에 부딪혀 실패하고 말았지만, 그가 처음부터 도학기반에 의지하지 않았던 만큼 그의 신념은 꺾이지 않았던 것으로 볼 수 있다. 그만큼 이병헌은 다음 시대에서 자신의 유교개혁론이 재평가될 수 있다는 확신을 지녔던 것으로 보인다.

유교의 종교적 인식에서 유교개혁론은 공통성을 보여 주고 있지만, 박은식과 이병헌의 경우는 그 조직운동이 사실상 실패하고 말았다. 그러나 박은식의 종교의식은 도덕을 기준으로 삼고 마음의 각성을 근거로 하는 것으로, 양명학적 기반 위에 종교의식을 발현하는 것이라고 할 수 있다. 송기식의 경우도 인륜과 성리에 기초하면서 '경敬'과 '지천知天'의 종교성을 강조하여 도학적 기반 위에서 종교의식을 발현하고 있는 것이다. 이에 비해 이병헌은 교주로서 공자의 지위를 확고하게 정립하고 '신도神道'를 유교적 종교성의 근원으로 강조하며 타종교와 조화를 추구하면서도 유교의 우월성을 확립하고 있다는 점에서, 금문경학의 입장에서 유교의 새로운 종교의식을 개발하고 구성하고 있다는 뚜렷한 특징을 드러내고 있다.

또한 유교개혁론을 체계화하면서 박은식이 '구신求新'이라 하여, 전통에서 근대성을 추구하는 것과 더불어 도학에서 벗어나 양명학으로 전환하는 새로운 사유체계를 강조하였다면, 송기식은 '유신維新'이라 하여, 전통의 거부가 아니라 전통에 새로운 생명을 불어넣는 재해석을 중시했다고 할 수 있다. 이에 비해 이병헌은 자신의 유교개혁론을 '복원復原'이라 하여, 전통의 왜곡을 떨쳐 버리고 공자의 근본정신을 회복하는 것으로 자신의 기본입장을 선명하게 밝히고 있다. 여기서 이병헌은 '복원'을 통하여 서구문명의 근대적 합리성을 수용할 수 있고 미래에서 인류의 이상으로 '대동사회'를 실현할 수 있다는 관통의 논리를 개발해 내고 있는 것이다.

제6장

강유위와 양계초의 유교개혁사상

1. 변법론과 유교개혁사상의 제기

중국은 아편전쟁(1840~1842)에서 패배하면서 서양열강의 제국주의적 침략세력에 의해 강제로 문호를 열게 되었고, 이때부터 중국의 사회체제는 청나라 말기와 민국民國 초기에 걸친 100년 동안 격심한 변동을 겪어야 했다. 서양이 지닌 위력을 경험하면서, 중국 지식인들 사이에서는 서양의 과학기술과 근대문물을 수용하여 중국의 힘을 길러야 한다는 자강론自强論이 일어났다. 서양 각국의 사정을 소개한 『해국도지海國圖志』를 저술한 위원魏源(1794~1856)은 그 선구적 인물이다. 그러나 중국사회에는 수구적 저항세력이 팽배하였고, 전통의 관습에 안주한 거대한 사회체제를 빠른 시간 안에 효율적으로 개혁하기란 현실적으로 불가능한 상태였다.

이에 따라 한편에서는 중국의 전통적 가치에 바탕을 두고 서양의 기술문명을 배워 활용해야 한다는 '중체서용론中體西用論'이 제기되었으며, 이러한 영향으로 양무洋務운동이 일어났다. 그러나 중국의 전통적 가치를 지키며 서양의 기술과 제도를 배워서 중국사회를 개량해 가는 일은 급격히 변화하는 정세에 적응하기 어려운 것이었다. 그리하여 진보적 지식인들은 여기서 방향을 바꾸어 중국사회의 낡은 가치로는 중국의 당면 문제를 해결할 수 없다는 인식 아래 중국의 전통체제와 이념을 봉건적 구질서로 규정하여 정면으로 비판하였다. 아울러 이들은 '민주'와 '과학'이라는 서양의 합리적 제도와 기술문명을 전면적으로 도입함으로써 중국사회를 개혁해야 한다는 '전반서화론全般西化論'을 제기하였고, 이러한 영향으로 신해혁명(1911)이 일어났으며 곧이어 중화민국이 수립되면서 5·4운동(1919)의 깃발 아래 혁명적 변혁이 확산되어 갔다. 중체서용론의 선구적 인물로는 장지동張之洞(1837~1909)을 들 수 있으며, 전반서화론을 주도한 인물로는 호적胡適(1891~1962)이 있다.

이렇게 서양의 문물과 제도를 받아들이는 데도 중국의 전통적 가치관의 틀 안에서 받아들이려는 '중체서용론'과 중국전통의 틀을 깨뜨리려는 '전반서화론'의 입장은 그 기본입장에서 서로 상반되는 것이라 할 수 있다. 이 두 가지 입장 사이에서, 크게 보면 중체서용론의 연장선상에 있는 것으로 보이지만 새로운 변화의 시대상황에 대응하는 논리로서 중체서용론보다 한 단계 더 나아가 전통적 가치관과 구질서를 근원적으로 비판하고 나선 '변법론變法論'이 등장했다.[1] 격동의 시대상황 속에서 중국의 문화적 전통이 지닌 정체성을 보존하면서 개혁을 추구해야 한다는 중체서용론을 지켜 온 지식인들은 중국의 전통적 가치질서를 더 이상 그대로 고수할 수 없으며 새로운 시대변화에 적응하기 위해서는 중국문화의 전통과 이념을 새롭고 광범하게 재해석하고 개혁하지 않을 수 없다는 인식에 따라 변법론을 주창했던 것이다.

이러한 변법론의 대표적 이론가는 바로 광동성廣東省 남해南海 출신의 강유위였다. 비록 좌절되고 말았지만, 그의 견해는 광서제光緖帝의 후원을 받아 1898년 무술변법운동으로 전개되어, 잠시나마 정책으로 받아들여졌던 일이 있다. 강유위의 변법론은 중국의 전통적 가치질서를 변혁하는 과제와 논리를 유교경전의 새로운 해석을 통해 도출했다. 강유위는 중국의 정신적 기반으로 유교를 개혁하여 서양에 대응할 수 있는 힘의 원천을 확보할 수 있다고 인식하였다. 이에 따라 그의 유교개혁론은 금문경학의 이론 위에 구축되었고,

---

[1] 閔斗基 교수는 「中體西用論考」(『중국의 전통과 근대』, 평민사, 1979)에서 洋務論과 變法論이 '中體西用論'의 양상으로 연관성이 강함을 해명하고 있다.

유교의 종교적 각성을 통한 공교운동으로 전개되었다. 강유위의 유교개혁론을 이론적으로 뒷받침해 준 대표적 제자로는 광동성廣東省 신회新會 출신의 양계초梁啓超(1873~1929, 호는 任公)가 있고, 공교운동을 전개하는 데 주도적 역할을 해준 제자로는 진환장陳煥章(1881~1931)이 있다. 양계초는 초기에 유교를 종교로 확인하는 강유위의 유교개혁론을 강력하게 옹호하는 논리를 폈으나, 1902년부터는 유교가 종교가 아님을 주창하여 입장을 뒤집었다. 강유위의 유교개혁론이 공교회조직을 통해 어느 정도 확산되었다고는 하지만, 양계초의 설득력 있는 논리는 당시의 지식인들 속에 광범한 영향력을 미쳤던 만큼, 이 시대 유교개혁사상의 과제로서 강유위와 양계초의 이론을 주목할 필요가 있다.

강유위와 양계초는 한말에서 일제강점기에 활동하던 우리나라의 애국계몽사상가들에게 많은 영향을 미쳤으며, 특히 양계초의 영향력은 폭발적이라 할 만하다. 변법운동의 주도자요 유교개혁론을 처음부터 끝까지 관철해 왔던 강유위의 영향력은 양계초만큼 그렇게 강력한 것은 아니었다. 그러나 유교개혁론의 이론체계나 이념적 성격은 오히려 양계초보다 더욱 선명하고 일관된 것이었다고 할 수 있다. 이러한 강유위의 영향은 조선의 유교개혁운동가의 한 사람이었던 이병헌에게 가장 커다란 영향력을 미쳤고, 강유위가 추구하던 유교개혁을 위한 이론과 방법은 그의 어떤 제자보다도 이병헌에 의해 가장 철저히 계승되었던 것이 사실이다.

따라서 이병헌이 구축한 유교개혁사상의 배경과 특성을 해명하기 위해서는 그에게 가장 큰 영향력을 미친 강유위의 경우를 좀더 정밀하게 이해할 필요가 있다. 이때 강유위가 문제를 제기한 중국의 당시 상황과 우리나라의 사회상황이 같지 않은 만큼 양자가 차이를 드러내는 것은 자연스러운 귀결이다. 이병헌은 강유위의 직접적인 지도를 받았음에도 불구하고, 강유위의 논리에서 수용하는 부분과 수용할 수 없는 부분이 확연히 구분되어 드러나고 있으며, 관심의 방향에서도 편차가 나타나고 있다. 이 점에서 강유위의 사상체계 속에서 이병헌에게 미친 영향이 어떤 범위와 방향의 것인지를 확인하는 것은 바로 이병헌의 유교개혁사상의 근원과 그 특징적 성격이 어떤 것인지를 나타내는 것이라 할 수 있다.

한편 양계초의 후기 입장은 이병헌에게 직접적으로 영향을 미치지 않았으며 어느 정도 상반된 성격을 지닌 것으로 볼 수 있지만, 당시 양계초의 입장이 우리나라의 진보적 지식인들에게 광범한 영향을 미쳤던 만큼, 양계초와 이병헌의 입장이 지닌 차이와 거리를 가늠해 봄으로써 이병헌의 유교개혁론이 지닌 입장과 유교 변호의 논리가 지닌 성격을 엿볼 수 있을 것이다.

2. 강유위의 유교개혁사상과 유교국교화론

1. 무술변법과 유교의 국교화론

19세기 말 서양열강의 중국침략이 점차 가중되어 가는 과정에서 서양의 과학기술을 수용하여 국력을 배양하여야 한다는 '자강론'의 양무운동이 활발하게 일어났지만, 견고한 보수세력의 저항에 부딪혀 실질적인 성과를 거두지 못하고 있었다. 강유위는 1888년, 그의 나이 31세 때 국자감 학생으로 대궐에 나가게 되자, 변법變法을 요청하는 첫번째 상서上書(「上淸帝第一書」)를 올렸다. 그러나 1894년 중국은 청일전쟁에서 패배하여 일본과 마관馬關(일본 九州의 下關)조약을 맺으며 요동과 대만을 할양하고 막대한 배상금을 지불하는 굴욕을 당하였으며, 이로 인해 중국의 국세는 날로 위축되어 갔고 제국주의 침략세력의 외환은 더욱 가중되어 갔다. 1895년 청일전쟁의 패배에 대한 충격 속에서 강유위는 거인擧人(과거 시험 응시자) 1200여명과 함께「공거상서公車上書」를 올린 것을 비롯하여, 잇달아 상서를 올리면서도 '변법'의 방법을 구체적으로 제시하여 '자강'을 도모하였다.[2]

그러나 강유위는 이에 앞서 30세 때(1887) 이미 자신의 사상적 기본체계를 정립하였다고 한다. 이때 그는 공자의 '거란據亂'・'승평升平'・'태평太平'의 이치로 지구적 범위의 문제를 논의하였으며, 여러 언어를 학습하고 많은 군사를 배양해야 하는 낭비를 없애기 위해 '지구만음원地球萬音院'을 세워 언어・문자를 연구하여 학습의 번거로움을 면하게 하고, '지구공의원地球公議院'을 창립하여 공공의 선비들이 나라를 통합하는 공공의 이치를 의논하며 공공의 군사를 길러서 거기에 참가하지 않는 국가를 제거하게 한다는 구상을 하였다.[3] 이는 '춘추삼세설春秋三世說'에 대한 인식과 '대동大同'의 이상에 대한 기본틀을 형성하고 있다는 사실을 의미한다. 또한 32세 때

---

[2] 蔣貴麟 主編,『康南海先生遺著彙刊』12책(臺北: 宏業書局, 1976), 6~91쪽(이하『南海遺著』12책으로 줄임).「上淸帝第一書」에서는 '기존의 법제를 변경할 것'(變成法)・'백성의 뜻이 소통되게 할 것'(通下情)・'좌우의 인재를 신중하게 쓸 것'(愼左右)을 제시하였으며,「公車上書」(上淸帝第二書)와「上淸帝第三・第四書」에서도 '富國의 방법' 6조목과 '養民의 방법' 4조목을 제시하는 등 變法・自强의 방법을 제시하고 있다.

[3]『民國康長素先生有爲・梁任公先生啓超師生合譜』(臺灣: 商務印書館, 1982), 53쪽, "推孔子據亂・升平・太平之理以論地球, 以爲養兵學言語, 皆於人力人智大損, 欲立地球萬音院, 以考語言文字, 俾免學習之煩, 創地球公議院, 合公士以議合國之公理, 養公兵以去不會之國."

(1889)에는 북경에 머물면서 금석문을 연구하였는데, 이 과정에서 고문경전이 거짓된 것이고 금문경전이 바르다는 것을 확인하였다고 한다.4) 이듬해(1890) 진천추陳千秋가 강유위를 찾아와 경전을 토론할 때, 강유위는 그에게 공자가 개제改制한 뜻을 설명하고 인仁의 도가 대중을 결합시키는 근원이며 고거考據(考證)의 옛 학문이 쓸 곳이 없다는 것을 설득력 있게 제시하였고, 이에 진천추는 깊이 감복하였다. 이때 진천추는 광주廣州의 학해당學海堂에서 함께 수학하고 있던 양계초를 이끌고 와서 강유위의 제자가 되었다. 이러한 사실은 강유위의 금문경학과 유교개혁론의 이론적 기초가 30대 초반에 정립되었다는 것을 말해 준다.

1897~1898년 사이에 독일이 교주만膠州灣(靑島)을 점령하고 러시아가 여순旅順·대련大連을 조차하여 또 한번 중국의 영토가 열강에 유린당하자, 강유위는 이때 두 차례 올린 상서(「上淸帝第五·第六書」)를 통해서 열강이 경쟁하는 현실에서 스스로 보존하는 계책은 변법밖에 없음을 역설하고 변법을 국시國是로 천명할 것을 제안하였다. 아울러 자신이 저술한 『아황대피덕변정기俄皇大彼德變政記』와 『일본변법고日本變法考』를 올려 러시아 피터 대제의 개혁과 일본 명치유신의 개혁을 변법의 모범으로 삼는 구체적 방법을 제시하였다. 마침내 강유위의 변법론이 광서제光緖帝에게 받아들여져 1898년 6월 11일(음력 4월 23일) 변법의 실시가 국시로 선포되었으며, 광서제가 강유위를 직접 불러 사회제도 전반의 개혁을 추진하였다. 9월 21일 서태후西太后가 정변을 일으켜 광서제를 유폐시킬 때까지 무술변법의 정국은 지속되었다.

---

4) 『民國康長素先生有爲·梁任公先生啓超師生合譜』, 58쪽, "乃續包愼伯爲廣藝舟雙楫, 復事經說, 發古文經之僞, 明今文經之正."

강유위는 무술변법의 백일천하 동안 자신의 변법론을 위한 방법을 적극적으로 제시하였다. 이때 올린 상주문 29건이 『남해선생무술주고南海先生戊戌奏稿』에 수록되어 있는데, 그 가운데 1898년 6월에 올린 「성인 공자를 존숭하여 국교로 삼고, '교부'와 '교회'를 세우며, 공자로 기원紀元을 삼으며, 망령된 제사를 폐지하기를 청하는 상주문」(請尊孔聖爲國敎立校部敎會以孔子紀年而廢淫祀摺)이라는 긴 제목의 상주문에서 유교개혁의 방향과 과제를 구체적으로 제시하고 있다. 그는 이 상주문의 제목에서 밝힌 것처럼 '성인 공자를 존숭하여 국교로 삼을 것', '교부와 교회를 세울 것', '공자기년孔子紀年(孔紀)을 사용할 것', '망령된 제사(淫祀)를 폐지할 것'의 네 가지를 요청하고 있다.

강유위가 '성인 공자를 존숭하여 국교로 삼을 것'을 변법운동의 중요 과제의 하나로 제기한 이유로서 가장 먼저 들고 있는 것은 중국에서 많은 신을 숭상하는 습속이 있고 교주를 오로지 받들어 도덕심을 발휘하지 못하는 사실 때문이었다.[5] 여기서 그는 당시 중국의 민속신앙에서 용왕龍王·우왕牛王·후왕猴王 등 짐승을 숭배하고 나무나 돌에도 복을 비는 일이 성행하고 있는 사실을 주목하고, 그 때문에 서양사람들로부터 조롱거리가 되어 '종교가 없는 국민'(無敎之國民)으로 취급받고, 중국의 풍속이 자바·인도·아프리카와 같은 야만적인 것으로 취급되는 사실을 지적하고 있다. 이에 대해 강유위는 중국이 수천 년 동안 정학正學(유교)을 공경하여 가르쳐 왔던 사실을 강조하고, '망령된 제사'(淫祀)를 금지함으로써 '백성들을 가르쳐 풍속을 바르게 하고 예법을 닦아 교화를 중시함'(敎民正俗, 修禮

---

5) 『南海遺著』 12책, 28쪽, 「請尊孔聖爲國敎立校部敎會以孔子紀年而廢淫祀摺」, "中國尙爲多神之俗, 未知專奉敎主, 以發德心."

重敎)이 나라의 체통과 기강을 바로세우는 데 중요함을 지적하였던 것이다.

따라서 그는 정부가 '정학正學을 공경하여 가르치는 일'을 형식적이 아니라 실질적으로 수행하여 유교를 국교로 수립하기 위한 방법으로서, 공자에 대한 제사와 하늘에 대한 제사에 있어서 봉건신분질서에 의한 차별화를 폐지하고 또한 귀천과 남녀의 구별이 없이 모든 백성에게 허용하도록 변혁할 것을 제안하였다.

먼저 강유위는 학교에서 공자를 받들어 제사할 때, 교관과 학생들이 공자에 제사하고 알현할 뿐이요 나머지 모든 계급의 사람들과 부녀자들은 공자를 제사하고 알현하는 것을 허락받지 못함에 따라 민심이 공자에 귀의하지 못하고 달리 경배할 곳을 찾게 되는 사실을 지적하였다.6) 그는 명나라 때에는 민간에서도 사당에서 공자를 제사하는 자가 있었는데, 강희제康熙帝 때 어사御史 오배吳培가 부녀자들이 공자의 사당에 들어가 분향하는 것을 금지하도록 주청한 이후로 민간에서 공자를 제사하는 것이 금지되어 왔던 사실을 밝혔다. 이에 따라 민간에서 공자를 존숭하여 제사할 수 없게 되니, 유교가 백성들에게 영향을 미치지 못하게 되어 날로 미약해졌고 망령된 제사는 날로 번성하게 되었는데, 이러한 결과를 초래하였던 것이 바로 오배의 죄라고 꾸짖었다.7) 이처럼 그는 공자에 대한 제사와 참배를 누구에게나 개방하여 국민들 모두가 공자를 교조로 받들

---

6) 『南海遺著』 12책, 28쪽, 「請尊孔聖爲國敎立校部敎會以孔子紀年而廢淫祀摺」, "今自學宮尊祀孔子, 許敎官諸生歲時祀謁外, 其餘諸色人等, 及婦女皆不許祀謁, 民心無所歸, 則必有施敬之所."

7) 『南海遺著』 12책, 29쪽, 「請尊孔聖爲國敎立校部敎會以孔子紀年而廢淫祀摺」, "聞昔在明世, 民間尙有祠祀孔子者, 至康熙時御史吳培乃始奏禁婦女入孔廟焚香, 自是禁民間廟祀孔子, 以爲尊崇先聖, 豈知聖敎從此不及于民矣, 聖敎日微, 而淫祀日盛, 吳培不知大理, 其罪可勝誅哉."

고 존중하게 할 것을 요구함으로써, 유교가 백성의 마음속에 뿌리를 내린 국교가 될 수 있도록 추구하였다.

다음으로 강유위는 "임금을 '천자天子'라고 일컫는 것은 존칭에 불과할 뿐이고, 실제로는 모든 인간이 '하늘의 자식'(天之子)이다. ······임금은 지극히 존귀하니 하늘의 자식이 되어 하늘에 제사 드리는 것이 마땅하지만, 인민은 비록 비천하나 역시 하늘의 자식이니 역시 하늘에 제사 드리는 것이 마땅하다"[8]라고 선언하여, 천자만이 제천의례를 드릴 수 있다는 유교경전에 근거한 전통적 예법을 새롭게 해석하여 모든 인간이 하늘에 제사 드릴 수 있음을 역설하였다. 여기서 그는 『맹자』(「離婁下」)에서 "비록 악한 사람이라도 목욕재계하면 상제에 제사드릴 수 있다"(雖有惡人, 齊戒沐浴, 則可以祀上帝)고 한 구절 등을 인용하여 경전의 근거를 확인하고 있다. 또한 민속에서 하늘을 향해 제사 드리는 세시歲時 풍속이나 기독교인이 상제上帝에게 예배하는 것도 금지하지 못하고 있는 현실을 지적하고, 신앙의 자유가 헌법의 큰 의리인데 기독교인이 날마다 상제에게 배례하는 것을 허용하는 것처럼 인민이 하늘에 제사 드리는 것을 허용하여야 할 것을 강조하였다. 그것은 더 이상 제천의례를 천자의 특권으로 규정하는 봉건적 질서가 아니라 모든 백성이 누구나 하늘에 제사 드릴 수 있게 함으로써, 백성들이 유교 공동체의 주체로 참여하는 유교의 국교화를 지향하고 있는 것이다.

또한 그는 유교를 국교로 정립하기 위해서는 무엇보다 공자를 교주로 신봉하는 일이 중요하다고 강조하였다. 곧 "공자는 시중時中

---

8) 『南海遺著』 12책, 29~30쪽, 「請尊孔聖爲國敎立校部敎會以孔子紀年而廢淫祀摺」, "王者稱爲天子, 不過取尊稱云爾, 實則凡人皆天之子也,······王者至尊, 爲天之子, 宜祀天, 人民雖卑, 亦天之子也, 亦宜祀天也."

의 성인이다.……지금은 더구나 변혁하고 소통시켜야 하는 시대이니, 공자는 실제로 중국의 교주로 삼아야 하지, 학문과 행실이 높고 깊은 성인이라 해서는 안 될 것이라 생각한다"⁹⁾고 하여, 변법의 시대적 상황에 상응하여 공자를 '중국의 교주'로서 확립해야 한다고 역설하였다. 그는 공자를 '교주'로 인식하지 않게 된 것은 신新(王莽이 前漢을 무너뜨리고 세운 왕조)의 유흠劉歆에게서 비롯된 것이라 지적하였다.

> 유흠이 일어나 고문경전을 허위로 만들어 내어 주공周公에 가탁하니, 이에 육경은 공자의 저작이 아니요 단지 서술한 것이 되었다. 당나라 때는 드디어 주공을 선성先聖으로 받들고 도리어 공자는 선사先師로 삼았으며, 이에 겨우 공자를 덕이 순수하고 행실이 훌륭한 성인으로 여기고 교주가 됨을 알지 못하였다. 요즘 사람들은 드디어 공자를 철학·정치·교육가라 망령되이 일컫는다.¹⁰⁾

여기서 강유위는 당나라 이후로 공자를 교주로서 받들지 못하였던 이유는 물론이요 현재에서 공자를 종교가로서의 '교주'로 인정하지 않고 철학가나 정치가 혹은 교육가로만 보는 이유도 유흠이 교조로서 공자의 위치를 왜곡시켰기 때문이라고 하였다. 또한 그는 공자가 다른 종교의 교주와 다른 차이점을 제시함으로써, 공자의 특성을 확인하고 있다.

---

9) 『南海遺著』 12책, 30쪽, 「請尊孔聖爲國敎立校部敎會以孔子紀年而廢淫祀摺」, "孔子爲聖之時,……今尤通變之時矣, 臣竊考孔子實爲中國之敎主, 而非謂學行高深之聖者也."
10) 『南海遺著』 12책, 30~31쪽, 「請尊孔聖爲國敎立校部敎會以孔子紀年而廢淫祀摺」, "及劉歆起, 僞作古文經, 託于周公, 于是以六經爲非孔子所作, 但爲述者, 唐世遂尊周公爲先聖, 抑孔子爲先師, 于是僅以孔子爲純德懿行之聖人, 而不知爲敎主矣, 近人遂妄稱孔子爲哲學政治敎育家."

지구상의 교주들은 '신도神道'에 의탁하여 사람들로 하여금 받들고 믿게 하지 않음이 없으니, 어느 때 어느 자리에서나 그렇게 한다. 그러나 '신도'를 빌리지 않고 교주가 될 수 있는 자는 오직 공자뿐이니, 진정한 문명시대의 교주요 지구상에 없었던 것이다.11)

『주역』(「觀卦」)에서는 공자 자신도 '신도로써 가르침을 베푸는 것'(神道設敎)을 인정하였다. 그러나 강유위는 공자가 '신도'에 의탁하여 존숭과 신봉을 받는 것이 아니라는 점에서 다른 종교의 교주들과는 다른 공자의 탁월함이 있음을 지적하고, 바로 이 점을 들어 공자를 '진정한 문명시대의 교주'(眞文明世之敎主)로 높이고 있다. 이런 의미에서 그가 공자를 종교적 초월성에 의존하고 있는 미신적이거나 신비한 신앙의 교주가 아니요, 현실의 합리적 가치질서를 지닌 '문명'한 종교의 교주로 인식하고 있음을 알 수 있다. 그것은 혼란한 시대 속에서 새로운 질서를 창조하여 세상을 구출해 내는 '제도를 개혁한 교주'(改制之敎主)로 보는 것이요, 그만큼 개혁자로서의 공자상을 강조하고 있는 것이다.

또한 강유위는 교조로서의 공자의 지위를 명확히 천명하기 위하여 유교를 '공교孔敎'라 일컫고, 공교 곧 유교를 국교로 정립하기 위한 방법으로서 조직을 제도화할 것과 의례를 개혁하고 '공자기년'을 기원으로 채택할 것을 제안하였다.

먼저 그는 중국인들 모두가 공교를 존숭할 수 있도록 교법을 다스리고 방도를 분별하고자 한다면, 전문직업의 교직자를 임명하여 공교를 보존하고 지키게 하는 조직화가 절실히 필요함을 강조하였

---

11) 『南海遺著』 12책, 30쪽, 「請尊孔聖爲國敎立校部敎會以孔子紀年而廢淫祀摺」, "夫大地敎主未有不託神道以令人尊信者, 時地爲之, 若不假神道而能爲敎主者, 惟有孔子, 眞文明世之敎主, 大地所無也."

다. 여기서 그는 공교를 보존하고 지키는 전문적 직무의 조직으로서 정부가 중앙에 '교부敎部'를 세우고 지방에는 독자적으로 '교회敎會'를 세울 것을 제안하였는데, 교부·교회조직 아래에는 몇백 명 또는 몇천 명이 사는 향鄕마다 공자를 제향하는 '공자묘孔子廟'를 세우고 지방마다 민간의 남녀들이 자유롭게 참여하는 조직으로서 '공교회孔敎會'를 설치하여 기본조직으로 삼자고 주장하였다. 이 조직을 담당하는 전문교직자로는, 향鄕마다 세워진 공자묘에는 육경·사서에 능통한 선비로 강생講生(제사를 담당하는 奉祀生을 겸함)을 한 명씩 두고, 몇십 개의 향을 묶은 사司에는 강생 가운데서 선발한 강사講師 약간 명을 두고, 현縣에는 강사 가운데서 선발한 대강사大講師 약간 명을 두고, 부府에는 종사宗師를 두고, 성省에는 대종사大宗師를 두며, 전국 교회(공교회)의 어른으로는 '좨주祭酒'를 두되 좨주는 조정에서 '교부상서敎部尙書'(大長이라고도 할 수 있음)로 임명한다는 것이다. 이처럼 강유위는 전문교직자를 지역의 범위에 따라 강생 – 강사 – 대강사 – 종사 – 대종사 – 좨주의 6단계로 나누고, 이들이 경전을 강의하며 제사를 관장하도록 할 것을 제안했다.

한편 의례의 개혁을 위한 과제로는, 정부에서 설립한 교부와 각성에서 설립한 교회와 민간이 세운 사당(廟)의 모든 곳에서 제사할 때는 오로지 공자에 제사를 드리되 하늘에 배향하여 제사하고, 남녀 백성 누구나 참배하여 석채釋菜의 의례를 행하고 꽃을 바치며(奉花) 성경聖經(유교경전)을 묵송默誦하도록 하고, 지구상의 모든 나라들이 교주를 기원으로 삼는 것처럼 중국도 '공자기년孔子紀年'(孔紀)을 사용하여 공교를 국교로 높여야 할 것을 강조하였다.[12]

---

12) 『南海遺著』 12책, 31~32쪽, 「請尊孔聖爲國敎立校部敎會以孔子紀年而廢淫祀摺」, "以孔子配天, 聽人民男女, 皆祠謁之, 釋菜奉花, 必默誦聖經,⋯⋯ 皆專祀孔子以配

2. 민국 수립 후 공교의 국교화에 대한 논란

당시 중국은 1911년 신해혁명으로 군주제의 청조淸朝체제가 무너지고 공화제의 중화민국이 성립하게 되면서, 유교전통이 현실적으로 중대한 위기에 직면하게 되었다. 강유위는 공화제도가 성립된 지 몇 개월 만에 유교전통의 예제와 음악이 함께 폐지되고 법전과 제도가 모두 바뀌었으며 준칙을 지키는 태도가 사라져 버렸음을 확인하였으며, 더구나 교육담당자가 공자에 대한 제사의 법전을 폐지하는 의논을 하고 있는 현실에 개탄하였다. 이에 따라 작게는 공자의 사당에서 엎드려 절하고 무릎 꿇으며 몸을 굽히는 예절이 없어지고, 중대한 것으로는 학교의 경전교육을 폐지하고 제사를 줄임으로써 학교는 무성한 잡초의 마당이 되고 사당에서는 제례악의 소리가 끊어지게 되었다.13) 그만큼 신해혁명의 공화체제는, 서구적 근대질서를 도입하여 중국사회의 전통질서를 전면적으로 개혁하는 과정에서 유교전통의 제도와 의례와 규범질서를 적극적으로 폐지하는 정책을 시행하였는데, 그것은 유교체제가 기득권을 상실했을 뿐만 아니라 존립기반을 위협받는 위기에 처해 있음을 말해 주고 있다.

강유위는 공화제의 개혁을 추구하는 인물들이 군신君臣 관계의 전통적 규범질서를 중단시키고자 하면서, 유교경전이 임금을 지나치게 높이는 전제專制요 백성을 억압하는 것으로서 이 시대에 통행될 수 없는 것이라 파악하고 있음을 주목하였다.14) 이는 유교가 봉

天, 並行孔子紀年以崇國敎."
13) 『南海遺著』 19책, 57쪽, 「孔敎會叙(2)」, "自共和數月來, 禮樂並廢, 典章皆易, 道揆法守, 掃地無餘, 遂至敎育之有司, 議廢孔子之祀典, 小則去拜跪而行鞠躬, 重則廢經傳而裁俎豆, 黌序鞠茂草之場, 廟堂歇絲竹之聲."
14) 『南海遺著』 19책, 62쪽, 「以孔敎爲國敎配天議」, "蓋以共和立國, 君臣道息, 因疑經

건적 전제질서를 대표하는 것으로 받아들여지면서 유교에 대한 적대적 거부와 파괴행위가 일어나고 있는 현실을 명확하게 인식하고 있는 것이다. 따라서 강유위는 이에 대한 대응논리로서 공자가 경전에서 제시한 기본정신이 전제주의에 있는 것이 아니라 인도人道에 있음을 강조하고, 공화제 개혁의 모범이 되는 프랑스혁명의 박애·평등·자유의 정신도 중국에 없는 것이 아니라 공자의 인도에서 이끌어 낼 수 있는 것임을 강조하였다.

당시 진보적 개혁론자들은 공교를 국교로 할 수 없는 이유로 '신앙의 자유'(信敎自由)라는 원칙에 따라 하나의 종교만을 국교로 높일 수 없다는 견해를 제시하였다. 이에 대해 강유위는 "신앙의 자유란 인민이 좋아하고 숭상하는 것을 관대하게 허용하는 것이요, 특별히 국교를 설립하는 것은 홀로 높여서 민속이 각자의 마땅함을 밝히는 것이다.……신앙의 자유와 국교의 존중이라는 두 가지는 서로 방해되는 것이 아니라 각각에 스스로 이익됨이 있다"[15]라고 하여, 신앙의 자유와 국교의 설립이 조화될 수 있음을 주장하였다. 또한 국교를 보호하면서도 신앙의 자유를 허용하는 사례로서 러시아가 희랍 정교를 국교로 삼아 보호하면서도 인민에게 신앙의 자유를 허용하고 있는 사실이나, 스페인·이탈리아가 헌법에 로마구교(천주교)를 국교로 규정하고 있지만 인민에게는 신앙의 자유를 허용하고 있는 사실 등 동서양의 세계 각국에서 국교의 보호와 신앙의 자유가 병행되고 있음을 제시하였다. 이에 따라 그는 중국도 덴마크나 스페인의 경우처럼 헌법의 한 조목에는 신앙의 자유를 규정하고 다

義中之尊君過甚也, 疑爲專制壓民之不可行也."
15) 『南海遺著』 19책, 67쪽, 「以孔敎爲國敎配天議」, "信敎自由者, 寬大以聽人民之好尙, 特尊國敎者, 獨尊以明民俗之相宜.……信敎自由與特尊國敎, 兩不相妨, 而各自有益."

른 한 조목에서는 공교를 국교로 규정할 것을 제안하였다. 여기서 그는 공교가 공자를 하늘에 배향하는 문제에 대해서도, 옛날에는 별다른 덕이 없는 임금들(祖宗)도 하늘에 배향하였는데, 공화제의 국민으로서는 누구나 상제에 제사를 드릴 수 있으며 공자를 상제에 배향하는 것이 마땅한 것이라고 강조하였다. 그만큼 공화제의 새로운 사회체제 아래에서도 공교를 국교로서 높여야 할 필요가 있으며, 이러한 국교의 설립이 공화제의 정신에 어긋나지 않는 것임을 밝히고 있는 것이다.

    1913년 중화민국 국회에서는 헌법기초위원회가 설치되고 헌법의 제정을 위한 토론이 벌어졌다. 이때 강유위를 대표로 하는 공교회는 유교를 국교로 채택하도록 청원운동을 전개하였다. 중국의 헌법에 유교를 국교로 규정하기를 요청하는 운동에 엄복嚴復(1853~1921), 하증우夏曾佑(1865~1924), 장동손張東蓀(1886~1973) 등 여러 지식인들이 동참하였고, 외국인인 제임스(Reginold F. James)도 공교회에 참여하여 유교의 국교화에 적극적으로 찬동하였다. 그러나 1913년 10월 북경 천단天壇에서 소집된 헌법기초위원회는 유교를 국교로 인정할 것인지 말 것인지에 대한 찬반양론의 많은 논란 끝에 유교의 국교화를 받아들이지 않고, 다만 헌법 19조에 "국민의 교육에서 유교의 교리가 덕성함양의 기초가 될 만하다"라는 조문을 넣는 것으로 절충하였다. 이에 반해 1914년에 대총통大總統 원세개袁世凱(1859~1916)는 유교전통의 세력을 끌어들이려는 정치적 의도에 따라 제천의례와 공자에 대한 제사를 부활시킬 것을 선언하고, 그 자신 스스로 국민을 대표하여 제사를 집전하였다. 그러나 1916년 원세개의 죽음으로 인해 유교가 국교로서 국가의 보호를 받아야 한다는 주장은 실질적으로 좌절되고 말았다.16) 이 시기에 변법론적 개혁론으로서 공교운동을 전개하는 것이 전통계승을 추구하는 소수의 입장으로 나타났다면, 그 반대의 극단에서 유교전통을 전면적으로 거부하고 서구적 근대질서를 수용하는 혁명론을 전개하는 입장은 시대조류를 따르는 다수의 진보적 지식층으로 등장하였다.

이 시기에 유교지식인들 사이에서도 유교의 국교화에 반대하는 견해를 제시하는 경우가 있었다. 장병린章炳麟(1869~1936)은 "중국은 지금까지 한번도 국교를 가져본 적이 없다"고 주장하여 유교의 국교화를 반대하였으며, 강유위의 제자였던 양계초도 "유교를 보호하고 싶어하는 사람들은 단지 현대사상을 유교의 용어로 바꾸고 공자는 그 모든 것을 알고 있었다는 투로 말한다"고 하여 유교를 현대사상에 무리하게 끌어다 붙여 해석하는 태도를 비판하였다.17) 더구나 진독수陳獨秀(1879~1942)는 강유위의 주장을 반박하며 "공교는 종교의 실질과 의례가 전혀 없으니, 교화의 '교'요 종교의 '교'가 아니다"라고 하였으며,18) 채원배蔡元培(1868~1940)도 "공자는 공자요, 종교는 종교이며, 국가는 국가이다. 의리가 각각 다르니 억지로 한꺼번에 말할 수 없다"고 하여19) 공자와 종교와 국가는 서로 연결시킬 필요가 없는 것이라고 지적함으로써 공교를 종교로 보거나 공교를 국교로 요구하는 것을 반대하였다.

이처럼 공교(유교)는 종교가 아니요 국교가 될 수 없다는 다양한 반대 의견에 맞서, 강유위는 공교를 국교화하여야 하는 근거를 제

---

16) 陳榮捷,『근대중국종교의 동향』(형설출판사, 1987), 16~17쪽.
17) 陳榮捷,『근대중국종교의 동향』, 18쪽.
18) 牙含章·王友三 主編,『中國無神論史』下(中國; 社會科學出版社, 1992), 1017쪽, "陳獨秀首先明確指出, '孔教絶無宗教之實質與儀式, 是教化之教, 非宗教之教'(「駁康有爲致總統總理書」,『文存』권1, 第97頁), 根本否定孔教是宗教."
19)『陳獨秀選集』(天津; 人民出版社, 1990), 44쪽, "……此蔡孑民先生所以謂'孔子是孔子, 宗教是宗教, 國家是國家, 義理各別, 勿能强作一談'也."

시하면서 공교와 중국문화의 필연적 연관 관계를 강조하였다. 그는 "중국의 인심과 풍속과 예의와 법도는 모두 공교를 근본으로 삼는다"[20]고 밝힘으로써, 만약 중국인이 공교를 공경하지 않고 제거해버린다면 인심·풍속·예의·법도의 질서가 무너지게 된다고 강조하였다. 여기서 그는 일본의 가 나가오(賀長雄) 박사가 중국과 공교의 관계를 중시하여 공교를 존중하지 않으면 중국이 멸망할 것이라고 한 견해를 소개하면서, 중국인들이 공교에 반대하고 있는 사실을 통탄하였다. 그만큼 강유위는 공교를 중국의 민족문화와 국가존립의 문제와 직결된 것으로 인식하였던 것이다.

따라서 강유위는 공교를 중국의 국민정신 곧 '국혼國魂'으로 확인함으로써, 중국의 진정한 수호는 중국인의 국혼 확립을 위한 유교의 정립에 있다고 보았다. 그는 "이른바 중국의 '국혼'이란 무엇인가? 공자의 '교敎'일 따름이다"라고 선언하고, 『장자莊子』에서 "슬픔은 마음이 죽는 것보다 큰 것이 없고, 사람(몸)이 죽는 것은 그 다음이다"라고 한 공자의 말을 언급하여, "멸망에는 '국혼'이 망하는 것보다 큰 것이 없으니, 나라가 망하는 것은 그 다음이다"라고 하였으며, 국혼의 존망이 국가의 존망보다 더욱 근원적인 것임을 강조하였다.[21] 이처럼 강유위는 공교가 중국의 존망에 근원이 되는 국혼을 이루고 있는 것이라고 확인함으로써, 중국이 공교를 국교로 삼아야 할 필연적 정당성을 제시하였다. 특히 그는 나라가 멸망했음에도 불구하고 국교를 지켜 국혼을 유지하는 경우로 유태인이나 인도인들이 그들의 옛 종교를 지키고 있는 사실을 들고, 국교를 잃

---

20) 『南海遺著』 19책, 200쪽, 「亂後罪言」, "中國之人心風俗禮儀法度, 皆以孔敎爲本."
21) 『南海遺著』 19책, 129쪽, 「中國學會報題詞」, "所謂中國之國魂者何, 曰孔子之敎而已,……莊子曰, '哀莫大于心死, 而身(人)死次之', 亡莫大于國魂亡, 而國亡次之."

어 국혼을 상실한 경우로는 멕시코의 원주민(마야·아즈테크 인)들이 스페인에 의해 멸망하여 얼굴만 멕시코 원주민이지 심혼心魂은 스페인의 것으로 바뀐 사실을 들어 경계하였다.

또한 강유위는 공교를 중국의 국교로 삼아야 하는 근거로서 다른 종교와는 달리 중국인의 풍속과 문화 속에 깊이 침투되어 있는 사실을 중시하였다. 그는 국교를 정의하면서, "무릇 나라에는 반드시 이른바 '국교'가 있어야 한다. '국교'란 그 습관에 오래되고 그 풍속에 마땅하며 그 땅에 행해지고 그 인심에 깊이 들어가 있는 것이다"[22]라고 하여, 공교를 국교로 삼아야 할 조건으로 공교가 중국의 전통문화 속에 깊이 뿌리 내리고 있음을 강조하였다. 여기서 그는 여러 종교들이 병립하여 선을 권장하고 악을 징계하고 있지만 그 문화와 풍토에 마땅한지의 여부는 분별해야 한다고 주장하였다. 이에 따라 다른 종교의 경우, 불교는 지극히 높고 오묘하지만 세간을 벗어나는 말씀이 많으며 '인도'의 조목과 이치에는 상세하지 못하다고 하였으며, 기독교는 하늘을 높이고 사람을 사랑하며 영혼을 배양하고 악을 뉘우치게 하여 유럽과 미국에서 성행하고 있지만 4억의 중국인이 하루아침에 사당과 무덤에 제사 지내는 것을 버리고 기독교를 따라갈 수는 없는 것이 현실이라고 강조하였다. 그만큼 불교나 기독교가 중국인의 풍속과 가치관의 전통에 깊이 뿌리를 내릴 수 없는 한계를 부각시킴으로써, 공교를 국교로 인정할 수밖에 없는 정당성을 설득하고 있는 것이다.

그리하여 강유위는 공교를 중국의 '국혼'으로 확인하는 만큼 중국의 영토·종족의 존망과 공교의 존망을 일치시키고 있다. 곧 그

---

22) 『南海遺著』, 19책, 61쪽, 「以孔敎爲國敎配天議」, "凡國必有所謂國敎也, 國敎者, 久于其習, 宜于其俗, 行于其地, 深入于其人心者, 是也."

는 "공자를 전적으로 폐지하면 중국의 인심과 풍속이 멸망할 것이요, 중국의 인심과 풍속이 멸망하면 중국의 토지와 종족이 완전히 멸망할 것이다"[23)]라고 하여, 중국의 존립을 확보하기 위해서 공교를 종교로서 재인식하고 공교를 국교로서 보존하고자 하였던 것이다. 이러한 인식에서 이병헌이 1914년 홍콩으로 강유위를 처음 찾아갔을 때에도 강유위는 "국가의 명맥은 민족의 정신에 달려 있으니, 민족이 단결하고 정신을 유지하는 방법은 오직 하나뿐인 종교이다. 중국과 조선 두 나라의 종교는 유교이니, 유교로 자기 나라의 생명을 삼고 종교를 구출하는 것으로 나라를 구출하는 전제를 삼으면, 이미 멸망한 나라도 희망이 있을 것이다"[24)]라고 하여, 민족정신을 유지하는 방법으로 종교의 중요성을 역설하고, 유교가 바로 국가의 생명임을 인식하여 종교를 구출(救敎)함으로써 나라를 구출할 것(救國)을 역설하였던 것이다.

3. 강유위의 공교사상과 금문경학의 이론

1. 공교의 종교적 인식과 공교회의 조직

강유위는 공교의 보편적 근원성과 실재성을 강조하여, "공자의 도는 천지에 짝하고 만물을 양육하며 사방과 천지로 통하여 그 도가 없는 곳이 없다"[25)]고 공교를 정의하였다. 여기서 그는 공교의 기

---

23) 『南海遺著』 19책, 91쪽, 「參政院提議立國之精神議書後」, "全廢孔子, 卽以全亡中國之人心風俗, 望中國之人心風俗, 卽全亡國之土地種族."
24) 『李炳憲全集』 下, 599쪽, 「眞菴略歷」, "國家之命脈在於民族之精神, 團結民族維持精神之方, 則唯一無二之宗敎也, 中麗兩國之宗敎, 則儒敎是也, 以儒敎爲自國之生命, 救敎爲救國之前提, 則已亡之國庶乎其有望乎."

본특성을 '인도人道'로 규정함으로써 공교의 문화적 보편성을 확인하는 동시에 종교적 특성을 제시하고 있다. 곧 그는 "공자의 도는 천명에 근본을 두고 귀신을 밝히며, 실지에는 인도를 교敎로 삼는다"26)고 하여, 공교가 '천명'·'귀신'의 초월적 세계와 연결되는 '신도神道'에 근거를 두고 있으면서도 인도로서 현실적 세계 속에 제시되고 있음을 제시하고 있다. 그것은 신도와 인도를 대립적으로 인식하는 다른 종교와 달리, 공교가 지닌 신도와 인도의 포괄적 종합성을 확인하여 주는 것이다. 또한 그는 "인도란 무릇 인간이 반드시 행하여야 할 도리이다"라고 하여 인도가 인간적 가치의 필수적 조건임을 강조하고, "공자가 드러내어 밝힌 큰 가르침은 인仁으로 주장을 삼고, 의義로 귀결을 삼으며, 예禮로 행하고, 지智로 소통하는 것이니, 그런 다음에 인도가 갖추어졌다"27)라고 하여 공자가 발현한 인도의 내용을 인·의·예·지의 덕으로 규정하고 있다.

나아가 강유위는 종교를 인도와 신도의 문제로 연결시켜 해명함으로써, 공교가 종교인지 아닌지의 종교성에 대해 논의하고 있다. 곧 세계 각국의 종교가 모두 신도를 주장한 반면 공자는 '신神'을 말하지 않았으니 교주가 아니라고 하는 견해는 어리석은 유교인의 편협한 소견이라고 지적하고, 여기서 나아가 공자를 단지 철학가·정치가·교육가일 뿐이라고 하면서 그리스의 소크라테스나 플라톤에 견주고 있는 것은 일본인이 유교를 모르는 그릇된 논의에서 나온 것이라 밝히고 있다. 여기서 그는 "중국은 수천 년 동안 유儒나

---

25) 『南海遺著』 19책, 51쪽, 「孔敎會敍(1)」, "孔子之道, 配天地, 本神明, 育萬物, 四通六闢, 其道無乎不在."
26) 『南海遺著』 19책, 51쪽, 「孔敎會敍(1)」, "孔子之道, 本乎天命, 明乎鬼神, 而實以人道爲敎."
27) 『南海遺著』 19책, 78쪽, 「曲阜大成節擧行典禮序」, "孔子發明大敎, 以仁爲主, 以義爲歸, 以禮爲行, 以智爲通, 而後人道備焉, 人道者, 蓋凡爲人必行之道也."

석釋을 언급하면서 단지 '교教'라고 말하였을 뿐이요, 신神이나 인人으로 구별하지 않았다"28)고 언급하여, 유교나 불교는 신도인지 인도인지를 구별하지 않고 '교'라고 일컬어 왔던 사실을 확인하였다. 그만큼 종교는 신도만을 가리키는 것이 아니며 인도도 종교로 확인될 수 있음을 강조하고 있는 것이다.

이처럼 강유위는 유교(공교)를 '신도의 교'가 아닌 '인도의 교'로 제시함으로써 다른 종교와 구별되는 공교의 특징을 밝히고 있는데, 그것은 공교를 종교로서 확인하는 입장을 명확하게 드러낸 것이다. 그가 공교를 종교로서 인식하고자 했던 것은 바로 서양이 지닌 힘의 원천이 종교인 기독교를 신봉하는 데에 있다는 사실에 주목함으로써, 중국의 국민적 통합과 국력을 확보하는 방법으로 공교를 종교로 확인하고 국교로 수립하고자 하였던 것이라고 이해할 수 있다.

여기서 강유위는 '종교'라는 용어가 번역되어 쓰이게 된 배경을 짚어 봄으로써, 종교의 개념을 재음미하고 있다. 그는 '종교'라는 용어는 일본에서 나온 것으로 일본에서 영어의 'religion'을 번역한 말일 뿐이라고 지적하고, 일본인은 두 글자를 익숙하게 쓰기 때문에 불교에서 말하는 여러 종파(諸宗)의 '종' 자를 덧붙여 '종교'라는 말을 만들었는데, 그 뜻은 실지로 '신교神教'를 말하는 것이라고 설명하였다. 곧 '교'에다 '종' 자를 덧붙이면서 '신교'로서의 의미를 강화하고 있음을 주목한 것이다. 그러나 그는 'religion'의 뜻은 '신교'라는 말에 한정되는 것이 아님을 강조하고, 다만 오랫동안 기독교의 형식에 갇혀 있었기 때문에 "'신'이 아니면 '교'가 없다"고 말하게 되었다고 그 배경을 해명하였다. 따라서 그는 '교'에다 '종'을 덧붙

---

28) 『南海遺著』 19책, 58쪽, 「孔敎會敍(2)」, "中國數千年之言儒釋, 只曰敎而已矣, 無神人之別也."

이는 것은 의미가 이미 타당하지 않다고 지적하고, 불교·회교·기독교의 경우는 모두 '신도'를 말하니 '신교'라고 말하는 것이 옳지만, 나아가 공자가 '신도'를 말하지 않으니 '교'가 될 수 없다고 하는 것은 하나만 알고 둘은 모르는 것이라고 비판하였다.[29] 이는 일본인이 서양의 말에서 번역한 '종교'라는 용어에서 '종' 자를 떼어내고 전통적으로 중국인들이 써 왔던 '교' 자만을 쓰더라도 종교의 의미를 완전하게 포함할 수 있음을 강조한 것이다. 따라서 그는 다른 종교들 가운데는 '신도의 교'가 많이 있지만, 공교는 '인도의 교'요, 공자는 '인도의 교주'라는 점에서 그 특성이 있음을 제시하고 있다.

이처럼 강유위의 '종교' 개념에서는 기독교적 형식에 빠져 있는 신도 중심의 종교 개념에서 벗어나 신도와 인도의 양면을 포괄할 수 있는 더욱 포괄적인 종교 개념을 제시함으로써 공교의 위치와 성격을 해명하고자 하는 태도가 나타난다. 이러한 강유위의 종교 개념은 '신' 존재에 대한 숭배 여부가 종교의 본질적이고 필수적인 조건을 이루는 것이 아니라, 인간 존재에 대한 통찰과 대응도 종교의 영역에 포함되는 것이라는 폭넓은 종교 개념을 제시함으로써, 유교를 종교의 틀로 이해하기 위한 관점을 열어 주었다. 또한 기독교적 '신' 중심의 종교 개념에 사로잡히지 않는 인도 중심의 유교적 종교 개념을 제시하고 있는 것은 종교의 다양한 유형을 포용할 수 있는 더욱 개방적인 종교 개념을 제시한 것으로서도 매우 중요한 의미가 있는 것이다.

---

[29] 『南海遺著』, 19책, 58~59쪽, 「孔敎會敍(2)」, "釐里近之義, 實不能以神敎盡之, 但久爲耶敎形式所囿, 幾若非神無敎云爾, 然敎而加宗, 義已不妥, 若因佛回耶皆言神道, 而謂爲神敎可也, 遂以孔子不言神道, 卽不得爲敎, 則知二五而不知十者也."

나아가 강유위는 "태고의 몽매함에서 귀신을 숭상하니 '신교'가 높여졌지만, 근세의 문명에서는 인간을 존중하고 인도를 중시한다. 그러므로 '인도의 교'는 '신교'에서 나왔지만 다시 나아간 것이다. 요컨대 '신도'나 '인도'를 논할 것 없이 '교'가 됨은 하나이다"[30]라고 하여, '인도의 교'로서의 공교의 지위와 정당성을 더욱 뚜렷하게 드러내고 있다. 곧 강유위는 다른 '신' 중심의 '교'와 마찬가지로 공교 역시 '교'로서 종교의 범위에 함께 자리 잡고 있음을 확인하고, 이와 더불어 '신' 중심의 종교보다 '인도의 교'인 공교는 현대 문명에 더욱 적합한 것이요 한 걸음 더 진보한 것이라 지적함으로써, 역사의 진보와 더불어 종교의 진보 방향에 대한 신념을 밝혔던 것이다. 여기서 그는 정치체제와 종교의 양상을 비교하여, '신도'에서는 교주가 홀로 존중되어 전제군주와 같다면, '인도'는 교주가 존중되지 않으므로 입헌군주와 같다고 대비시키고 있다. 그것은 정치가 전제군주제도에서 입헌군주제도로 진보하는 것이 역사의 방향인 것처럼, '인도의 교'로서의 공교는 입헌군주제도에 적합한 종교라는 신념을 확인시켜 주는 것이다. 이와 마찬가지로 전제군주만 군주가 아니라 입헌군주도 군주인 것처럼, '인도의 교'인 유교도 종교임을 재확인하고 있다.

강유위는 무술변법의 시기에 유교의 개혁과 국교화를 추진하였지만, 무술변법이 실패로 돌아가자 그해에 일본으로 망명하였다. 그는 일본 요코하마(橫濱)에서 공교회孔敎會를 열고 대동학교大同學校를 세웠으며, 문인 서근徐勤과 더불어 성탄기념대전聖誕紀念大典을 창시하였다고 한다. 공자의 탄신일을 기념하는 제전祭典에 중국인들이

---

[30] 『南海遺著』 19책, 59쪽, 「孔敎會敍(2)」, "太古草昧尙鬼, 則神敎爲尊, 近世文明重人, 則人道爲重, 故人道之敎, 實從神敎而更進焉, 要無論神道人道, 而其爲敎則一也."

모여든 것은 물론이요, 일본인으로는 오쿠마(大隈重信)와 이누카이(犬養毅) 등 명사들이 참여하였다고 한다. 특히 그가 공자의 탄신일을 새로운 공교의례의 중심에 끌어들이고 있는 것은 불교나 기독교가 교주의 탄신일을 중시하는 사실에 영향을 받은 것이기는 하지만, 그는 중국에서 남제南齊 때 장영서藏榮緖가 공자의 생일인 경자일庚子日에 경전을 벌여놓고 절했던 사실을 공자탄신일 전례의 시원으로 삼고 있다.31)

강유위에 의해 주창되고 시작되었던 공교의 조직과 공교운동은 그의 제자 진환장陳煥章에 의해 공교회로 조직되어 본격적으로 전개되기 시작하였다. 1907년 당시 미국 뉴욕의 컬럼비아대학 대학원 학생이었던 진환장은 뉴욕에서 중국 교포들을 대상으로 공교회를 조직하여 공교운동에 활력을 불어넣기 시작하였다. 진환장은 중국에 돌아와 1912년 상해에서 공교회를 재조직하면서 강유위를 회장으로 하고 자신은 총무로서 활동하여, 1년 사이에 중국 전역과 일본 등지에 130여 지부를 결성할 만큼 공교회를 신속하게 성장시켰다. 또한 진환장은 1913년 『공교회잡지孔敎會雜誌』를 편찬하기 시작하였는데, 이 잡지는 '공자기년'(孔紀)으로 연도를 표시하였다.32)

이병헌이 1914년 처음 중국을 방문하여 북경에서 찾아갔던 공교회는 당시 진환장이 책임을 맡고 있었으며, 이때 이병헌은 『공교회잡지』를 빠짐없이 구해 읽으면서 그 영향 아래 공교운동의 기본틀을 잡아 갔다. 당시에 이병헌은 북경에 머물면서 강유위로부터 영향을 받은 공교의 종교 개념을 정리하였는데, 그것이 바로 「종교철학

---

31) 『南海遺著』 19책, 78쪽, 「曲阜大成節擧行典禮序」, "昔南齊藏榮緖於庚子日陳經而拜之, 庚子日者, 孔子之生日也, 此中國擧行聖誕典禮之最先者也."
32) 陳榮捷, 『근대중국종교의 동향』, 16~17쪽.

합일론宗敎哲學合一論」이다. 이 저술에서 그는 강유위가 제시한 '인도의 교'로서의 공교의 종교 개념에 근거하여, 신도와 인도의 사이에서 유교의 위치를 점검하고 서양종교와 유교의 차이를 확인하며 서양의 근대문명에서 철학·과학과 종교 사이의 관계에 주목하였다.

2. 금문경학의 공자관과 '대동'의 이상

강유위는 1889년부터 고문경전이 거짓된 것이고 금문경전이 바른 것이라는 인식을 갖기 시작하였으며, 1891년 문인 진천추陳千秋와 양계초의 도움을 받아 『신학위경고新學僞經考』를 저술하면서 금문경학의 기본입장을 체계화하기 시작하였다. 청말의 경학에서 유봉록劉逢祿, 위원魏源, 소의진邵懿辰 등이 고문경전의 거짓됨을 비판하고 금문경학을 제시해 왔지만, 이를 전체적으로 조명한 사람은 강유위였다.33) 강유위는 『신학위경고』에서 고문경전에 대해, 유흠劉歆이 만들어 낸 위작이요, 왕망王莽이 세운 신新 왕조에서 통용시킨 '신학新學'으로 규정함으로써, 청대 고증학의 기반을 흔들고 경전과 고서들이 진실한 것인지 거짓된 것인지를 재점검하게 하는 등 파장을 일으켰다. 그 여파로 청나라 정부는 『신학위경고』의 배포를 금지시켜야 했을 만큼 충격을 받았다.

이어서 강유위는 1892년 『공자개제고孔子改制考』를 저술하여 육경六經이 공자가 편찬한 것(刪定)이 아니라 옛것에 가탁하여 창의적으로 저술한 것(托古改制)임을 밝혔다. 따라서 그는 공자가 옛 성왕을 이어받아 서술한 조술자祖述者가 아니라 제도의 혁신적 개혁을 추

---

33) 梁啓超, 『清代學術槪論』(여강출판사, 1987), 이기동·최일범 역, 86~87쪽.

구한 창교자創敎者요 교주라는 새로운 공자관을 제시하였던 것이다. 곧 그는 금문경전을 공자가 옛 성왕에 가탁하여 창작한 것으로 확인하고, 이렇게 공자를 개혁가로서 인식함으로써 유교가 새로운 시대에 혁신적으로 재해석될 수 있는 길을 열어 주며, 유교전통의 혁신적 재해석을 통해 사회제도의 개혁을 위한 근거를 확보하고자 하였다. 양계초는 강유위의 저술이 당시의 사상계에 미친 영향을 설명하여, 『신학위경고』는 회오리바람에 비유하고 『공자개제고』는 뒤에 나온 『대동서大同書』(1902년著, 1935년刊)와 더불어 화산의 대폭발과 대지진에 비유하고 있다.34) 그만큼 강유위의 금문경학 저술은 청말의 경학을 혁신적으로 새롭게 구성하는 것이라 할 수 있다. 강유위의 금문경학 저술목록을 보면 다음과 같다.35)

　　1884, 『禮運注』
　　1890, 『王制議證』・『毛詩僞證』・『周禮僞證』・『爾雅僞證』
　　1891, 『新學僞經考』
　　1892, 『孔子改制考』
　　1893, 『孟子爲公羊考』・『論語爲公羊考』
　　1896, 『春秋董氏學』・『春秋(學)郵』
　　1897, 『春秋考義』
　　1901, 『中庸注』・『春秋筆削大義微言考』
　　1902, 『論語注』・『大學注』・『孟子微』 / 『大同書』(『禮運注』를 펼침)

이처럼 강유위의 금문경학에 관한 저술은 27세 때(1884)부터 45

---

34) 梁啓超, 『淸代學術槪論』, 89쪽.
35) 康保延, 「康有爲先生著述繫年表」(楊克己 編, 『民國康長素先生有爲・梁任公先生 啓超師生合譜』, 臺灣, 商務印書館, 1982), 441~447쪽 참조

세 때(1902)까지의 장년기에 집중적으로 이루어졌으며, 대부분은 무술변법(1898)이 일어나던 41세 때 이전에 저술된 것이다. 강유위는 무술변법이 진행되던 초기에 유교의 국교화를 요구하면서 자신의 금문경학 저술로 『신학위경고』・『공자개제고』・『춘추동씨학春秋董氏學』을 광서제光緖帝에게 올렸다. 이때 그는 공자가 경전을 저술하였던 과정을 해명하여, "공자는 하늘에 감응하여 천명을 받아서 인륜을 주장하고, 삼대三代(夏・殷・周)의 문물을 집성하여, 육경의 뜻을 가려서 판정하였으니, 그 『시』・『서』・『예』・『악』은 선왕의 옛 것을 빌려 바로잡아 판정하였으며, 그 『역』으로 음・양을 소통하게 하고, 『춘추』로 삼세를 펼쳐서 주나라를 이어 제도를 개혁하였다"36)고 언급하였다. 곧 공자가 육경을 지었다는 것은 옛 문헌을 집성하고 이용하면서 천명을 받아 인륜을 밝히는 일관된 통찰로 '가려서 판정하고'(選定), '바로잡아 판정한 것'(正定)이요, 이러한 작업을 근거로 공자 자신의 빛으로 새롭게 개혁하고 창의적으로 지은 것으로 볼 수 있다는 것이다. 여기서 강유위는 특히 『춘추』의 '삼세를 펼친다'(張三世)는 '삼세설'이 그 시대에 맞게 제도를 개혁함으로써 이룰 수 있는 사회의 발전방향과 이상을 제시한 것이라고 보았다. 나아가 그는 금문경학을 제시함으로써 공자의 역할과 지위를 새롭게 중시하고 있다. 곧 "공자가 제도개혁의 교주이며, 육경이 모두 공자가 지은 것임을 밝혀서, 국민이 모두 공자가 교주임을 알아서 함께 높이고 신봉하게 하고자 한 것이다"37)라고 하여, 공자를 교주로서 그

---

36) 『南海遺著』 12책, 30쪽, 「請尊孔聖爲國敎立校部敎會以孔子紀年而廢淫祀摺」, "孔子應天受命, 以主人倫, 集成三代之文, 選定六經之義, 其詩書禮樂, 因藉先王之舊而正定之, 其易以通陰陽, 春秋以張三世, 繼周改制."
37) 『南海遺著』 12책, 31쪽, 「請尊孔聖爲國敎立校部敎會以孔子紀年而廢淫祀摺」, "特發明孔子爲改制敎主, 六經皆孔子所作, 俾國人知敎主, 共尊信之."

지위를 확립하고 높이 받들어야 할 것을 역설하고 있다. 그만큼 강유위는 자신의 금문경학이 유교개혁의 이론적 근거로서 시대변화에 변통하여 대응하는 방법을 제공하는 것임을 밝혔던 것이다.

강유위는 1914년 이병헌이 처음 찾아갔을 때도 가장 먼저 『춘추필삭대의미언고春秋筆削大義微言考』를 제시하여, 『춘추』를 통해 금문경학의 세계를 열어 보여 주었는데, 이것은 강유위의 금문경학이 『공양전』의 '삼세설三世說'(公羊三世說)에 확고하게 기반하고 있음을 보여 주는 것이라 하겠다. 또한 강유위는 이병헌에게 그가 저술한 『예운주禮運注』를 통해 자신의 '대동설大同說'을 이해하도록 이끌어 갔다. 그만큼 강유위는 '삼세설'과 '대동설'을 통한 사회개혁사상을 금문경학의 핵심 논리로 제시하였던 것이다. 강유위는 이병헌을 지도하면서 자신의 금문경학을 유교개혁사상의 기초로 확고하게 정립할 것을 요구하였으며, 이에 따라 이병헌이 저술한 『유교복원론』을 논평하면서 그것이 위고문僞古文으로 어지럽혀졌음을 지적하여 경계하였다.38) 또한 강유위는 이병헌에게 자신의 금문경학 저술인 『신학위경고』와 『공자개제고』를 여러 날 동안 연구하게 하고, 공자의 창교創敎와 탁고개제託古改制의 뜻에 대해 철저한 확신을 갖도록 요구하였다. 이처럼 강유위는 깊은 관심과 친절한 교시로 이병헌을 금문경학의 연구에 전념하도록 이끌어갔으며, 이에 따라 이병헌은 강유위의 금문경학을 충실히 받아들여 금문경학의 문헌을 수집하고 만년에 많은 금문경학의 저술을 하는 데 진력하였던 것이다.

강유위가 금문경학을 통해 주장하는 사상적 핵심 주제는 '삼세설'과 '대동'의 이념이라 할 수 있다. '삼세설'은 『공양전』(隱公 元年)

---

38) 『李炳憲全集』, 下, 605쪽, 「眞菴略歷」, "書中之語, 多爲僞古文所亂, 不可不知."

에서 언급한 소견所見・소문所聞・소전문所傳聞의 '삼세三世'를 하휴何休의 주석에 근거하여 거란세據亂世(衰亂)・승평세升平世・태평세太平世의 삼세로 재확인하는 것이다. 여기서 그는 『예기禮記』 「예운禮運」편의 '대동大同'이 '태평세'에 해당하고, '소강小康'이 '승평세'에 해당하는 것으로 제시하여, 『공양전』의 '삼세설'과 「예운」편의 '소강・대동' 개념을 결합하여 해석하였다. 또한 그는 『춘추동씨학』에서도 공자가 『춘추』에서 은미한 말 속에 담고 있는 중대한 의리(微言大義)로서 '삼세설'을 제시하고 있음을 강조하였다. 이처럼 그는 '삼세설'을 제시하여 승평세에서 태평세로 나가는 역사발전론과 제도개혁론을 전개함으로써 서구적 질서의 수용이 아니라 금문경학에 근거한 유교의 내재적 논리를 통해 봉건적 질서의 개혁과 근대적 사회이상을 추구하였다.

강유위는 '거란세→승평세→태평세'로 발전하는 역사발전의 모형과 '소강→대동'으로 발전하는 사회발전의 모형을 확인하고, 이를 통하여 태평세와 대동세계로서의 유교적 이상세계를 제시하였다. 그것은 그가 처한 혼란과 격동의 시대에 구원론적 의미를 제공해 주는 것이라 할 수 있다. 강유위의 이러한 유교개혁사상과 사회변혁론에 대해, 양계초는 그를 가리켜 '공교의 마틴 루터'라고 지적하였다.[39] 한편 강유위는 이병헌에게 금문・고문의 분별에 철저함으로써 『공양전』에서 전수한 삼세설을 명확하게 인식할 것을 강조하면서, "공자의 '삼세설'과 '태평'・'대동'의 의리가 드러나지 않으면, 오늘의 변화에 상응하고 용납할 수가 없다"[40]고 하여, 금문경학이

---

[39] 『南海遺著』 22책, 16쪽, 「康南海傳」(梁啓超 撰).
[40] 『李炳憲全集』下, 605쪽, 「眞菴略歷」, "孔子三世太平大同之義不出, 而無以應今之變而容納之."

삼세설과 대동의 이념에 근거하여 새로운 시대에 변화의 논리를 제시하는 것임을 강조하였다.

'대동'의 이상은 강유위의 『대동서大同書』에서 구체적으로 제시되어 있다. 여기서 그는 대동세계의 평등한 이상을 실현하기 위해서는 경쟁과 대립을 유발하는 분별을 없애야 할 것을 주장하였는데, 여기에 국가를 없애고 세계를 하나의 정부로 통합하는 것이나 가족을 없애고 부부의 지속적 결합이나 사유재산제도를 부정하는 것을 포함시키고 있다. 그러나 이러한 극단적 이상론은 현실성에 문제가 있으며, 강유위 자신도 '소강'의 의리로 현실을 구해야 한다고 주장하였다고 한다.41)

4. 양계초의 보교론과 유교비종교론

1. 보교론의 논리

양계초는 1890년 18세의 나이로 강유위의 문하에서 수학하면서 강유위가 주도한 변법운동에 동참하였는데, 그는 유교개혁론에도 깊은 이해를 보여 주었다. 양계초는 1897년 친우에게 보낸 답장에서 '교'(종교)의 보존 문제 곧 '보교保敎'의 문제를 논하면서, 위나라 문후(魏文侯) 때 자하子夏(공자의 제자)의 역할과, 진나라 시황(秦始皇) 때 이사李斯(荀卿의 제자)의 역할, 그리고 한나라 무제(漢武帝) 때 동중서 董仲舒의 역할에서 공교가 역사를 통해 국가의 힘을 얻었던 사실을 지적하였다. 여기서 양계초는 "높은 신분의 권력자도 비천한 필부가

---

41) 梁啓超, 『淸代學術槪論』, 91~93쪽.

굳게 견디어 이루어 내는 것에 말미암지 않음이 없다. 천하에 가르치지 않고 다스려지는 백성은 없으니, 그러므로 천하에는 '교'가 없이 세워진 나라는 없다. 나라는 '교'에서 법도를 받으니, 신분 높은 자가 필부의 명령을 받게 된다. 이로써 저들의 '교'가 국가의 힘을 끼고서 서로 타고 오르려는 것은 두려워할 바가 아니요, 나의 자립할 수 있음에 달려 있을 뿐이다"42)라고 하여, 국가의 힘에 의해 '교'(종교)가 보호되기에 앞서서 근원적으로 자신이 자립할 수 있는 역량을 확립하는 것이 근본임을 강조하였다. 이처럼 비천한 필부도 종교인으로서 강인한 신념으로 '교'를 수립할 수 있으면 그 결과로 신분 높은 권력자도 복종하게 되고 국가의 힘도 좌우될 수 있는 것임을 지적한 것이다.

또한 양계초는 서양인들이 여러 나라의 종교적 상황을 '유교有敎'·'무교無敎'·'반교半敎'로 삼분하고서, 이 구분법에 따라 중국의 종교적 상황을 불완전하고 제대로 갖춰져 있지 않은 '반교'의 나라로 분류하고 있음을 지적하였다.43) 여기서 그는 중국이 문화전통을 지니고 있어서 중국을 아프리카 흑인이나 아메리카 인디언 수준으로 보는 것은 문제가 있다고 하면서도, 당시 중국사회가 풍속이 무너지고 지식인들은 고루하며 대중은 어리석고 물산物産의 개발이 이루어지지 않는 현실에서는 '무종교'라 규정할 수 있음을 통렬하게 반성하고 '보교'의 필요성을 강조하였다.

나아가 그는 보교를 위한 방법으로, 기독교의 성립과정에서 많

---

42) 『飮氷室文集』上(上海; 廣智書局, 1905), 10쪽,「宗敎·復友人論保敎書」, "雖肉食者與有力, 未有不由匹夫之賤, 以强毅堅忍而成之者也, 夫天下無不敎而治之民, 故天下無敎而立之國, 國受範於敎, 肉食聽命於匹夫, 是以彼敎之挾國力以相陵, 非所畏也, 在吾之能自立而已."

43) 『飮氷室文集』上, 10쪽,「宗敎·復友人論保敎書」, "西洋人論列國敎, 分爲三等, 一有敎, 二無敎, 三半敎, 中國爲半敎之國焉."

은 교도들의 희생이 있었던 사실에 주목하여, 보교를 위해서는 강인한 신념과 헌신적인 노력이 필요함을 강조하였다. 또한 보교의 방법으로 일본인들이 '보국공회保國公會'를 설립하여 국가의 보호를 위해 결속된 힘을 발휘하듯이, 중국에서도 '보교공회保敎公會'를 세울 것을 제안하였다. 아울러 그는 이 보교공회에서 경전의 뜻을 밝히고 실용을 위주로 하며 토론으로 실학을 강구할 것 등의 구체적인 조직계획을 제시하기도 하였다. 한편 그는 선진先秦시대는 '전문세傳聞世'로서 자기 나라를 앞세우고 중국을 멀리하는 '거란세據亂世'라 하고, 한漢나라에서 청나라 말기인 당시까지는 '소문세所聞世'로서 중국을 내세우고 오랑캐를 물리쳐 왔던 '승평세升平世'라 하며, 앞으로 다가올 세상은 '소견세所見世'로서 천하 안에 멀고 가깝거나 크고 작은 것이 모두 하나가 되는 이상사회인 '태평세太平世'라고 제시하였다.44) 이처럼 그는 강유위로부터 '공양삼세설'의 역사발전론을 받아들여 미래의 이상을 확인하고 있는 것이다.

　　양계초는 무술변법이 좌절되자 일본에서 망명생활을 하였는데, 그는 1899년 봄 일본철학회에서 중국의 종교개혁을 주제로 한 논문을 발표하여 스승 강유위의 공교운동에 내포된 중국의 종교개혁의 과제를 간명하게 소개하였다. 여기서 그는 강유위의 철학이 지닌 기본강령을 '중국에 관한 것'과 '세계에 관한 것'의 2단계로 구분하고, '중국에 관한 것'의 선결 과제는 '종교혁명'이요, '세계에 관한 것'의 선결 과제는 '종교통합'이라 밝히고 있다. 곧 중국은 종교적 혁명을 수행함으로써 중국의 사회질서와 국가적 활력을 회복해야 하며, 세계는 종교적 통합을 수행함으로써 서로의 대립과 갈등을

---

44) 『飮氷室文集』 上, 11쪽, 「宗敎・復友人論保敎書」, "春秋三世之義, 亂世內其國以外諸夏, 升平世內諸夏以外夷狄, 太平世天下遠近大小若一."

해소하고 평화로운 국제 관계를 확보할 수 있다는 것으로, 그만큼 강유위의 철학적 중심 문제가 바로 '종교'에 있음을 지적한 것이다.

양계초는 종교에 대해 "종교는 국민의 뇌질腦質을 주조하는 약품이다"45)라고 규정하였다. 이처럼 그는 종교를 국민의 정신을 형성하는 핵심요소로서 강조하였던 것이다. 그는 중국의 사상이 진秦나라 때까지 그리스에 못지 않은 전성기를 이루었으나 한漢나라 이후로 쇠퇴하게 된 것이 육경의 뜻을 오해하고 공교의 본래 취지를 잃었기 때문이라고 지적하였다. 이에 따라 그는 강유위가 발휘한 공교의 진면목을 다음 여섯 조목으로 제시하였다.46) 공교란 첫째, 진화주의進化主義요 보수주의保守主義가 아니며, 둘째, 평등주의平等主義요 전제주의專制主義가 아니며, 셋째, 겸선주의兼善主義요 독선주의獨善主義가 아니며, 넷째, 강립주의强立主義요 문약주의文弱主義가 아니며, 다섯째, 박포주의博包主義요 단협주의單狹主義가 아니며, 여섯째, 중혼주의重魂主義요 애신주의愛身主義가 아닌 것이다.

여기서 양계초는 진화·평등·겸선·강립·박포·중혼의 여섯 가지 주의를 공교의 참된 면목으로 제시하고, 보수·전제·독선·문약·단협·애신의 여섯 가지 주의를 퇴락하고 그릇된 유교의 특성으로 보고 이를 극복해야 할 과제로 지적하고 있다. 그는 공교운동이 지향하는 개혁의 방향을 이러한 여섯 가지 특성으로 제시함으로써, 공교가 봉건적 전통질서로부터 근대의 민주적이고 합리적인 가치로 전환하고 있음을 선명하게 밝히고 있는 것이다. 이에 따라

---

45) 『飮氷室文集』上, 5쪽, 「宗敎·論支那宗敎改革」, "宗敎者, 鑄造國民腦質之藥料也."
46) 『飮氷室文集』上, 6쪽, 「宗敎·論支那宗敎改革」. 이에 비해 「康南海傳」(梁啓超 撰, 『南海遺著』22책, 16쪽)에는 孔敎를 ①進步主義, 非保守主義, ②兼愛主義, 非獨善主義, ③世界主義, 非國別主義, ④平等主義, 非督制主義, ⑤强立主義, 非巽儒主義, ⑥重魂主義, 非愛身主義로 제시하여 용어상 약간의 차이를 보여 준다.

그는 강유위가 공교를 복원하기 위해 먼저 배척하고 극복해야 할 통속의 학풍으로, 공자의 자신을 수양하는 학문(修己之學)만 말하고 세상을 구제하는 학문(救世之學)을 밝히지 못한 '송학宋學'과 공자를 속이고 후세를 그르친 '흠학歆學'(劉歆의 學)과 공자의 소강 계통(小康之統)만 겨우 전하고 대동 계통(大同之統)은 전하지 못한 '순학荀學'(荀卿의 學)을 지적하였다고 하였다.47) 이처럼 그는 강유위가 진·한 시대 이후 유교의 모든 학풍을 전면적으로 극복하는 혁신적 개혁을 추구하고 있음을 명확히 드러내고 있다.

또한 양계초는 공교에도 불교의 '대승'과 '소승'의 두 분파처럼 '대동교파大同教派'와 '소강교파小康教派'의 두 가지 분파가 있음을 제시하였다. 여기서 '소강교파'는 『시』·『서』·『예』·『악』을 가르치는 보통 과정으로, 보통 사람이면 누구나 따를 수 있는 과정인데, 이를 순자荀子가 계승하였다고 한다. 이에 비해 '대동교파'는 보통 사람 이상의 재능이 있어야 배울 수 있는 과정으로, 『춘추』는 맹자孟子가 전하였고 『역』은 장자莊子가 전하였다고 한다.48) 양계초는 진·한 이후 당시까지 전해진 것은 소강교파이며, 그만큼 장래의 공교가 개발해야 할 것은 대동교파의 『역』과 『춘추』라고 하였다. 여기서 양계초가 장자를 맹자와 더불어 공교의 대동교파로 제시한 의도는 확실하게 제시되지 않았지만, 그 하나는 『맹자』(「滕文公下」)에서 『춘추』를 언급하고 있고 『장자』(「天運」)에서 육경의 하나로 『역』을 언급하고 있는 사실에 따라 전승자로 열거한 것이라 할 수

---

47) 『南海遺著』 22책, 16쪽, 「康南海傳」(梁啓超 撰).
48) 『飲氷室文集』 上, 6쪽, 「宗教·論支那宗教改革」. 양계초가 孔門의 2대 系統을 도표로 제시한 것은 다음과 같다.
大同教派 ┌ 有子 → 子游·子夏·子張 → 田子方 → 莊子 /『역』
         └ 曾子 → 子思   →   子思門人 →   孟子 /『춘추』
小康教派 -- 仲弓 ------------------------------------ 荀子 /『시』·『서』·『예』·『악』

도 있고, 다른 하나는 장자까지 공교의 대동적 포용 정신 속에 끌어들일 수 있음을 보여 주는 것이라 할 수도 있다.

양계초는 진·한 이후 2천 년 간 순자로부터 전해 온 소강교파의 기본강령을 네 가지로 제시하였다. 첫째, '군권을 존중해야 한다'(尊君權)는 것으로 이사李斯를 통해 진秦나라의 법제로 나타났다. 둘째, '다른 학설을 배척해야 한다'(排異說)는 것으로 『순자』의 「비십이자非十二子」 편에 나온다. 셋째, '예법과 의례를 삼가야 한다'(謹禮儀)는 것으로 순자가 대의大義를 강론하지 않고 예법과 의례를 존중하는 데서 나타난다. 넷째, '문헌 고증을 중시해야 한다'(重考據)는 것으로 순자가 명물名物·제도·훈고訓詁를 중시한 데서 알 수 있으며, 한학漢學과 청조淸朝 학풍에서 그 폐단이 드러났다.49) 이처럼 그가 한대漢代 이후 유교의 학풍을 '소강'의 분석체계를 통하여 의도하는 것은 공교의 개혁 방향이 소강을 극복하고 대동으로 나가야 할 것임을 지시하는 데 있다. 이에 따라 그는 '대동'으로 나아가기 위해서 『춘추』의 중요성을 역설하여, "오늘에는 마땅히 『춘추』 한 책이 공자교파의 중심이 되는 줄을 알아야 하니, 이에 종교혁명을 말할 수 있다"50)라 선언하였다. 그만큼 『춘추』의 '삼세설'에 따른 역사발전론으로 '태평세' 내지 '대동'의 이상을 지향하는 개혁의 방향을 확립할 수 있다고 보았으며, 이러한 유교개혁을 '종교 혁명'으로 인식하는 입장을 명확히 밝히고 있는 것이다. 바로 이 점에서 이 시기에 양계초가 강유위의 공교운동과 유교개혁론의 논리를 가장 간명하고 설득력 있게 제시해 주는 데 중요한 기여를 하고 있었

---

49) 『飮氷室文集』上, 7쪽, 「宗敎·論支那宗敎改革」.
50) 『飮氷室文集』上, 7쪽, 「宗敎·論支那宗敎改革」, "今日當知春秋一書, 爲孔敎敎派之中堅, 乃可以言宗敎革命矣."

던 사실을 확인할 수 있다.

2. 공교비종교론과 종교관

1902년에 양계초는 『신민총보新民叢報』를 편찬하여 순식간에 전 중국의 청년과 지식층에게 엄청난 영향을 미치게 된다. 바로 이 시기에 스승 강유위는 입헌군주제를 지향하는 보황파保皇派의 입장을 견지하고 있었지만, 양계초는 공화제를 주장하는 혁명파의 입장에 호의적인 태도를 취하기 시작함으로써, 두 사람의 정치적 견해에 틈이 벌어지기 시작하였다.[51] 여기서 한 걸음 나아가 양계초는 공교에 대한 인식에서도 결정적이고 중대한 전환을 맞이하게 된다. 그는 1902년 『신민총보』에 종교 문제에 관한 3편의 논설을 실었는데, 그 첫 번째 논설에서 자신의 종교관과 유교관의 핵심적 쟁점을 드러내었다. 여기서 그는 종교를 보존하는 '보교保敎'와 공자를 존숭하는 '존공尊孔'의 문제를 별개의 것으로 분리시킴으로써, 공교에 대한 자신의 입장 전환을 명백하게 밝힘과 동시에 스승 강유위의 공교운동으로부터 결별을 선언하였던 것이다.

양계초는 그 자신을 포함하여 당시 중국의 지식인들 사이에서 추구되고 있는 3대 과제인 나라와 민족과 종교를 보존한다는 '보국保國'・'보종保種'・'보교保敎'의 기치를 내걸고, 그 근본 문제가 '보국'으로 귀결되는 것임을 강조하였다. 그만큼 그는 국가의 존립을

---

[51] 양계초는 1902년 『新民叢報』를 발행하던 시기 이전부터 종전의 變法論에서 혁명론에 접근하였다가, 1903년 미국 여행을 하고 돌아온 뒤에는 다시 입헌군주제를 주장하여 혁명파의 『民報』와 대립된 입장에 서서 논쟁을 벌이는 입장의 변동 과정을 보이기도 하였다. 이에 대해서는 葉乾坤, 『梁啓超와 舊韓末文學』(법전출판사, 1980), 58~59쪽 참조.

모든 문제에 우선하는 선결 과제로 확인하고 있었던 것이다. 그는 보국하는 근거로서 보교를 주장하는 입장의 폐단을 다음 네 가지로 제시하였다. 첫째는 공자의 진상을 모른다는 것이며, 둘째는 종교의 경계를 모른다는 것이며, 셋째는 앞으로 종교세력이 변천해 갈 방향을 모른다는 것이며, 넷째는 여러 다른 나라의 경우에서 정치와 종교의 관계가 어떠한지를 모른다는 것이다.52) 여기서 양계초는 공교를 국교로 하여 보호해야 한다는 보교의 주장과 이러한 공교의 보교론에 나타나는 구체적인 문제점들을 8조목에 걸쳐 철저하게 분석함으로써, 자신의 공교관 및 종교관의 획기적 전환점을 선명하게 제시하고 있다.53)

(1) 공교 보호의 불가능함: 양계초는 "종교는 사람의 힘으로 보호할 수 있는 것이 아니다"라고 하여, 종교와 국가의 기본적 차이점에 대해 국가는 국민의 힘으로 보호할 수 있지만 종교는 인간을 보호하는 것이지 인간에 의해 보호되는 것이 아니라고 하였다. 좋은 종교는 억압할수록 더욱 멀리 퍼지며 유한한 인간의 힘으로는 종교를 억지로 보호할 수 없는 것이므로 공교도 억지로 보호하려 할 필요가 없다는 것을 깨달아야 한다고 강조하고 있다.

(2) 공교의 비종교성: 양계초는 "공교는 다른 종교와 성격이 다르다"고 선언하여, 공교와 종교의 차이점에 주목하고 서양인이 말하는 종교를 미신이라고 단정하였다. 이어서 종교는 영혼·예배·해탈·열반이나 천국 및 내세의 화복禍福 등의 문제를 다루는 것이라고 규정하고 있다. 또한 종교는 믿음을 요구하고 의심을 금하여 인간

---

52) 『飮氷室文集』上, 12쪽, 「宗敎·保敎非所以尊孔論」, "一曰不知孔子之眞相, 二曰不知宗敎之界說, 三曰不知今後宗敎勢力之遷移, 四曰不知列國政治與宗敎之關係."
53) 『飮氷室文集』上, 12~18쪽, 「宗敎·保敎非所以尊孔論」.

의 사상적 자유를 질식시키며 종파를 이루고 배타적이라 하여 비판하고, 나아가 종교는 인간을 진보하게 하는 도구가 아니라고 하였다. 이처럼 양계초는 종교관에서 일대 전환을 일으켜, 합리적 내지 진보적 입장의 반反종교의식을 확고히 하였다. 한편 그는 공교에는 여러 종교들과는 달리 미신과 예배가 없으며, 의심을 금하지 않고, 다른 종교를 원수로 대하지 않으며, 오로지 세계와 국가의 사업이나 윤리와 도덕의 원리를 다룬다고 지적하였다. 또한 그는, 공자에 대해 철학가요 경세가요 교육가이지 종교가는 아니라고 못 박고 있다. 특히 공교의 보교론자들이 교회를 설치하고 교당을 세우며 예배의식을 정하고 신앙의 규모를 드러내어 대체로 불교나 기독교를 모방하는 것은 종교의 경계를 오해한 데서 비롯된 것이라 하여, 공교를 종교와 기본적으로 영역이 다른 것이라 규정하였다.

(3) 쇠약해지는 기독교의 장래와 지켜야 할 중국의 주권: 양계초는 "앞으로 종교의 세력이 쇠퇴할 징조가 있다"고 전망하며, 종교의 장래에 대해 부정적 예견을 하였다. 그는 보교론의 발생 근거가 기독교의 침투를 두려워하여 견제하는 데 있다고 진단하였다. 또한 그는 종교를 인류 진화의 제2기 현상으로 규정하고, 과학의 힘이 날로 융성하면 미신(종교)의 힘이 날로 쇠퇴하고, 자유의 경계가 날로 확장되면 신권神權의 경계가 날로 위축된다는 인식을 제기하였다. 아울러 당시 기독교세력이 유럽에서 예전보다 엄청나게 위축되고 있는 사실을 열거하여, 기독교의 전도가 쇠퇴해 가는 과정임을 확인하였다. 이에 따라 그는 공교운동의 보교론이 쇠퇴해 가는 기독교의 의례를 모방하는 것은 적절하지 못함을 강조하였다. 여기서 그는 기독교가 중국에 들어오는 데는 진실한 전교를 위한 것과 각국 정부가 중국의 권리를 침략하기 위한 것이 있으며, 중국인이 기독

교에 들어가는 데도 진실한 신앙과 외국 선교사를 이용하려는 것이 있음을 구분하였다. 이와 관련하여 그는 각국 정부나 지역에서 간교한 백성이 기독교를 이용하여 중국의 주권을 침략하고 정치를 어지럽히는 것을 막기 위해 공교회를 열어 보교를 주장하는 것은 적절하지 않으며, 다만 정치를 밝게 하여 국가가 자립하는 것이 가장 적절한 방법이라고 하였다.

(4) 신앙의 자유와 정·교의 분리: 양계초는 유럽이 종교 문제 때문에 수백 년 동안 전쟁을 일으키고 수십만 명이 피를 흘려 겨우 신앙의 자유를 헌법에 넣을 수 있게 된 사실을 주목하여, 신앙의 자유는 정치와 종교의 권한을 구획하여 서로 침범하지 못하게 하는 것이라고 지적하였다. 이에 비해 중국에서는 서양과 달리 종교전쟁이 일어나지 않았으나 보교론자들이 공교와 기독교를 서로 대치시킴으로써 종교전쟁이 일어나게 되면, 이에 따라 정치전쟁도 일어나게 되고 국민이 분열하는 재앙의 실마리가 될 수 있음을 경계하였다.

(5) 보교론의 국민사상 속박: 양계초는 문명진보의 기본원인을 사상의 자유로 인식하고, 유럽은 14~15세기에 문예부흥을 통해 교회의 속박에서 벗어나 사상의 자유를 획득하면서 진보하였던 것이 세계사의 상식이라고 지적하였다. 동시에 그는 중국사상사에 있어서 전국시대에는 사상의 자유 속에서 위대한 사상가들이 출현하였지만, 진시황의 분서갱유焚書坑儒나 한무제의 표장육경表章六經 이후로 사상의 자유가 속박되어, 2천 년 동안 보교의 결과로 한 스승의 말씀만을 지키고 그 바깥에 대해서는 감히 말하지도 생각하지도 않았던 폐쇄성을 비판하였다. 그는 공자의 공자됨은 사상의 자유에 있는 것이라고 확인함으로써, 오늘날처럼 학문이 날로 새로워지는 시대에 보교하여 공자를 위한다는 생각은 공자의 자유로운 정신에 상반

되는 것이라고 지적하였다. 그는 당시의 보교론자들이 새로운 학술과 이치를 섭취한다면서, "어떠어떠한 점은 공자가 이미 알고 있다"고 하고, "어떠어떠한 점은 공자가 이미 말씀하셨다"고 말하는 것은 공자를 속이는 것이라 비판하고, 이러한 공자에 대한 존숭 태도는 한마디로 "공자를 사랑하는 것이지 진리를 사랑하는 것이 아니다"라고 언명하였다. 그는 이렇게 서양학문을 중국학문에 견강부회하는 자들의 경우, 그 명목은 '개신開新'이라고 하지만 실질은 '보수'임을 지적하고, 이들이 사상계의 노예적 예속성을 강화시키는 것이라고 하면서 엄격한 거부의 태도를 밝히고 있다.

⑹ 보교론이 외교에 방해가 됨: 양계초는 보교론이 사상의 자유를 방해하는 데 이어서 국가 간의 외교에도 방해가 된다는 사실에 주목하였다. 특히 중국의 국력이 약하고 중국인들이 서양종교를 배척하는 경향이 있어서 국가 간의 갈등을 일으켜 외교상의 곤란한 상황을 초래할 가능성이 높은 점을 강조하였다. 실제로 천진교안天津教案에서는 교당 하나 때문에 지부知府와 지현知縣의 목이 베이게 되었고, 교주교안膠州教案에서는 선교사 2명 때문에 100리의 영토를 잃고 한 성省의 주권을 상실하게 되었으며, 의화단義和團 사건 때에는 수십 명의 서양인 목숨 때문에 11국의 군대가 출동하여 5억 량의 보상금을 물어야 했다. 양계초는 이러한 사건들이 다시 일어날 수 있음을 강조하여, 보교운동이 공교의 존립을 보장하지도 못하고 기독교의 수입을 막지도 못하면서 외국인을 자극하여 일어나는 참혹함을 경계하였다. 여기서 그는 공교를 종교로 인식하지 않음으로써 기독교를 이용한 서양의 제국주의적 침략세력과 갈등을 피할 수 있다는 현실적 문제에 주의를 기울이고 있는 것이다.

⑺ 공교가 결코 소멸되지 않는다는 이치: 양계초는 보교당保教黨이 공

교가 장차 멸망하게 될 것을 염려하지만, 공교는 해와 달이 하늘에 걸려 있듯이 영원히 소멸될 수 없는 것이라고 확언하였다. 그는 다른 종교가 의례를 중시하는 점에서 자유가 번창해지면 의례는 없어질 것이며, 미신에 귀착하는 점에서 장래의 문명과 병존할 수 없을 것임은 명확한 일이라 하여, 미래에서는 사상의 자유와 과학의 발달에 따라 종교가 쇠퇴할 것이라고 내다보았다. 이에 비해 유교는 문명이 진보하면 할수록 더욱 연구될 필요가 제기될 것이라고 확인하였다. 그는 서양 근세의 많은 교육가들이 인격교육을 주장하는 사실을 들어, 인격교육에는 공자만큼 탁월한 인물이 없으므로 장래 세계의 교육에 공자의 지위가 중시될 것이라고 예언하였다. 또 소크라테스(Socrates)와 아리스토텔레스(Aristoteles)가 비록 공자에 미치지 못하는데도 부각되는데, 하물며 공교가 없어질 것을 두려워할 필요가 없다고 지적하면서, 세계가 무정부·무교육·무철학의 시대가 아니라면 공교는 없어지지 않을 것이라고 하여 보교론자들이 안심하도록 당부하였다.

⑧ 공교는 다른 종교의 장점을 채용하여 크고 빛나게 할 것: 양계초는 종교의 종파주의적 폐쇄성을 지적하면서, 공교의 정신은 자유로운 것이므로 근원적 원리는 영원히 불변하지만, 구체적 방법은 시대에 따라 변해 가는 것임을 강조하였다. 따라서 불교나 기독교 등 다른 종교의 가르침이라도 절실한 것이면 채용하고, 우수한 것은 우리 것을 버려서라도 받아들여야 한다고 하였다. 또한 종교뿐만 아니라 고대 그리스나 근세의 유럽과 미국의 철학에서도 유익한 것은 포용할 것을 제안하였다. 여기서 그는 "물고기가 뛰는 대로 바다는 넓고, 새가 나는 대로 하늘은 비어 있네"(海闊從魚躍, 天空任鳥飛)라는 시詩처럼, 공교는 자유롭고 열린 자세를 통해 존중받을 것이고 그 진

실함이 드러날 것이라고 강조하여, 문호를 갈라놓고 보교를 외치는 보교론을 거부하고 있다.

양계초는 자신이 전날에는 보교당의 선봉장이었는데 지금은 보교당의 역적이 되었음을 돌아보면서, "나는 공자를 사랑하지만 진리를 더욱 사랑하며, 나는 선배를 사랑하지만 국가를 더욱 사랑하고, 나는 옛사람을 사랑하지만 자유를 더욱 사랑한다"[54]고 선언하여, 보교론을 거부하는 자신의 공교관에 대한 입장 전환의 신념을 밝히고 있다. 또한 그는 자신의 참회가 2천 년 만의 번복이라도 아쉬워하지 않을 것이고 4억의 중국인이 도전하더라도 두려워하지 않을 것이라는 확신을 제시하였다. 아울러 그는 자신이 종교관을 전환한 것은 공자로부터 받은 은혜에 보답하고, 모든 종교의 교주로부터 받은 은혜에 보답하며, 국민으로부터 받은 은혜에 보답하는 길이라고 언급하기도 하였다. 이처럼 양계초는 공자관 및 종교관의 전환을 통해 그가 현대 서구문명의 성격을 좀더 깊이 이해하면서 종교의 힘보다 과학과 철학의 합리적 정신을 받아들이게 되었음을 드러내고 있는데, 바로 여기서 공교를 비종교적인 것으로 해석하는 시대적 배경을 이해할 수 있다. 이러한 전환은 그의 관심이 보교에 근거를 둔 보국이 아니라 보국을 위한 문화와 종교의 역할로 옮아갔으며, 개인내면의 정신세계에 대한 관심보다 국가사회적 정치로 기울어지게 되었음을 말해 준다.

양계초는 1902년에 발표한 두 번째의 종교 관계 논설에서 종교가와 철학가의 사회적 역할을 비교하고 있다. 여기서 그는 먼저 종교와 철학의 특성을 지적하면서, 자신의 종교관을 긍정적 의미에서

---

54) 『飮氷室文集』 上, 18쪽, 「宗敎・保敎非所以尊孔論」, "吾愛孔子, 吾尤愛眞理, 吾愛先輩, 吾尤愛國家, 吾愛故人, 吾尤愛自由."

제시하였다. 그는 자신이 전날에 종교를 논하기 싫어하였던 이유에 대해 종교를 '미신에 치우쳐 진리에 장애가 되는 것'으로 보았기 때문이라고 하였는데, 여기서 그의 종교관의 일면을 엿볼 수 있다. 그러나 그는 진리탐구에서 철학가가 우세하더라도 정치에서는 종교가가 우세하다는 점에 주목하여, 이러한 사실을 크롬웰·잔 다르크·워싱턴 등 서양의 인물들을 통해 입증하고자 하였다. 아울러 "하나의 주의主義를 굳게 지켜 여론을 감동시키고 국시國是를 혁신할 수 있는 것은 종교사상이다"[55]라고 하여, 종교의 사회적 기능을 적극적으로 확인하고 있다.

양계초는 철학을 유물론과 유심론으로 구분하고, 유심唯心철학을 종교의 일종으로 보았다. 여기서 그는 중국의 유심철학인 양명학, 곧 심학心學이 일본의 명치유신을 성공시켰다고 지적하고, 심학이 종교의 가장 높은 수준이라고 주장하기도 하였다. 그는 철학사상이 아닌 종교사상이라야 할 수 있는 것을 다섯 가지로 들고 있다. 곧 종교사상이 없이는 세계의 통일이 없고, 미래의 희망이 없고, 자신을 던지는 해탈이 없고, 꺼려서 삼감이 없고, 생사를 걸고 분발하는 기백의 힘이 없다고 하였다. 아울러 그는 의심을 중히 여기는 철학에 비해 믿음을 중히 여기는 종교가 지성스러운 태도와 실행의 힘을 발휘한다는 점을 주목하였다.[56]

이처럼 양계초는 종교의 사회적 기능을 적극적으로 긍정하고 있으면서도, 종교에는 바른 믿음(正直)과 미혹된 믿음(迷信)의 구별이 가능하다는 사실과 동시에 종교는 미신과 뗄 수 없는 본질적 성격이

---

55) 『飮氷室文集』 上, 1쪽, 「宗敎·宗論敎家與哲學家之長短得失」, "所以能堅持一主義, 感動輿論, 革新國是者, 宗敎思想爲之也."
56) 『飮氷室文集』 上, 2~4쪽, 「宗敎·宗論敎家與哲學家之長短得失」.

있는 것으로 파악하였다. 이에 따라 종교의 사회적 역할이 존중되면서도 종교의 미신적 요소를 부정하는 철학적 탐구 자세가 필요하다고 지적하고 있다. 여기서 양계초는 바른 믿음이거나 그릇된 믿음이거나 아무런 구별 없이 지성스러운 태도를 지닌 '종교'와, 그 종교의 믿음이 지닌 우열과 지성스러움의 기여 정도에 대한 평가의식을 내포하는 '종교학'을 구별하는 탁월한 안목을 보여 주고 있다. 이에 따라 그는 종교학의 관점에서 보면 불교가 가장 지극한 종교라고 강조하였다.[57] 그가 강유위와 담사동譚嗣同(1865~1898)이 불교에서 얻은 바가 있다고 지적하는 것도 이러한 불교 중심의 종교관에 근거한 것이라 생각할 수 있다. 여기서 보면 양계초는 이미 유교를 종교의 범주에서 제거하고 있음을 알 수 있다. 그것은 강유위의 공교운동과 상반된 입장이며, 1899년까지 그 자신이 보였던 입장과도 어긋나는 것이다.

양계초는 1902년에 발표한 세 번째의 종교 관계 논설에서 불교의 문제를 본격적으로 논의하고 있다. 그는 문제의 출발에서 "중국의 모든 정치는 신앙이 없이 나아갈 수 있는가? 신앙을 가지고 나아갈 수 있는가?"라는 선택적 질문을 던지고 있다. 여기서 그는 신앙 곧 종교가 문명의 극치는 아니라는 근본인식을 전제로 하고서, 당시의 세계가 처한 문명수준에서는 종교가 중요한 역할을 하고 있음을 인정하였다. 또한 그는 "중국이 가져야 하는 신앙은 어떤 종교에 속해야 하는가?"라는 또 하나의 질문을 던지고, "중국인은 본래 공교를 가지고 있다"고 대답하면서 "공교의 '교'는 교육의 '교'요 종

---

[57] 『飮氷室文集』 上, 4~5쪽, 「宗敎・論宗敎家與哲學家之長短得失」, "若言宗敎學, 則固有優劣高下之可言,…… 若夫以宗敎學言, 則橫盡虛空, 竪盡來劫, 取一切衆生而度盡之者, 佛其至矣, 佛其至矣."

교의 '교'가 아니다. 공교의 '교'는 실행을 주장으로 삼고 신앙을 주장으로 삼지 않는다"58)라고 하여, 공교의 종교성을 전면적으로 선명하게 거부하고 있다. 한편 그는 기독교로 개종하는 위험을 경계하면서 종교 가운데서는 불교를 가장 고상한 신앙으로 부각시키고 있다.

여기서 양계초는, 1899년 중국의 종교개혁을 논한 논설에서 강유위의 공교사상이 제시한 공교의 여섯 가지 주의를 제시하던 것과 대조적으로, 불교신앙이 지닌 여섯 가지의 가치를 제시하고 있다. 곧 불교신앙은 첫째, 지혜의 믿음(智信)이요 미혹된 믿음(迷信)이 아니며, 둘째, 겸선兼善이요 독선獨善이 아니며, 셋째, 세상에 들어 있는 것(入世)이요 세상을 싫어하는 것(厭世)이 아니며, 넷째, 한량이 없는 것(無量)이요 유한한 것(有限)이 아니며, 다섯째, 평등한 것이요 차별이 아니며, 여섯째, 자력自力이요 타력他力이 아니라고 지적한 것이다.59) 그가 기독교의 침투를 경계하면서 공교가 아닌 불교를 최선의 선택으로 강조하고 있는 것은 중국의 민족전통과 종교의 연관성에 대한 인식이 강하게 작용하고 있음을 말해 준다. 동시에 그가 중국인의 종교로서 공교를 버리고 불교를 선택한 것은, 국민정신과 사회변혁의 원리로서의 종교가 갖는 신앙적 열정에서 공교가 지닌 한계를 깊이 통찰하고, 신앙을 중심으로 하는 종교관을 명백하게 확립하고 있음을 의미한다.

---

58) 『飮氷室文集』 上, 19쪽, 「宗敎・論佛敎與群治之關係」, "吾以爲孔敎者, 敎育之敎也, 非宗敎之敎也, 其爲敎也, 主於實行, 不主於信仰."
59) 『飮氷室文集』 上, 19~23쪽, 「宗敎・論佛敎與群治之關係」.

5. 강유위의 영향과 이병헌의 공교사상

강유위는 공자를 유교의 창시자요 개혁가로 재해석하고 공자를 교주로 존숭하며 공교를 국교로 삼고자 추진함으로써 유교개혁론의 중심축을 확립하였다. 또한 유교개혁을 기초로 변법운동의 사회제도개혁을 추구하였으며, 이에 따라 공교보존(保敎)을 국가보존(保國)의 근본으로 인식하였다. 이처럼 강유위는 공교를 종교로서 재조직화하는 종교개혁가로서의 면모를 명확하게 보여 주고 있다.

이병헌은 조선사회가 유교전통의 체제에서 근대사회로 이행하는 변동의 시기에, 곧 그가 청년시절에 형성하였던 전통도학의 학풍에서 벗어나 새로운 사상적 전환을 탐색하던 시기에 먼저 문헌을 통해 강유위와 만났다. 그는 34세 때(1903) 『청국무술변법기淸國戊戌變法記』를 처음 읽었고, 이를 계기로 강유위의 유교개혁사상의 영향을 받아 새로운 시대변화에 대응하면서 미래를 전망하기 위한 유교의 혁신적 재인식을 자신의 시대적 과제로 구체화시켜 갔다. 이병헌은 강유위를 통해 자신의 사상적 전환의 방향을 발견함으로써 서구의 근대문물에 의해 유교전통이 붕괴되는 시대적 상황 속에서 유교를 종교적 조직으로 재건하기 위한 공교운동의 필요성을 확고히 인식하고 그 실현을 추구하였던 것이다.

이병헌은 유교개혁사상을 더욱 확고하게 정립하기 위하여 1914~1925년 사이에 중국을 다섯 차례 방문하여 강유위를 찾아갔다. 그는 강유위의 각별한 관심 아래 그 문하에서 직접 지도를 받음으로써, 강유위의 공교사상을 수용하고 금문경학의 체계를 자신의 공교사상의 기초로 확립할 수 있었다. 또한 그는 강유위의 지도 아래 자신의 공교사상을 체계화하는 것과 더불어 곡부의 연성공부衍聖公

府와 긴밀한 유대를 확보함으로써 공교운동의 방법을 구체화하여 국내에서 공교운동을 본격적으로 전개해 나갔다. 비록 이병헌의 공교사상은 국내에서 계승되고 확산되지는 못하였지만, 이병헌은 한국근대사상사 속에서 강유위의 정통적 계승자이며 일제강점기의 조선사회에서 공교사상을 구현하는 데 평생을 바친 인물로서 중대한 의미를 지니고 있다.

강유위의 공교운동은 사회변혁론인 동시에 전통계승론이요, 민족주의적인 동시에 세계주의적인 성격을 지니면서 양면을 종합하는 성격을 내포하고 있다. 강유위가 정치적 제도의 모형으로 제시한 입헌군주제는 군주제의 전통적 형식과 공화제의 혁명적 이념을 종합하는 것으로 이해할 수 있다. 이러한 견해는 전면적 개혁으로 서구화를 주장하는 입장이나 전면적 수구로 전통의 수호를 주장하는 입장의 어느 쪽에도 안주할 수 없는 중도적 입장이라 할 수 있는데, 유교전통의 이념을 근대사회의 체제에 적합하게 재해석하고 개혁하여 유교를 기반으로 하여 전통사회를 근대적 질서 속에 유지하려는 입장에서 매우 강한 설득력을 지닌 것으로 볼 수 있다. 실제로 이병헌의 경우만이 아니라, 박은식과 장지연이 1909년에 설립한 유교개혁조직인 '대동교大同敎'의 명칭도 강유위의 '대동' 개념에서 영향을 받은 것이라 짐작된다.

이병헌은 공교운동의 이념을 체계화하기 위해, 한편으로는 새로운 근대적 세계관 속에서 공교사상을 재해석하고, 다른 한편으로는 공교이념의 경학적 기반으로서 금문경학의 인식을 확립하였다. 이처럼 이병헌의 사상적 과제와 이론은 철저히 강유위의 영향 아래 형성된 것이었다. 그러나 당시의 중국과 우리나라의 사회적 상황의 차이에 따라 관심의 방향과 영역에서 어느 정도의 차이를 드러내고 있는 것도 사실이다.

　이병헌이 금문경학에 몰두하여 공교운동을 금문경학의 기초 위에 수립하고자 하였던 것은 강유위의 강력한 교시를 따른 것이라 할 수 있다. 이에 비해 강유위는 공교의 개혁사상에 기초하여 중국의 사회변혁을 위한 변법의 구체적 과제를 체계적으로 제시하였으며, 여기서 한 걸음 더 나아가 가족과 국가의 경계를 허물어뜨리고 인류의 통합된 질서로서 대동사회의 이상을 지향하였다. 그러나 이병헌은 국가제도의 개혁론에 적극적인 관심을 둘 만한 여력이 없었고 여건도 갖추어지지 않았던 만큼, 일제 총독부로 하여금 전통파괴적 정책을 완화하도록 요구하는 정도에 그쳤으며, 또 '대동'의 이상에 대해 강유위의 경우처럼 가족과 국가의 경계를 허물어뜨리는 혁신적 개혁으로 받아들인 것이 아니라 갈등과 대립이 해소된 화합의 질서로 받아들이는 데 그쳤다. 그만큼 이병헌은 강유위의 공교사상을 계승하여 추종하면서도 그 수용의 현실적 한계점을 분명하게 인식하고 있었던 것으로 볼 수 있다.

　한편, 한말 일제시기의 애국계몽사상가들에게 미친 양계초의 영향력이 얼마나 컸던 것인가에 대해 유의할 필요가 있다. 양계초는 초기에 스승 강유위를 대변하여 공교사상을 선전하는 데 큰 영향을 미쳤으나, 후기에는 공교를 종교가 아니라고 규정함으로써 강유위의 공교사상에서 철저히 이탈하고 말았다. 당시 조선사회에서 애국계몽사상가와 진보적 지식인들은 강유위보다 양계초의 영향에 깊이 젖어 있었던 것이 사실이다. 이에 비해 양계초의 논리에 동요되지 않고 시종일관 강유위의 입장을 지켜 간 거의 유일한 인물이 이병헌이라고 할 수 있다.

　한국근대사상사에서 이병헌이 차지하는 위치와 성격은 다음과 같다. 첫째, 그는 강유위의 공교사상과 금문경학을 철저하게 수용하여 강유위의 사상체계를 한국근대사에 제시한 인물이었다. 둘째, 그는 공교운동과 공교이념의 인식에서 유교를 종교로 확인하고 재구성함으로써 유교의 종교화를 관철한 종교사상가요 종교운동가였다. 셋째, 그는 자신의 공교운동이 당시의 보수적 유림들로부터 거부당하고 배척받았음에도 불구하고 일제강점기에 조선사회의 유교전통을 개혁하여 새로운 유교조직화를 추구하였던 개혁주의자였다.

바로 이러한 이병헌의 사상사적 특징은 강유위의 공교사상으로부터 받은 영향이 그 시작부터 끝까지 관철되고 있음을 반영한 것이라 할 수 있다.

참고문헌

원전

金澤榮: 『金澤榮全集』, 3책, 영인본, 아세아문화사, 1978.
朴殷植: 『朴殷植全書』, 3책, 영인본, 단국대학교 동양학연구소, 1975.
朴章鉉: 『中山全書』.
宋基植: 『儒教維新論』.
吳震永: 『石農集』.
張志淵: 『朝鮮儒教淵源』, 영인본, 아세아문화사, 1973.
申采浩: 『丹齋申采浩全集』, 3책, 영인본, 형설출판사, 1975.
柳寅植: 『東山全書』.
李炳憲: 『李炳憲全集』, 2책, 영인본, 아세아문화사, 1989.
李承熙: 『韓溪遺稿』, 9책, 영인본, 국사편찬위원회, 1977~82.
許　佽: 『大東正路』.
康有爲: 『康南海先生遺著彙刊』, 臺北, 宏業書局, 1976.
梁啓超: 『飮氷室文集』, 上海, 廣智書局, 1907.
胡　明: 『陳獨秀選集』, 天津人民出版社.

연구서

금장태, 『한국근대사상의 도전』, 전통문화연구회, 1995.
＿＿＿, 『한국근대의 유학사상』, 서울대 출판부, 1990.
＿＿＿, 『한국현대의 유교문화』, 서울대 출판부, 1999.
민두기, 『중국의 전통과 근대』, 평민사, 1979.
송영배, 『중국사회사상사』, 한길사, 1986.
신용하, 『박은식의 사회사상연구』, 서울대 출판부, 1982.
＿＿＿, 『신채호의 사회사상연구』, 한길사, 1984.
유준기, 『한국근대유교개혁운동사』, 아세아문화사, 1999.
이혜경, 『천하관과 근대화론: 양계초를 중심으로』, 문학과지성사, 2002.
정규훈, 『한국근대종교의 사상과 실제에 관한 연구』, 성균관대 박사논문, 1998.
최성철, 『강유위의 정치사상』, 일지사, 1988.

毛以亨, 『양계초』, 송항룡 역, 명문당, 1990.
陳榮捷, 『근대중국종교의 동향』, 이은봉 역, 형설출판사, 1987.

찾아보기

【ㄱ】

가 나가오(賀長雄) ― 292
가규賈逵 ― 201
『가범家範』 ― 214
갈연영葛延瑛 ― 76
『강남해전康南海傳』 ― 161
강유위康有爲 ― 13, 15, 20, 24, 27, 33, 36, ~42, 45~47, 52, 53, 56~61, 63, 65~78, 81, 84~94, 98, 104, 105, 115, 118, 134, 145, 155~158, 161, 162, 172, 176~182, 188, 191, 193, 197, 198, 204~206, 209~213, 215, 218, 220, 223, 231, 234, 242, 253, 270, 271, 277~311, 319~323
개화사상開化思想 ― 15, 26, 28~31, 102
『격몽요결擊蒙要訣』 ― 229
격물치지格物致知 ― 184, 246
경敬 ― 246~248, 271, 273
『경설經說』 ― 181, 184, 189
계몽운동啓蒙運動 ― 26, 31, 217
고문경학古文經學 ― 159, 165, 176, 198, 199
『고본대학古本大學』 ― 177
고학적古學的 경학經學 ― 206
『곡량전穀梁傳』 ― 75
『곡례집간장구대전曲禮輯刊章句大全』 ― 214
『공경대의고孔經大義考』 ― 84, 86, 90, 181, 183, 197, 200, 203
공교孔教 ― 33, 36, 41, 47, 50~52, 61, 71, 88, 91, 92, 103, 104, 106, 112, 114, 118, 127, 142, 143, 145, 155~158, 161, 162, 164, 166, 170, 171, 173, 177, 186, 190, 197, 198, 213~215, 224, 226, 234, 265~269, 286, 289~299, 304, 305, 308~316, 319~321, 323
「공교교과론孔教教科論」 ― 214
공교사상孔教思想 ― 33, 91, 92, 104, 115, 138, 161, 162, 165, 166, 168, 176, 181, 186, 189, 190, 204, 212, 294, 320~324
공교운동孔教運動 ― 15, 20, 33, 47, 51~53, 68, 79, 83~85, 87, 91~93, 103, 104, 125, 127, 129, 132, 135, 140, 156, 163, 164, 172, 177, 178, 197, 204, 209, 212, 268, 278, 290, 299, 307~311, 313, 319, 321~324
「공교진행론孔教進行論」 ― 213
공교회孔教會 ― 35~37, 40, 42, 44, 45, 47, 53, 63, 72, 81, 84, 89~91, 103, 104, 118, 128~132, 134, 145, 155, 208~210, 213, 267, 287, 290, 298, 299, 314
『공교회잡지孔教會雜誌』 ― 35, 72, 213, 299
공도회孔道會 ― 35
「공동묘지개량지령共同墓地改良之令」 ― 123
「공동묘지관리규칙共同墓地管理規則」 ― 47, 122
공령간孔伶侃 ― 89
공령건孔伶健 ― 63, 64, 66, 76, 87~89
공령우孔伶佑 ― 58, 63, 66
공령이孔伶貽 ― 36, 42, 57
공령준孔伶儁 ― 71, 76, 89
공번박孔繁蔡 ― 63
공상림孔祥霖 ― 36, 37, 44, 49, 63, 64, 81
공소점孔少霑 ― 155
공안국孔安國 ― 201, 202
『공양전公羊傳』 ― 115, 181, 205, 303, 304
공양학公羊學 ― 177, 272
공양학파公羊學派 ― 204, 206, 209
공자孔子 ― 39, 41, 42, 44, 46, 51~53, 55, 57, 59~68, 71, 73, 76, 79, 82, 89, 99, 103, 110, 111, 114, 116, 117, 125, 127~129, 130, 131, 139, 141~143, 145, 147, 149, 152, 154, 155, 160~162, 165, 166, 170, 171, 173, 177~179, 182, 183, 185~195, 201, 215, 217, 218, 224, 225, 228, 229, 233, 234, 236, 239, 242, 247, 251~253, 256,~260, 263, 265~268, 271, 273, 280~286, 290, 292, 295, 297, 299~304, 314, 316, 317, 321
『공자개제고孔子改制考』 ― 67, 68, 70, 72~74, 300, 302, 303
공자개제설孔子改制說 ― 74

『공자세기孔子世紀』__ 215
공학원孔學原__ 150
공화제共和制__ 39, 147, 156, 270, 288, 290, 311
과학科學__ 108, 112, 115, 133, 142, 165, 250, 252, 276, 300, 317
곽말약郭沫若__ 145
곽종석郭鍾錫__ 18~22, 25, 26, 28, 29, 33, 40, 51, 58
『관자管子』__ 86
교敎__ 105, 106, 111~114, 117, 132, 134, 157, 231, 232, 260, 263, 267, 268, 291, 295, 296, 306, 319, 320
교주교안膠州敎案__ 315
교회식敎會式 유교儒敎__ 117, 118, 132, 134, 268
『국어國語』__ 86
굴원屈原__ 39
궁신窮神__ 195
권덕규權悳奎__ 148, 149, 156
권순명權純命__ 150
귀신鬼神__ 110, 111, 118, 187
『규원사화揆園史話』__ 167
『규의闚儀』__ 214
금문경전今文經傳__ 52, 57, 65, 71, 78, 95, 97, 99, 178, 179, 281, 300, 301
금문경학今文經學__ 15, 47, 57, 65, 71, 72, 83~86, 90~94, 115, 118, 159, 172, 176~179, 181, 189, 198~200, 204, 206, 209, 253, 270~272, 281, 300~303, 321
금문경학적今文經學的 유교개혁론儒敎改革論__ 208, 270
금문학今文學__ 78, 88, 93, 94
『금학지남今學指南』__ 77
기氣__ 110, 121
기우만奇宇萬__ 22, 25
기자箕子__ 217
기정진奇正鎭__ 18, 22, 25
김교헌金敎獻__ 34

김구金九__ 58~62, 78, 79, 126
김석구金錫九__ 18
김아金亞__ 18
김인후金麟厚__ 248
김일두金一斗__ 58
김일제金日濟__ 48
김창숙金昌淑__ 58
김창제金昶濟__ 159
김택영金澤榮__ 47, 66, 147
김현준金顯俊__ 18

【ㄴ】

나철羅喆__ 34
남계서원藍溪書院__ 24, 81~83
『남해선생무술고南海先生戊戌奏稿』__ 282
『내칙집간장구대전내則輯刊章句大全』__ 214
노근수盧近壽__ 17
노사학파蘆沙學派__ 22
노상익盧相益__ 35
노석영盧碩泳__ 97
『노월일기魯越日記』__ 42, 47
노태현盧泰鉉__ 17
노흥현盧興鉉__ 32
논어論語__ 68, 110, 179, 184, 185
『논어주論語注』__ 58, 75
누루하치__ 168

【ㄷ】

다윈(Charles Darwin)__ 107
다카하시 도루(高橋亨)__ 95
단군교檀君敎__ 34
단기서段祺瑞__ 156
담사동譚嗣同__ 319
『대대예기大戴禮記』__ 86, 203
대덕戴德__ 203
대동大同__ 44, 57, 61, 67, 81, 99, 115, 116, 118, 134, 152, 153, 156, 160~162, 172, 177, 188, 210, 220, 228, 235, 241~244,

247, 252, 257, 259, 266, 268, 270, 271, 280, 304, 310, 322, 323
대동교大同敎__227, 234, 210, 218, 231, 234, 235, 270, 271, 322
『대동사大東史』__167
대동사문회大東斯文會__52, 55, 56, 58, 59, 62
대동사상大同思想__115, 215, 220, 231, 234, 270
『대동서大同書』__156, 301, 305
대동설大同說__205, 252, 303
대민족사관大民族史觀__168, 141, 169, 173, 174
대성戴聖__203
「대조선정책전재유교론對鮮根本政策專在儒敎論」__123
대종교大倧敎__34, 164, 167, 168, 221
대진戴震__144
『대학大學』__16, 184, 185, 246
『대학장구大學章句』__177
『대학장구보유大學章句補遺』__184
대한자강회大韓自强會__55
대휴개사大休開士__77
덕천서원德川書院__82
데라우치(寺內)__62
도동사道東祠__65, 66, 80, 128, 130, 131
『도산문현록陶山門賢錄』__56
도산서원陶山書院__24, 50, 53, 64, 82, 83
도통사道統祠__64, 81
도학道學__15, 20, 21, 27, 28, 33, 40, 102, 146, 153, 161, 162, 208, 209, 212, 248, 255, 270
도학적道學的 유교개혁론儒敎改革論__208, 210
『독위경고讀僞經考』__181, 182
동삼성한인공교회東三省韓人孔敎會__35, 208, 213, 215
두림杜林__201
등의鄧毅__78

【ㄹ】

루터(Martin Luther)__107, 236, 268, 304
리理__119~121, 187, 248
religion__105, 296

【ㅁ】

마융馬融__201
『만국공보萬國公報』__28, 29, 153, 154
『만국종교지萬國宗敎志』__28
맹자孟子__46, 147, 169, 228, 229, 253
『맹자孟子』__16, 184, 185, 195, 259, 284, 309
『모전毛傳』(『毛詩』)__197~199
『몽어류훈蒙語類訓』__214
무술변법戊戌變法__277, 282, 298, 302, 307
묵자墨子__73
『묵자墨子』__73
민립문묘民立文廟__51, 129
민영철閔泳喆__22
민원식閔元植__60
민족의식民族意識__18, 104, 141, 164, 166~168, 173, 217, 220, 221
민족종교民族宗敎__164, 173

【ㅂ】

박로학朴魯學__53
박상태朴尙台__22
박은식朴殷植__31, 37, 39~41, 56, 58, 75, 76, 79, 88, 174, 209~211, 218, 226~236, 270~272, 322
『배달족강역형세도倍達族疆域形勢圖』__167
『배산문묘급도동사봉안후조변일지培山文廟及道東祠奉安後遭變日誌』__85
배산서당培山書堂__50~52, 53, 56, 58, 63, 65, 66, 75, 77~83, 87, 91, 95, 127~132, 134
『배산서당경기록培山書堂經紀錄』__70, 85
「배산서당기培山書堂記」__78
배산유회培山儒會__66, 67, 76, 78, 79
범씨范氏__229
범의范疑__154
『법언法言』__146
『벽위신편闢衛新編』__39
변법론變法論__277, 281, 282
변법론적變法論的 개혁론改革論__290
『변정록辨訂錄』__96
보교론保敎論__313, 315, 317
보교운동保敎運動__315

복생伏生__200, 210
복원復原__273
복일의례復日儀禮__248
복희伏犧__165, 166, 168, 169, 191~193, 247
『북유일기北遊日記』__70
비공운동批孔運動__139, 140
비공론批孔論__140, 141, 145, 150, 151, 155, 161, 162, 171~173

【ㅅ】

『사기史記』__64, 75, 86, 191
사대주의事大主義__148, 152, 159, 169
사마자장司馬子長__202
사마천司馬遷__64
사육인謝育仁__35
사이토(齋藤)__62
『산방총서山房叢書』__51, 68
삼봉서당三峰書堂__22
삼세설三世說__57, 81, 115, 152, 172, 205, 234, 259, 302, 303, 310
『상서尙書』__201
『상서보의尙書補義』__200
상제上帝__117~120, 133, 144, 149, 157, 170, 215, 242, 247, 249, 290
『서경書經』__17, 73, 74, 97, 179, 181, 183, 189, 200~203, 205, 302, 309
『서경금문설고書經今文說考』__92
서경덕徐敬德__248
『서경전주금문설고書經傳注今文說考』__200, 205
『서양상고철학사西洋上古哲學史』__28
서진월당徐縉月堂__94
『서호지西湖誌』__88
석전제釋奠祭__42, 44, 47
설정청薛正淸__35
성誠__186, 187, 196, 242, 272
성性__246~248
성령性靈__111
『성리대전性理大全』__23
성리학性理學__187, 230
성학십도聖學十圖__56
『소대예기小戴禮記』__203
소옹邵雍__258

소의진邵懿辰__204, 300
『소학小學』__233
손문孫文__34, 61, 145
손병희孫秉熙__32, 34
송기식宋基植__208, 210, 211, 237~242, 245 ~248, 250, 251, 270~273
송시열宋時烈__257
송지산宋之産__53
송지헌宋之憲__53, 56
수구설守舊說__114, 151
「수정필담壽庭筆談」__88
순자荀子__310
『순자荀子』__86, 310
『시경詩經』__73, 74, 95~97, 147, 179, 181, 183, 184, 189, 197~199, 202, 203, 206, 302, 309
『시경공학고詩經孔學考』__206
『시경부주삼가설고詩經附注三家說考』__197, 205
『시경삼가설고詩經三家說考』__92
시중時中__238, 252, 256, 284
신神__120, 160, 186, 187, 260, 262, 295
신교神敎__217
신규식申奎植__78
신기선申箕善__29
신도神道__81, 82, 105, 106, 110, 118, 121, 122, 133, 176, 190, 194~196, 266, 273, 286, 295~298
신도설교神道設敎__111, 153, 160, 161, 172, 174, 187, 194, 254, 286
신명神明__111, 118
신명론神明論__205
신문화운동新文化運動__142, 145
『신민총보新民叢報』__311
신앙信仰(信敎)의 자유自由__152, 264, 267, 284, 289, 314
신채호申采浩__163, 209, 210, 216, 218, 219, 222, 269
『신학위경고新學僞經考』__57, 58, 71, 75, 181, 182, 300~303
신해혁명辛亥革命__276, 288
신호열辛鎬烈__97
신환申桓__78

329

실학적實學的 경학經學__206
심心__121, 187, 195, 196, 260
심즉리설心卽理說__21

【ㅇ】

아골타阿骨打__168
아관兒寬__202
『아황대피덕변정기俄皇大彼德變政記』__281
『악경樂經』__74, 181, 183, 184, 302, 309
안경육顔景堉__42
안락서원安樂書院__81, 83, 131
안세웅顔世鏞__66
안향安珦__64
안효제安孝濟__35
알렌(Young John Allen)__29
애국계몽사상愛國啓蒙思想__102, 208, 209
애국계몽운동愛國啓蒙運動__218, 227
애국계몽운동적愛國啓蒙運動的 유교개혁론儒敎改革論__208
양계초梁啓超__72, 114, 161, 210, 216, 218, 222, 224, 226, 234, 278, 279, 281, 291, 305 ~319, 323
양명학陽明學__38, 209, 223, 229, 230, 235, 270, 272, 273, 318
양명학적陽明學的 유교개혁론儒敎改革論__208 ~210, 229, 230, 270
양무운동洋務運動__276, 279
양수명梁漱冥__145
양웅楊雄__146
양한묵梁漢默__34
어윤적魚允迪__53, 56
엄복嚴復__145, 290
『여람呂覽』__86
『여범女範』__214
『역경易經』__68, 87, 97, 179, 181, 183, 189, 190~196, 199, 203, 262, 309
『역경금문고易經今文考』__94, 189, 190, 205
『역경합고易經合考』__98
『역과소전합고易課小箋合考』__190
『역사교리착종담歷史敎理錯綜談』__65, 66, 81, 82, 168, 169, 174
『역사정의변증록歷史正義辨證錄』__169
『예경禮經』__74, 147, 179, 181, 183, 184,

189, 203, 205, 302, 309
『예경부주금문설고禮經附注今文說考』__203
『예경통론禮經通論』__204
예교禮敎__43, 144
『예기禮記』__81, 115, 185, 304
『예운주禮運注』__42, 75, 303
『예운집주禮運集註』__215
오가키(大垣丈夫)__55
오개원吳豈元__37
오배吳培__283
오우吳虞__142~144
오진영吳震泳__149, 150
오창석吳昌碩__77
오쿠마(大隈重信)__60, 299
오혁吳赫__34
왕망王莽__300
왕반산王半山__86
왕수인王守仁(王陽明)__38, 176, 185, 230, 231, 265
왕숙王肅__201
왕양명王良鳴__88, 90, 93
왕인王仁__68
왕진王震__76
왕충王充__181
우봉于凰翰__90
원료범袁了凡__75
원서정袁書鼎__45
원세개袁世凱__34, 36, 39, 61, 71, 156, 290
위원魏源__276, 300
위정척사론衛正斥邪論__28
윌리엄슨(Williamson)__119
유교개량론儒敎改良論__212
유교개혁론儒敎改革論__40, 102, 103, 114, 116, 133, 134, 140, 141, 176, 204, 208~ 220, 227, 228, 231, 233, 237, 252, 253, 256, 259, 269~272, 278, 279, 281, 305, 310
유교개혁사상儒敎改革思想__13, 14, 33, 40, 102, 103, 109, 115, 132, 133, 135, 178, 209, 210, 219, 226, 237, 242, 253, 276, 278, 279, 303, 304, 321
유교개혁운동儒敎改革運動__13, 53, 58, 91, 94, 140, 163, 218, 227
『유교구신론儒敎求新論』__211, 228, 229

유교복원론儒敎復原論__50, 56, 57, 59, 61, 90, 93, 211, 303
유교비종교론儒敎非宗敎論__114
「유교위종교철학집중론儒敎爲宗敎哲學集中論」__104
『유교유신론儒敎維新論』__211, 237, 245, 251
유교儒敎의 국교화國敎化__142, 284, 290, 291, 298, 302
유교儒敎의 종교적 각성__115, 102, 117, 132, 133, 172, 188, 217, 235, 243, 248, 260, 271
유교儒敎의 종교화宗敎化__324
유교조직운동儒敎組織運動__270
유교확장론儒敎擴張論__219, 220
유근柳瑾__35, 54
유봉록劉逢錄__300
유신維新__273
유인석柳麟錫__42, 210, 211, 216, 222~226, 269, 271
유인식柳寅植__163, 167, 209
유향劉向__181
유흠劉歆__75, 82, 165, 176, 177, 182, 193, 199, 201, 285, 300
『육경주六經注』__65
육구연陸九淵__81, 265
윤종의尹宗儀__39
윤휴尹鑴__206
『음빙실문집飮氷室文集』__222
『의감중마醫鑑重磨』__65
『의례儀禮』__181, 203
이각종李覺鍾__149, 150
이개李塏__14
이공유李孔維__32
이관李琯__29
이광곤李光坤__15, 18, 80, 83, 128
이광우李光友__83, 128
이규준李圭晙__162, 65, 94
이누카이(犬養毅)__299
이덕환李德煥__49
이두훈李斗勳__21, 22
이만도李晩燾__24
이만화李晩華__15
이범철李範喆__53, 56
이병석李炳奭__22, 29

이병호李炳昊__50
이병홍李炳洪__50, 59
이사李斯__310
이수방李秀邦__15
이승희李承熙__20, 21, 35, 36, 39, 58, 208, 210, 212~215
이시영李始榮__58, 79
이알평李謁平__14
이언적李彦迪__184, 257, 258
이엄李儼__15, 21
이옥봉李鈺鳳__58
이용전李龍全__15
이용호李用鎬__25
이원李源__14, 80, 83, 128, 130
이원태李原台__167
이응우李應羽__25
이이李珥__229, 248, 235, 253, 254, 257, 258
이익李瀷__56
이인용李寅容__16
이인李仁__149
이재교李在敎__99
이재구李在龜__98
『이정전서二程全書』__23
이정화李正華__15
이중선李中善__25
이중업李中業__25, 50
이진상李震相__19, 20~22, 25, 58, 212
이충호李忠鎬__50, 53, 56, 63~65, 83
이항로李恒老__21, 22, 25
이헌李㦒__15
이황李滉__15, 24, 25, 50, 53, 56, 80, 82, 83, 97, 128, 130, 235, 248, 253, 254, 257, 258
인도人道__105, 110, 121, 126, 134, 230, 289, 295~298
『일례逸禮』__203
『일본변법고日本變法考』__281
「일송오강십목日誦五綱十目」__215
「일칙명日則銘」__215
임광한林光漢__78

【ㅈ】

자공子貢__185

자사子思__46, 185, 188
장개석蔣介石__145
장동손張東蓀__145, 290
장릉張陵__75
장병린章炳麟__291
장복추張福樞__20, 22, 25
장석영張錫英__22
장소개張紹介__90
장승택張升澤__22
장영서藏榮緖__299
장자莊子__309, 310
『장자莊子』__86, 147, 292, 309
장지동張之洞__277
장지연張志淵__32, 146~148, 209, 211, 216~218, 226, 227, 234, 269, 322
장현광張顯光__20
『전국책戰國策』__86
전반서화론全般西化論__276
전우田愚__161
전유기籛維祺__88, 89
전제專制__147, 152, 158, 241, 288
전하田何__68
정만조鄭萬朝__47, 52, 53, 56
『정몽류어正蒙類語』__214
정몽주__257
정문섭鄭文燮__48
정약용丁若鏞__206
정자程子__82, 229, 247, 253, 254, 257, 258, 265
정좌靜坐__248
『정학규正學規』__200
정현鄭玄__186, 200, 201
제임스(Reginold F. James)__145, 290
『제천諸天』__98
제천의례祭天儀禮__284, 290
조광조趙光祖__248
조긍섭曺兢燮__55, 161
『조선유교연원朝鮮儒敎淵源』__217
『조선유교원위고朝鮮儒敎原委考』__56
조성가趙性家__18, 22, 25
조소앙趙素昻__88
조식曺植__15, 80, 82, 83, 128, 130, 248
조완구趙琬九__79
조헌趙憲__229

종교宗敎__38, 39, 47, 48, 49, 51, 62, 73, 103~116, 121~126, 129, 132~134, 142~145, 152, 160, 163~166, 172, 173, 176, 190, 195, 209, 215, 218, 220, 225, 226, 231~233, 247, 249, 250, 252, 264, 267, 271, 291, 29~298, 300, 308, 311~313, 315, 317~319, 321, 323
『종교공안宗敎公案』__59, 61
「종교령宗敎令」__47, 122, 267
「종교설宗敎說」__231
종교운동宗敎運動__271
『종교철학합일론宗敎哲學合一論』__36, 104, 299
『좌전左傳』__183
주공周公__75, 192, 193
『주례周禮』__183, 193, 203
주수인朱守仁__88
『주역周易』__17, 55, 81, 82, 110, 111, 153, 160, 169, 172, 181, 184, 187, 188, 229, 245, 246, 252, 286
『주자대전朱子大全』__23
『주자어류朱子語類』__23
주자학朱子學__38, 90, 94, 116, 206, 209, 229, 270
주흥사周興嗣__214
주희朱熹(朱子)__38, 58, 64, 70, 75, 81~83, 88, 116, 177, 185, 186, 214, 229, 247, 250, 253, 254, 257, 258, 265
『중용中庸』__26, 46, 184~189, 205, 205, 246, 257, 259
『중용장구中庸章句』__186
『중용주中庸注』__42, 75
중체서용론中體西用論__276, 277
『중화유기中華遊記』__47
증자曾子__152, 258
진간陳簡__74
진독수陳獨秀__142, 156~158, 291
진심盡心__195
진욱장陳郁章__37
진천추陳千秋__281, 300
진환장陳煥章__35, 72, 87, 89, 118, 212, 213, 278, 299
진후산陳後山__86

【ㅊ】

채원배蔡元培__142, 291
채이강蔡爾康__153~155
천도天道__187, 195
천도교天道敎__34, 221, 247
『천자문』千字文__214
천진교안天津敎案__315
『천학天學』__118
철학哲學__104, 107, 108, 112, 113, 115, 125, 133, 165, 247, 249, 250, 252, 300, 317
『철학요령哲學要領』__28
첨지준詹智濬__76, 77
『청국무술변법기淸國戊戌變法記』__27, 321
『초사楚辭』__86
최남선崔南善__35
최승년崔承年__53
최승모崔承模__94
최익현崔益鉉__21, 22, 25, 30
『춘추春秋』__81, 117, 147, 152, 160, 162, 179, 181, 202~205, 234, 252, 255, 259, 302~304, 309, 310
『춘추동씨학春秋董氏學』__302, 304
『춘추미의春秋微義』__92
춘추삼세설春秋三世說__134, 177, 280
춘추의리春秋義理__159, 255
『춘추필삭고春秋筆削考』__205
『춘추필삭대의미언고春秋筆削大義微言考』__39, 58, 204, 303
치양지설致良知說__235
『칠서집주七書集註』__81
『칠천년역사정의七千年歷史正義』__96

【ㅋ】

칸트(Kant)__107
크릴(H. G. Creel)__145

【ㅌ】

탁고개제託古改制__73, 193, 300, 303
태극太極__119, 120, 133
『태서신사泰西新史』__28
태평太平__57, 61, 125, 156, 161, 177, 188, 252

통동서설通東西說__114, 115
통신구설通新舊說__114
『퇴계연보退溪年譜』__56

【ㅍ】

파리장서사건巴里長書事件(儒林團事件)__58

【ㅎ】

하증우夏曾佑__145, 290
하진무夏震武__90
『학규신론學規新論』__233
『한비자韓非子』__73, 86
『한서漢書』__86, 192
『한주집寒洲集』__20
한주학파寒洲學派__18~21
『함진암총서涵眞菴叢書』__65
항사원項士元__78, 88
『해국도지海國圖志』__276
향교식 유교(鄕校式儒敎)__117, 118, 132
「향교재산관리규칙鄕校財産管理規則」__122
허섭許鍱__18
허신許愼__181
허유許愈__22
혁신설革新說__114
혜능慧能(六祖)__75
호적胡適__142, 144, 277
홍란紅鸞__268
화서학파華西學派__22
화이론華夷論__154
화지안花之安__200
『환단고기桓壇古記』__167
황산곡黃山谷__86
황원黃瑗__97
『황청경해皇淸經解』__75
황흥黃興__61
『회남자淮南子』__86
『효경孝經』__179
『효경설考經說』__186

예문서원의 책들

원전총서

왕필의 노자 王弼 지음 · 임채우 옮김 · 336쪽 · 값 13,000원 · 『老子王弼注』
박세당의 노자 박세당 지음 · 김학목 옮김 · 312쪽 · 값 13,000원 · 『新註道德經』
율곡 이이의 노자 이이 지음 · 김학목 옮김 · 152쪽 · 값 8,000원 · 『醇言』
홍석주의 노자 홍석주 지음 · 김학목 옮김 · 320쪽 · 값 14,000원 · 『訂老』
북계자의 陳淳 지음 · 김충열 감수 · 김영민 옮김 · 295쪽 · 값 12,000원 · 『北溪字義』
주자가례 朱熹 지음 · 임민혁 옮김 · 496쪽 · 값 20,000원 · 『朱子家禮』
고형의 주역 高亨 지음 · 김상섭 옮김 · 504쪽 · 값 18,000원 · 『周易古經今注』
신서 劉向 지음 · 임동석 옮김 · 728쪽 · 값 28,000원 · 『新序』
한시외전 韓嬰 지음 · 임동석 역주 · 868쪽 · 값 33,000원 · 『韓詩外傳』
서경잡기 劉歆 지음 · 葛洪 엮음 · 김장환 옮김 · 416쪽 · 값 18,000원 · 『西京雜記』
고사전 皇甫謐 지음 · 김장환 옮김 · 368쪽 · 값 16,000원 · 『高士傳』
열선전 劉向 지음 · 김장환 옮김 · 392쪽 · 값 15,000원 · 『列仙傳』
열녀전 劉向 지음 · 이숙인 옮김 · 447쪽 · 값 16,000원 · 『列女傳』
선가귀감 청허휴정 지음 · 박재양, 배규범 옮김 · 584쪽 · 값 23,000원 · 『禪家龜鑑』
공자성적도 김기주, 황지원, 이기훈 역주 · 254쪽 · 10,000원 · 『孔子聖蹟圖』
공자세가 · 중니제자열전 司馬遷 지음 · 김기주, 황지원, 이기훈 역주 · 224쪽 · 12,000원 · 『孔子世家 · 仲尼弟子列傳』

한국철학총서

한국철학사상사 朱紅星, 李洪淳, 朱七星 지음 · 김문용, 이홍용 옮김 · 548쪽 · 값 10,000원 · 『朝鮮哲學思想史』
기호학파의 철학사상 충남대학교 유학연구소 편저 · 665쪽 · 값 18,000원
실학파의 철학사상 朱七星 지음 · 288쪽 · 값 8,000원
윤사순 교수의 신실학 사상론 ─ 한국사상의 새 지평 윤사순 지음 · 350쪽 · 값 10,000원
실학의 철학 한국사상사연구회 편저 · 576쪽 · 값 17,000원
조선 유학의 학파들 한국사상사연구회 편저 · 688쪽 · 값 24,000원
윤사순 교수의 한국유학사상론 윤사순 지음 · 528쪽 · 값 15,000원
실학사상과 근대성 계명대학교 철학연구소 홍원식 외 지음 · 216쪽 · 값 7,500원
조선 유학의 자연철학 한국사상사연구회 편저 · 420쪽 · 값 15,000원
한국유학사 1 김충열 지음 · 372쪽 · 값 15,000원
퇴계의 생애와 학문 이상은 지음 · 248쪽 · 값 7,800원
율곡학의 선구와 후예 황의동 지음 · 480쪽 · 값 16,000원
한국유학과 리기철학 송영배, 금장태 외 지음 · 304쪽 · 값 10,000원
圖說로 보는 한국 유학 한국사상사연구회 지음 · 400쪽 · 값 14,000원
다카하시 도루의 조선유학사 ─ 일제 황국사관의 빛과 그림자 다카하시 도루 지음 · 이형성 편역 · 416쪽 · 값 15,000원
퇴계 이황, 예 잇고 뒤를 열어 고금을 꿰뚫으셨소 ─ 어느 서양철학자의 퇴계연구 30년 신귀현 지음 · 328쪽 · 값 12,000원
조선유학의 개념들 한국사상사연구회 지음 · 648쪽 · 값 26,000원

성리총서

양명학 ─ 왕양명에서 웅십력까지 楊國榮 지음 · 정인재 감수 · 김형찬, 박경환, 김영민 옮김 · 414쪽 · 값 9,000원 · 『王學通論』
상산학과 양명학 김길락 지음 · 391쪽 · 값 9,000원
동아시아의 양명학 최재목 지음 · 240쪽 · 값 6,800원
범주로 보는 주자학 오하마 아키라 지음 · 이형성 옮김 · 546쪽 · 값 17,000원 · 『朱子の哲學』
송명성리학 陳來 지음 · 안재호 옮김 · 590쪽 · 값 17,000원 · 『宋明理學』
주희의 철학 陳來 지음 · 이종란 외 옮김 · 값 22,000원 · 『朱熹哲學研究』
양명 철학 陳來 지음 · 전병욱 옮김 · 값 30,000원 · 『有無之境─王陽明哲學的精神』
주자와 기 그리고 몸 미우라 구니오 지음 · 이승연 옮김 · 값 20,000원 · 『朱子と氣と身體』

노장총서

도가를 찾아가는 과학자들 — 현대신도가의 사상과 세계 董光璧 지음·이석명 옮김·184쪽·값 4,500원·『當代新道家』
유학자들이 보는 노장 철학 조민환 지음·407쪽·값 12,000원
노자에서 데리다까지 — 도가 철학과 서양 철학의 만남 한국도가철학회 엮음·440쪽·값 15,000원
위진 현학 정세근 엮음·278쪽·값 10,000원

역학총서

주역철학사 廖名春, 康學偉, 梁韋弦 지음·심경호 옮김·944쪽·값 30,000원·『周易硏究史』
주역, 유가의 사상인가 도가의 사상인가 陳鼓應 지음·최진석, 김갑수, 이석명 옮김·366쪽·값 10,000원·『易傳與道家思想』
송재국 교수의 주역 풀이 송재국 지음·380쪽·값 10,000원

카르마총서

불교와 인도 사상 V. P. Varma 지음·김형준 옮김·361쪽·값 10,000원
파란눈 스님의 한국 선 수행기 Robert E. Buswell, Jr. 지음·김종명 옮김·376쪽·값 10,000원
학파로 보는 인도 사상 S. C. Chatterjee, D. M. Datta 지음·김형준 옮김·424쪽·값 13,000원
불교와 유교 — 성리학, 유교의 옷을 입은 불교 아라키 겐고 지음·심경호 옮김·526쪽·값 18,000원
유식무경, 유식 불교에서의 인식과 존재 한자경 지음·208쪽·값 7,000원
박성배 교수의 불교철학강의: 깨침과 깨달음 박성배 지음·윤원철 옮김·313쪽·값 9,800원
불교 철학의 전개, 인도에서 한국까지 한자경 지음·252쪽·값 9,000원

연구총서

논쟁으로 보는 중국철학 중국철학연구회 지음·352쪽·값 8,000원
논쟁으로 보는 한국철학 한국철학사상연구회 지음·326쪽·값 10,000원
논쟁으로 보는 불교철학 이효걸, 김형준 외 지음·320쪽·값 10,000원
反논어 — 孔子의 논어 孔丘의 논어 趙紀彬 지음·조남호, 신정근 옮김·768쪽·값 25,000원·『論語新探』
중국철학과 인식의 문제 方立天 지음·이기훈 옮김·208쪽·값 6,000원·『中國古代哲學問題發展史』
문제로 보는 중국철학 — 우주·본체의 문제 方立天 지음·이기훈, 황지원 옮김·232쪽·값 6,800원·『中國古代哲學問題發展史』
중국철학과 인성의 문제 方立天 지음·박경환 옮김·191쪽·값 6,800원·『中國古代哲學問題發展史』
중국철학과 지행의 문제 方立天 지음·김학재 옮김·208쪽·값 7,200원·『中國古代哲學問題發展史』
중국철학과 이상적 삶의 문제 方立天 지음·이홍용 옮김·212쪽·값 7,500원·『中國古代哲學問題發展史』
현대의 위기 동양 철학의 모색 중국철학회 지음·340쪽·값 10,000원
동아시아의 전통철학 주칠성 외 지음·394쪽·값 13,000원
역사 속의 중국철학 중국철학회 지음·448쪽·값 15,000원
일곱 주제로 만나는 동서비교철학 陳衛平 편저·고재욱, 김철운, 유성선 옮김·320쪽·값 11,000원·『中西哲學比較面面觀』
중국철학의 이해 김득만, 장윤수 지음·318쪽·값 10,000원
중국철학의 이단자들 중국철학회 지음·240쪽·값 8,200원
유교의 사상과 의례 금장태 지음·296쪽·값 10,000원
공자의 철학 蔡仁厚 지음·240쪽·값 8,500원·『孔孟荀哲學』
맹자의 철학 蔡仁厚 지음·224쪽·값 8,000원·『孔孟荀哲學』
순자의 철학 蔡仁厚 지음·272쪽·값 10,000원·『孔孟荀哲學』
서양문학에 비친 동양의 사상 한림대학교 인문학연구소 엮음·360쪽·값 12,000원
유학은 어떻게 현실과 만났는가 — 선진 유학과 한대 경학 박원재 지음·218쪽·값 7,500원
유교와 현대의 대화 황의동 지음·236쪽·값 7,500원
동아시아의 사상 오이환 지음·200쪽·값 7,000원
역사 속에 살아있는 중국 사상 시게자와 도시로 지음·이혜경 옮김·272쪽·값 10,000원·『中國歷史に生きる思想』
덕치, 인치, 법치 — 노자, 공자, 한비자의 정치 사상 신동준 지음·488쪽·값 20,000원
육경과 공자 인학 남상호 지음·312쪽·값 15,000원

강좌총서

강좌 중국철학 周桂鈿 지음 · 문재곤 외 옮김 · 420쪽 · 값 7,500원 · 『中國傳統哲學』
강좌 한국철학 — 사상 · 역사 · 논쟁의 세계로 초대 한국철학사상연구회 지음 · 472쪽 · 값 12,000원

일본사상총서

일본 신도사 무라오카 츠네츠구 지음 · 박규태 옮김 · 312쪽 · 값 10,000원 · 『神道史』
도쿠가와 시대의 철학사상 미나모토 료엔 지음 · 박규태, 이용수 옮김 · 260쪽 · 값 8,500원 · 『德川思想小史』
일본인은 왜 종교가 없다고 말하는가 아마 도시마로 지음 · 정형 옮김 · 208쪽 · 값 6,500원 · 『日本人はなぜ 無宗教のか』
일본사상이야기 40 나가오 다케시 지음 · 박규태 옮김 · 312쪽 · 값 9,500원 · 『日本がわかる思想入門』

예술철학총서

중국철학과 예술정신 조민환 지음 · 464쪽 · 값 17,000원
풍류정신으로 보는 중국문학사 최병규 지음 · 400쪽 · 값 15,000원

동양문화산책

공자와 노자, 그들은 물에서 무엇을 보았는가 사라 알란 지음 · 오만종 옮김 · 248쪽 · 값 8,000원
주역산책 朱伯崑 외 지음 · 김학권 옮김 · 260쪽 · 값 7,800원 · 『易學漫步』
죽음 앞에서 곡한 공자와 노래한 장자 何顯明 지음 · 현채련, 리길산 옮김 · 290쪽 · 값 9,000원 · 『死亡心態』
공자의 이름으로 죽은 여인들 田汝康 지음 · 이재정 옮김 · 248쪽 · 값 7,500원
동양을 위하여, 동양을 넘어서 홍원식 외 지음 · 264쪽 · 값 8,000원
서원, 한국사상의 숨결을 찾아서 안동대학교 안동문화연구소 지음 · 344쪽 · 값 10,000원
중국의 지성 5人이 뽑은 고전 200 王燕均 · 王一平 지음 · 408쪽 · 값 11,000원
안동 금계 마을 — 천년불패의 땅 안동대학교 안동문화연구소 지음 · 272쪽 · 값 8,500원
녹차문화 홍차문화 츠노야마 사가에 지음 · 서은미 옮김 · 232쪽 · 값 7,000원
안동 풍수 기행, 와혈의 땅과 인물 이완규 지음 · 256쪽 · 값 7,500원
안동 풍수 기행, 돌혈의 땅과 인물 이완규 지음 · 328쪽 · 값 9,500원
영양 주실마을 안동대학교 안동문화연구소 지음 · 332쪽 · 값 9,800원
거북의 비밀, 중국인의 우주와 신화 사라 알란 지음 · 오만종 옮김 · 296쪽 · 값 9,000원
문학과 철학으로 떠나는 중국 문화 기행 양회석 지음 · 256쪽 · 값 8,000원

동양사회사상총서

주역사회학 김재범 지음 · 296쪽 · 값 10,000원
유교사회학 이영찬 지음 · 488쪽 · 값 17,000원
깨달음의 사회학 홍승표 지음 · 240쪽 · 값 8,500원

예문동양사상연구원총서

한국의 사상가 10人 — 원효 예문동양사상연구원/고영섭 편저 · 572쪽 · 값 23,000원
한국의 사상가 10人 — 의천 예문동양사상연구원/이병욱 편저 · 464쪽 · 값 20,000원
한국의 사상가 10人 — 지눌 예문동양사상연구원/이덕진 편저 · 644쪽 · 값 26,000원
한국의 사상가 10人 — 퇴계 이황 예문동양사상연구원/윤사순 편저 · 464쪽 · 값 20,000원
한국의 사상가 10人 — 남명 조식 예문동양사상연구원/오이환 편저 · 576쪽 · 값 23,000원
한국의 사상가 10人 — 율곡 이이 예문동양사상연구원/황의동 편저 · 600쪽 · 값 25,000원

민연총서 — 한국사상

자료와 해설, 한국의 철학사상 고려대 민족문화연구원 한국사상연구소 편 · 880쪽 · 값 34,000원